Teorias e Instituições Penais

# Michel Foucault

# Teorias e Instituições Penais

Curso no Collège de France
(1971-1972)

*Edição estabelecida por Bernard E. Harcourt, com a colaboração
de Elisabetta Basso (transcrição do texto) e Claude-Olivier Doron
(notas e aparato crítico) e a participação de Daniel Defert,
sob direção de François Ewald e Alessandro Fontana*

Tradução
ROSEMARY COSTHEK ABILIO

*wmf* **martinsfontes**

SÃO PAULO 2020

Esta obra foi publicada originalmente em francês com o título
THÉORIES ET INSTITUTIONS PÉNALES – COURS AU COLLÈGE
DE FRANCE (1971-1972) por Éditions Gallimard e Les Éditions du Seuil, Paris.
Copyright © 2015, Seuil/Gallimard
Copyright © 2020, Editora WMF Martins Fontes Ltda.,
São Paulo, para a presente edição.

Cet ouvrage a bénéficié du soutien des Programmes d'aide à la publication de l'Institut français.

Este livro contou com o suporte dos Programas de apoio à publicação do Instituto francês.

Todos os direitos reservados. Este livro não pode ser reproduzido, no todo ou em parte, armazenado em sistemas eletrônicos recuperáveis nem transmitido por nenhuma forma ou meio eletrônico, mecânico ou outros, sem a prévia autorização por escrito do editor.

1ª edição 2020

**Tradução**
ROSEMARY COSTHEK ABILIO

**Acompanhamento editorial**
*Ana Alvares*
**Preparação**
*Andrea Stahel Monteiro da Silva*
**Revisões**
*Janaína de Mello Fernandes*
*Marisa Rosa Teixeira*
**Índice remissivo**
*Renan Bergo*
**Produção gráfica**
*Geraldo Alves*
**Paginação**
*Renato de Carvalho Carbone*

---

Dados Internacionais de Catalogação na Publicação (CIP)
(Câmara Brasileira do Livro, SP, Brasil)

Foucault, Michel, 1926-1984.
  Teorias e instituições penais : curso no Collège de France (1971--1972) / Michel Foucault ; tradução Rosemary Costhek Abilio. – São Paulo : Editora WMF Martins Fontes, 2020.

  Título original: Théories et institutions pénales : Cours au Collège de France (1971-1972)
  "Edição estabelecida por Bernard E. Harcourt, com a colaboração de Elisabetta Basso (transcrição do texto), Claude-Oliver Doron (notas e aparato crítico) e a participação de Daniel Defert, sob direção de François Ewald e Alessandro Fontana"
  ISBN 987-85-469-0301-6

  1. Direito penal – Filosofia 2. Justiça (Filosofia) I. Título.

20-33845                                              CDD-194

Índices para catálogo sistemático:
1. Filosofia francesa  194

Cibele Maria Dias – Bibliotecária – CRB-8/9427

---

Todos os direitos desta edição reservados à
**Editora WMF Martins Fontes Ltda.**
Rua Prof. Laerte Ramos de Carvalho, 133  01325-030 São Paulo SP Brasil
Tel. (11) 3293-8150  e-mail: info@wmfmartinsfontes.com.br
http://www.wmfmartinsfontes.com.br

# ÍNDICE

*Advertência* ............................................................................. XI

**Curso, anos 1971-1972** ............................................................. 1

*Aula de 24 de novembro de 1971* ................................................. 3
Princípio metodológico: recolocar a análise do sistema penal (teoria, instituições e prática penais) no contexto de sistemas de repressão para esclarecer o desenvolvimento histórico de noções morais, sociológicas e psicológicas; delito político e delito de direito comum. – Objeto histórico: estudar a repressão aos motins populares no início do século XVII, a fim de traçar o nascimento do Estado; o ritual penal ostentado pelo chanceler Séguier contra a revolta dos *Nu-pieds* [Descalços] na Normandia (1639). – Revolta dos *Nu-pieds*: um motim antifiscal contra um sistema de poder (contra o agente do fisco, contra as casas dos mais ricos); a atitude das classes privilegiadas, dos parlamentares: neutralidade, recusa de intervir.

*Aula de 1º de dezembro de 1971* .................................................. 19
Resumo das etapas: (1) uma sedição popular que visa a fiscalidade do Estado; (2) esquiva da nobreza, da burguesia, dos parlamentares; (3) o exército como a única resposta: rumo ao século da "justiça armada"; (4) o poder régio instaura o novo sistema repressivo. – Elaborar a história desse novo sistema repressivo? Objeção: anterioridade do aparelho de repressão estatal. Resposta: desenvolvimento contínuo das instituições legislativas, mas corte no interior das que dizem respeito à justiça; de um lado, vinculação com o antigo sistema; do outro, produção de um novo sistema. Em contraste com a burguesia pós-revolucionária que implementa um sistema repressivo unitário, simultaneamente estatal, jurídico e policial, sob a máscara da independência da justiça. – Retorno aos *Nu-pieds* da Normandia. Eles assumem os signos do poder e se arrogam suas prerrogativas. Rejeição à lei pela imposição de uma lei. Rejeição à justiça como exercício de uma justiça. – Os signos desse

exercício do poder: o nome que adotam como referência a sua "mendicidade"; seu chefe simbólico, personagem quimérico; suas ordens "em nome do Rei". – Os atos cometidos nesse exercício do poder (militar, administrativo, financeiro, de justiça). – A repressão efetua-se realmente contra outro poder.

*Aula de 15 de dezembro de 1971* .................................................................. 37
Uma "justiça armada": a tática repressiva como série de operações circunstanciais; acompanhamento diferido do militar pelo civil: defasagem cronológica entre a lenta intervenção do exército e a entrada em cena do poder civil. – Análise em termos de relação de força: formação de um aparelho repressivo armado, distinto do corpo do exército, controlado pelo Estado civil e não pelos privilegiados. – Análise em termos de estratégia político-militar: separação cidade/campo e povo/burguesia possibilitando a repressão violenta às camadas populares e depois um tratamento punitivo dos privilegiados e parlamentares. – Análise em termos de manifestação de poder: teatralização do poder mascarando a estratégia seguida, designando os revoltados como inimigos do rei e, portanto, sujeitos ao costume da guerra, e não como delinquentes civis. Cada um desempenha seu papel, e o chanceler, não o papel do vencedor, e sim do justiceiro, do aplicador da justiça que discrimina e diferencia os bons dos maus.

*Aula de 22 de dezembro de 1971* .................................................................. 55
Lembrete: Análise em três níveis (relações de força, cálculos estratégicos, manifestações do poder) do primeiro episódio de repressão pela justiça armada. – Desenvolvimento a partir do terceiro nível: uma teatralização em quatro atos. (1) O poder régio designa a população como "inimigo social". (2) Os poderes locais apresentam sua submissão, mas tentam limitar e moderar o poder régio: uma certa aplicação da teoria dos três freios. (3) Recusa do chanceler, que invoca para apoiá-lo o Juízo Final: "os bons serão recompensados, os maus serão punidos". (4) Os privilegiados protegem-se acusando "o populacho baixo" e fazendo a separação dos bons e dos maus. – Teatralização que produz uma redistribuição dos instrumentos e poderes repressivos.

*Aula de 12 de janeiro de 1972* .................................................................. 65
I. Entrada (em Rouen) do poder civil e formação do corpo visível do Estado. – O chanceler ultrapassa as regras judiciais tradicionais e liga a ordem da justiça à ordem da força militar: o Estado assume um poder repressivo. – Surgimento dessa terceira função puramente repressiva do Estado, cumprida, independentemente do rei, pelo chanceler (membro do Conselho do Rei). Substituição do poder régio e do rei ausente por um corpo visível do Estado. O aparelho fiscal é acompanhado de um aparelho repressivo. II. Novas formas de controle sem instituições no-

vas. – Questionamento das autoridades locais: suspensões provisórias. Substituição provisória das autoridades locais por comissários. – Medidas militares e sistema de multas fiscais para amarrar os privilegiados a seu compromisso. Em suma, um sistema de controle instável que ainda se apoia em estruturas feudais, antecipando a criação de um aparelho repressivo estatal especializado.

*Aula de 19 de janeiro de 1972* .......................................................... 81
Um sistema de repressão digno de nota por várias razões. I. Coerência interna: jogo de sanções diferenciadas visando romper as alianças anteriores de grupos sociais; proveito financeiro concedido aos privilegiados em contrapartida à manutenção da ordem; formação de uma terceira instância (nem militar nem jurídica) como instrumento administrativo (jurídico-militar) do Estado, mas ausência essencial de um aparelho específico de repressão. II. Precariedade visível: armamento diferenciado (problemas das milícias burguesas e do armamento popular), intervenção ruinosa do exército; queda dos rendimentos fundiários e dos recolhimentos fiscais: antinomia renda/impostos; entrada em jogo de duas contradições. III. Resolução da antinomia renda/impostos e estabilização do exército. A partir de 1640, implantação de uma nova instituição e de um aparelho repressivo distinto dentro do aparelho de Estado (intendentes de justiça, polícia e finanças), servindo de tribunal administrativo e de jurisdição excepcional; implantação de uma polícia centralizada e local; recolhimento da "população perigosa", enclausuramento e deportação. – Nascimento da prisão conjuntamente com o do capitalismo.

*Aula de 26 de janeiro de 1972* .......................................................... 95
O fracasso da repressão comandada pelo chanceler Séguier e depois a Fronda levam à implantação de três instituições novas: uma justiça centralizada (intendentes de justiça); a polícia; um sistema punitivo por recolhimento de população, enclausuramento, deportação. Em resposta às lutas populares, o sistema penal repressivo produz a noção de delinquência: o par sistema penal-delinquência como efeito do par sistema repressivo-sedição. – As novas instituições não substituem as instituições feudais: justapõem-se a elas. – O exercício do poder político liga-se ao capitalismo nascente. O novo sistema repressivo, concebido como peça de proteção da economia feudal, liga-se funcionalmente ao desenvolvimento da economia capitalista. Toma forma no código penal e será validado no final do século XVIII: produção da codificação penalidade/delinquência.

*Aula de 2 de fevereiro de 1972* ......................................................... 105
Oposição do novo sistema repressivo ao antigo: antagonismo de processos que dá lugar ao nascimento da justiça como aparelho simultanea-

mente específico e estatal. I. História do aparelho judicial no século XVIII: lutas políticas, conflitos de funcionamento e contradições determinantes forjaram os diversos discursos da penalidade, do crime e da justiça penal. – Necessidade de um retorno à justiça feudal e ao direito germânico. II. História do direito penal germânico. – A ordem jurídica definida pelas regras do litígio; o ato de justiça não é determinado pela verdade nem pela instância judicial, e sim mediante uma luta regrada. – Encerramento da guerra pelo ressarcimento, e não sanção, da falta. – A atividade de julgar como assunção de risco, com o perigo da guerra privada produzindo um sistema de segurança (juramentos, indenizações, fianças).

*Aula de 9 de fevereiro de 1972* .......................................................... 119
I. História do direito penal germânico (continuação): suas remanescências no direito penal da Idade Média. (A) O procedimento acusatório, a *diffamatio*. (B) O sistema da prova: um teste que decide sobre o vencedor. Nos juramentos, nos ordálios, no duelo judicial, a verdade não está em jogo. (C) As guerras privadas como modalidade do direito na Idade Média. O litígio fora do judiciário. II. História da transformação em sistema penal judicial com ação pública e estabelecimento de uma verdade sobre o crime. (A) Devida não simplesmente à influência do direito romano ou do cristianismo, ela mais se insere no jogo das relações de apropriação e das relações de força. (B) A justiça criminal opera um recolhimento econômico importante e contribui para a circulação das riquezas. – Os elementos dessa circulação: fianças, prestações financeiras, multas, confisco, ressarcimento. – Consequências: circulação das riquezas e concentração do poder político. – Observações gerais: O sistema penal da Idade Média tem seus efeitos importantes no âmbito do recolhimento dos bens; o sistema penal contemporâneo, no âmbito do recolhimento dos indivíduos; comparação: fiscal/carcerário, troca/exclusão, ressarcimento/prisões.

*Aula de 16 de fevereiro de 1972* ........................................................ 139
Distinguir entre as estruturas pré-estatais medievais e os aparelhos de Estado que as suplantarão. A prática penal na Idade Média, que se insere entre litígio civil e espoliação violenta, consiste numa correlação político-econômica; ela redistribui a propriedade, a riqueza e os bens: é a "justa das fortunas". – Tributação da justiça. Importância das instituições e pactos de paz na penalidade feudal. – O funcionamento das instituições de paz (suspensão dos atos de guerra privada, pactos, contratos; andamento ritualizado). *Pax et justitia*, princípio dos concílios de paz. A guerra social entra no âmbito da penalidade. – Sistema de penalidade ligado ao problema do armamento (detenção, concentração e repartição das armas). – Crise dos séculos XIII-XIV: abalo da feudalidade;

recurso a mercenários estrangeiros; os senhores apoiam-se na justiça régia. Aplicação de um sistema com função antissediciosa no aparelho parlamentar e no aparelho fiscal. Desenvolvimento da justiça régia como primeira forma de um poder institucionalizado como aparelho de Estado judicial.

*Aula de 23 de fevereiro de 1972* .......................................................... 155
I. Processos endógenos. A função das instituições de paz na Idade Média: 1/ constituição de um espaço de *justitia* garantida pelo judiciário como autoridade pública; 2/ constituição de zonas de fiscalidade mais confiáveis que venham acompanhar de perto o procedimento judicial; 3/ distribuição das armas, intervenção da força, e constituição e desenvolvimento do exército profissional. Concentração, centralização e quase estatização da justiça. II. Processos exógenos. As crises dos séculos XIV e XV e as grandes lutas sociais transformam a justiça. Fenômenos importantes: 1/ o funcionamento do Parlamento como centro de toda prática de justiça; 2/ o rei é aplicador da justiça (justiceiro) como soberano; 3/ o Parlamento torna-se elemento de um aparelho de Estado.

*Aula de 1º de março de 1972* .............................................................. 169
Resumo: crises e lutas sociais dos séculos XIII e XIV levam à centralização do poder régio e à implantação de uma justiça régia que se manifesta na instituição de um Parlamento. Três características de uma justiça de Estado: universal, obrigatória, delegada. – Duas outras medidas: 1/ Desenvolvimento dos casos que são da competência do rei: extensão de sua jurisdição, tendo como efeitos nova definição do reino-Estado e nova dimensão de penalidade para infrações à ordem pública. Nova esfera de penalidade que sanciona a ruptura de uma regra enunciada pelo poder. 2/ Instauração dos procuradores régios: extensão de seu papel à acusação, tendo como consequências teórico-práticas que todo crime é atentado ao poder e que o rei se torna juiz e parte. – Duplo efeito sobre o funcionamento do sistema penal: (1) separação entre o penal e o civil; (2) substituição da guerra e da reparação pela obediência e pela punição. A penalidade ordena-se por uma estrutura política. O crime torna-se ataque contra o poder. Oposição entre delito político e delito de direito comum como peça central da penalidade do século XIX, mascarando a função política do sistema penal.

*Aula de 8 de março de 1972* ................................................................ 181
I. Após a análise da função e das relações de poder da justiça penal na Idade Média, estudar seus efeitos de saber: não no sentido de operações ideológicas, e sim de produção de verdade. – No direito germânico, o teste estabelece uma relação de superioridade de um sobre o outro. – No novo regime penal com procuradores régios, o inquérito estabelece a

verdade que permite passar da acusação para a sentença. O inquérito como operador de recolocação em ordem. – A verdade estabelecida pelas testemunhas e a escrita que transcreve substituem o teste. II. Observações complementares. O inquérito e a confissão como fontes preferenciais da descoberta da verdade no novo regime penal. – O ponto de inserção da tortura. – O sistema das provas legais. Contraste entre o inquérito e a medida. A medida como instrumento e forma de um poder de distribuição; o inquérito, de um poder de informação. Sistema inquérito-burocracia na Idade Média. – Análise dos tipos de extração do sobrepoder. Relação com o Curso de 1970-1971 sobre "a vontade de saber". Última observação sobre o surgimento da forma do exame nos séculos XVIII-XIX. O nascimento das ciências do homem.

*Resumo do curso* ............................................................................ 209
*Cerimônia, teatro e política no século XVII* ................................ 215
*Situação do curso* .......................................................................... 221
*Anexos* ........................................................................................... 259
   *Carta de Étienne Balibar ao editor do curso* ............................. 261
   *Foucault e os historiadores, por Claude-Olivier Doron* ............ 265
*Índices* ........................................................................................... 281
   *Índice das noções* ....................................................................... 283
   *Índice onomástico* ...................................................................... 295

# ADVERTÊNCIA

Michel Foucault lecionou no Collège de France de dezembro de 1970 até sua morte, em junho de 1984 – com exceção do ano de 1977, em que desfrutou de um ano sabático. O nome de sua cátedra era: *Histoire des systèmes de pensée* [História dos sistemas de pensamento].

Foi criada em 30 de novembro de 1969, por proposta de Jules Vuillemin, pela assembleia geral dos professores do Collège de France, em substituição à cátedra "História do pensamento filosófico", que Jean Hyppolite ocupara até falecer. Em 12 de abril de 1970, a mesma assembleia elegeu Michel Foucault titular da nova cátedra[1]. Ele tinha então 43 anos.

Michel Foucault pronunciou a aula inaugural em 2 de dezembro de 1970[2].

O ensino no Collège de France segue regras particulares. Os professores comprometem-se a dar 26 horas de aula por ano (metade das quais, no máximo, pode ser cumprida em forma de seminários[3]). Devem expor anualmente uma pesquisa original, o que os obriga a renovar todo ano o conteúdo de seu curso. A assistência às aulas e seminários é inteiramente livre; não requer inscrição nem diploma, e o professor não outorga certificado[4]. No vocabulário do Collège de France, diz-se que os professores não têm alunos, e sim ouvintes.

As aulas de Michel Foucault aconteciam toda quarta-feira, do início de janeiro ao final de março. A assistência, muito numerosa, composta de

---

1. Michel Foucault encerrara um livreto redigido para sua candidatura com a seguinte frase: "Seria preciso empreender a história dos sistemas de pensamento" ("Titres et travaux", in *Dits et Écrits*, 1954-1988, ed. D. Defert e F. Ewald, colab. J. Lagrange, Paris, Gallimard, 1994, 4 vols.: t. I, nº 71, p. 846; reed. em 2 vols., col. "Quarto", vol. I, p. 874 [trad. bras.: "Títulos e trabalhos", in *Ditos e escritos*, 10 vols. temáticos, Rio de Janeiro, Forense Universitária, 2010-2015, vol. VII]).

2. Publicada pelas edições Gallimard em maio de 1971, com o título: *L'Ordre du discours* [trad. bras.: *A ordem do discurso*, 24ª ed., São Paulo, Loyola, 2014].

3. Michel Foucault assim fez até o início da década de 1980.

4. No âmbito do Collège de France.

estudantes, docentes, pesquisadores, curiosos, entre os quais muitos estrangeiros, mobilizava dois anfiteatros do Collège de France. Foucault muitas vezes se queixou da distância que costumava haver entre ele e seu "público" e do pouco intercâmbio que a forma do curso possibilitava[5]. Sonhava com um seminário que fosse lugar de um verdadeiro trabalho coletivo. Fez diversas tentativas nesse sentido. Nos últimos anos, terminada a aula, dedicava um longo momento a responder às perguntas dos ouvintes.

Em 1975, um jornalista do *Nouvel Observateur*, Gérard Petitjean, descreveu assim o ambiente: "Quando Foucault entra na arena, rápido, determinado, como alguém se jogando na água, tem de transpor corpos para chegar a sua cadeira; empurra os gravadores para poder colocar seus papéis, tira o casaco, acende uma luminária e arranca, a cem por hora. Voz forte, eficiente, reproduzida por alto-falantes – única concessão ao modernismo numa sala mal aclarada por uma luz que se ergue de conchas em estuque. Há trezentos lugares e quinhentas pessoas aglutinadas, ocupando todo mínimo espaço livre [...]. Nenhum efeito oratório. É límpido e terrivelmente eficaz. Não há a menor concessão ao improviso. Foucault tem doze horas por ano para explicar, em curso público, o sentido de sua pesquisa durante o ano recém-findo. Assim, ele comprime ao máximo e enche as margens, como os missivistas que ainda têm muito a dizer quando chegam ao final da página. 19h15. Foucault para. Os estudantes precipitam-se até sua mesa. Não para falar com ele e sim para desligar os gravadores. Sem perguntas. Na balbúrdia, Foucault está só." E Foucault comenta: "Seria preciso poder discutir o que apresentei. Às vezes, quando a aula não foi boa, bastaria pouca coisa, uma pergunta, para recolocar tudo no lugar. Mas essa pergunta nunca vem. Na França, o efeito de grupo torna impossível toda e qualquer discussão real. E, como não há um canal de retorno, a aula se teatraliza. Tenho uma relação de ator ou de acrobata com as pessoas que ali estão. E, quando acabo de falar, uma sensação de solidão total..."[6]

Michel Foucault abordava seu ensino como um pesquisador: explorações para um livro futuro, desbravamento também de campos de pro-

---

5. Em 1976, com a esperança – vã – de reduzir a assistência, Michel Foucault mudou o horário do curso, que passou de 17h45, no final da tarde, para as 9 horas da manhã. Cf. o início da primeira aula (7 de janeiro de 1976) de *Il faut défendre la société. Cours au Collège de France*, 1976, ed. sob a dir. de F. Ewald e A. Fontana por M. Bertani e A. Fontana, Paris, Gallimard-Seuil (col. "Hautes Études"), 1997 [trad. bras.: *Em defesa da sociedade*, 2ª ed., São Paulo, WMF Martins Fontes, 2010].

6. Gérard Petitjean, "Les Grands Prêtres de l'université française", *Le Nouvel Observateur*, 7 de abril de 1975.

*Advertência* XIII

blematização, que talvez formulasse mais como um convite lançado a eventuais pesquisadores. Por isso os cursos no Collège de France não repetem os livros publicados. Não são seu esboço, ainda que entre livros e cursos possa haver temas em comum. Têm seu próprio estatuto. Fazem parte de um regime discursivo específico no conjunto de "atos filosóficos" efetuados por Michel Foucault. Nos cursos ele desenvolve muito particularmente o programa de uma genealogia das relações saber/poder em função do qual, a partir do início dos anos 1970, refletirá seu trabalho – em oposição ao de uma arqueologia das formações discursivas, que até então ele dominara[7].

Os cursos tinham também uma função na atualidade. O ouvinte que vinha assistir a eles não era apenas cativado pelo relato que ia se construindo semana a semana; não era apenas seduzido pelo rigor da exposição; encontrava ali também um aclaramento da atualidade. A arte de Michel Foucault estava em diagonalizar a atualidade por meio da história. Ele podia falar de Nietzsche ou de Aristóteles, da peritagem psiquiátrica no século XIX ou da pastoral cristã: o ouvinte sempre extraía disso uma luz sobre o presente e sobre os acontecimentos de que era contemporâneo. A força própria de Michel Foucault em seus cursos devia-se a esse cruzamento sutil entre erudição científica, engajamento pessoal e trabalho sobre o acontecimento.

\*

O texto do curso é seguido de um "Resumo", publicado no *Annuaire du Collège de France*. Michel Foucault costumava redigi-los no mês de junho, portanto algum tempo após o encerramento das aulas. Para ele, esse era o momento de extrair retrospectivamente a intenção e os objetivos do curso; o resumo constitui sua melhor apresentação.

Cada volume encerra-se com uma "Situação"; seu objetivo é oferecer ao leitor elementos contextuais de ordem biográfica, ideológica e política, situando o curso na obra publicada e dando indicações sobre seu lugar dentro do *corpus* utilizado, a fim de facilitar o entendimento e evitar possíveis contrassensos por esquecimento das circunstâncias nas quais cada um dos cursos foi elaborado e ministrado.

---

7. Cf. principalmente "Nietzsche, la généalogie, l'histoire", in *Dits et Écrits*, ed. 1994, t. II, nº 84, p. 137 / "Quarto", vol. I, p. 1005 [trad. bras.: "Nietzsche, a genealogia, a história", in *Ditos e escritos*, vol. II].

\*

Para os anos 1971-1972 não foi possível recuperar as gravações das aulas dadas por Michel Foucault. Esta edição de *Teorias e instituições penais* apresenta a transcrição das notas utilizadas por ele tal como foram conservadas por Daniel Defert e recentemente cedidas à Bibliothèque nationale de France (BnF). A transcrição teve como princípio o mais escrupuloso respeito às anotações de Foucault, reproduzindo na medida do possível a apresentação das folhas manuscritas, cuja disposição tem sentido. Agradecemos a Nathalie Mauriac por seus conselhos para a apresentação do curso. As regras precisas de estabelecimento do texto encontram-se antes da primeira aula.

Michel Foucault desenvolveu elementos deste curso em duas circunstâncias específicas: numa conferência que deu na Universidade de Minnesota em 7 de abril de 1972, sobre "Cerimônia, teatro e política no século XVII", e na série de conferências na Pontifícia Universidade Católica do Rio de Janeiro de 21 a 25 de maio de 1973 (publicadas no Brasil em 1974 com o título *A verdade e as formas jurídicas*). A tradução francesa de *A verdade e as formas jurídicas* foi publicada em *Dits et Écrits*: "La vérité et les formes juridiques", volume II, nº 139.

Este volume é editado sob direção de Bernard E. Harcourt. Elisabetta Basso realizou a transcrição do manuscrito, sob direção de Alessandro Fontana. O texto foi integralmente verificado, corrigido e estabelecido por Daniel Defert e Bernard Harcourt com base nas notas manuscritas originais, que agora estão conservadas na Bibliothèque nationale de France. Claude-Olivier Doron estabeleceu o aparato crítico, que compreende numerosos elementos de contextualização, inclusive uma reflexão sobre o modo como se pode situar a análise da sedição dos *Nu-pieds* [Descalços] apresentada por Michel Foucault com relação ao debate que contrapôs Boris Porchnev e Roland Mousnier (reproduzida em anexo à "Situação").

\*

Os coordenadores científicos desta edição agradecem profundamente a Bruno Racine e à equipe do departamento de manuscritos da BnF, muito especialmente a Marie-Odile Germain, conservadora-geral das Bibliotecas, encarregada das coleções "Manuscritos modernos e contemporâneos", por ter-lhes facilitado o acesso às fontes, em condições tão excelentes quanto a que Daniel Defert lhes reservara anteriormente.

Também foram muito proveitosas para os editores as trocas de ideias com Yves-Marie Bercé, o grande especialista nos movimentos populares

*Advertência*

do século XVII francês. Albert Rigaudière, eminente historiador do direito medieval, auxiliou-nos a estabelecer a bibliografia das aulas 8 (2 de fevereiro de 1972) e seguintes. Arnaud Teyssier instruiu-nos com seu conhecimento de Richelieu. Tivemos também diálogos esclarecedores com Jacques Krynen e Dominique Lecourt. Étienne Balibar, que se empenhou em ler o manuscrito do curso, propôs-nos uma análise das relações entre este curso, o marxismo e os trabalhos de Louis Althusser (que também reproduzimos em anexo à "Situação").

Com este volume encerra-se a edição dos cursos de Michel Foucault no Collège de France, iniciada há cerca de vinte anos com a publicação de *Il faut défendre la société* [*Em defesa da sociedade*] por Alessandro Fontana e Mauro Bertani.

*

Esta edição dos cursos no Collège de France foi autorizada pelos herdeiros de Michel Foucault, que decidiram atender à intensa demanda de que eram objeto, tanto na França como no exterior. E isso em incontestáveis condições de seriedade. Os editores procuraram estar à altura da confiança neles depositada.

FRANÇOIS EWALD e ALESSANDRO FONTANA

> Alessandro Fontana faleceu em 17 de fevereiro de 2013, antes de ver concluída a edição dos Cursos de Michel Foucault no Collège de France, da qual foi um dos iniciadores. Por ter conservado o estilo e o rigor que ele soubera imprimir-lhe, esta edição permaneceu, até o final, sob sua autoridade. – F. E.

*Curso
Anos 1971-1972*

### Regras de estabelecimento do texto

A transcrição teve como princípio o mais escrupuloso respeito ao manuscrito de Foucault, reproduzindo tão exatamente quanto possível a apresentação das folhas avulsas manuscritas, cuja disposição tem sentido. Os editores científicos assumem total responsabilidade pela apresentação do texto (forma e fundo).

A paginação dupla na margem corresponde, a primeira, à paginação do manuscrito conservado na Bibliothèque Nationale de France (BnF) e, a segunda, à paginação manuscrita de Foucault.

As passagens importantes que estão riscadas no manuscrito são reconstituídas em notas de rodapé. Algumas indicações sobre o estado do manuscrito também são dadas na margem. As subdivisões (traços e numerações) são as utilizadas por Foucault no manuscrito. O uso de aspas reproduz as do manuscrito; as passagens sublinhadas no manuscrito são indicadas em rodapé.

Toda intervenção no manuscrito é indicada por colchetes*. Notas de rodapé especificam as opções adotadas pelos editores em todas as passagens em que surgiu uma dificuldade.

---

* As intervenções da tradutora estão indicadas: (N. da T.).

# AULA DE 24 DE NOVEMBRO DE 1971

*Princípio metodológico: recolocar a análise do sistema penal (teoria, instituições e prática penais) no contexto de sistemas de repressão para esclarecer o desenvolvimento histórico de noções morais, sociológicas e psicológicas; delito político e delito de direito comum. – Objeto histórico: estudar a repressão aos motins populares no início do século XVII, a fim de traçar o nascimento do Estado; o ritual penal ostentado pelo chanceler Séguier contra a revolta dos Nu--pieds [Descalços] na Normandia (1639). – Revolta dos Nu-pieds: um motim antifiscal contra um sistema de poder (contra o agente do fisco, contra as casas dos mais ricos); a atitude das classes privilegiadas, dos parlamentares: neutralidade, recusa de intervir.*

Sem introdução [1/s.f.]

– A razão de ser deste curso?
  – Basta abrir os olhos
  – os que relutarem se acharão no que eu disse[1].

– O objeto:
  – teoria e instituição penal
  – falta um terceiro termo: prática
  – séculos XVII e XVIII.

– O método:
  não abordá-lo nem a partir das teorias penais
    nem a partir das legislações ou das instituições penais
  e sim recolocar todas elas em seu funcionamento conjunto, ou seja, em sistemas de repressão:
  – sistemas com duas faces: quem reprime e quem é reprimido
    pelo que se reprime e
    o que se reprime

– sistemas que respondem a intenções estratégicas em relações de força [s.f.]
– sistemas que põem à disposição de uma força instrumentos que lhe permitam destruir outra força ou eliminá-la ou enfraquecê-la ou isolá-la, desarmá-la.

Princípios simples.
Recolocando a análise da penalidade nos sistemas de repressão, obtém-se a possibilidade de não apresentar o problema
– em termos de moral (bem/mal)[a]
– em termos sociológicos (desvio, integração)
– em termos psicológicos (delinquência etc.).
Ou melhor, é a partir da análise dos sistemas de repressão que se vê como historicamente surgem ou são reformulados esses temas e essas noções.

– Os acontecimentos de 1639[2] na Normandia inserem-se na grande série de motins populares do início do século XVII: [2/1]
Aix 1630
Bordeaux 1635 e toda a Guyenne
Poitou 1624-1625; 1631-1632; 1639-1640
Lyon 1632
Beauvais 1645[3]
Marillac: "[Tudo] está repleto de sedição na França" (1630)[4].
– Também se inserem mais precisamente numa série de motins, de sedições, de movimentos que ocorreram na Normandia.
– Em sentido estrito, alguns desses movimentos eram sedições, envolvendo toda uma camada de população e reagindo de modo preciso a uma medida governamental ou a uma deterioração da situação econômica.

a. Em 1623, um édito transformava em ofício profissões como carrinheiro, revendedor de roupas, comerciante de lenha, drenador de pântanos. 4.000 em Rouen[5]. [3/2]

b. Em 1630, era a escassez; motim quando veem dois barcos sendo carregados com trigo para exportação (Caen).

– Mas alguns desses movimentos têm características totalmente diferentes: grupos restritos e mais ou menos permanentes de pessoas que são rebeldes ao poder, vivendo fora das leis[b].

a. No manuscrito o travessão vem antes: "de não apresentar o problema".
b. Aqui, final de frase riscado: "ou rejeitando, juntamente com uma determinada lei, os agentes encarregados de impor sua aplicação".

O país era percorrido por bandos, como o que em fevereiro de 1614 atacou um comboio que levava de Pont-Audemer para Rouen uma importante receita fiscal.

Ou como aquele que, sob comando de "Buisson-Cornu", ocupava a região de Évreux, "cometendo excessivas violências e desumanidades, infinitas maldades e atos contra os quais o céu e a terra clamavam por vingança"[6]. O preboste-mor da Normandia é obrigado a dar-lhe combate.

– É preciso levar em conta também grupos mais ou menos numerosos e permanentes de pessoas que praticavam contrabando. Principalmente tráfico de sal (diferença entre as regiões de grande gabela e as regiões de *quart-bouillon*)[7]. [4/3]

Por exemplo: ao redor de Avranches, todo um tráfico era organizado por nobres da região (o conde de Ducey, o cavaleiro de Lorges, os irmãos Montgomery). Em março de 1637 eles travam uma verdadeira batalha com os carabineiros.

Ou ainda o bando dirigido por Laurent de Thou, senhor de Quesnay, conselheiro no *présidial** de Caen. Vários desses falsos salineiros foram julgados em Rouen, no Tribunal de Ajudas**, em 1639, e o foram com muita indulgência[8].

– Por fim, existiam focos de resistência ao imposto. Focos de resistência crônica, mais ou menos obstinada, mais ou menos violenta, dependendo do ano, das circunstâncias políticas, dos apoios externos.

Exemplo: Mantilly, Cérences[9].

Portanto, temos aí toda uma série contínua de rejeições à lei e de lutas contra o poder. [5/4]

– É certo que os comportamentos são diferentes de um caso para outro (recusa passiva do imposto; ataque à mão armada); é certo que os grupos sociais que utilizam essas diversas formas de luta não são os mesmos (os nobres praticam pouco o banditismo dos fora da lei).

– Mas apesar disso há muitas comunicações entre esses grupos e muita continuidade entre esses comportamentos:
– os que eram banidos após os processos por sedição permaneciam na região, mas nos bandos de foras da lei;
– os nobres recrutavam seus bandos de falsos salineiros entre os camponeses insolventes (os deles mesmos, às vezes);

---

* Sobre *présidial* (plural *présidiaux*), cf. p. 33, nota 10. (N. da T.)

** As ajudas (*aides*) eram impostos indiretos sobre a circulação e a venda de certas mercadorias, principalmente bebidas alcoólicas. O Tribunal de Ajudas (*Cour des Aides*) era a corte soberana para assuntos referentes a impostos. Cf. p. 16, nota 25, e p. 32, nota 3. (N. da T.)

– ao praticarem o contrabando ou o ataque aos comboios fiscais, alguns camponeses aprendiam o manejo das armas e táticas militares que em seguida lhes eram úteis nas sedições.

[Entretanto, é verdade que, nos processos contra amotinados que houve em 1640 na Normandia, não se encontram pessoas que tivessem sido salteadores ou contrabandistas antes de encabeçarem os motins.][a]

Em todo caso, entre todas essas formas de rejeição à lei, pode-se ver como é difícil distinguir as que seriam políticas e as que seriam de direito comum.

Na realidade, nessa gradação quase contínua, o sistema penal (= teoria, instituições e prática penais) talhará para extrair o que receberá o *status* de delito político e o que receberá o *status* de delito de direito comum[b].

Não estou dizendo que a distinção date daí; nem que ela estará assente de uma vez por todas a partir daí.

Fazia muito tempo que a oposição política/ direito comum havia trabalhado o direito criminal e as práticas de repressão; depois ela será remodelada com muita frequência.

Mas o final do século XVI e o século XVII (com as grandes conjurações que vão da Guerra de Religião à Fronda, os regicídios individuais ou coletivos, as grandes revoltas populares) é certamente uma época decisiva para a formação dessa oposição.

O momento em que o Estado volta a pôr a mão na justiça.

Em todo caso, foi no contexto de todas essas rejeições à lei[c] e de todas essas lutas contra o poder que se originou a revolta dos *Nu-pieds* em 1639.

– Ela se apoiou nos velhos pontos de resistência ativa ou passiva ao imposto.

– Apoiou-se nas táticas de intervenções armadas que puderam ser adaptadas.

### [d]O LEVANTE DOS *NU-PIEDS*[10]

Destacar nele certas características: as que são apropriadas para explicar a tática penal que lhe foi aplicada.

A repressão pode ser considerada "selvagem" ou indulgente. Jus-

---

a. Frase entre colchetes no manuscrito.
b. Passagem riscada:
"Basta, por exemplo, fora mesmo de toda teoria claramente formulada, ver como Séguier reprimiu os motins de 1639, para reconhecer [...]
Na verdade, ele não cessara de fazer essa distinção;"
c. Foucault havia escrito "essas rejeições ao poder".
d. Intertítulo precedido no manuscrito por uma marca de subdivisão "A" (suprimida, devido à falta de um "B").

tapõe traços de violência "cega" e todo um ritual minucioso. Misturou a batalha e a ocupação militar com toda uma etiqueta jurídica.

Na verdade essa curiosa mistura obedece a um sistema complexo[a].

Desejo mostrar que esse estranhíssimo "cerimonial penitenciário", "ritual penal", exibido pelo chanceler [Séguier] correspondia ao mesmo tempo [9/8]

– a uma distribuição política da repressão: todo um jogo de alianças acordadas e de submissões impostas, uma estratégia dos pontos de apoio e dos pontos de opressão,

– e a uma representação teatral do poder: ou seja, o desenrolar no tempo e no espaço, sob uma forma visível e cerimonial, dos homens, dos signos e dos discursos pelos quais passa o exercício do poder[11].

Em resumo, trata-se de analisar nesse "fasto repressivo" "uma manifestação do poder", ou seja: como compreender a subjugação, a ressubjugação de uma classe, oprimida e rebelada, e depois, ao mesmo tempo, a primeira grande exibição das "armas" do Estado independentemente da pessoa do rei.

O "triunfo" do Estado.

1. É um motim antifiscal. [10/9]

A ocasião do motim foi a supressão de um privilégio que a Baixa Normandia tinha – privilégio do *quart-bouillon* (extração livre de sal e revenda de um quarto desse sal ao rei)[12].

– Essa era uma das muitas medidas com as quais o poder então aumentava a pressão fiscal[b].

– Fora o imposto sobre o vinho que provocara o levante de Poitiers em 1631-1632.

– Fora a intenção de fazer a província passar para o regime fiscal de *élection*\* que provocara o levante de 1630 em Aix.

a. O texto abaixo corresponde a uma passagem riscada:
"– não o de uma teoria penal (na época não existia uma que pudesse justificar o que ocorreu);
– não o de uma legislação positiva (muito mais coisas foram ilegais, em todos os casos absolutamente inovadoras);
– e sim o de um sistema de poder que em seguida deu ensejo a teorias e a *corpus* legislativos."
b. O manuscrito traz na margem: "Guy Patin em 16[37]: 'Acabarão jogando um imposto sobre as pessoas que se aquecem ao sol'[13]."
\* *Élection* (literalmente, "eleição") era a circunscrição financeira administrada por agentes do rei – os *élus* ("eleitos", porque inicialmente o eram, antes de esses cargos tornarem-se venais) – encarregados de ratear e recolher impostos. Sobre *pays d'élection* e *pays d'états*, cf. p. 78, nota 16. (N. da T.)

– Em Laval em 1628, imposto sobre os tecidos de linho → sedição[14].

Em 1634, a taxa da talha foi aumentada em um quarto. No total, as talhas, que eram de 17 milhões em 1610, são de 44 milhões em 1642[15].

– Mas essa fiscalidade inflada pesa basicamente sobre os camponeses e os plebeus das cidades[16]. E isso por várias razões:

– a maneira como os impostos são rateados;
– a parte predominante da tributação indireta;
– o número de privilegiados.

Isso faz todo aumento da fiscalidade comprometer as possibilidades de sobrevivência das classes mais pobres.

– Os ricos são atingidos, mas indiretamente [11/10]
– pela impossibilidade de receber suas próprias rendas,
– pela redução do poder de compra.

Isso faz os burgueses, os proprietários de terras se deixarem levar facilmente pelas revoltas antifiscais ou deixarem que se desenvolvam. Só se opõem francamente a elas quando os ameaçam.

– Talvez se deva admitir que essa fiscalidade é apenas a forma centralizada da renda feudal (revertida em seguida em forma de pensões para os senhores feudais)[17]. Mas, no ponto em que estamos, a fiscalidade régia

(a) é quantitativamente muito mais importante que a fiscalidade senhorial,

(b) é muito mais variável que ela (que em geral é estabelecida para o ano e, se for monetarizada, sofre a depreciação das espécies),

(c) é reclamada por seus beneficiários com um aparelho de forças muito menor.

De modo que é principalmente a fiscalidade régia que é atacada pelos motins populares. E são seus agentes que são vistos pelos camponeses e pelos operários das cidades como o inimigo principal.

2. Seu andamento segue um esquema que reaparece em muitos [12/11]
outros [casos] na mesma época.

a/ Ao passo que na Idade Média era contra o senhor beneficiário das rendas e dos serviços que o ataque era dirigido, agora é contra o agente do fisco ou pelo menos [contra] os que são tidos como tais.

– em 16 de julho, o primeiro ataque foi dirigido contra um certo Ch. Le Poupinel, "tenente* particular do bailiado de Coutances", que fora a Avranches para informar sobre o processo de um parente seu[18]:
– a chegada de um homem da justiça[19]
– eles arrendavam os impostos.
Pouco depois, atacam (mas sem matá-lo) o recebedor dos quartos de sal em Saint-Léonard[20].
– Assassinato de um rico (cunhado de Nicolle)[21].
– Em 5 de agosto, em Rouen, matam um certo Rougemont, que chegara pouco antes como inspetor das tinturas (novo imposto de 4 *sous* por alna de tecido tingido, estabelecido em maio de 1639[22]).
– Apossar-se das arrecadações: em Avranches, no final de julho, apoderam-se de 9 mil libras[23]. (Na prefeitura de Caen exigem a restituição do bem[24].)
– Principalmente pilhagem e destruição dos arquivos do fisco (em suas casas particulares ou nos escritórios do fisco).
No total, 9 escritórios das Ajudas[25].
Em Vire, em 12 de agosto, a multidão ataca os oficiais** das *élections* (julgando a respeito de assuntos fiscais). Agride-os: o presidente Sarcilly morre[26]. Depois incêndio e pilhagem das casas de Sarcilly e de Journain, recebedor das talhas (fogueiras com seus móveis e seus papéis[27]). [13/12]

A velha luta contra o papel e a escrita.

b/ Segundo estágio: é o ataque às casas dos mais ricos. Jogam para fora os móveis, a louça, os tapetes e fazem fogueiras na rua. Sem roubar nada.
Em Rouen, em 21 de agosto, pilhagem e demolição [da casa] de Hugot, recebedor de direitos de feudo livre. Queimam na rua o que ela continha, "mas sem desviarem nada"[28].
Gorin, artesão relojoeiro, que comandava a revolta em Rouen, teria passado pelas ruas carregando uma barra de metal com uma bola de cobre na ponta e teria golpeado a porta das casas que deviam ser pilhadas[29].

* No Antigo Regime, *lieutenant* (lugar-tenente, tenente, mas geralmente sem conotação militar) era o titular de um ofício a quem era delegada uma parte da autoridade régia ou local. (N. da T.)
** No Antigo Regime, *officier* (oficial) era o titular de um ofício. (N. da T.)

c/ Por razões que veremos, não houve ataque (como acontecia em outros lugares) aos poderes municipais e aos organismos de justiça (com exceção da justiça fiscal).

Entretanto, houve intervenção para impedir o funcionamento da justiça em várias ocasiões: [14/13]

Após a pilhagem de cinco grandes escritórios da fazenda em Pont-Gilbert e do escritório do recebedor dos quartos em Saint--Léonard, as pessoas desfilam armadas diante das casas dos juízes, gritando-lhes que, "se lavrassem um auto do que acontecera, eles incendiariam suas casas"[30].

Ou, ainda, após a execução de Rougemont (recebedor das tinturas), as testemunhas recusam-se a contar o que viram. Afirmaram ter visto apenas "pessoas portando, umas, gorros vermelhos, outras, brancos, carregadores, carrinheiros, mulheres e crianças"[31].

Ou, ainda, muito mais tarde, depois da prisão de Gorin, que aconteceu em 23 de agosto, quando viram uma forca erguida no local, ela foi arrancada e queimada[32].

3. Essa agitação, quais forças ela reunia? [15/14]

– Por um lado, uma massa camponesa que se rebelou em comunas inteiras (27 paróquias nas regiões de Avranches e de Coutances; 9 [outras] paróquias, inclusive a de Mantilly[33]).

De julho a novembro, insurreição permanente, na qual os camponeses se revezavam para estar ora no exército ora nos campos.

20 mil homens, diz Grócio[34].

– Por outro lado, os operários e os companheiros das cidades

– que eram afetados pelos impostos indiretos,

– sobre os quais pesavam também taxas que atrapalhavam suas profissões. Na primavera o governo havia decretado taxas sobre a tintura; pouco depois, sobre os couros.

Nos subúrbios ou nos arredores imediatos das cidades, os camponeses e os operários estavam em contato. E foi assim que no início de agosto os operários de Darnétal invadiram as ruas de Rouen e ocuparam-nas durante vários dias[35].

– Diante disso, qual foi a atitude das classes privilegiadas?

– Um certo número, limitado, de nobres e burgueses adere, sem dúvida, a título individual. [16/15]

Entre os chefes militares, destacam-se os nomes de Ponthébert, La Basilière, Reffuveille (neto de Duplessis-Mornay); do filho do advogado Ménardière, do advogado Routry, de Lalouey (filho de um oficial de justiça)[36].

– A burguesia de Rouen permaneceu neutra enquanto o motim se voltou contra os agentes do fisco. Várias vezes até mesmo se recusou a intervir[37].

No momento da pilhagem da casa Hugot (recebedor-geral dos direitos de feudo livre), oficiais da *cinquantième*\* querem intervir. Os burgueses os impedem: "Ora essa, quereis impedir o bem público!" Chegam os arcabuzeiros: seu capitão é ferido na cabeça por uma pedrada[38].

Mesma coisa no momento da pilhagem da casa de Le Tellier de Tourneville: "Nós nos armamos apenas para nossa preservação; não para defesa dos monopolistas\*\*, e não nos deixaremos matar por causa deles."[39]

– Quanto aos parlamentares, eles também não se opuseram imediata nem francamente aos movimentos populares. Procuraram tirar proveito deles em seu conflito com o fisco régio[40].  [17/16]

– Na condição de proprietários de terras, que recolhiam uma renda, eram concorrentes do fisco, que continuamente procurava aumentar a parte recolhida pelo rei.

– Mas estavam em conflito com o fisco como contribuintes, não diretamente, mas por intermédio de seus ofícios:

– *paulette*\*\*\*

– multiplicação dos ofícios.

O Tribunal de Ajudas já havia se recusado a registrar as taxas. Em 7 de junho é forçado a isso pelo duque de Mercœur. O procurador-geral declara: "Visto que S. M. solicita de seus oficiais uma obediência cega, requeiro o registro."[41]

No momento do grande motim de agosto em Rouen, o Parlamento posiciona-se muito mais como mediador do que como garantia da ordem, como outro poder muito distinto do poder dos agentes régios, ainda que também emane do rei.

E foi justamente como autoridade distinta que o Parlamento quis funcionar e ele mesmo representar-se pelos signos de seu poder, no jogo das forças em confronto.

---

\* Foucault provavelmente se refere à *cinquantaine*, companhia de Rouen composta de 50 besteiros. (N. da T.)

\*\* No original, *monopoliers*, neologismo pejorativo. (N. da T.)

\*\*\* Sobre os ofícios, cf. p. 102, nota 6. *Paulette*: imposto anual sobre a transmissão hereditária dos ofícios de justiça e de finanças. (N. da T.)

– Apoiando-se em sua recusa de registrar os éditos, os parlamentares, trajando suas togas e todas as marcas vestimentares de sua posição, percorreram as ruas pedindo aos amotinados que permanecessem em casa[42].

– Pedem várias vezes a Le Tellier de Tourneville (recebedor-geral das gabelas) que saia de sua residência e da cidade. [18/17]

Ele não quer, resiste, arma os de sua casa. Quando a multidão chega para pilhá-la, ele manda atirar: um filho de burguês é morto. Imediatamente o Parlamento manda abrir "investigação sobre as violências cometidas contra os burgueses pelas pessoas entrincheiradas em casa de Le Tellier"[43].

– Quando Gorin, o chefe dos amotinados, é preso, goza das proteções legais e não é executado imediatamente[44].

– Na verdade e principalmente, quando o motim foi pacificado em Rouen, no fim de agosto, o Parlamento, apesar do poder régio que o pressionava a isso, nada fez para a reconstituição dos escritórios do fisco[45]. De modo que até o final do ano nenhum imposto foi recolhido na região de Rouen[a].

\*

### NOTAS

1. Foucault designa aqui o contexto no qual está dando esta aula. Cf. *infra*, Situação do curso, pp. 221 ss.

2. Trata-se da revolta dos *Nu-pieds* (1639-1640), à qual Foucault vai dedicar a primeira parte de seu curso. Sobre esse levante, Foucault baseia-se nas seguintes fontes (cf. Fundo BnF, Caixa 2, Envelope 7, Dossiês "Les Nu-pieds" [Os descalços] e "Mouvements populaires au XVIIe siècle" [Movimentos populares no século XVII]: o *Diaire, ou Journal du voyage du Chancelier Séguier en Normandie* [Diário, ou Jornal da viagem do chanceler Séguier à Normandia], viagem efetuada a fim de reprimir o movimento, entre 15 de dezem-

---

a. O manuscrito contém aqui três citações em duas folhas:

Em Caen: "Foram encontrados cerca de 36 prisioneiros para multas leves de falsa [19/s.f.] salinagem; alguns tão miseráveis que não há mendigos que causem mais piedade, e igualmente pobres mulheres octogenárias às quais não se imputou contravenção de 10 *sous*" (*Diaire*, p. 329).

Marillac: "Se os reis houvessem escutado amiúde as advertências dos homens sábios [20/s.f.] dos Parlamentos contra suas ordenações, teriam escutado assim as do menor de seus súditos." [*Histoire du Parlement de Normandie*, IV, pp. 499-500.]

Laubespine (*Garde des Sceaux*, guardião do selo régio [Hoje o título *Garde des Sceaux* designa o ministro ou a ministra da Justiça. (N. da T.)]): "Estais estabelecidos apenas para ministrar justiça aos particulares e não para tomar conhecimento dos assuntos de Estado." [*Ibid.*, p. 500.]

bro de 1639 (data em que Séguier recebe ordem de dirigir-se à Normandia) e 27 de março de 1640 (data de seu retorno a Paris). Foi redigido pelo relator no Conselho de Estado, anteriormente intendente em Guyenne, François de Verthamont, que acompanha Séguier ao longo de toda a repressão; e publicado por Amable Floquet (1797-1881), arquivista e historiador normando, em 1842. Foucault compara sistematicamente as informações fornecidas pelo *Diaire* e as da outra principal fonte impressa sobre o movimento e sua repressão: as *Mémoires* redigidas por um dos membros do Parlamento de Rouen, Alexandre Bigot de Monville (1607-1675), que foram editadas em 1876 pelo visconde de Estaintot (Foucault baseia-se nessa edição) e posteriormente reeditadas pela historiadora Madeleine Foisil em 1976. Esse texto apresenta da revolta e de sua repressão uma narração não destituída de parcialidade, pois Bigot de Monville era simultaneamente hostil ao primeiro-presidente do Parlamento, Faucon de Ris, e, como parlamentar, muito empenhado em defender o Parlamento contra os "financiadores" e os novos parlamentares vindos de Paris depois da repressão. Além desses dois testemunhos de época, Foucault mobiliza principalmente os tomos IV e V da *Histoire du Parlement de Normandie*, publicada por Amable Floquet entre 1840 e 1842 e que constitui uma coletânea muito informativa baseada em numerosas fontes inéditas (atas secretas do Parlamento de Rouen ou da municipalidade etc.) e outras publicações de época. O mesmo vale para as notas redigidas por Floquet em sua edição do *Diairie*. Mas Foucault se baseia principalmente na obra de Boris Porchnev, *Les Soulèvements populaires en France de 1623 à 1648* [Os levantes populares na França de 1623 a 1648], extraída da tese redigida pelo historiador soviético no final dos anos 1930, publicada em russo em 1948, em alemão em 1954 e por fim na França em 1963 (Paris, SEVPEN/ EPHE, VIª seção, Centre de recherches historiques, "Œuvres étrangères" IV) e cuja segunda parte é inteiramente dedicada ao movimento dos *Nu-pieds* (pp. 303-502). Foucault inspira-se muito fortemente em Porchnev tanto para sua leitura dos *Nu-pieds* como para sua interpretação mais geral dos movimentos populares no século XVII. Sendo assim, conhece e utiliza regularmente as obras de Roland Mousnier publicadas sobre o assunto: *Fureurs paysannes. Les paysans dans les révoltes au XVIIᵉ siècle (France, Russie, Chine)* (Paris, Calmann-Lévy, 1967), que dedica suas páginas 97-121 aos *Nu-pieds*, e *La Plume, la Faucille et le Marteau* (Paris, PUF, 1970), em que Mousnier retoma e explicita suas críticas à leitura de Porchnev, nas páginas 335-68. Para mais detalhes sobre a polêmica entre Porchnev e Mousnier e a posição de Foucault, cf. *infra*, Anexo: C.-O. Doron, "Foucault e os historiadores", pp. 265-80. Por fim, para os elementos factuais Foucault baseia-se amplamente na monografia *La Révolte des Nu-pieds et les révoltes normandes de 1639* (Paris, PUF, 1970), publicada pela historiadora aluna de Roland Mousnier Madeleine Foisil. Esse texto é hoje considerado a referência incontornável sobre o assunto.

    Para uma leitura mais recente das revoltas populares em geral e dos *Nu-pieds* em particular, ver os trabalhos de Yves-Marie Bercé, principalmente *Croquants et Nu-pieds: les soulèvements paysans en France du 16ᵉ au 19ᵉ siècle* (Paris, Gallimard, 1974, reed. 2013) e *Révoltes et Révolutions dans l'Europe moderne* (Paris, PUF, 1980), e de Jean Nicolas, principalmente *La Rébellion française. Mouvements populaires et conscience sociale (1661-1789)* (Paris, Seuil, 2002), sobre o período posterior aos *Nu-pieds*.

    3. A cronologia desses diversos motins é apresentada em B. Porchnev, *Les Soulèvements populaires en France, op. cit.*, pp. 133-4. O motim de Aix, conhecido como "dos guizos" [*Cascavéoux*], está ligado à tentativa de instalação do sistema de *élection* em Aix. É reprimido por uma tropa comandada pelo príncipe de Condé, em 1631 (cf. *ibid.*, pp. 143--51; R. Mousnier, *La Plume, la Faucille et le Marteau, op. cit.*, pp. 377-8). O movimento que atinge a província de Guyenne começa com motins em Niort e Dax em 1633. Seguem--se importantes motins em Bordeaux em 1635, devido ao aumento progressivo de diversos impostos régios e mais particularmente a um novo imposto sobre o vinho, e, depois, revoltas em Agen e em Périgueux, também em 1635. Essas revoltas são reprimidas pelo intendente Verthamont (futuro autor do *Diaire*) e pelo duque de Épernon (cf. B. Porchnev, *op. cit.*, pp. 157-86; R. Mousnier, *Fureurs paysannes, op. cit.*, pp. 54-7). O levante lionês, por

sua vez, está ligado a uma sobretaxa das tarifas alfandegárias sobre as mercadorias importadas e exportadas, em dezembro de 1632 (cf. B. Porchnev, *op. cit.*, pp. 151-6). Os movimentos de Poitou e em Poitiers são descritos em R. Mousnier, *Fureurs paysannes*, pp. 53-4 e 63-85; trata-se basicamente de revoltas ligadas a más colheitas e especulações sobre o preço do trigo.

4. "Não creio que se possa imaginar algo mais prejudicial para a autoridade do rei nem para seus assuntos [...] Tudo está repleto de sedição na França. Os parlamentares não punem nenhuma delas" (carta de Marillac a Richelieu, 15 de julho de 1630; Foucault cita a partir de B. Porchnev, *Les Soulèvements populaires en France*, p. 294).

5. O número 4.000 em Rouen faz referência aos "quatro mil pobres" que, segundo Floquet, o édito de 1623 condenava a "morrerem de fome" em Rouen, por transformar seus trabalhos em "ofícios dominiais" que seriam taxados ou estariam sujeitos a revenda. Cf. A. Floquet, *Histoire du Parlement de Normandie*, t. IV, Rouen, Édouard Frère, 1841, pp. 521-2; cf. também pp. 447 e 520-1.

6. *Ibid.*, pp. 444-5. "Um bando, estabelecido para os lados de Évreux e comandado por um chamado *Buisson-Cornu* e seu filho La Boullinière, manteve-se ali por vários anos, 'cometendo excessivas violências e desumanidades, infinitas malvadezas e atos contra os quais o céu e a terra clamavam por vingança'" (p. 445; grifado no texto).

7. Cf. R. Mousnier, *Fureurs paysannes*, pp. 104-5: "A maior parte das *généralités*\* de Rouen e de Alençon" e "de Caen eram regiões de grande gabela, monopólio régio do sal, acompanhada de pesados impostos. Mas Cotentin" e diversos outros viscondados "eram regiões de *quart-bouillon*. Ou seja, os salineiros faziam evaporar água do mar, recolhiam o sal, destinavam ao rei um quarto de sua produção e dispunham do restante". Essa produção "dava ensejo a toda uma falsa salinagem. O sal era levado das salinas até uma infinidade de revendedores próximos da fronteira do sal [...] em região de grande gabela".

8. Sobre esses episódios, cf. *ibid.*, p. 105.

9. Cf. *ibid.*, pp. 121 (sobre Cérences) e 109 (sobre Mantilly). Cf. também M. Foisil, *La Révolte des Nu-pieds et les révoltes normandes...*, *op. cit.*, pp. 75-8 (sobre Cérences).

10. Para facilitar a leitura dos acontecimentos descritos por Foucault nas primeiras cinco aulas, acrescentamos aqui uma cronologia sucinta da revolta dos *Nu-pieds* e de sua repressão. Para uma cronologia mais detalhada, cf. M. Floquet, *op. cit.*, pp. 163-71 e 287-301; A. Floquet (org.), *Diaire ou Journal du voyage du Chancelier Séguier en Normandie après la sédition des Nu-pieds, 1639-1640*, Rouen, Édouard Frère, 1842 [citado *infra*: *Diaire*], pp. 451-61. Para facilitar distinguiremos a cronologia das revoltas e a de sua repressão.

(1) *As revoltas*. 16 de julho de 1639: em Avranches e em sua região, assassinato de Poupinel e ataque a um agente encarregado da cobrança do *sol pour livre* ["soldo por libra", um imposto régio sobre tecidos (N. da T.)], depois pilhagem de diversos escritórios do fisco: início da sedição; 4 de agosto de 1639: em Rouen, assassinato de Rougemont, encarregado do controle das tintas para tecidos; 8 de agosto de 1639: em Caen, início de sedição contra o encarregado da marcação dos couros. De 12 a 20 de agosto, sedições diversas em Caen, Vire e na região de Avranches. De 20 a 24 de agosto, importante sedição em Rouen: pilhagem de várias casas, sob comando de Gorin; ataque à casa do recebedor das gabelas, Le Tellier de Tourneville. De 26 a 30 de agosto, nova sedição em Caen: pilhagem de diversas casas, sob comando de Branu. Em setembro de 1639 a sedição continua nas regiões de Avranches e de Coutances. Em outubro e novembro de 1639, a revolta mantém-se de modo mais esporádico na região de Avranches; em 30 de novembro os sediciosos são derrotados numa batalha contra as tropas do coronel Gassion. Segundo Foisil, os dias de revolta entre

---

\* *Généralité*: circunscrição financeira administrada por um *général des finances* e posteriormente por um intendente; o termo então se tornou sinônimo usual de *intendance*, embora a *généralité* e a intendência nem sempre coincidissem exatamente. Em 1789 havia na França 36 *généralités*. (N. da T.)

16 de julho e o fim de novembro de 1639 distribuem-se do seguinte modo: 5 em julho, 17 em agosto, 11 em setembro, 2 em outubro e 2 em novembro.

(2) *A repressão*. Na realidade é preciso distinguir três missões de repressão. Em seu curso Foucault concentra-se nas do coronel Gassion e do chanceler Séguier em Rouen e na Baixa Normandia (região de Avranches principalmente), mas é preciso não esquecer que em 20 de outubro de 1639 Charles Le Roy de La Potherie foi mandado a título de intendente de justiça para a *généralité* de Caen, onde permaneceu todo o mês de novembro, antes de juntar-se a Gassion. Em 16 de novembro de 1639 Gassion recebe ordem de ir para a Normandia: faz sua entrada em Caen em 23 de novembro. Em 30 de novembro, luta contra os insurgentes perto de Avranches e em 1º e 2 de dezembro procede a execuções na cidade. Em 14 de dezembro recebe ordem de ir para Rouen, onde entretanto suas tropas só entrarão em 31 de dezembro. Em 15 de dezembro o chanceler Séguier, por sua vez, é mandado para Rouen: sai de Paris no dia 19 e instala-se em Gaillon (a 20 km de Rouen) no dia 21. Recebe ali as diversas delegações dos notáveis da cidade de Rouen (parlamentares, arcebispo, prefeito etc.) entre 23 e 30 de dezembro. De 30 de dezembro de 1639 a 1º de janeiro de 1640, instala-se em Pont-de-l'Arche (a 10 km de Rouen), onde continua a receber delegações, enquanto as tropas de Gassion entram em Rouen em 31 de dezembro de 1639. Séguier, por sua vez, faz sua entrada em Rouen em 2 de janeiro de 1640 e assume a repressão na cidade até 11 de fevereiro. Em seguida vai para a Baixa Normandia e para Caen (onde permanece de 16 a 28 de fevereiro) e depois para Coutances, onde fica de 4 a 14 de março. Retorna a Paris em 27 de março de 1640.

11. O chanceler Pierre Séguier (1588-1672), magistrado presidente (*président à mortier*) na mais alta câmara de justiça do Parlamento de Paris e intendente de Guyenne entre 1621 e 1624, é nomeado *Garde des Sceaux* (guardião do selo régio) em 1633 por Richelieu e *Chancelier de France* (chanceler da França) em 1635, cargo que conservará (com uma interrupção durante a Fronda) até sua morte em 1672. Com essa dupla qualificação, é uma das principais engrenagens do Estado absolutista e de sua administração e, mais ainda, encarregado de sua função de justiça e de repressão. Ele instruirá vários processos importantes (contra Cinq-Mars, contra Fouquet) e dirigirá a repressão aos *Nu-pieds*. A partir dos arquivos acumulados por Séguier, Porchnev e Mousnier estudarão a repressão às diversas comoções populares no século XVII (cf. *infra*, C.-O. Doron, "Foucault e os historiadores", anexo citado, pp. 272-80). Sobre Séguier, cf. D. Richet, "Une famille de robe: les Séguier" e "Carrière et fortune du Chancelier Séguier", in *Id., De la Réforme à la Révolution. Études sur la France moderne*, prefácio de Pierre Goubert, Paris, Aubier (col. "Histoires"), 1991, pp. 155-316; F. Hildesheimer, "Richelieu et Séguier, ou l'invention d'une créature", in Bernard Barbiche e Yves-Marie Bercé (orgs.), *Études sur l'ancienne France*, Paris, École des Chartes/Champion, 2003, pp. 209-26.

12. Cf. B. Porchnev, *Les Soulèvements populaires en France*, p. 313; R. Mousnier, *Fureurs paysannes*, pp. 104-7. Trata-se do boato segundo o qual a gabela seria estabelecida na Baixa Normandia, suprimindo o privilégio das regiões de *quart-bouillon*.

13. "Receio que por fim joguem [impostos] sobre os mendigos que se aquecem ao sol (Guy Patin, citado em André Chéruel, *Histoire de l'administration monarchique en France, depuis l'avènement de Philippe Auguste jusqu'à la mort de Louis XIV*, Paris, Desobry, vol. 1, 1855, p. 210).

14. Todas essas datas são extraídas de B. Porchnev, *Les Soulèvements populaires en France*, pp. 266-7, bem como as informações sobre as causas dos impostos. Em Poitiers os impostos sobre o vinho causam revoltas em 1625, 1631-1632, 1638-1639-1640; em Laval a revolta é provocada pela "instituição de ofícios de supervisores e inspetores da fabricação de tecidos de linho" (p. 267). Sobre Aix, cf. *supra*.

15. Cf. B. Porchnev, *op. cit.*, p. 394.

16. Esse conceito de "plebeus das cidades" é retomado de Porchnev, que o extrai dos trabalhos de Engels sobre a guerra dos camponeses na Alemanha em 1525 (*Der Deutsche Bauernkrieg* [1850] / *La Guerre des paysans en Allemagne*, trad. fr. Émile Bottigelli, Paris,

Éditions Sociales, 1974). Porchnev utiliza-o, seguindo Engels, para descrever o "populacho", a "ralé", a "escória" do povo, segundo os termos de época (cf. *Les Soulèvements populaires en France*, pp. 269-75), ou seja, um amálgama heteróclito que abrange "um pré-proletariado de artesanato e de manufatura"; "a massa dos pequenos artesãos"; "a massa das pessoas sem profissão definida e sem domicílio fixo", e particularmente tudo o que Engels (des)qualifica com o termo *Lumpenproletariat*, porém tomando o cuidado de destacar que o *Lumpenproletariat* de então era "mais sadio", menos depravado e menos venal que o do século XIX.

Esse conceito de "plebe" é muito importante para Foucault durante o mesmo período, pois ele vê na abolição do "corte" criado entre a "plebe não proletarizada" e o proletariado, corte pelo qual o sistema penal seria responsável a partir do século XIX, um fator fundamental, que coincide com diversos problemas levantados no curso (particularmente a genealogia da separação entre "delito político" e "delito de direito comum" e a manifestação do fato de toda delinquência ser política). Cf. *infra*, Situação do curso, pp. 221, 228, 237--38, bem como *Dits et Écrits 1954-1988* (ed. por D. Defert e F. Ewald, colab. J. Lagrange, Paris, Gallimard, 1994, 4 vols. [citado *infra*: *DE*], reed. em 2 vols., col. "Quarto" [ed. bras.: *Ditos e escritos*, 10 vols. temáticos, Rio de Janeiro, Forense Universitária 2010-2015), nºs 105, 107, 108, 125. Foucault começa a distanciar-se dessa noção de "plebe sediciosa", "não proletarizada", a partir de 1973, particularmente em *La Société punitive. Cours au Collège de France, 1972-1973*, ed. B. E. Harcourt (Paris, EHESS-Gallimard-Seuil, col. "Hautes Études", 2013 [ed. bras.: *A sociedade punitiva: curso no Collège de France (1972-1973)*, São Paulo, WMF Martins Fontes, 2015]), e em "À propos de l'enfermement pénitentiaire" (entrevista com A. Krywin e F. Ringelheim, *Pro Justitia. Revue politique de droit*, t. I, nº 3-4: *La Prison*, out. 1973, pp. 5-14), *DE*, II, nº 127 [trad. bras.: "Sobre o internamento penitenciário", in *Ditos e escritos*, vol. IV]. Cf. *infra*, aula de 1º de dezembro de 1971, pp. 34-6, nota 13.

17. Essa é a famosa tese de Porchnev; cf. por exemplo *Les Soulèvements populaires en France*, pp. 395-6. "Mais uma vez é preciso observar que os impostos sobre a população percebidos por um Estado feudal nada mais eram que uma forma centralizada da renda feudal, assim como, por sua origem, o poder régio era apenas o elo central da hierarquia feudal" (p. 395). Para mais detalhes, cf. *infra*, C.-O. Doron, "Foucault e os historiadores", pp. 265-80.

18. Cf. B. Porchnev, *op. cit.*, p. 314; A. Floquet (org.), *Diaire ou Journal du voyage du Chancelier Séguier en Normandie après la sédition des Nu-pieds, 1639-1640*, Rouen, Édouard Frère, 1842 [citado *infra*: *Diaire*], pp. 397-400 e 422-4. Quanto à data: 16 de julho de 1639.

19. O "homem da justiça" designa Besnardière-Poupinel, que é tenente particular (*lieutenant particulier*)* no bailiado e faz parte do *présidial*. Como tal e num contexto de boatos sobre o estabelecimento da gabela, ele é associado aos "monopolistas e gabeleiros" que arrendavam os impostos por conta do rei. Cf. sobre esse assunto M. Foisil, *La Révolte des Nu-pieds...*, pp. 198-9.

20. Cf. *Diaire*, p. 424.

21. Trata-se de Goaslin, arrastado durante três dias na cauda de um cavalo e depois morto com dois tiros de pistola. Cf. *Diaire*, p. 305.

22. Cf. *ibid.*, p. 365.

23. Cf. *ibid.*, p. 399.

24. Cf. B. Porchnev, *Les Soulèvements populaires en France*, p. 353. Em 26 de agosto a multidão exige o reembolso do imposto arrecadado para subsistência dos soldados e do qual os *"partisans"* (ou seja, os financiadores) haviam se apropriado.

25. Cf. R. Mousnier, *Fureurs paysannes*, p. 118. Os escritórios das Ajudas eram os escritórios onde ficavam os agentes encarregados de cobrar diversos impostos indiretos sobre o consumo, principalmente de bebidas (as "ajudas").

---

* *Lieutenant particulier*, assistente de um *lieutenant général* civil ou criminal. (N. da T.)

26. Cf. *Diaire*, p. 410. Quanto à agressão, trata-se de "fazer choverem tantas pedradas e bastonadas sobre o senhor de Sarcilly [...] que ele ficou como morto na praça".

27. Cf. *Histoire du Parlement de Normandie*, IV, p. 574, que faz referência às "fogueiras ao redor das quais eles dançavam, berrando, maldizendo os gabeleiros e os monopolistas". Segundo o *Diaire*, p. 437, trata-se de "Jouvain".

28. *Histoire du Parlement de Normandie*, IV, p. 602. Hugot era recebedor-geral dos direitos dominiais, dos direitos de feudo livre e *nouveaux acquêts*, *reliefs* e *demi-reliefs*. [Genericamente, *nouveaux acquêts* são impostos devidos ao rei e ao senhor por plebeus que adquiriam um feudo; *reliefs* e *demi-reliefs* são direitos de transmissão que os vassalos pagavam aos herdeiros do senhor do feudo. (N. da T.)]

29. Cf. *ibid.*, pp. 605-8. Noël du Castel, dito Gorin, artesão relojoeiro em Rouen, é apresentado como o principal agitador dos distúrbios de Rouen.

30. *Diaire*, p. 424: "se lavrassem um auto do que acontecera, eles queimariam as casas dos oficiais".

31. *Histoire du Parlement de Normandie*, IV, p. 600. A citação exata é: "grande número de pessoas portando, umas, gorros vermelhos, outras, gorros brancos, carregadores, carrinheiros, mulheres e crianças".

32. Cf. *Diaire*, p. 25.

33. A revolta estendeu-se por duas zonas. A primeira é a região de Avranches e de Coutances, na qual, de 97 paróquias, 27 participaram da revolta. A segunda zona é a região situada entre Mortain e Domfront, na qual nove paróquias se revoltaram, inclusive a de Mantilly, célebre por sua má vontade para pagar a talha. Cf. R. Mousnier, *Fureurs paysannes*, pp. 108-9.

34. Trata-se das *Lettres* (Cartas) de Hugo Grócio, embaixador da Suécia na França, ao chanceler Oxenstiern (*Hugonis Grotii Espistolae*, Amsterdã, 1687): "*seditiosorum numerus in inferiori Normannia crescit ad viginti (ut dicitur) milia*" (carta de 3 de dezembro de 1639); cf. B. Porchnev, *Les Soulèvements populaires en France*, p. 322.

35. Cf. *Histoire du Parlement de Normandie*, IV, p. 604.

36. Cf. M. Foisil, *La Révolte des Nu-Pieds...*, p. 182. Cf. também R. Mousnier, *Fureurs paysannes*, pp. 111-3.

37. Cf. B. Porchnev, *Les Soulèvements populaires en France*, pp. 380-1: "na realidade, a burguesia primeiro se mostrou disposta a apoiar e sancionar a rebelião". Os exemplos seguintes encontram-se em Porchnev.

38. Cf. *Histoire du Parlement de Normandie*, IV, p. 604; B. Porchnev, *Les Soulèvements populaires en France*, p. 380.

39. *Diaire*, p. 353: "que eles estavam armados apenas para sua preservação e não para preservação dos monopolistas, e que não se deixariam matar por causa deles"; B. Porchnev, *Les Soulèvements populaires en France*, p. 381. Nicolas Le Tellier, senhor de Tourneville, secretário do rei, é um dos principais "financiadores" na cidade de Rouen, a título de recebedor-geral das gabelas. Enriquecido por seus cargos, em 1648 ele conseguirá casar sua filha Catherine com François de Harcourt, uma das principais famílias da nobreza normanda.

40. Aqui Foucault se afasta um pouco de Porchnev; este simplesmente destaca o fato de o Parlamento estar dividido entre suas "raízes" burguesas e populares e sua estreita vinculação com "a nobreza feudal dominante"; seus interesses impelem-no a "defender esse estado nobiliário e absolutista" (B. Porchnev, *op. cit.*, p. 382).

41. *Histoire du Parlement de Normandie*, IV, p. 598. Citação exata: "*Visto que S. M. demanda de seus oficiais uma obediência cega* (dissera o procurador-geral), requeiro o registro, *por muito expresso comando do rei*" (grifado no texto). A data é 7 de junho de 1639.

42. Cf. *ibid.*, pp. 618-9.

43. *Ibid.*, pp. 611-2; B. Porchnev, *Les Soulèvements populaires en France*, p. 384.

44. Cf. *Diaire*, pp. V-VI.

45. Cf. *ibid.*

# AULA DE 1º DE DEZEMBRO DE 1971

*Resumo das etapas: (1) uma sedição popular que visa a fiscalidade do Estado; (2) esquiva da nobreza, da burguesia, dos parlamentares; (3) o exército como a única resposta: rumo ao século da "justiça armada"; (4) o poder régio instaura o novo sistema repressivo. – Elaborar a história desse novo sistema repressivo? Objeção: anterioridade do aparelho de repressão estatal. Resposta: desenvolvimento contínuo das instituições legislativas, mas corte no interior das que dizem respeito à justiça; de um lado, vinculação com o antigo sistema; do outro, produção de um novo sistema. Em contraste com a burguesia pós-revolucionária que implementa um sistema repressivo unitário, simultaneamente estatal, jurídico e policial, sob a máscara da independência da justiça. – Retorno aos* Nu-pieds *da Normandia. Eles assumem os signos do poder e se arrogam suas prerrogativas. Rejeição à lei pela imposição de uma lei. Rejeição à justiça como exercício de uma justiça. – Os signos desse exercício do poder: o nome que adotam como referência a sua "mendicidade"; seu chefe simbólico, personagem quimérico; suas ordens "em nome do Rei". – Os atos cometidos nesse exercício do poder (militar, administrativo, financeiro, de justiça). – A repressão efetua-se realmente contra outro poder.*

*Resumo*  Uma sedição popular  [21/1]

– Ela respondia a uma pressão fiscal cujo aumento ultrapassara o limite de tolerância das populações mais pobres.
– Envolveu sucessivamente populações rurais e urbanas:
  – as populações rurais, de modo quase contínuo de julho a novembro de 1639;
  – as populações urbanas, de modo mais esporádico: Rouen nas três primeiras semanas de agosto; Caen em meados de outubro.
– Mas, embora não tenham se desencadeado no mesmo momento nem pelas mesmas razões (sal no campo, tinturas em Rouen, couro em Caen)[1], embora a estratégia tenha sido diferente (nas cidades, a sedição enfrenta as milícias e as tropas; nos campos, muito mais liberdade

de manobra), elas reconhecem que fazem parte de um único e mesmo movimento, todas se valem do mesmo signo: os *Nu-pieds*.

*Características* [22/2]

– A sedição dirige-se de modo seletivo, se não exclusivo, aos representantes da fiscalidade estatal:
   – aos que presumivelmente contribuíram para seu estabelecimento (Beaupré[2]),
   – aos que chegam para aplicá-la,
   – aos que tiram proveito dela pelo sistema de arrendamento de impostos (*fermes*),
   – aos que supervisionam sua aplicação, seu rateio e sua quitação (o Tribunal de Ajudas[3]).

É apenas no final e por extrapolação que a sedição se volta de modo indiferenciado contra os ricos.

– Mas, no momento em que sofre esse ataque, o aparelho fiscal de Estado vê esquivarem-se ao seu redor os grupos sociais nos quais se apoiava:
   – na nobreza, uma boa parte não se abala, pois a fiscalidade estatal faz concorrência com a sua e em troca beneficia apenas a alta nobreza;
   – na burguesia, mesma esquiva, porque a fiscalidade atrapalha demais a exportação e reduz excessivamente o poder de compra das populações;
   – entre os parlamentares, também esquiva, porque estão em concorrência com a fiscalidade estatal [23/3]
      – na condição de proprietários de terras que, por sua vez, tinham de receber sua própria renda,
      – na condição de aplicadores da justiça, visto que o exercício da justiça constituía uma espécie de recolhimento fiscal exigido dos jurisdicionados.

1 – Indiscutivelmente, não era a primeira vez que a fiscalidade estatal entrava em conflito com a nobreza, com a burguesia e até mesmo com o Parlamento. Pode-se até dizer que desde Filipe, o Belo, o conflito havia sido constante, pelo menos com a nobreza e a burguesia; e nesses conflitos o aparelho de Estado só havia vencido porque estava nas mãos e servia aos interesses de uma parte da nobreza (à custa da outra), de uma parte da burguesia (à custa da outra).

2 – Mas, no impulso da grande expansão econômica do século XVI, Henrique IV havia restabelecido [a ordem]ᵃ do Estado, logo após as guerras religiosas:ᵇ
 – apoiando-se nos proprietários de terras e na burguesia para sua política econômica,
 – apoiando-se nos parlamentares, em benefício dos quais sistematizou a venda dos ofícios.

De modo que no início do século XVII a ordem do Estado estava assegurada por três instâncias: [24/4]
 – a velhíssima instância dos agentes senhoriais (agentes administrativos, agentes fiscais, agentes de justiça)[4]. Essa instância vem definhando há séculos, mas muito lentamente. No século XVIII ainda [estará] ativa e pesada;
 – a também antiga instância das milícias burguesas, integradas pelas classes mais abastadas e que, dirigidas pelas municipalidades, por isso se encontravam nas mãos do patriciado urbano[5];
 – por fim, a pouco menos antiga instância do Parlamento, mas que, com relação ao Parlamento de são Luís, amplamente se autonomizara, se fracionara, se implantara nas províncias; ao mesmo tempo que se multiplicavam, ao lado dele, abaixo dele, instâncias judiciais tanto fiscais (Tribunal de Ajudas) como gerais e inferiores (como os *présidiaux*)[6].

São essas três instituições que garantem a ordem, evidentemente tendo como reforço sempre possível o exército.

3 – Mas, à medida que a grande depressão do século XVII se acelera, à medida que a nobreza local, a burguesia parlamentar, a burguesia comercial começam a sofrer com o colapso dos preços, a menos--valia das rendas e o encolhimento do mercado, então essas três instâncias de manutenção da ordem se recusam, pelo menos por algum [25/5] tempo, a acorrer ao chamado do aparelho de Estado.

Só está disposta a acorrer incondicionalmente a força que se beneficia diretamente com a concentração da renda feudal nas mãos do poder central: o exército. O exército, que no século XVII vai ser a instituição em que os nobres vão poder, com mais facilidade e mais diretamente, beneficiar-se com essa renda feudal retardada e concen-

 a. Palavra faltante, restabelecida a partir do que vem a seguir.
 b. Na margem, Foucault menciona "os *Croquants*", a propósito dos quais: "para enfrentar o motim, os senhores, os parlamentares, os burgueses haviam encontrado em Henrique IV [...]". [*Croquants* – literalmente, matutos: alcunha dos camponeses que se revoltaram sob Henrique IV e Luís XIII, no sudoeste da França. (N. da T.)]

trada que o poder régio recolhe em lugar deles e lhes transfere; e que [se torna] também a grande instituição que assegura a manutenção da ordem e consequentemente o recolhimento dessa renda com que se beneficia.

De Richelieu a Luís XIV estamos no século da "justiça armada"[7]. Século que começa com a repressão aos motins dos anos 1630 e se encerra com a repressão aos *Camisards*.

4 – Na esteira desse exército e resguardado por essa força, o poder régio vai implantar um novo sistema repressivo:

– que faz recuarem cada vez mais a justiça e a repressão senhorial; [26/6]

– que abarca (e controla, quando não as substitui) as jurisdições e milícias burguesas;

– que limita, à custa de graves conflitos, os poderes do Parlamento.

O que vemos surgir, nessa época da "justiça armada", é um novo sistema de repressão, implantado para substituir as três instâncias repressivas debilitadas e para assim proteger não só o aparelho de Estado [mas também][a] o recolhimento fiscal do qual ele se constitui o agente.

Esse novo sistema

– insinua-se nas brechas do antigo,
– recobre-o, reprime-o, atropela-o,
– e por fim o suplantará.

É desse novo sistema que precisamos elaborar a história.

Mas pode-se fazer imediatamente uma objeção: um aparelho de repressão estatal, ligado à extensão da fiscalidade, já faz muito tempo que surgiu. Afinal de contas, desde há muito tempo a justiça régia vem desempenhando esse papel. [27/7]

– Entendamo-nos bem: não está em causa dizer que a justiça régia surgiu no início do século XVII. Afinal de contas, o rei era essencialmente aplicador da justiça; e de fato já há muito tempo a justiça do rei se estendera para além dos âmbitos em que ele exercia sua justiça senhorial.

– o Parlamento, os parlamentos apresentavam-se como uma emanação direta do poder (e, pretendiam, de todos os aspectos desse poder)[8];

---

a. O manuscrito traz: "e".

*Aula de 1º de dezembro de 1971*

– a justiça prebostal era também, desde o século XVI, uma justiça régia[9];
– os *présidiaux*, a partir de 1551[10].
– Mas o que é preciso ver bem é que no século XVII surgiu – *no próprio interior da justiça régia*[a] – um novo sistema de repressão.

A justiça régia em sua forma parlamentar ou *présidial*, ou prebostal, sobrepusera-se à justiça feudal; coordenara-se com ela (não sem conflito, certamente, mas seguindo o mesmo modelo e o mesmo tipo de funcionamento). [28/8]

O novo sistema de repressão, mesmo estando – e muito mais que o primeiro – nas mãos do rei, segue porém um modo de funcionamento muito diferente; e é heterogêneo com relação ao antigo sistema. "As funções da justiça e da polícia frequentemente eram incompatíveis" (édito de 1667, [...][b])[11].

Portanto, talvez não devamos aceitar o esquema dos historiadores que admitem a lenta progressão contínua da justiça régia desde os séculos XII-XIII até o final do século XVIII, com o aparecimento sucessivo dos parlamentos, da justiça prebostal, dos *présidiaux*, dos tenentes de polícia etc.; evolução marcada pelos grandes *corpus* legislativos de 1447-1499, de 1539, de 1670[12].

É preciso admitir que a partir do século XVII a justiça régia viu-se dividida:

– de um lado, uma justiça régia que se sobrepõe à justiça feudal para limitá-la, controlá-la, e que com ela faz parte do que poderíamos chamar de "sistema repressivo feudal"; [29/9]
– e uma nova justiça régia, vinculada ainda mais diretamente que a antiga à pessoa do rei, mas na verdade fazendo parte de um novo sistema repressivo: "sistema repressivo estatal".

Portanto:
– num certo nível de leitura, um desenvolvimento institucional contínuo, com escansões legislativas reconhecíveis e regulares;
– e, num outro nível, um corte profundo no interior das instituições do âmbito da justiça. Corte que rechaça algumas dessas instituições para o lado do antigo sistema de repressão e vincula algumas outras a um novo sistema:

---

a. Grifado no manuscrito.
b. Três palavras ilegíveis.

(1) de um lado: parlamentos e *présidiaux*,
(2) do outro: tenentes de polícia, enclausuramentos, *lettres de cachet**, Ordenação de 1670.
No ponto divisor: as grandes sedições populares do século XVII.
Teríamos, portanto, um esquema deste tipo: [10]ª

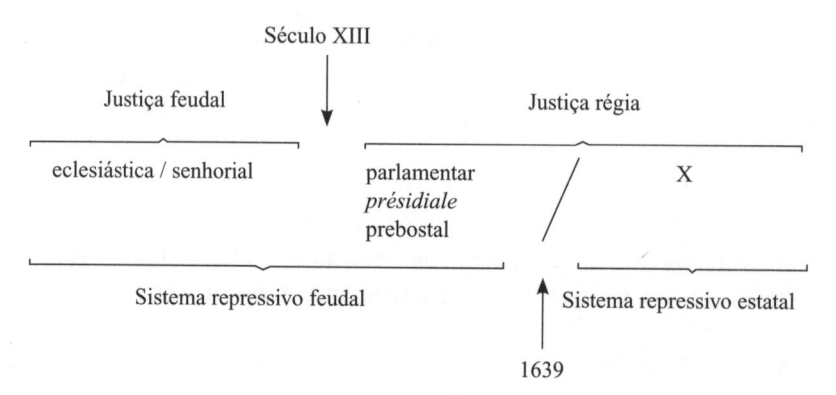

```
                    Século XIII
                        ↓
   Justiça feudal              Justiça régia
   ┌──────────┐      ┌──────────────────────┐
eclesiástica/senhorial   parlamentar        X
                         présidiale
                         prebostal
   └──────────────────────┘      └──────────┘
    Sistema repressivo feudal   ↑ Sistema repressivo estatal
                               1639
```

* Segundo as anotações feitas por Daniel Defert durante o curso.

Se puder ser adotado, esse esquema esclarece alguns fatos:

1. As sedições populares eram dirigidas contra o recolhimento da renda feudal centralizada.
A repressão destinava-se a proteger essa renda, sua cobrança, o aparelho de Estado que a garante. Mas essa repressão utilizou um aparelho e fez-se em formas que eram incompatíveis com o sistema feudal.

2. Isso explica inicialmente uma primeira contradição:
– Esse aparelho de Estado foi violentamente atacado pela burguesia por causa de sua *destinação*ᵇ (manutenção de uma fiscalidade de tipo feudal), e nessa luta a burguesia tinha como aliados pessoas que [30/11] não eram hostis à destinação desse aparelho repressivo, e sim à sua forma (os que tinham a ver com o antigo sistema repressivo): essencialmente os parlamentares.

---

\* *Lettre de cachet* ou *lettre close*: ordem do rei, secreta e lacrada com seu selo pessoal, transmitindo diretamente ao interessado uma ordem de exílio ou de prisão sem julgamento prévio. (N. da T.)

a. Como no manuscrito depositado na BnF está faltando a folha 10, o texto foi estabelecido de acordo com uma fotocópia feita anteriormente.

b. Grifado na fotocópia do manuscrito.

Daí, a longa oposição, desde os parlamentares revoltados na época de Richelieu até a revolta parlamentar que precedeu a Revolução Francesa, tendo como episódios a Fronda, o jansenismo, o fracasso da reforma Maupeou.

– Mas, apesar dessa aliança tática, a justiça parlamentar feudal, não só em sua destinação mas também em sua forma, em rigor era igualmente o "inimigo" para a burguesia:

– A burguesia chegou a aliar-se ao rei contra os parlamentares;
– a burguesia travou no século XVIII uma longa luta ideológica e política contra o Parlamento (Calas, Beccaria), e
– na Revolução Francesa ela se livrou dos parlamentos.

Portanto, a burguesia lutou simultaneamente contra as duas formas da justiça régia. Denunciar as *lettres de cachet*, ridicularizar os parlamentos, como se fossem dois elementos de um mesmo sistema. Ao passo que eram dois sistemas repressivos diferentes (aliás, apoiando-se mutuamente dentro de um mesmo regime político).

[31/11bis]

– Ora, ao abrigo dessa crítica global (na verdade, com duas frentes), a burguesia sob a Revolução Francesa, mas principalmente na época napoleônica, fez uma triagem:

– livrou-se realmente da justiça feudal (senhorial ou parlamentar), que para ela era impossível devido a sua forma e a sua destinação;
– quanto ao novo sistema repressivo implantado no século XVII, ela rejeitava sua destinação (recolhimento da renda feudal), mas não sua forma (ou pelo menos certos elementos formais: o elemento policial).

São esses elementos que ela utiliza para seus próprios fins. E esses fins não são mais o recolhimento da renda feudal, e sim a manutenção do lucro capitalista[13].

Mas, ao passo que o regime monárquico justapusera dois sistemas repressivos mutuamente heterogêneos, embora ambos se destinassem a preservar a fiscalidade feudal, ªa burguesia adotará um sistema repressivo unitário: estatal, jurídico e policial.

Sistema unitário que a burguesia tentará mascarar com a afirmação de que a justiça é independente

[32/11ter]

– tanto do controle político do Estado
– como da força armada policial.

E isso para poder fazê-la funcionar como se fosse um poder arbitral e neutro entre as classes sociais.

a. Aqui, ruptura de linha e alínea no manuscrito.

Precisamos retomar os acontecimentos de 1639.

– O que até agora foi dito sobre eles assemelha-os a todos os que os precedem ou que vão sucedê-los:
- como em outros lugares, movimento popular;
- como muito frequentemente, movimento antifiscal;
- como muito frequentemente, esquiva da burguesia, dos parlamentares e de uma parte da nobreza.

Quando muito, podemos dizer que na Normandia a ausência do governador e a fraqueza das tropas presentes possibilitaram que a sedição se desenvolvesse; possibilitaram também que a debilidade do Parlamento, da burguesia e da nobreza locais aparecesse muito mais claramente do que na Aquitânia, por exemplo, onde o duque de [Épernon][a] pudera intervir muito cedo.

– Mas, além dessa diferença na duração e na amplitude do processo, há uma característica bem específica da sedição dos *Nu-pieds*[b]: é o modo como o poder régio foi atacado.

Também aí, é bem possível que tenham sido algumas circunstâncias externas que, permitindo que o processo se desenvolvesse, tornaram visível, retrospectivamente mas também já para os contemporâneos e para o poder da época, o que existiu em outros lugares, mas de modo mais recoberto e oculto.[c]

Não importa. Em todo caso, os *Nu-pieds* da Normandia, ao atacarem o poder régio – ou pelo menos os representantes de seu aspecto mais intolerável: a fiscalidade –, apresentaram-se como apropriando-se de pelo menos uma parte do poder; adotaram explicitamente os signos e exerceram as prerrogativas desse poder.

Não era a luta pura e simples contra o poder estabelecido. Os *Nu-pieds* tampouco agiam como uma massa de manobra que combatesse em proveito da nobreza ou da burguesia e que lhes entregaria o poder

---

a. O manuscrito traz: "Aiguillon"[14].
b. Grifado no manuscrito.
c. No verso de uma folha numerada "18" e riscada, Foucault apresenta essa explicação nos seguintes termos:
"4. Mas o traço mais singular dessa sedição certamente não são as forças presentes, o sistema de alianças e de apoios. Eles se repetem, com algumas modificações, na maioria dos movimentos populares do século XVII.
O traço talvez mais característico é toda uma organização relativamente estrita que adotou as formas, o modo de ação e os signos do poder.
Essa organização de outro poder não é visível, talvez não tenha existido e sem dúvida só tinha sentido na sedição rural (mais duradoura no tempo, mais dispersa no espaço do que o motim urbano)."

arrancado do rei. Apresentaram-se como sendo eles mesmos um poder (militar, político, judicial, financeiro).[15]

Que esse outro poder tenha surgido – de um modo não surdo e oculto, e sim manifesto – talvez explique

– o efeito de amedrontamento produzido em alguns (parlamentares, por exemplo, que se consideravam a única alternativa ao poder régio);
– o desejo (em alguns nobres) de se apropriarem dele, mas sua desistência muito precoce (cf. Ponthébert[16]);
– a violência da reação no grupo social dos detentores do poder; [35/14]
– a necessidade que eles sentiram de implantar uma reação específica e de marcar, em todos os episódios dessa reação, as formas visíveis de um poder de Estado;
– o fato de, no momento dessa repressão, os poderes nobiliários, parlamentares, burgueses não só não terem eles mesmos se defendido, mas terem concordado em entrar no jogo dessa repressão, querendo acima de tudo salvar uma parte de seu poder ao participar da repressão;
– o fato de esse outro poder, sua súbita e precária emergência, ter sido ocultado durante tanto tempo pelos historiadores[17].

Na verdade, o que podemos saber desse outro poder? Pouca coisa, dada a natureza dos documentos (todos ou quase todos provenientes do outro lado). Para servir de símbolo a essa fugidia passagem de outro poder e à estupefação escandalizada e amedrontada dos outros poderes: [36/15]
– esta frase de Bigot de Monville, no final do capítulo em que narra a derrota dos *Nu-pieds* [descalços]: "Assim essa corja que durante vários meses dominara o campo foi dissipada num momento. Eles portavam como estandarte uma âncora de sable em campo de sinople."[18]

Quais signos ou traços podemos recuperar desse exercício do poder?

a. Eles se apresentam explicitamente como os mais pobres, como não tendo nada a perder, visto que nada têm porque foram totalmente espoliados pelos ricos[19]; e (nos dois ou três textos deles que foram recuperados) os ricos não são tanto os proprietários, são mais os "*partisans*", aqueles que são parte interessada na cobrança do imposto[20].

São mendigos que se apresentam como mendigos e que como mendigos vão exercer um certo poder.

Importância de seu nome:
– Segundo o *Diaire*, viria de um pobre-diabo que viam correr descalço pelas praias[21].
– Segundo as *Mémoires* de Montglat, os revoltados queriam "significar com isso que os subsídios os haviam colocado em situação de não poderem calçar-se".
– Bernard, conselheiro do rei (*Histoire de Louis XIII*, livro 12, p. 437), diz que eles haviam escolhido esse apelido "para com seu nome mostrarem sua miserabilidade"[22].

Importância também da referência à região, à província, simultaneamente
– como região "de sofrimento",
– como região que outrora tivera suas franquias, suas liberdades, suas Cartas, e perdeu-as apesar de sua fidelidade ao rei[23].

b. A sedição apresenta-se como tendo um chefe: que não só dá ordens, evidentemente, mas que assina instruções segundo as formas rituais, que manda lê-las no sermão das igrejas, que manda afixá-las, que apõe seu selo e suas armas no final dos documentos que endereçava ou publicava[24].

Ora, todos esses ritos e signos do poder não só se referiam a um detentor do poder que portava um nome anônimo, como também se sabe agora que esse personagem não existia. (Certamente havia uma pluralidade de chefes, e talvez bem pouco coordenados entre si; mas cada um de seu lado manipulava os signos de poder que supostamente recebiam dele.)

É como se os signos mais visíveis, mais tradicionais, mais rituais do poder tivessem sido dispostos em torno de um lugar vazio, de um nome sem rosto que designava o movimento em si[25]. O que estava em causa nesse jogo de signos do poder?
– Sem dúvida estava em causa dar forma de autoridade a uma direção a que certamente faltava coesão,
– mas também estava em causa mostrar que os atos cometidos (pilhagens, incêndios, mortes) eram atos de poder; que se tratava de punições, confiscos, execuções.
– E o sinal de que de fato para eles estava em causa o exercício do poder é que Jean Nu-pieds dava ordens "em nome do Rei"[26]. Essa referência ao Rei não indicava de modo algum que os sediciosos reconhecessem as decisões do Rei ou invocassem, acima dos agentes dele, o poder arbitral do Rei. Essa invocação do Rei reme-

tia ao Rei como substância do poder, como foco de emanação do poder. Para exercer o poder era preciso buscá-lo no Rei, fonte do poder, era preciso extraí-lo do "corpo político" do Rei[27].
Eles não se submetiam ao rei: apoderavam-se dele.
– Aliás, ao dizer-se *"Missus a Deo"* em sua divisa, Jean Nu-pieds assentava sua autoridade numa missão divina que correspondia ao direito divino do Rei[28].

c. Os atos de poder realizados pelos descalços

1. Recrutamento das tropas (cf. a instrução[29]).
Organizações militares (com circunscrições e capitães).
Disciplina estrita: enforcamento de um soldado desobediente[30].

2. Atos administrativos e financeiros.
– Perto de Cancale, eles só autorizam os oficiais do armazém de sal a descarregar seu carregamento mediante um imposto de 30 pistolas*.
Depois disso, dão-lhes um passaporte com o selo de Jean Nu--pieds[31].
– Em 18 de outubro, feira em Gavray: os *Nu-pieds* chegam e leem uma declaração nos termos da qual "a feira é franca; não é preciso pagar nenhum direito: viemos livrar-vos dos monopolistas"[32].

3. Atos de justiça.
– Multa a particulares: em 10 de setembro, Lalouey e Morel convocam um certo Chenevelles e o condenam a 100 libras, sem o que sua casa será destruída.
Ele paga 70 libras; mas, como demora a pagar o restante, é recomendado aos *Nu-pieds* que pilhem e destruam parcialmente sua casa[33].
– Ou, ainda, apoderam-se de um certo Goaslin, cunhado de Nicolle (contratador das gabelas); amarram-no a um cavalo, passeiam-no pelo campo durante dois dias e fazem-no assistir ao incêndio de suas próprias casas.
É a punição da grade.[34]
– Foi desse modo que aconteceram os incêndios e pilhagens em Rouen. Gorin (segundo um arrazoado redigido no momento de seu processo) tinha uma lista das casas que deviam ser

* Antiga moeda francesa que valia 10 francos. (N. da T.)

pilhadas; ele conduzia os revoltosos a cada uma dessas casas e mandava colocar na frente um estandarte com as armas do Rei; golpeava a porta com uma barra de ferro e dizia: "Companheiros, trabalhai, não temais nada, estamos bem protegidos." E acrescentava: "É neste dia que devemos exterminar os monopolistas."[35]

Portanto, identidade dos signos do poder: identidade das formas, dos ritos e às vezes até dos atos[a].

Poder idêntico – ou melhor, poder que se manifesta como poder pela apropriação dos signos, das formas, dos instrumentos do poder estabelecido. Todas essas marcas do poder circularam, foram confiscadas e invertidas numa mudança das relações de força.

Há aí algo importante:

– Diferença com relação aos grevistas do imposto, aos contrabandistas, aos falsos salineiros, aos bandoleiros de estrada que haviam constituído o fundo e até certo ponto a condição de possibilidade da sedição. Para eles a questão era infringir a lei e escapar ao poder. Mas para os descalços a rejeição à lei é ao mesmo tempo uma lei (é como o outro lado da lei; cf. a proclamação da abolição dos direitos sobre o feno); a rejeição à justiça é feita como o exercício de uma justiça; a luta contra o poder é feita na forma do poder.

– Diferença com relação à luta dos parlamentares ou dos burgueses que utilizavam os recursos institucionais (consuetudinários ou legais) contra o poder régio (recusa de registrar os impostos; obtenção de privilégios). Para os *Nu-pieds*, é uma lei muito diferente, proclamada de um modo muito diferente, a partir de uma relação de força muito diferente.

Eles não utilizam a que existe; fazem uma muito diferente.

(Observar o "*homo missus a Deo*" que serve de divisa para J[ean] Nu-pieds e que equilibra os signos de vinculação com o poder régio: é uma outra lei que quer romper a antiga, como são João anunciava o novo reinado.)

Nessas condições se compreende que não tenha bastado a revolta ser reprimida nas formas da lei existente (como se fosse um puro e simples caso de assalto); também não bastava uma modificação do sistema legislativo (como se se tratasse apenas de uma utilização, de um abuso ou de uma distorção da lei).

A repressão precisava efetuar-se simultaneamente:

[42/21]

[43/22]

---

a. Aqui, uma frase riscada: "Mas ao mesmo tempo é um poder que avança exatamente na direção inversa."

– como reconquista de uma região que se tornara inimiga, visto que nela era exercido outro poder;
– [como] reapropriação das formas do poder, visto que haviam sido confiscadas por outra classe social;
– por fim, como redistribuição das instâncias em que se exercia tradicionalmente esse poder, visto que elas haviam deixado escapar os poderes que exerciam[a].

*

NOTAS

1. Em Rouen, trata-se do édito de maio de 1639, que implanta um novo direito taxando todos os tecidos tingidos em 4 *sous* por alna e instala oficiais inspetores das tinturas; esse édito é adotado sob coação pelo Tribunal de Ajudas (cf. *supra*) em 7 de junho de 1639 (cf. A. Floquet, *Histoire du Parlement de Normandie*, t. IV, *op. cit.*, pp. 597-8; B. Porchnev, *Les Soulèvements populaires en France de 1623 à 1648*, *op. cit.*, pp. 438-9; M. Foisil, *La Révolte des Nu-pieds et les révoltes normandes de 1639, op. cit.*, pp. 158-63). Em Caen, o motim tem como ponto de partida imediato um ataque contra as casas de um marcador dos couros e do recebedor do *sol pour livre* sobre os couros (cf. P. Carel, *Une émeute à Caen sous Louis XIII et Richelieu*, Caen, Valin, 1886, pp. 28-9; B. Porchnev, *op. cit.*, p. 350; M. Foisil, *op. cit.*, pp. 268-9) e como causa mais geral a criação de um Tribunal de Ajudas (julho de 1638) e boatos de que este devia estabelecer a gabela em diversas *élections* [cf. p. 7 (N. da T.)] da Normandia (P. Carel, *op. cit.*, pp. 14-5). A respeito do sal, cf. *Histoire du Parlement de Normandie*, IV, pp. 560-4; R. Mousnier, *Fureurs paysannes*, *op. cit.*, pp. 104-9; B. Porchnev, *op. cit.*, pp. 433-5; M. Foisil, *op. cit.*, pp. 152-8. Um dos gatilhos da revolta é a ordenação de dezembro de 1638 sobre a gabela (definitivamente registrada pelo Tribunal de Ajudas em 1642), que restringia notadamente os privilégios concedidos a diversas regiões da Normandia, privilégios que em certa medida permitiam que os habitantes escapassem do monopólio dos armazéns régios para obter sal e não pagassem a gabela.

2. Cf. *Diaire*, *op. cit.*, pp. 401-2. Ver também versos tirados da convocação "À la Normandie" ["À Normandia"], feita pelos *Nu-pieds*: "foi ele [Beaupré], ele não pode negar

---

a. O manuscrito comporta aqui uma folha de tamanho reduzido na qual está escrito: "A propósito das práticas de justiça. [44/s.f.]
O fato de incendiar as casas é uma velha prática judicial de punição.
'Carta de comuna concedida por Carlos V em 28 de janeiro de 1368 à cidade de Péronne: [...] 'si quis aliquem [...] occiderit et captus fuerit, capite plectetur... *et domus ejus [...] diruetur et mittetur ad* Hanoi *ou* Hanot'.' [*Diaire*, p. 316 n.1; grifado no texto.]
'*Grand Coustumier du pays et Duché de Normandie* [Livro dos Costumes da Região e Ducado da Normandia] [...]: 'As casas dos banidos e dos abjurados devem ser incendiadas, como testemunho de sua danação, de modo que a lembrança de sua felonia dê aos que virão depois exemplo do bem e temor do mal'. [*Ibid.*]
Se houver risco de incêndio para as outras casas, '*o telhado e as ripas deverão ser arrancados* e queimados em lugar tal que não venha dano a outrem' ([*Ibid.*; grifado no texto] *De Assise*, título XXIV).
O Glosador observa: '*Não se usa mais disso no presente*'. [*Ibid.*, p. 317; grifado no texto.]"

// que tenha suscitado a gabela // e o imposto por escrito" (p. 416). Jean Fortin, senhor de Beaupré, tesoureiro de França, conselheiro no Tribunal de Ajudas de Rouen, era um "financiador", responsável pela criação da *élection* de Saint-Lô, e dominava a venda de ofícios nessa *élection*. Ao passo que ele, ao contrário, se preocupara com a possibilidade de uma rebelião e fora até o rei para suplicar-lhe que anulasse a gabela, um boato dava-o como um "*partisan*", responsável pela instauração da gabela. Precisou fugir da Normandia para escapar da revolta. Cf. B. Porchnev, *Les Soulèvements populaires en France*, pp. 345-6; R. Mousnier, *Fureurs paysannes*, pp. 107-8.

3. Os Tribunais de Ajudas tratam dos diferentes litígios, tanto civis como criminais, referentes aos impostos diretos e indiretos (talhas, ajudas, gabelas, direitos diversos), dos litígios sobre os arrendamentos e as exonerações fiscais (privilégios nobiliários, por exemplo), bem como dos crimes contra a fiscalidade. Cf. F. Lot e R. Fawtier, *Histoire des institutions françaises au Moyen Âge*, t. II: *Institutions royales*, Paris, PUF, 1958, pp. 279-84 (sobre a Idade Média); G. Zeller, *Les Institutions de la France au XVI$^e$ siècle*, Paris, PUF, 1948, pp. 293-4 (sobre o século XVI) (Fundo BnF).

4. Os "agentes senhoriais", ou *ministeriais*, são originariamente os que gerenciam a propriedade por conta do senhor: sua principal função é recolher as prestações e supervisionar a execução dos serviços que os arrendatários devem ao senhor. Trata-se, por exemplo, dos "*villici*" (prefeitos ou intendentes) e dos prebostes, mas também de toda uma série de intermediários que atuam no recolhimento das prestações (ver, por exemplo, M. Bourin e P. Martinez Sopena, *Pour une anthropologie du prélèvement seigneurial dans les campagnes médiévales*, t. I e II, Paris, Publications de la Sorbonne, 2007). Para a história desses agentes e das justiças senhoriais na Idade Média e na época moderna, Foucault baseia-se principalmente em A. Allard, *Histoire de la justice criminelle au seizième siècle*, Gand, H. Hoste/Paris, Durand & Pédone / Leipzig, Alphonse Durr, 1868; G. Duby, "Recherches sur l'évolution des institutions judiciaires pendant le X$^e$ et le XI$^e$ siècle dans le sud de la Bourgogne", *Le Moyen Âge*, vols. 52 e 53, 1946/1947; M. Ferrand, "Origine des justices féodales", *Le Moyen Âge*, vol. 23, 1921; G. Fourquin, *Seigneurie et Féodalité au Moyen Âge*, Paris, PUF, 1970 [ed. port.: *Senhorio e feudalidade na Idade Média*, Lisboa, Edições 70, 1970]; F.-L. Ganshof, "Étude sur l'administration de la justice dans la région bourguignonne de la fin du X$^e$ au début du XIII$^e$ siècle", *Revue historique*, t. 135 (2), 1920, pp. 13 ss.; B. Guenée, *Tribunaux et Gens de justice dans le bailliage de Senlis à la fin du Moyen Âge (vers 1380-1550)*, Publications de la Faculté des Lettres de Strasbourg, fasc. 144, 1963; F. Lot e R. Fawtier, *Histoire des institutions françaises au Moyen Âge*, t. I: *Institutions seigneuriales*, Paris, PUF, 1958 (Fundo BnF).

5. As milícias burguesas estão ligadas ao direito e ao dever das cidades de se defenderem: os habitantes devem vigiar-lhes as portas e as muralhas e restabelecer a ordem em caso de motim. Alguns autores fazem-nas remontar às milícias comunais do século XII (Bouteiller); outros (Babeau), à ronda do século XVI, reorganizada segundo um modelo militar, com cobertura por bairros. Sobre essas milícias burguesas, cf. A. Babeau, *La Ville sous l'Ancien Régime*, t. II, Paris, Didier, 1884, pp. 21 ss., e, particularmente em Rouen, H. Bouteiller, *Histoire des milices bourgeoises et de la garde nationale de Rouen*, Rouen, Haulard, 1850 (Fundo BnF). Para uma síntese mais recente, cf. por ex. L. Coste, "Les milices bourgeoises en France", in Jean-Pierre Poussou (org.), *Les Sociétés urbaines au XVII$^e$ siècle*, Paris, Presses de la Sorbonne, 2007, pp. 175-90.

6. Sobre os parlamentos, cf. *infra*, aula de 23 de fevereiro de 1972, pp. 162 [209/13]- 3 [211/15], em que Foucault volta para a criação e o desenvolvimento destes. O Parlamento de Paris foi plenamente constituído no início do século XIV, mas somente no século XVI é instituído o Parlamento de Rouen (por um édito de 1515), um dos onze parlamentos de província existentes no momento da revolta dos *Nu-pieds*. Os Tribunais de Ajudas (cf. *supra* nota 3) de província são filiais do Tribunal de Ajudas de Paris, instituído no início do século XIV; o primeiro tribunal provincial é estabelecido em Languedoc no início do século XV e um segundo, em Rouen, sob Carlos VII. Em várias outras regiões as funções do Tribunal de

Ajudas são exercidas pelos parlamentos. Para a história dos parlamentos provinciais ver, por exemplo, J. Poumarède e J. Thomas (orgs.), *Les Parlements de province: pouvoirs, justice et société*, Toulouse, Framespa, 1996. Sobre os *présidiaux*, cf. *infra*, nota 10.

7. *Diaire*, p. VII: "Na pessoa do chanceler Séguier foi a *justiça armada* que Luís XIII, que Richelieu pretenderam mostrar à Normandia rebelde há longo tempo" (grifado no texto).

8. Cf. *supra*, nota 6. Visto que são originários do Parlamento de Paris, que por sua vez é uma emanação da *Curia Regis*, da corte do Rei, os parlamentos apresentam-se como emanações de seu poder soberano. Teoricamente, o conjunto de parlamentos forma um único e mesmo corpo que permite ao rei exercer sua justiça soberana sobre todo o reino (cf. G. Zeller, *Les Institutions de la France au XVI$^e$ siècle*, *op. cit.*, pp. 147-8).

9. Sobre os prebostes, Foucault baseia-se em G. Zeller, *op. cit.*, pp. 166-7. Cf. também: F. Lot e R. Fawtier, *Histoire des institutions françaises au Moyen Âge*, t. II: *Institutions royales*, *op. cit.*, pp. 141-4; Y. Bongert, *Recherches sur les cours laïques du X$^e$ au XIII$^e$ siècle*, Paris, Picard, s. d. [1949], reed. L'Harmattan, 2012, pp. 150-2 para o período anterior (Fundo BnF). Os prebostes ("*praepositi*") foram inicialmente agentes senhoriais, encarregados de administrar uma castelania, antes de designarem mais especificamente agentes régios. Representam o rei tanto do ponto de vista administrativo e financeiro como do judicial. No entanto, suas funções são limitadas, particularmente após a instituição dos bailios no final do século XII. As rivalidades entre prebostes e bailios ou senescais são regulares, e é preciso esperar o édito de Crémieu (1536) para que suas competências respectivas sejam estabelecidas com precisão. Os prebostes podem assim conhecer em primeira instância toda causa judicial que não diga respeito a fidalgos e, em segunda instância, as causas cíveis julgadas pelos tribunais senhoriais. Têm também competências administrativas gerais em matéria de polícia (das profissões, dos mercados etc.).

10. Sobre os *présidiaux*, cf. E. Laurain, *Essai sur les présidiaux*, Paris, Larose, 1896; G. Zeller, *op. cit.*, pp. 175-7; mais recentemente, C. Blanquie, *Les Présidiaux de Richelieu: justice et vénalité, 1630-1642*, Paris, Christian, 2000; *Id.*, *Les Présidiaux de Daguesseau*, Paris, Publisud, 2004. Os *présidiaux*, criados por Henrique II por meio de dois éditos em 1552 e 1553, são uma instituição judicial intermediária entre os bailiados ou senescalias e os parlamentos, instaurada nas senescalias mais importantes. Sua instauração suscitou forte hostilidade, particularmente da parte dos parlamentos, desapossados em proveito deles de uma parte de sua jurisdição de apelação. Exercem uma competência civil de última instância para os litígios inferiores a 250 libras e com direito de apelação ao Parlamento (não suspensiva) para as causas entre 250 e 500 libras. Têm também competências penais, mas unicamente em primeira instância. É um tribunal de gestão de pequenos conflitos e principalmente, para a Coroa, um modo de criar novos ofícios e de conseguir dinheiro.

11. "E, como as funções da Justiça e da Polícia frequentemente são incompatíveis, e extensas demais para ser exercidas por um único oficial em Paris, Nós decidimos dividi-las." Trata-se do édito de março de 1667 criando o cargo de "*lieutenant de police*" (tenente de polícia) em Paris, que distingue claramente entre a justiça contenciosa e distributiva e a função de polícia, que pela primeira vez é definida de modo preciso. Para mais detalhes sobre esse édito e seu contexto, ver V. Denis, "Édit de mars 1667 créant la charge de lieutenant de police de Paris", *Criminocorpus* [*on-line*], "Histoire de la police", artigo disponibilizado *on-line* em 1º de janeiro de 2008. Disponível em: <http://criminocorpus.revues.org/80>; DOI: <10.4000/criminocorpus.80>.

12. Foucault refere-se à reforma da justiça empreendida por Carlos VII por meio das ordenações de 1446 e principalmente de 1454 (Montil-les-Tours), que organizam as competências do Parlamento e ordenam a redação dos costumes; depois, por Luís XII em 1499 (Ordenação de Blois), que define principalmente os processos ordinário e extraordinário. As outras datas correspondem à Ordenação de Villers-Cotteret (1539) e à Ordenação de 1670, ambas dedicadas ao processo penal. Para essas ordenações Foucault baseia-se principalmente em: A. Chéruel, *Histoire de l'administration monarchique en France*, vol. 1, *op.*

*cit.*, pp. 151-2; A. Esmein, *A History of Continental Criminal Procedure, with special reference to France*, Boston, Little, Brown & Co., 1913, pp. 148-51 (Fundo BnF).

13. Em seu curso seguinte Foucault detalhará o modo como o novo sistema repressivo (polícia, enclausuramento etc.) implantado no século XVII foi retomado pela burguesia no final do século XVIII, a fim de manter o lucro capitalista. Cf. *La Société punitive, op. cit.*, e *Surveiller et Punir. Naissance de la prison*, Paris, Gallimard ("Bibliothèque des Histoires"), 1975 [trad. bras.: *Vigiar e punir*, 42ª ed., Petrópolis, Vozes, 2014] . Nesse entretempo, contudo, sua posição sobre o assunto muda um pouco, como ele explica numa entrevista sobre a reclusão penitenciária, em 1973: "é para retificar um pouco o que eu havia dito" quando "falava principalmente da plebe sediciosa. Na verdade, não creio que seja tanto o problema da plebe sediciosa que é essencial; é o fato de que a fortuna burguesa, pelas próprias exigências do desenvolvimento econômico, viu-se investida de tal modo que estava nas mãos dos mesmos que estavam encarregados de produzi-la. Todo trabalhador era um predador possível" ("À propos de l'enfermement pénitentiaire", *loc. cit.* (*DE*, II, nº 127), ed. 1994, p. 438 / "Quarto", vol. I, p. 1306). Foucault substitui a hipótese segundo a qual o dispositivo repressivo teve como principal função criar contradições entre plebe delinquente e proletariado pela ideia segundo a qual a partir do século XVIII, como o capital burguês estava ameaçado por toda uma série de ilegalismos tradicionalmente tolerados, implantou--se um sistema geral de vigilância e de repressão penal visando impossibilitar esses ilegalismos. Esta última tese é formulada em *La Société punitive*, pp. 143-4 e 155, n. 2.

14. O duque de Épernon é que estava encarregado da repressão da revolta na Guyenne. Cf. B. Porchnev, *Les Soulèvements populaires en France*, pp. 156-86.

15. Cf. B. Porchnev, *op. cit.*, p. 321: "A luta contra o jugo fiscal devia assumir uma forma bem definida. Para enfrentar as autoridades, os *Nu-pieds*, por sua vez, eram obrigados a estar organizados como um verdadeiro exército." Ou também, p. 328: "o embrião de um poder que se contrapunha ao poder oficial". Sobre essa ideia de outro poder e sua organização, cf. *ibid.*, pp. 327-48. A insistência no fato de os *Nu-pieds* constituírem outro poder e estarem engajados numa *luta pelo poder* deve ser comparada com as observações de Foucault em sua entrevista com os secundaristas intitulada "Par-delà le bien et le mal" e publicada no jornal *Actuel* (nº 14) em novembro de 1971 (*DE*, II, nº 98, ed. 1994, p. 224 / "Quarto", vol. I, p. 1092 [trad. bras.: "Para além do bem e do mal", in *Ditos e escritos*, vol. X]): o saber oficial apresenta os movimentos populares "como causados pelas fomes, pelo imposto, pelo desemprego; nunca como uma luta pelo poder, como se as massas pudessem sonhar com comer bem mas certamente não com exercer o poder".

16. Cf. B. Porchnev, *op. cit.*, pp. 325-7; R. Mousnier, *Fureurs paysannes*, pp. 111-2. Jean Quétil, escudeiro, senhor de Ponthébert, era um nobre normando às vezes apresentado como um dos instigadores da revolta dos *Nu-pieds* e considerado por relatos como seu chefe. Já em setembro de 1639 desligou-se dela e fugiu para a Inglaterra. Em seguida foi condenado por contumácia ao suplício da roda.

17. Foucault retoma aqui uma das teses de Porchnev (*op. cit.*, pp. 29 ss.) sobre as revoltas populares no século XVII, segundo a qual os historiadores burgueses do século XIX e do início do século XX ignoraram essas revoltas e concentraram-se no "Grande Século" e na ascensão paralela da burguesia e do absolutismo. Ironicamente, um dos responsáveis por essa leitura, segundo Porchnev, é Augustin Thierry, que entretanto não teria contrariado a fórmula de Foucault: "o que se pode saber desse outro poder? Pouca coisa, devido à natureza dos documentos (todos vindos do outro lado)" (ver abaixo).

18. *Mémoires du président Bigot de Monville sur les séditions des Nu-pieds et l'interdiction du Parlement de Normandie en 1639*, Rouen, C. Métérie, 1876, p. 167. Foucault dá destaque a essa frase em suas fichas, numa folha especial: "observar: Bigot de Monville, final do capítulo em que ele narra a batalha de Avranches: 'assim essa corja, que dominara o campo durante vários meses, foi dissipada num momento. Portavam como estandarte uma âncora de sable em campo de *sinople*' [Ou seja: uma âncora negra sobre campo verde. (N. da T.)]".

19. Ver, por exemplo, a convocação "À la Normandie", em *Histoire du Parlement de Normandie*, IV, p. 586: "depois de não termos absolutamente mais nada, estamos totalmente desesperados"; ver mais genericamente as páginas 580-90, em que estão reunidos os diversos documentos deixados pelos *Nu-pieds*; cf. também B. Porchnev, *Les Soulèvements populaires en France*, pp. 336-48.

20. Ver a lista dos nomes visados na convocação "À la Normandie" e principalmente o "Manifeste du hault et indomptable capitaine Jean Nudpiedz, général de l'armée de souffrance" [Manifesto do alto e indomável capitão Jean Nudpiedz, general do exército do sofrimento] (*Histoire du Parlement de Normandie*, IV, pp. 582-5), que visa as "pessoas enriquecidas com seus impostos", os "*partisans*", os "gabeleiros, verdadeiros tiranos de Hircânia".

21. *Diaire*, p. 400: "Assim, o nome de Jean Nu-pieds foi tirado de um pobre miserável salineiro que costumava portar essa bela qualidade porque andava descalço pela areia do mar."

22. Chamaram-no de exército dos *Nu-pieds* "para significar [...] que os subsídios os haviam deixado em estado de não poderem calçar-se" (*Mémoires de François de Paule de Clermont, marquis de Montglat*, col. Petitot, 2ª série, t. XLIX, p. 261); ou, ainda, "para com seu nome mostrar sua miserabilidade" (*Histoire du roy Louis XIII, composée par messire Charles Bernard* [Paris, chez la V^ve N. de Sercy, 1646], livro XII, p. 437). Essas citações e referências são extraídas da *Histoire du Parlement de Normandie*, IV, p. 580.

23. Ver a convocação "À la Normandie", *loc. cit.*, pp. 585-6: "Minha querida terra, não suportas mais // de que te serviu ser fiel? [...]", e p. 416: "se não conservardes vossas cartas, normandos, não tendes coragem".

24. Cf. *Histoire du Parlement de Normandie*, IV, pp. 580-90, em que tudo isso é detalhado; *Diaire*, p. 428; B. Porchnev, *Les Soulèvements populaires en France*, pp. 327-36, que dá longas explicações sobre o assunto.

25. Cf. *Diaire*, p. 440; *Histoire du Parlement de Normandie*, IV, pp. 580-1.

26. Por exemplo, uma ordem de Jean Nu-pieds encontrada nas portas de Saint-Lô: "Da parte do general Nud-Pieds é ordenado aos paroquianos [...] que se abasteçam de armas e de munições de guerra, para o serviço do rei e a conservação de seu Estado" (*Histoire du Parlement de Normandie*, IV, p. 589). Cf. *infra*, nota 29.

27. Referência transparente a E. H. Kantorowicz, *The King's Two Bodies: A Study on Medieval Political Theology*, Princeton, NJ, Princeton University Press, 1957 [*Les Deux Corps du roi*, trad. fr. Jean-Philippe e Nicole Genet, Paris, Gallimard, 1989; ed. bras.: *Os dois corpos do rei: um estudo sobre teologia política medieval*, São Paulo, Companhia das Letras, 1998], com relação ao "corpo político" do Rei (Fundo BnF).

Aqui a análise se aproxima muito da de Porchnev: "o próprio estilo das ordens, imitando o das ordens régias, devia provar que elas emanavam de uma autoridade real que substituíra a antiga" (*Les Soulèvements populaires en France*, p. 332). De modo geral toda essa explicação inspira-se em Porchnev, pp. 320-48.

28. "Foram vistas muitas dessas instruções impressas, e todas assinadas pelo referido Morel, sob o nome de Des Mondrins, e seladas com um sinete no qual se viam dois pés nus sobre os cornos do crescente lunar, com esta divisa: *HOMO MISSUS A DEO* [Homem enviado por Deus (N. da T.)]" (*Diaire*, p. 401); cf. também *Histoire du Parlement de Normandie*, IV, p. 582.

29. Trata-se da ordem de mobilização geral: "Da parte do general Nud-Pieds, é ordenado aos paroquianos e habitantes desta paróquia, de qualquer qualidade e condição que sejam, que se abasteçam de armas e de munições de guerra, para o serviço do rei e a conservação de seu Estado, em quinze dias, para, à primeira ordem ou aviso do referido senhor, dirigirem-se, em boa ordem e equipados, ao lugar que lhes será ordenado, para defesa e liberdade da pátria oprimida pelos *partisans* e *gabeleiros*; determina também que não tolerem traidores em sua paróquia, nem pessoas desconhecidas passarem sem avisar disso o referido senhor ou alguns de seus oficiais, com pronta diligência; e, faltando com isso, os delinquentes serão presos e punidos como cúmplices e partidários dos monopolistas; e é

determinado aos curas e vigários fazerem a leitura destas. // Dado em nosso acampamento, nas calendas do mês de agosto. // E selado com o selo de nossas armas. // Por meu referido Senhor, // *Assinado*, LES MONDRINS" (*Histoire du Parlement de Normandie*, IV, pp. 589-90).

30. Sobre todos esses pontos, cf. *Histoire du Parlement de Normandie*, IV, pp. 647-9; B. Porchnev, *Les Soulèvements populaires en France*, pp. 321-3. Cf. também *Diaire*, p. 414: "O general Jean Nudz-Piedz mandou fazer uma proclamação proibindo todos os soldados, sob pena da vida, de exercerem qualquer ato de hostilidade sem ordem expressa [...] Em seguida a isso obrigou-se o senhor Delaporte Jouvinière, tenente do preboste, a condenar à morte um dos soldados, que de fato foi enforcado para servir de exemplo."

31. Cf. B. Porchnev, *op. cit.*, pp. 331-2.

32. *Ibid.*, pp. 328-9. Cf. *Diaire*, p. 430: "No dia 18 do referido mês, os de Avranches, de Cérences e de Coutances foram a Gavray, onde há feira, armados de mosquetes e de chuços [...] dizendo que *não era preciso pagar nenhum direito, que a feira era franca de tudo.* [...] dizendo-lhes que vinham para livrá-los dos monopolistas" (grifado no texto).

33. Sobre todos esses atos, cf. B. Porchnev, *Les Soulèvements populaires en France*, pp. 330-1, que insiste muito sobre a "taxação de um gênero especial", as contribuições e multas, "em primeiro lugar aos inimigos do povo, agentes das finanças, empregados do Estado, ricos". O caso de Chenevelles é descrito no *Diaire*, pp. 427-8.

34. Cf. *Diaire*, p. 305. Sobre a punição da grade, cf. por ex. P.-F. Muyart de Vouglans, *Institutes au droit criminel, ou Principes généraux en ces matières*, Paris, Le Breton, 1757, pp. 409-10 (Fundo BnF). Essa punição da grade normalmente é infligida ao cadáver de um criminoso culpado de lesa-majestade (divina ou humana), duelo, suicídio ou rebelião aberta contra a justiça. "O cadáver é arrastado sobre uma grade, de bruços, pelas ruas & esquinas do lugar onde foi dada a sentença de condenação, depois do que é pendurado a uma forca & é arrastado na via pública" (p. 410).

35. *Diaire*, p. 354: "um chamado Gorin, filho de um artesão de Rouen, era o chefe, o qual, tendo uma lista das casas que deviam ser pilhadas, conduzia os sediciosos a cada uma das ditas casas, *fazendo portar um estandarte com as armas do rei*; e, quando chegava diante da casa que deviam pilhar, batia na porta com tenazes que trazia na mão, mandava colocarem o estandarte diante da porta, indicava aos sediciosos que era ali que deviam trabalhar e dizia-lhes: *companheiros, trabalhai, não temais nada; estamos bem protegidos*; e diziam os sediciosos que *aquele era o dia em que deviam exterminar todos os monopolistas*" (grifado no texto).

# AULA DE 15 DE DEZEMBRO DE 1971

*Uma "justiça armada": a tática repressiva como série de operações circunstanciais; acompanhamento diferido do militar pelo civil: defasagem cronológica entre a lenta intervenção do exército e a entrada em cena do poder civil. – Análise em termos de relação de força: formação de um aparelho repressivo armado, distinto do corpo do exército, controlado pelo Estado civil e não pelos privilegiados. – Análise em termos de estratégia político-militar: separação cidade/campo e povo/burguesia possibilitando a repressão violenta às camadas populares e depois um tratamento punitivo dos privilegiados e parlamentares. – Análise em termos de manifestação de poder: teatralização do poder mascarando a estratégia seguida, designando os revoltados como inimigos do rei e, portanto, sujeitos ao costume da guerra, e não como delinquentes civis. Cada um desempenha seu papel, e o chanceler, não o papel do vencedor, e sim do justiceiro, do aplicador da justiça que discrimina e diferencia os bons dos maus.*

A REPRESSÃO [45/1]

É complicado qualificá-la.

– Severa ou indulgente?
   – com a chegada do exército, execuções sumárias, enforcados que ficaram balançando muito tempo no passeio público de Caen, forca com quatro braços[1]
   – e entretanto até mesmo o tribunal de exceção instalado por Séguier parece ter sido indulgente. Numerosas absolvições. Já em [...]ᵃ o próprio Séguier propõe a abolição das penas[2].

– Selvagem ou legal?
   – selvagem por alguns aspectos: execução de Gorin[3];
   – legal: grande empenho das autoridades em observar certas regras.

---

a. A data ficou em branco no manuscrito.

Na verdade o importante não é qualificar, e sim analisar a tática repressiva aplicada[a].

Tessereau, *Chronologie de la Grande Chancellerie* (1676), diz, a respeito da viagem de Séguier: "O rei enviou sua justiça armada."[4]  [46/2]

Encontramos esse tema de justiça armada formulado muito explicitamente nos textos de Séguier:
– nas arengas que dirige às autoridades da Normandia
  – ao p[rimeiro]-p[residente] Faucon de Ris, que viera a Gaillon para pedir-lhe indulgência em favor do Parlamento, ele responde que "fora enviado à província com as armas para fazer justiça"[5].
  – ao tenente-geral do bailiado, Godart (prefeito vitalício), Séguier ao entrar em Rouen declara que "eles não podiam ignorar a justa indignação do Rei, tendo a prova dela em suas armas; mas só são empregadas para fazer valer a justiça"[6].

É verdade que a ideia não é nova, nem a prática.
– *vigor et justitia* na teoria política da I[dade] M[édia];
– o exército do rei, no reino, exerce uma função de justiça.

Mas o importante é o modo como são definidas as relações entre os dois aparelhos, ou melhor, o modo como funcionou esse aparelho de repressão, caracterizado pelos próprios contemporâneos como "justiça armada".  [47/3]

*Observação*[b]

– Esse aparelho da justiça armada era complexo, heterogêneo; de todo modo, ele foi episódico e transitório; e, mesmo quando o reencontramos várias vezes em ação ao longo do século (com algumas variantes), todas as vezes seu aparecimento esteve ligado a circunstâncias excepcionais.

– Mesmo assim, ele pôs em prática algumas estratégias, alguns tipos de funcionamento e relações de poder que, por sua vez, persistiram e permaneceram constantes. E foi para executar todas essas estra-

---

a. No topo da folha seguinte [46/2] Foucault havia escrito e depois riscado este intertítulo: "1. A 'justiça armada'".

b. O manuscrito contém duas observações marcadas "A" e "B", das quais a segunda (ver p. 39, nota b) está interrompida e riscada. Damos abaixo o texto da primeira observação, embora os dois primeiros parágrafos também estejam riscados no manuscrito. As duas observações não parecem ter sido riscadas no mesmo momento (uso de duas canetas diferentes). Além disso, Foucault suprimiu da primeira o "s" da palavra "*Remarques*" (Observações) e o "A", o que atesta que manteve essa primeira observação antes de suprimi-la.

tégias, cumprir essas funções, fixar essas relações de poder que a partir daí foram implantadas as instituições que constituíram o "sistema repressivo de Estado"[a].

A "justiça armada" foi a resposta, circunstancial, mas já sistemática, que determinou os pontos de conexão em que devia ser fixado em seguida o sistema repressivo de Estado, que, por sua vez, foi dotado de permanência. [48/4]

A justiça armada não é uma instituição, é uma operação: uma série de operações que permearam e, até certo ponto, atropelaram as instituições existentes; mas diferentes episódios ou aspectos marcaram o ponto de formação de instituições ainda inexistentes ou o ponto de cristalização de instituições ainda insuficientemente formadas.

Daí a importância dessas operações de justiça armada[b].

[c]*O exército antes da justiça* [49/5]

O primeiro aspecto desse acontecimento é a defasagem cronológica entre a chegada do exército e a entrada em cena da justiça.

Lembrete da cronologia[7]:
– Gassion é enviado no início de novembro.
No dia 15 ele ocupa Caen.
Batalha de Avranches em 17 de dezembro.
Entrada em Rouen em 31 de dezembro, duas semanas depois.
– Séguier parte em 18 de dezembro, [no dia] 19 [está] em La Barre, [dia] 20 em Pontoise, [dia] 21 em Rosny, [dia] 22 em Gaillon. Instala-se em Gaillon. Não vai ao encontro do exército de Gassion; deixa-o rodar no campo, marcar passo às portas da cidade; por fim, deixa-o instalar-se em Rouen, antes de fazer sua entrada lá.

Duas coisas chamam a atenção nessa cronologia:
(1) que o exército, depois de ocupar Caen e em seguida derrotar os *Nu-pieds*, tenha levado tanto tempo para instalar-se em Rouen, onde já havia muito tempo não ocorriam mais distúrbios;

---

a. O manuscrito trazia: "novo sistema repressivo de Estado"; Foucault riscou a palavra "novo".

b. Os dois parágrafos abaixo estão (levemente) riscados:
"B. *Segunda observação*
No movimento de seus episódios ou estases, a operação da justiça armada desenrola-se em três níveis:
– no nível de uma estratégia político-militar, estaria em foco dividir as forças coligadas contra o poder, desfazer sua aliança, fazê-las agir umas contra as outras, apoiar-se em algumas para reprimir as outras e pagar o preço dessas alianças [...]"

c. Intertítulo precedido do número "I" (suprimido, por não haver marca de subdivisão "II").

(2) que a justiça tenha se juntado ao exército, mas com tanta lentidão, ou seja:
– por um lado, que a repressão não tenha sido exclusivamente militar, e que se julgasse que devia ser acompanhada de uma repressão civil ou política;
– por outro lado, que durante um período relativamente longo o exército tenha sido deixado sozinho; que as duas ações tenham sido mantidas separadas até o início de 1640.

a/ Esses dois fatos (a intervenção do exército; o adiamento do acompanhamento do militar pelo civil) expressam uma determinada relação de forças no nível do poder e também no nível da província.

1 – Província:
– Em 1635, na Aquitânia, distúrbios entretanto muito graves haviam sido reprimidos pelo próprio governador, com suas tropas ou com as que possuía na fronteira espanhola[8]. Os mecanismos e as forças de repressão acionados eram internos à província [...][a]
– [Na Normandia][b], é preciso recorrer a tropas externas. A guerra desguarneceu a região. Devido a esse desguarnecimento, aparece muito manifestamente a função que o exército exerce, função de polícia, de manutenção da ordem; força de dissuasão e de repressão política.
– Ora, justamente no momento em que as tropas são insuficientes para garantir localmente a ordem na província, vê-se que os parlamentares, os nobres, os burgueses das cidades não garantem mais a drenagem da fiscalidade.

Assim, torna-se claro que a centralização da renda por intermédio do Estado e de seus agentes só podia ser assegurada pela presença local de um instrumento de coação armada. A pressão fiscal só podia ser mantida pela violência. Sem dúvida se sabia disso desde a Idade Média: que essa força armada deve exercer sua pressão. Mas o que agora é revelado é que:
– a grande aristocracia feudal (ligada à defesa do Estado que assegura o recolhimento da renda centralizada) já não tem força para assegurar localmente a ordem;
– portanto, é necessária uma força armada específica, que terá de exercer sua pressão sobre duas frentes: – os pobres,
– os privilegiados.

a. Ilegível.
b. O manuscrito traz: "Aqui".

É revelada também a incompatibilidade da guerra com a fiscalidade feudal (essa fiscalidade centralizada possibilita a guerra de Estado, mas a guerra que drena as tropas para fora da província impede o recolhimento fiscal – [o que], consequentemente, torna necessária a guerra).
Daí a necessidade de um aparelho de repressão
– distinto do exército,
– armado como ele,
– dependente do Estado (e não dos privilegiados).

2 – No nível do poder central, se a intervenção de uma força armada externa traduz certa relação de forças na província, a intervenção de um poder civil de repressão traduz certa relação de forças no nível do poder central. [52/8]
– De fato, em outubro e também em novembro o poder havia felicitado o Parlamento de Rouen por sua energia em dominar o motim[9].
Sinceras ou não, não importa: essas felicitações mostravam que o poder contava com o Parlamento para participar e eventualmente tomar a frente da repressão. Subestimava o conflito entre financiadores e parlamentares (estes se recusavam então a restabelecer os escritórios)[10].
– Foi então que os financiadores intervieram.
Mais tarde os parlamentares queixaram-se de ter sido denunciados pelos financiadores expulsos da Normandia (particularmente por Le Tellier)[11].
Uma coisa é certa: entre os parlamentares que asseguravam ao rei sua fidelidade e os financiadores que atacavam os parlamentares, foram os financiadores que levaram a melhor.
E em 14 de dezembro o rei decidiu enviar Séguier e os representantes do poder civil e colocar o exército sob as ordens deles.

Isso tem dois significados: [53/9]
– a força armada que tem a função de manter a ordem deve ter uma direção civil,
– e essa direção não é mais a das antigas instâncias do poder, e sim a de um aparelho estatal controlado (não mais pelos detentores de feudos ou de ofícios, e sim) pelos financiadores.

b/ Essa dupla intervenção, a defasagem entre a intervenção do exército e a do poder civil, a lentidão de ambas obedecem, por outro lado (e em outro nível), a um cálculo (estratégia) político-militar.

1 – O grande perigo que surgira na Aquitânia em 1635 era a ligação entre o movimento rural e o movimento urbano. Essa ligação assegurava o abastecimento dos revoltosos urbanos pelos camponeses e a posse de pontos de apoio fortificados nas cidades para os camponeses quando eram ameaçados em campo aberto[12].

2 – O poder quer evitar [na Normandia] essa conjunção; daí as alternâncias de lentidão e rapidez.
– Gassion lança-se imediatamente sobre Caen para ter um ponto de apoio firme;
– depois se espalha pelo campo para impedir o recrutamento em massa dos camponeses (os *Nu-pieds* tinham apenas 4 mil a 6 mil homens em armas, mas podiam recrutar muitos mais)[13].
E, no momento em que acabavam de reunir-se em Avranches, ele os ataca e os derrota ainda sob os muros da cidade.

[54/10]

3 – Quanto a Rouen, "grande cidade do reino" onde havia um foco de revolta plebeia e de oposição burguesa e "privilegiada", era preciso:
– isolá-la dos outros movimentos periféricos (rurais),
– dar o exemplo de uma punição urbana (Caen) e principalmente
– ocultar bem dos burgueses e dos parlamentares que eles iam ser punidos. Agir como se a repressão fosse ser apenas militar e abater-se apenas sobre o povo, para dar aos privilegiados tempo para juntarem-se ao poder e servirem de ponto de apoio voluntário para uma repressão que ia abarcá-los também.

É por isso que Gassion alterna a ocupação das cidades e a limpeza dos campos.
É por isso que Rouen é solenemente isolada antes de ser punida.
É por isso, por fim e principalmente, que deixam o exército exercer uma repressão violenta sobre as camadas populares; e ocultam cuidadosamente dos privilegiados o tratamento que vão fazê-los sofrer; deixam-nos na incerteza entre o temor e a esperança; esconderão deles até 3 de janeiro (até a ocupação de Rouen) a interdição do Parlamento, do Tribunal de Ajudas e da assembleia municipal, bem como a anexação aos domínios régios dos rendimentos dominiais e patrimoniais da cidade[14].

[55/11]

Nessa tática político-militar vemos com muita clareza delinearem-se as linhas divisórias que futuramente o aparelho repressivo de Estado seguirá:

(1) linha divisória entre os campos e as cidades;
(2) linha divisória entre os mais pobres (a ralé) e as classes mais abastadas (os privilegiados).

A propósito dessas linhas divisórias, devemos observar:
– primeiramente, é claro, que são diferentes das linhas que tradicionalmente separavam as instâncias do sistema penal, e que punham de lado a penalidade para os nobres, a penalidade para os eclesiásticos e a penalidade para o terceiro [estado];
– que essas linhas repassam e transformam em frente de separação os eixos de fragilidade de uma sociedade feudal que está se transformando em sociedade capitalista. As comunicações cidade-campo e a coalizão povo-burguesia são tão perigosas para os senhores feudais (que querem manter a fiscalidade da qual vivem) quanto para os financiadores e os empreendedores (que, de um lado, financiam-se a partir desse mesmo recolhimento fiscal e [de outro lado] encontram nele a garantia de baixos salários).

[56/12]

Compreende-se que o sistema de repressão que garante a manutenção da renda feudal (durante os últimos cento e cinquenta anos de sua existência) possa ter sido reaproveitado em grande parte (e mediante muitas modificações) pelo aparelho estatal da sociedade burguesa.

Em outras palavras: o perigo que representavam para a feudalidade uma comunicação plebeia cidade-campo e uma coalizão urbana (povo--burgueses) tornou necessário um determinado sistema de repressão (nos séculos XVII-XVIII). Ele só foi suspenso durante o breve momento em que a burguesia precisou dessa comunicação e dessa coalizão políticas para liquidar os restos do regime feudal e suas formas de recolhimento fiscal. Mas ela precisou restabelecê-lo prontamente (com formas novas, muito mais coerentes e muito mais manejáveis), pois havia sido sob a proteção dessa dupla separação política (cidade/campo, povo/burguesia) que o capitalismo se desenvolvera nos interstícios da feudalidade; e era dessa dupla separação que ele ainda precisava[15].

c/ Essa dupla intervenção, e a demora de uma com relação à outra, pode ser analisada num terceiro nível (o primeiro: relação de forças[a], que o determina; o segundo: estratégia político-militar, que o regula).

[57/13]

O terceiro nível são as formas, hierarquia, circuitos e relações de poder que nele se manifestam.

a. Conformidade com o manuscrito.

[Talvez sejam estes os três níveis nos quais se pode analisar um acontecimento político:
– produção de uma relação de força[a]
– regularidade estratégica
– manifestação do poder.
Digamos que se pode compreendê-lo no nível de suas condições de possibilidades; da racionalidade da luta que nele ocorre; do cenário em que ele ocorre.][b]

Como o poder se manifesta nesse episódio (as duas intervenções e sua defasagem cronológica). Quais relações de poder se tornam visíveis?
Relações de poder que
– transcrevem, simultaneamente enfatizam e deslocam as relações de força que as embasam;
– prosseguem e mascaram a estratégia seguida[c].
Portanto, vamos acompanhar os acontecimentos da Normandia no nível das manifestações do poder. E nas formas em que eles se manifestam:
– quem representa o poder (quais indivíduos, quais corpos constituídos e a que título)?
– seguindo qual hierarquia o representam (qual esquema de dominação e de submissão o poder dá como representação)?
– em que ponto, lugar e circunstância o poder se manifesta (em qual teatro e para representar qual cena)?
– e nessas cenas de manifestação do poder quais são os papéis, quais gestos são feitos, quais discursos são ditos. O que é dito nelas, ou melhor, o que está manifestado nelas? Pois essas cerimônias, ritos, gestos *nada querem dizer*. Não fazem parte de uma semiologia, e sim de uma análise das forças (de sua ação, de sua estratégia). As marcas que nelas aparecem devem ser analisadas não [por meio de] uma semiótica dos elementos, e sim numa dinástica das forças[16].

---

a. Conformidade com o manuscrito.
b. Passagem apresentada entre colchetes no manuscrito.
c. Vem a seguir um parágrafo riscado:
"Nessa condição [as] manifestações da relação de poder reiteram a estratégia (fazem parte dela colateralmente e têm seu efeito sobre a relação de força que [elas] renovam e que fazem aceitar como instituição). Os signos, as cerimônias, os ritos, todas as formas visíveis do poder não são puras e simples 'expressões' e traduções redundantes: são os caminhos de passagem das relações de força e a reiteração das estratégias político-militares."

O que o envio do exército e o retardo do poder civil manifestam? [59/15]

1 – Mostrar primeiramente que os revoltosos se tornaram inimigos do rei; que eles mesmos se excluíram do corpo civil constituído pelos súditos; que, portanto, não podem contar com a proteção e os privilégios reconhecidos por essa ordem.

Portanto, não são delinquentes que, dentro da ordem civil, tenham cometido um crime e aos quais devam ser aplicados tanto a proteção como o rigor da lei. São inimigos aos quais se aplica o costume da guerra.

É por isso que, nesse primeiro momento, a ordem civil não tem de aparecer. Durante todo o final do ano estarão frente a frente apenas o rei e seus inimigos, um exército contra um exército, vencedores contra vencidos. A ordem civil só aparecerá com o novo ano.

Daí o caráter exclusivamente militar das manifestações do poder durante novembro e dezembro. Gassion entra em Caen como numa cidade conquistada. "A meia légua de Caen ele mandou suas tropas marcharem em ordem, ao som dos tambores, e assim que entrou apossou-se das principais portas da cidade e deu a cada soldado um passe da casa onde devia alojar-se" (Bigot de Monville)[17].

Aliás, o assunto dos alojamentos foi importante durante toda a [60/16] repressão na Normandia. O hábito requeria que dentro do reino o exército respeitasse a ordem civil e não fosse instalar-se nas casas daqueles que por nascimento ou função escapassem aos encargos fiscais do exército (nobres, parlamentares, oficiais, clérigos). Mas essa regra não foi aplicada e o exército foi alojado em toda parte, como se sua presença não fosse tolhida por nenhuma das regras da ordem civil[18].

Foi também como inimigos do rei que foram tratados, dentre os prisioneiros, aqueles que Gassion considerava os chefes. "Bras-nus" (Braços Nus) e quatro outros foram submetidos ao suplício da roda (como para os crimes de lesa-majestade), mas além disso seus corpos foram esquartejados e expostos nas portas da cidade[19]: suplício ritual dos que haviam traído o rei, que haviam passado para o inimigo, [haviam] entregado sua cidade e haviam-na defendido contra o rei.

Portanto, num primeiro momento a região foi punida pelo exército sem a justiça, como inimiga do rei. Na verdade não foi a região, mas somente uma parte: os campos e os camponeses. Rouen, o grande centro urbano, devia ser tratada de modo diferente.

2 – Ora, enquanto o exército sem justiça se desenfreia, o poder civil manifesta de modo muito teatral sua demora, seu distanciamento, sua ausência. Ele está em Paris, ou, se seu representante se aproxima, é em jornadas muito curtas. Séguier detém-se em Gaillon, às portas da Normandia, enquanto Gassion está às portas de Rouen mas sem entrar na cidade[20].

O palco permanece vazio, ou melhor, as duas formas do poder (o exército e a justiça) arranjam um espaço vazio e um tempo morto para que as forças dos adversários que vêm reprimir se manifestem, se dividam, se decomponham, façam novas alianças, cumpram os gestos rituais da submissão, denunciem-se e se atraiçoem mutuamente.

E é assim que vemos apresentarem-se nesse palco, no teatro do poder[21], revestidos com suas insígnias e fazendo seus discursos, os parlamentares, os magistrados municipais (*échevins*) e seu prefeito, o arcebispo de Rouen, que – cada um por sua vez – repetem o papel que o rito político lhes designa, mas dentro desse papel defendem seus interesses, propõem alianças, negociam seu apoio e sua submissão. De certo modo esse teatro dá continuidade ao jogo de forças e aos cálculos estratégicos. Mas com estas duas modificações importantes:

– por um lado, é no vocabulário, nos gestos, nas formalidades da instituição política que o jogo continua (ou seja, tendo como fundo uma aceitação essencial dessa instituição);

– por outro lado, está ausente desse palco o personagem que seria o representante ou o porta-voz daquele que é o elemento essencial no campo de forças e o elemento determinante no jogo de estratégias. Nesse palco do teatro político as forças populares (rurais ou urbanas) não estão presentes.

Essa transcrição numa instituição política aceita e essa exclusão do elemento principal das forças e das estratégias

– caracteriza[m] esse teatro

– e são algo muito diferente de sua simples expressão das forças presentes.

Mas é essa diferença que permite que, nas mãos de certas forças, esse teatro tenha um efeito sobre o enfrentamento global de todas as forças presentes.

Nesse teatro em que os personagens são o Primeiro-Presidente do Parlamento, o Prefeito, o Arcebispo, o Rei (ausente), o Cardeal (mudo) e o Chanceler que avança a passos lentos, o que acontece? Cada um desempenha seu papel (aquele que lhe parece mais proveitoso ou mais adequado); mas o poder, que no canto do palco mantém de reserva suas tropas, força uns e outros a modificar seus papéis e pouco a pouco dizer as coisas, fazer os gestos que ele requer.

a/ O Prefeito Vitalício e o Arcebispo[22] trazem primeiramente a submissão global e coletiva da cidade, o compromisso de doravante ser fiel ao rei, a promessa de seguir cegamente a vontade do rei, sem fazer valer nenhum direito.

Godart du Becquet (22 de dezembro em Gaillon): assegura ao chanceler a fidelidade dos habitantes de Rouen "ao serviço do Rei, a cujas vontades obedeceriam, sem que fosse preciso forçá-los com tropas; que o rei certamente só desejava que reconhecessem seu erro, que pedissem perdão e que indenizassem os que haviam sofrido prejuízo"[23].

Um pouco antes, Harlay havia escrito a Richelieu: "Todas as vezes que aprouver a vossa eminência dignar-se a prescrever a Rouen uma conduta, ela a observará inviolavelmente; e a cruz marchará à frente da tropa."[24]   [64/20]

O poder quer essa submissão global e aparentemente espontânea, visto que, precisamente, ele se detém às portas de Rouen. Certamente ela é a primeira condição para a requalificação dos habitantes como súditos do Rei.

Necessidade de uma submissão voluntária. Daí a irritação de Séguier quando o arcebispo propõe ir à sua presença portando mitra, com todo o povo da cidade, que se ajoelharia diante dele. Sua irritação com os sermões do Arcebispo, que comenta Ageu "[*veniet Desideratus cunctis gentibus*][a]"[25] e depois Jeremias. Pois esses ritos e esses textos são dirigidos em nome de um povo ao estrangeiro em poder do qual ele vai cair[b].

A atitude do Arcebispo é um contrassenso nesse cenário, visto que ao oferecer a submissão do povo ele está qualificando o rei como inimigo (ou como salvador), ao passo que para o poder importa que ao submeter-se o povo se qualifique como súdito.

[Cálculo do Arcebispo][c]

b/ É por isso que, a essa submissão que ele invoca, o representante do Estado responde como se não estivesse entendendo. Ele quer a   [65/21]

---

a. O manuscrito traz: "*veniat cunctis gentibus desideratus*".
b. O manuscrito traz na margem:
"e ele confina o rei a ser ou o soberano desejado por todos os povos ou o inimigo que extinguirá a pouca luz que resta em Israel"[26].
c. Entre colchetes no manuscrito.

submissão, mas não quer ser apanhado nem no papel do inimigo a quem as pessoas se submetem nem no papel do soberano que perdoa os que se submetem. O poder quer ser reconhecido no papel daquele que separa e diferencia, que perdoa uns e não outros, que se apoia em uns e ataca outros.

É por isso que Séguier responde...

– A isso o poder responde invariavelmente: Não é preciso ter medo; mas o castigo é inevitável para os que são culpados. É o poder que fará a distinção entre os bons e os maus, os culpados e os inocentes. [66/22]

Séguier responde a Godart du Becquet: "Os inocentes nada têm a temer; apenas os que erraram sentirão os efeitos da justa cólera e da indignação do rei."[27]

Ao P[rimeiro]-P[residente] Séguier responde: "Os bons serão recompensados e nada devem temer, e os maus serão punidos."[28]

– E imediatamente a resposta dos notáveis e do patriciado não se faz esperar. Quem é bom, quem é mau.

– Godart du Becquet observa a Séguier que a presença das tropas pesará mais sobre "as pessoas de bem, que reprimiram a sedição; e enriquecerá o povinho que fez a desordem e a sedição; os carregadores ganharão levando a bagagem dos que acompanharão o sr. Chanceler"[29].

– O visconde de Coutances para Séguier, no momento de sua entrada: "a falta não foi cometida pelos habitantes desta cidade; esse populacho baixo é apenas a escória e o excremento dela, e não seria da justiça do rei sacrificar como outro Jefté o que lhe é mais caro nesta cidade"[30].

*

NOTAS

1. Mais provavelmente seria Avranches: cf. *Histoire du Parlement de Normandie*, t. IV, *op. cit.*, p. 659: "Gassion entrou como vencedor em Avranches, que suas tropas, ainda exasperadas por uma resistência tão feroz, trataram como cidade conquistada. Alguns prisioneiros [...] foram enforcados imediatamente, por ordem sua, nos olmos do Passeio [...] Forcas, rodas foram erguidas às pressas e foram justiçados, já na mesma hora, alguns sediciosos presos." A forca com quatro braços é instalada por ordem de Séguier, sempre em Avranches, no mercado de trigo. Cf. *Diaire, op. cit.*, p. 307.

2. Cf. *Diaire*, p. 444: "Mémoire touchant l'abolition des Nuds-pieds du diocèse d'Avranches" [Memorial referente à anistia dos *Nu-pieds* da diocese de Avranches]. O memorial não está datado, mas é anterior a maio de 1641, quando o rei proclama essa anistia.

3. Sobre a execução de Gorin, cf. *infra*, aula de 12 de janeiro de 1972, pp. 66 [82/2]--67 [84/4].

4. A. Tessereau, *Histoire chronologique de la Grande Chancellerie de France*, Paris, Pierre Le Petit, 1676, p. 387: "Como a sedição, em vez de extinguir-se, aumentava todo dia, Sua Majestade decidiu enviar para lá sua justiça armada."

5. *Mémoires du président Bigot de Monville*, op. cit., p. 204: "Que era enviado à província para ali fazer justiça." Trata-se de Charles Faucon de Ris (morto em 1644), primeiro-presidente no Parlamento.

6. *Diaire*, p. 66: "eles não podiam, de fonte segura, ignorar a justa indignação do rei, da qual tinham as marcas por suas armas; mas que elas são empregadas apenas para fazer valer sua justiça". Trata-se de Arthus Godart, conselheiro de Estado, prefeito vitalício de Rouen e tenente do bailiado da cidade.

7. Jean de Gassion (1609-1647), marechal de campo, é descrito por Roland Mousnier como "um velho soldado que participara" de 1630 a 1632 "de todas as guerras de Gustavo Adolfo, rei da Suécia, e de todas as de Luís XIII" (*Fureurs paysannes*, op. cit., p. 119). Dispõe de 4 mil homens e várias companhias de cavalaria. Sobre Gassion, cf. H. Drevillon, "L'héroïsme à l'épreuve de l'absolutisme. L'exemple du maréchal de Gassion (1609--1647)", *Politix*, vol. 15, nº 58, 2002, pp. 15-38. Sobre a cronologia dos acontecimentos, cf. *supra*, aula de 24 de novembro de 1971, pp. 13-4, nota 3.

8. Sobre a revolta da Aquitânia em 1635 e sua repressão, cf. B. Porchnev, *Les Soulèvements populaires en France*, op. cit., pp. 160-86. A repressão foi feita pelo duque de Épernon, mas a leitura de Porchnev é mais nuançada que a de Foucault: num primeiro momento o duque de Épernon teria conduzido uma repressão muito moderada (Porchnev chega a falar de "inatividade"), pois não dispunha de forças suficientes, não podia recorrer às tropas da linha de frente da Espanha e temia a ampliação da revolta para toda a Guyenne (o que de fato aconteceu). Segundo Porchnev, mais do que uma repressão pelas armas, foi uma política de recuos e de concessões que acabou restabelecendo uma ordem relativa.

9. Cf. *Histoire du Parlement de Normandie*, IV, pp. 622-4. Assim, Séguier explica aos conselheiros Le Noble e Godart de Bracquetuit: "Podeis atestar aos senhores do Parlamento de Rouen [...] que lhes agradeço pelo empenho que tiveram nessa ocasião [...]. Rogo-lhes que continuem como começaram. Sei que o Parlamento se ocupou muito bem disso" (p. 623) e o Rei declara-se "muito satisfeito com o bom serviço que o Parlamento prestara para apaziguar a sedição" (p. 624).

10. Cf. *ibid.*, pp. 625-6. A demora no restabelecimento dos escritórios irrita o rei. O Parlamento emite um decreto de restabelecimento dos escritórios apenas em 1º de dezembro, e unicamente para os antigos direitos. Ademais, ele só entrou em vigor quatro meses depois.

11. Cf. *ibid.*, pp. 638-44. Sobre a luta entre os financiadores e os parlamentares, cf. B. Porchnev, *Les Soulèvements populaires en France*, pp. 485-8. Sobre o caso Le Tellier e o fato de que com suas reclamações "ele dera motivo aos efeitos que foram seguidos da cólera do Rei", cf. *Mémoires du président Bigot de Monville*, p. 108.

12. Cf. B. Porchnev, *Les Soulèvements populaires en France*, pp. 165-6.

13. Cf. M. Foisil, *La Révolte des Nu-Pieds et les révoltes normandes...*, op. cit., p. 181.

14. Na realidade a ocupação de Rouen desenrola-se em várias etapas: Gassion entra em Rouen com suas tropas em 31 de dezembro de 1639; Séguier entra em 2 de janeiro de 1640 e dá diferentes respostas severas aos membros do Parlamento, do Tribunal de Ajudas, do *présidial* e aos oficiais do viscondado que foram recepcioná-lo e discursar-lhe. Segundo Floquet, Séguier "conhecia as declarações do rei, secretas até então, que interditavam tanto o Parlamento como os outros corpos da cidade" (*Histoire du Parlement de Normandie*, IV, p. 680). As diversas interdições (do Parlamento, do Tribunal de Ajudas, do prefeito vitalício e dos oficiais da prefeitura) são efetivamente pronunciadas em 3 de janeiro (cf.: *ibid.*, pp. 683-7; *Diaire*, pp. 78-87).

15. Cf. *supra*, aula de 1º de dezembro de 1971, p. 34, nota 13. Essas afirmações retomam todo um conjunto de textos da época em que Foucault enfatiza o fato de o sistema

penal ter essencialmente a função de introduzir contradições ou cortes entre elementos sociais a fim de conjurar os perigos ligados a comunicações (cidades/campos e povo/burguesia nos séculos XVII-XVIII, plebe delinquente/proletariado nos séculos XIX-XX).

Além disso, o corte cidades/campos retoma os debates da época sobre o papel dos camponeses na Revolução Chinesa e em todo um conjunto de lutas contemporâneas nos países do Terceiro Mundo (Vietnã, Camboja, América Latina etc.). Convém lembrar que os trabalhos clássicos de Lucien Bianco sobre o assunto, por exemplo, datam desse período (*Les Origines de la révolution chinoise* foi publicado em 1967) e que inclusive nos meios maoistas franceses se debate sobre aliança entre campesinato e operários franceses (ver, como exemplos, a convocação da União das Juventudes Comunistas Marxistas-Leninistas [UJCML, do nome em francês]: "Comment la bourgeoisie française tente de s'allier le peuple des campagnes" [Como a burguesia francesa tenta aliciar o povo dos campos], em 1968, que exorta a combater a estratégia da burguesia "para dividir o povo, particularmente os operários e os camponeses", e o experimento conduzido a partir de 1970 pela União dos Comunistas da França Marxista-Leninista [UCFML, do nome em francês] nos campos franceses, que resultará na publicação, em 1976, do *Livre des paysans pauvres* pela editora Maspero). Durante o debate de Foucault com os maoistas "Sur la justice populaire" (*DE*, II, nº 108, ed. 1994, pp. 340-69 / "Quarto", vol. I, pp. 1208-37 [trad. bras.: "Sobre a justiça popular. Debate com os maoistas", in *Ditos e escritos*, vol. VI]), enquanto Foucault destaca que a verdadeira contradição se situa entre a plebe delinquente e o proletariado, Gilles (André Glucksmann) indaga se "o que ameaça a burguesia não é antes o encontro entre os operários e os camponeses" e deseja "a fusão entre os métodos de luta proletários e os métodos da guerra camponesa". Ao que Foucault responde: "pode-se dizer que as relações operários-camponeses não foram de modo algum o objetivo do sistema penal ocidental no século XIX, tem-se a impressão de que a burguesia [...] teve relativamente confiança em seus camponeses" (p. 357 / p. 1225).

16. Parece ser aqui que surge pela primeira vez o conceito de "dinástica", que reaparecerá mais adiante neste curso (cf. *infra*, aulas de 1º e 8 de março de 1972) e que será retomado em *La Société punitive* (*op. cit.*, p. 86 e notas pp. 95-6, p. 212, e Situation du cours, p. 305), na entrevista com S. Hasumi intitulada "De l'archéologie à la dynastique" (*DE*, II, nº 119, ed. 1994, pp. 405-16 / "Quarto", vol. I, pp. 1273-87 [trad. bras.: "Da arqueologia à dinástica", in *Ditos e escritos*, vol. IV]), bem como em "La vérité et les formes juridiques", conferências na Pontifícia Universidade Católica do Rio de Janeiro, de 21 a 25 de maio de 1973 (*DE*, II, nº 139, ed. 1994, pp. 538-646 / "Quarto", vol. I, pp. 1406-1514 [trad. bras.: "A verdade e as formas jurídicas", in *Ditos e escritos*, vol. X]): "nós fazemos pesquisas de dinastia" (p. 554 / p. 1422). Embora nessa época Foucault frequentemente utilize os termos "dinástico" e "genealógico" de modo equivalente, a dinástica apresenta certas características que merecem ser destacadas.

1/ Ela se opõe a uma "*semiótica*" *ou uma* "*semiologia*" *dos signos*, que interroga os elementos (discursos, gestos, imagens etc.) do ponto de vista de sua *significação*. A referência a Barthes está muito clara aqui: de fato, sabe-se que, em seu *Éléments de sémiologie* [*Elementos de semiologia*] (*Le Degré zéro de l'écriture*, 1964) e em seu *Système de la mode* [*Sistema da moda*] (1967), Barthes propusera-se a desenvolver uma semiologia entendida como "a ciência de todos os sistemas de signos", adotando os conceitos fundamentais da linguística estrutural (língua/fala, significado/significante, sistema/sintagma etc.) para aplicá-los a elementos e jogos de signos não linguísticos. A dinástica estuda-os mais como "marcas" que traduzem, no nível da representação, o jogo regrado das relações de força e das lutas de poder subjacentes. Neste caso é a referência a Nietzsche que é totalmente clara (bem como ao *Nietzsche* de Deleuze, publicado em 1962 [*Nietzsche et la Philosophie*, Paris, PUF; ed. bras.: *Nietzsche e a filosofia*, Rio de Janeiro, Editora Rio, 1976], que nas páginas 59-76 descreve o jogo diferencial das forças e a arte do genealogista como interpretação dessas relações), e a própria noção de "marcas" remete à análise que Foucault apresenta em "Nietzsche, la philosophie, l'histoire" (*DE*, II, nº 84, ed. 1994, principalmente pp. 143-6 / "Quarto", vol. I, pp. 1011-4 [trad. bras.: "Nietzsche, a genealogia, a história", in *Ditos e escritos*, vol. II) e em sua aula sobre Nietzsche na Universidade McGill em 1971 (*Leçons sur la volonté de savoir. Cours au Collège de France, 1970-1971*, ed. por D. Defert, Paris, Gallimard-Seuil, col. "Hautes Études", 2011, p. 203 [ed. bras.: *Aulas sobre a vontade de saber*, São Paulo, WMF Martins Fontes, 2014]). Para Foucault, Nietzsche permite ao mesmo tempo libertar-se de uma perspectiva hermenêutica e fenomenológica (signos => interpretação com relação a um sentido ou experiência originários) e estruturalista (signos => sistemas de signos e regras discursivas), ao autorizar "a falar de interpretação fora de toda referência a um sujeito originário [e] articular as análises dos sistemas de signos com a análise das formas de violência e de dominação" (*ibid.*, p. 205). A "dinástica" situa-se no lado do que Foucault caracterizava em Nietzsche como o conceito de emergência (*Entstehung*), ou seja, "a entrada em cena das forças [...] sua irrupção, o pulo com que elas saltam dos bastidores para o palco", o cenário em que "fortes e fracos distribuem-se uns diante dos outros, uns acima dos outros [...] a emergência designa um lugar de confronto". Portanto, a dinástica designa a análise do jogo de forças, da relação destas (que é sempre uma relação dominadores/dominados), mas principalmente do *espaço regrado dentro do qual ele é jogado e cujas formas variam historicamente*: "em cada momento da história", a dominação "fixa-se num ritual; ela impõe obrigações e direitos; constitui procedimentos cuidadosos. Estabelece marcas [...] universo de regras que não é destinado a abrandar e sim, ao contrário, a satisfazer a violência" ("Nietzsche, la généalogie, l'histoire", *loc. cit.*, pp. 144-5 / pp. 1012-3). Daí um interesse especial, neste curso, pelas formas e pelos procedimentos, pelas regras e pelos rituais judiciais. A "dinástica" é essa análise que faz "aparecer o que, na história de nossa cultura, até agora permaneceu mais escondido, mais ocultado, mais profundamente investido: as relações de poder" ("La vérité et les formes juridiques", *loc. cit.*, p. 554 / p. 1422), e isso tratando os elementos da representação, as "manifestações" (gestos, vocabulários, papéis, distribuição do cenário, formas, regras etc.) como "marcas" que remetem a uma distribuição das forças subjacentes.

Devemos observar bem, como Foucault destacará mais adiante (*infra*, pp. 46-7 [62/18]-[63/19]), que as condições da representação, "os sistemas de restrição" e as próprias regras a que o jogo dos elementos se submete para ser representado implicam que certas forças, dentre as mais importantes, estejam ausentes do cenário – ausência que revela tanto a distribuição das relações de força subjacentes quanto a maneira como funcionam efetivamente os elementos representados.

2/ Portanto, como se vê, aqui o poder ainda é estudado em forma de *representação* (manifestações, gestos, cerimônias, símbolos etc.), o que, aliás, traduz bem o modo como Foucault exporá seu trabalho numa conferência que dará na universidade de Minnesota em 7 de abril de 1972, intitulada "Cérémonie, théâtre et politique au XVIIe siècle" [Cerimônia, teatro e política no século XVII] (resumo em inglês por Stephen Davidson, in Armand Renaud, ed., *Proceedings of the Fourth Annual Conference on 17th-Century French Literature*, 1972, pp. 22-3; cf. *infra*, pp. 215-20). Nela Foucault apresenta sua análise da repressão aos *Nu-pieds* como fazendo parte de "um estudo mais amplo sobre as manifestações cerimoniais do poder político desde os debates na ágora na Grécia e em Roma até as cerimônias do fim do século XVIII. Seria um estudo do modo como o poder político assume formas visíveis e teatrais e imprime-se no imaginário e nas condutas de um povo. Seria uma verdadeira etnografia das manifestações do poder político, um estudo do sistema de marcas do poder na sociedade" (p. 237). Se é certo que algumas dessas dimensões reaparecem até em *Vigiar e punir* (basta pensar no suplício de Damiens; cf. também sobre isso *La Société punitive*, pp. 12-3 n. b), sabemos também que progressivamente Foucault se empenhará em distanciar-se de uma análise do poder fundamentada na representação, para interessar-se pelo conjunto de mecanismos de poder que permeiam o corpo dos sujeitos sem ser substituídos pela representação. Ver particularmente a célebre entrevista: "Les rapports de pouvoir passent à travers les corps" (*DE*, III, nº 197, ed. 1994, pp. 228-36 / "Quarto", vol. II, pp. 228-36 [trad. bras.: "As relações de poder passam para o interior dos corpos", in *Ditos e escritos*, vol. IX]) e sua fórmula: "creio que é preciso desconfiar de toda uma temática da representação que atravanca as análises do poder" (p. 232 / p. 232). Podemos comparar o conceito de "dinástica" tal como funciona neste curso e as anotações feitas por Foucault em seu Caderno nº 11 (Fundo BnF) em 7/12/1971, ou seja, pouco tempo antes de dar esta terceira aula: "3 níveis: [1] estratégia: relações de forças, batalha [2] ritual, manifestações do poder, cenas (cerimônia) [3] contrato, compromisso, arbitragem, controle. Os discursos funcionam nesses três níveis."

17. *Mémoires du président Bigot de Monville*, p. 163: "A meia légua de Caen ele mandou suas tropas marcharem em ordem, ao som dos tambores, e assim que entrou apossou-se das principais praças da cidade e deu a cada soldado um passe da casa onde devia alojar-se."

18. A questão do alojamento dos soldados é longamente detalhada em *ibid.*, pp. 222-9. Aos parlamentares que destacam que em suas vindas a Rouen o rei sempre eximira os membros do Parlamento de alojar soldados, Séguier responde "que este aqui não era um exemplo igual ao anterior, tendo as tropas sido enviadas para punir o Parlamento" (p. 222).

19. Sobre "Bras-nus" [Branu], que em 26 de agosto instigou a multidão contra o *présidial* e os agentes régios e é apresentado como o líder da sedição, cf. *Mémoires du président Bigot de Monville*, pp. 11-2 e 111-2. Sua execução é descrita assim (*ibid.*, p. 164): "Branuds foi condenado a ser destroçado vivo, como também um outro [...]. Os dois foram submetidos à tortura e, depois de sua morte, seus corpos esquartejados foram expostos nas principais portas."

20. Séguier sai de Paris em 19 de dezembro e chega a Gaillon dia 21, depois de passar por Pontoise e Mantes. Efetivamente ele não se apressa; assim, em 24 de dezembro assiste a uma caçada ao cervo no parque de Gaillon. Gassion chega a Gaillon em 25 de dezembro, hospeda-se ali e depois vai para Elbeuf.

21. Esta análise teatral do poder, em que ele se manifesta por signos e discursos regrados, obedecendo ao que Foucault, em *L'Ordre du discours* (Paris, Gallimard, 1971, p. 40 [trad. bras.: *A ordem do discurso*, 24ª ed., São Paulo, Loyola, 2014]), chamava de "sistemas complexos de restrição" (a "etiqueta" do século XVIII), que colocam em representação, segundo um jogo de regras determinado, relações de força das quais eles são as marcas, foi desenvolvida mais longamente por Foucault em "Cérémonie, théâtre et politique au XVIIe siècle" (cf. *supra*, nota 16, e *infra*, pp. 215 ss.).

22. Trata-se de Arthus Godart du Becquet (cf. *supra*, nota 6) e de François II de Harlay (1585-1653), arcebispo de Rouen entre 1615 e 1651.

23. *Mémoires du président Bigot de Monville*, p. 201: "Os habitantes de Rouen, ao saberem de sua entrada na Normandia, mandam prestar-lhe suas homenagens e assegurar-lhe sua fidelidade ao serviço do Rei, a cujas vontades obedeceriam sem que fosse preciso forçá-los a isso por meio de tropas que serviriam apenas para arruinar a cidade e os vilarejos circunvizinhos; que o Rei só podia desejar que reconhecessem seu erro, que pedissem perdão e que indenizassem os que haviam sofrido prejuízo."

24. *Diaire*, p. 18, nota: "Toda vez que aprouver a V. E. dignar-se a prescrever a Rouen uma conduta, ela a observará inviolavelmente; e, quando assim ordenardes, a cruz marchará com a tropa." A carta data de 12 de dezembro de 1639.

25. Bigot de Monville, em suas *Mémoires*, ironiza as pretensões e as citações latinas do arcebispo. A citação é: "& o Desejado de todas as Nações virá" (Ageu, 2,8). Sobre o projeto de recepcionar Séguier com grande pompa e sua recusa, cf. *ibid.*, p. 197, e *Histoire du Parlement de Normandie*, IV, pp. 667-73.

26. A referência a Ageu, 2,7-8 ("*veniet Desideratus cunctis gentibus*"), é então regularmente interpretada como uma predição anunciando a vinda do Messias, ou seja, de Cristo. Cf. por ex. E. Gaudron, *Instructions sur tous les mystères de Notre Seigneur Jésus-Christ*, Paris, Florentin, 1719, t. II, p. 443: "*Farei tremer todos os povos*", diz Ageu, "& o Desejado de todas as nações virá, & encherei de glória esta casa [...]." Todo o mundo concorda que o Desejado de todas as nações, do qual fala essa profecia, é Jesus Cristo, a quem Ageu

dá esse nome para marcar a extrema necessidade que "todas as nações tinham dele & para fazer sentir que elas participariam de suas graças & e dele receberiam misericórdia". Quanto à referência a Jeremias, trata-se do Livro das Lamentações, que descreve Jerusalém arruinada e entregue ao inimigo por causa de seus pecados. Consequentemente, como observa Foucault, em ambos os casos o rei é comparado a um estrangeiro, quer se trate do "soberano desejado por todos os povos" (o Messias) ou de um soberano inimigo ao qual o povo está entregue. E o bispo apresenta-se como o intercessor que em nome do povo se dirige ao soberano estrangeiro em poder do qual ele vai cair. O chancelér Séguier, ao contrário, espera uma submissão voluntária que confirme o povo como súdito do rei da França.

27. *Histoire du Parlement de Normandie*, IV, p. 676: "Séguier respondera, em suma, *"que os inocentes nada tinham a temer e que apenas os que haviam errado sentiriam os efeitos da justa cólera e da indignação* do rei" (grifado no texto). Trata-se da resposta de Séguier à arenga de Godart du Becquet em 2 de janeiro de 1640.

28. *Mémoires du président Bigot de Monville*, p. 204: "O senhor Chanceler respondeu [...] que os bons seriam recompensados e nada deviam temer e os maus, punidos." Trata-se da resposta de Séguier a Charles de Faucon, senhor de Frainville, primeiro-presidente do Parlamento de Rouen, empossado nesse cargo em 1623 em substituição a seu irmão Alexandre de Faucon, senhor de Ris.

29. *Ibid.*, p. 202: "a hospedagem das tropas seria encargo apenas para as pessoas de bem, que haviam reprimido a sedição, e enriqueceria o povinho que havia feito a desordem e a sedição [...] os carregadores ganhariam levando as bagagens dos que acompanhariam o senhor Chanceler".

30. *Diaire*, p. 74: "a falta não foi cometida pelas partes principais nem, na verdade, pelos habitantes desta cidade [...] esse populacho baixo é apenas a escória e o excremento dela [...] e não seria da piedade do Rei sacrificar à sua justiça, como outro Jefté, o que lhe é mais caro nesta grande cidade".

# AULA DE 22 DE DEZEMBRO DE 1971

*Lembrete: Análise em três níveis (relações de força, cálculos estratégicos, manifestações do poder) do primeiro episódio de repressão pela justiça armada. – Desenvolvimento a partir do terceiro nível: uma teatralização em quatro atos. (1) O poder régio designa a população como "inimigo social". (2) Os poderes locais apresentam sua submissão, mas tentam limitar e moderar o poder régio: uma certa aplicação da teoria dos três freios. (3) Recusa do chanceler, que invoca para apoiá-lo o Juízo Final: "os bons serão recompensados, os maus serão punidos". (4) Os privilegiados protegem-se acusando "o populacho baixo" e fazendo a separação dos bons e dos maus. – Teatralização que produz uma redistribuição dos instrumentos e poderes repressivos.*

Resumo. "A justiça armada": uma série de operações.   [67/1]

Análise do primeiro episódio repressivo:
 – chegada do exército, e repressão puramente militar; mas com um escalonamento, tempos de parada, uma alternância de golpes dados e de ameaças suspensas; depois
 – chegada do poder civil, mas cuidadosamente defasada com relação à chegada do exército, por sua vez submetido a uma série de retardos espetaculares.

Havíamos estudado em três níveis essa dupla demora:
 – no nível das relações de força que a explicavam
  – a renda feudal não podendo mais ser cobrada pelas forças locais da aristocracia,
  – [a] tomada (ou retomada) do controle do aparelho estatal pelos grandes financiadores;
 – no nível dos cálculos estratégicos:
  – separar as cidades dos campos,
  – separar nas cidades os plebeus dos burgueses, dando a estes tempo para juntarem-se "espontaneamente" à ordem e à força;

– num terceiro nível, o das manifestações do poder:
  – quem representa o poder?
  – qual forma de hierarquia e de dependência se insere nos ritos?
  – quais são as forças efetivamente representadas nesse cenário do poder e quais as que estão ausentes dele?

Havíamos iniciado a análise desse cenário do poder, ou melhor, dessa série de cenários.

A. Ao enviar o exército, e somente o exército, o poder estava designando a população como inimiga; desqualificava-a como súdito. Era justamente essa relação entre inimigos que era manifestada:
  – pelas práticas punitivas do exército (execuções imediatas, suplícios);
  – pela atitude do exército para com a população (o caso dos alojamentos).

Era justamente essa relação entre inimigos que era manifestada pela própria população:
  – quando Gassion entra [em Coutances], a população espera-o ajoelhada na beira da estrada, lançando lamentos e súplicas[1].

Esse primeiro aspecto é importante, pois corresponde ao que havia sido a atitude dos *Nu-pieds*.
  – Ao assumirem os signos do poder, ao utilizá-los para si mesmos, ao adotarem um selo, um estandarte, uma divisa, ao distribuírem instruções, ordens, passes, ao suprimirem taxas ou taxarem certos ricos, os *Nu-pieds* apresentavam-se[a] como outro poder.
  – Mas como outro poder atuando de acordo com as regras da ordem civil e aceitando os princípios e fundamentos dessa ordem, essencialmente o rei.

A isso o poder responde dizendo: Não vos reconhecemos nem como *outro*[b] poder (estrangeiro) nem como ocupando um lugar na ordem civil. Ao mesmo tempo que permaneceis dentro do reino, estais nele como "inimigo".

[c]Não caberia dizer que a noção de "inimigo interno", de "inimigo social" esteja presente aqui e embase as práticas observadas. Muito

a. Aqui, palavras riscadas: "como uma ordem civil".
b. Grifado no manuscrito.
c. Aqui, início de frase riscado: "Essa noção de inimigo não estrangeiro, de inimigo […]"

antes de surgir a noção, as práticas repressivas qualificaram como atos de hostilidade certas formas de luta pelo poder ou de luta contra o exercício do poder; e essas práticas repressivas qualificaram como inimigo[s] os que as utilizavam; essas práticas repressivas excluíram da proteção legal ordinária as classes sociais que praticavam tais formas de luta. [70/4]

No nível das relações de força, a intervenção do exército indicaria que a aristocracia não podia mais assegurar a imposição fiscal apoiando-se em suas próprias forças ou na aliança com a burguesia local, e sim necessitava de um aparelho de Estado e de um aparelho militar centralizado.

No nível das estratégias, a intervenção do exército e o modo como interveio efetuavam uma separação entre cidade/campo, plebeus/burgueses.

No nível das manifestações dos poderes, essa intervenção expunha diante dos poderes, inteiramente voltada contra eles, e os poderes, por sua vez, inteiramente voltados contra ela, uma classe social qualificada como inimiga – ou melhor, imediatamente qualificada como inimiga tão logo entrava na luta pelo poder.

E é assim que uma prática repressiva como a de 1639 organiza ou reorganiza o lugar de todos esses instrumentos ou instituições de repressões especiais com relação às classes pobres, aos desempregados, aos mendigos, aos vadios, aos sediciosos, aos que fazem ajuntamentos.

Todos eles vão depender de uma justiça paramilitar, a *"maréchaussée"* ou os *"prévôts des maréchaux"**, que originariamente estavam encarregados de fazer o policiamento do exército, em torno do exército (de punir precisamente aqueles que se comportavam [como] em país inimigo, ou desertavam ou traíam)[2]. [71/5]

É essa justiça que vai servir contra os pobres e que vai ser institucionalizada contra eles na Ordenação de 1670.

---

* *Maréchaussée*: até a Revolução Francesa, polícia montada, de cunho militar, sob chefia geral do mais alto comandante do exército francês, o *maréchal de France*; daí seu nome. As *maréchaussées* locais eram comandadas por juízes militares, os *prévôts des maréchaux* (literalmente, prebostes dos marechais). Dela se origina a atual *Gendarmerie nationale française*. (N. da T.)

## B. O JUÍZO FINAL

Enquanto o exército assola o campo e ameaça Caen, enquanto o poder civil avança em pequenas jornadas, enquanto as revoltas são qualificadas como inimigas – o que acontece no lado dos notáveis, dos poderes locais?

Cada um adota pessoalmente (simultaneamente em nome da cidade ou da população e por conta própria) alguns procedimentos:

– os parlamentares enviam delegações ou a Paris ou a Séguier, que se aproxima;

– o arcebispo escreve a Richelieu e depois a Séguier;

– por fim, o prefeito pede a Séguier permissão para os *échevins* (magistrados municipais) irem a Paris suplicar ao Rei[3].

O que dizem eles nesses procedimentos?

a/ Portam a submissão global da cidade.

– Os parlamentares garantem que tudo está em ordem.

– Godart du Becquet, em 22 de dezembro em Gaillon, assegura a fidelidade dos habitantes de Rouen "ao serviço do Rei, a cujas vontades obedeceriam, sem que fosse preciso forçá-los por meio de tropas; que o rei certamente só desejava que reconhecessem seu erro, que pedissem perdão e que indenizassem aqueles que haviam sofrido prejuízo"[4].

– Harlay para Richelieu: "Todas as vezes que aprouver a vossa eminência dignar-se prescrever a Rouen uma conduta, ela a observará inviolavelmente; e a cruz marchará à frente da tropa."[a]

b/ Mas, ao mesmo tempo que portam a submissão de todos e que se promovem como seus representantes, fazem-se notar como princípios de limitação do poder régio.

– Os parlamentares continuam a não registrar os éditos e a não reconstituir os escritórios[6];

– o prefeito de Rouen pede para apresentar-se diante do rei a fim de obter diretamente sua clemência;

– e principalmente o arcebispo: Ao querer punir uma revolta que desagrada a D[eus], diz ele, corre-se o risco de utilizar meios que lhe desagradam mais ainda. "Não será possível acalmar D[eus] irritado com os erros deles, a não ser por meio de erros maiores e de ofensas a D[eus] que são tidas como punição?"[7]

a. O manuscrito traz na margem: "Escutai uma mãe cujo Filho desejam punir."[5]

Eles estão desempenhando, manifestamente, o papel de freios, de moderadores do poder régio.ª

Pois bem, do século XVI ao século XVII transmitiu-se uma teoria política que tivera sua formulação inicial em Seyssel. Era a teoria dos três freios[8]:

– o primeiro freio é a religião: e, se o rei desviar-se de seu dever religioso, "um simples pregador pode repreendê-lo e argumentar publicamente em suas barbas"[9];

– o segundo é a justiça, que "tem grande autoridade na França, por causa dos parlamentos, que foram instituídos principalmente por esse motivo"[10];

– o terceiro é a polícia e com isso os privilégios concedidos e mantidos para os diversos grupos sociais, bem como os "pareceres e conselhos dos oficiais e dos corpos"[11].

É fácil ver que são esses três freios que sucessivamente o bispo, o Parlamento e o prefeito da cidade foram acionar. Portanto, esses procedimentos podem ser lidos:

– como um jogo de forças (apoio, mas condicional, ao poder régio);
– como uma tática (fazer-se reconhecido como intercessor);
– como uma espécie de aplicação, de encenação de elementos teóricos.

c/ E, aliás, é assim que o rei, ou melhor, os representantes do rei respondem.

1 – Primeiramente eles rejeitam o jogo da intercessão, da mediação, da representação do povo perante o rei por um notável.

– Séguier proíbe rigorosamente Godart de ir a Paris como intercessor. Todas as decisões já estão tomadas[12].

– O arcebispo imaginara ir ao encontro do chanceler com todo o povo ajoelhado; citava santo Agostinho falando do poder de intercessão dos bispos; pregava sobre Ageu ("[*veniet Desideratus cunctis gentibus*]"ᵇ) e sobre Jeremias[13].

Mas Séguier fica muito irritado com tudo isso; recusa especialmente a acolhida pelo arcebispo: "Enviado a Rouen não para deliberar e sim para pronunciar e executar as coisas que ele mesmo acordara no Conselho do Rei, não podia deferir as súplicas do

---

a. Aqui, algumas palavras riscadas: "O parlamento, o arcebispo, o notável. A justiça, a religião, a ordem hierárquica dos súditos."

b. Cf. *supra*, aula de 15 de dezembro de 1971, p. 47 [64/20], nota b.

senhor Arcebispo nem mudar coisa alguma de decisões irrevogáveis. O brilho e a pompa da religião não podiam ser levados em consideração nem ser eficazes nessa ocasião."

E ressalta que essa cerimônia de intercessão podia "excitar ainda mais os ânimos do povo", o qual corria o risco de "afastar-se da obediência devida a Sua Majestade"[14].

2 – Mas Séguier recusa principalmente a entrada em jogo da teoria dos três freios. E essa recusa fica muito clara numa frase aparentemente bastante banal que reaparece em todas as arengas cerimoniais. Por exemplo:

Para Godart: "Os inocentes nada têm a temer; apenas os que erraram sentirão os efeitos da justa cólera e da indignação do rei."
Para o p[rimeiro]-p[residente]: "Os bons serão recompensados e nada devem temer, e os maus serão punidos."[15]

Sob sua aparência banal e que pretende ser ao mesmo tempo tranquilizadora e inquietante, era uma frase terrível que os patrícios de Rouen ouviam. Uma das mais temíveis e fantásticas manifestações de poder que podem ser ouvidas. É a frase do Juízo Final[16].  [76/10]

E também essa frase se referia a uma teoria política muito precisa. É a teoria que pretende que o rei não está subordinado às leis de seu reino; e que não está subordinado a elas:

– não como o imperador romano, visto que sua vontade é lei;
– e sim porque é diretamente inspirado por D[eus]: "o coração do rei recebe seu movimento por instinto e impulso de Deus, que o dirige e incita a seu bel-prazer" (Budé)[17].

Deus dirige para o mal o coração do rei? É para a punição a seus súditos. Se o dirige para o bem, então o rei, como diz Grassaille (*Regalium Franciae*), decide com equidade e não com justiça: pois seu papel é a *fruitio bonorum* e a *punitio malorum*[18].

Essa função do absolutismo régio é afirmada pelos absolutistas do [século] XVI. É encontrada também no t[omo] I dos *Commentarii* de Rebuffi (1613)[19]. A essa equidade que coloca o rei o mais próximo possível de D[eus] e na mão de D[eus] não pode haver freios.

E era justamente a isso que, desviando o olhar de seus interlocutores, Séguier se referia. O poder régio não tem de fixar os olhos nem nos privilégios (que são unicamente de sua graça), nem na religião (que para o rei é apenas pompa e brilho), nem na justiça dos parlamentos (que é menos justa que a equidade); ele tem de separar os bons e os maus.

d/ Então, a essa frase que afasta todos os freios e todas as limitações (institucionais, religiosas ou tradicionais) do poder régio, e que deixa os súditos em presença unicamente da equidade régia, unicamente da separação, os privilegiados só podem responder uma coisa: Nós somos os bons e eles são os maus. [77/11]

Nós não fizemos nada, somos inocentes, lá estão vossos inimigos.
– Os parlamentares enfatizam que tudo fizeram para abafar uma revolta que reprovavam;
– Godart, pedindo a Séguier que as tropas não entrem em Rouen, destaca que as despesas de ocupação pesarão mais "sobre as pessoas de bem que haviam reprimido a sedição; e enriquecer[ão] o povinho que havia feito a desordem e a sedição; os carregadores ganharão levando as bagagens dos que acompanharão o sr. Chanceler".
– O visconde de Coutances: "A falta não foi cometida pelos habitantes desta cidade; o populacho baixo é apenas escória e excremento; não seria da justiça do rei sacrificar, como outro Jefté, o que lhe é mais caro nesta cidade."[20]

Podemos resumir assim o processo desse teatro:
– A revolta não pode ter ocorrido dentro da ordem civil; e tampouco é a constituição de outro poder. Os revoltosos desqualificaram-se como súditos e são totalmente inimigos do rei, sem de modo algum serem estrangeiros a seu poder[20]. [78/12]
– A isso os notáveis respondem dizendo: Mas a ordem civil ou religiosa que nos qualificou permanece, continuamos a representar a justiça, a religião ou a polícia. Representamos o povo diante do poder; e representamos dentro do poder os limites ao poder do rei.
– O poder objeta que a única lei de sua decisão é a equidade. E que essa equidade não considera em nada os privilégios ou as dignidades ou os ofícios; mas conhece apenas a separação bons/maus, os que são punidos e os que não são punidos. Mais fundamental que o jogo dos compromissos, das fidelidades, das promessas, dos privilégios reconhecidos, há o poder de separar o bem e o mal. O rei, antes mesmo de ser o senhor dos senhores, é a instância que separa o bem e o mal. O poder é repressão antes de ser garantia.

– Mas essa repressão que, sem intermediário nem intercessão nem freios, é exercida sobre os inimigos (que são também os culpados) na realidade coincide com uma linha divisória traçada pelos próprios privilegiados. São eles que designam os "maus", e, enquanto de um lado o Estado repressivo atropela seus privilégios, ignora suas funções políticas ou judiciais tradicionais, destroça o sistema feudal de garantias, de outro, à socapa, autoriza essas mesmas classes privilegiadas a traçar a divisão das punições, a operar a delimitação social e política que o poder retranscreverá em termos de bons e maus, inocentes e culpados.

Como vemos, está se operando toda uma redistribuição dos instrumentos e dos poderes repressivos.[a]

*

NOTAS

1. Cf. *Histoire du Parlement de Normandie*, IV, op. cit., p. 660: "Quando ele estava entrando nos arredores de Coutances, todos os habitantes, homens, mulheres, crianças, prosternaram-se diante dele, gritando, chorando, pedindo misericórdia."
2 Sobre os *prévôts des maréchaux* (prebostes dos marechais), Foucault baseia-se em G. Zeller, *Les Institutions de la France au XVIᵉ siècle*, op. cit., pp. 196-201. Os *prévôts des maréchaux* (em Île-de-France, o *prévôt de l'Île*) julgam em última instância e sem possibilidade de apelação os crimes cometidos por soldados e vadios (frequentemente desertores), bem como os crimes cometidos nas estradas. Para isso dispõem de batalhões de soldados

---

a. O manuscrito comporta no final desta quarta aula uma folha não numerada na qual se lê:

*A sedição* de 1639

| | |
|---|---|
| Resumo: | – reação à fiscalidade |
| | – urbanos e rurais |
| | – unitária (apesar das diferenças). |
| Características: | – contra o aparelho fiscal de Estado |
| | – esquiva das três instâncias. |
| Mecanismos: | – não é a primeira vez que há essa esquiva |
| | – mas restauração do Estado por H[enrique] IV, a sequência dessa tríplice aliança |
| | – mas a recessão provoca a esquiva, exceto do exército |
| | – é sob a proteção do cardeal que vai se estabelecer um novo sistema repressivo. |

armados. Surgem no final do século XV e conhecem sob Francisco I uma ampliação de suas missões; em seguida, a despeito de uma tentativa de restrição sob Henrique II, não pararão de multiplicar-se.

Para uma história recente dessa função, cf. J. Lorgnier, *Maréchaussée. Histoire d'une révolution judiciaire*, t. I: *Les Juges bottés*, Paris, L'Harmattan, 1994. Sobre a institucionalização dessa função repressiva contra as classes pobres, os desempregados e vadios, cf. M. Foucault, *Folie et Déraison. Histoire de la folie à l'âge classique*, Paris, Plon, 1961 [ed. bras.: *História da loucura na Idade clássica*, 10ª ed., São Paulo, Perspectiva, 2014].

3. O que Séguier recusa. Cf. *Diaire, op. cit.*, p. 23.

4. Cf. *supra*, aula anterior, pp. 46-7 [63/19].

5. A referência à mãe e ao filho foi tirada da carta de Harlay a Richelieu: "Escutai uma mãe cujo filho desejam punir para vingar a perda do outro" (*Diaire*, p. 18; sublinhado no texto).

6. Na verdade, o Parlamento de Rouen recusou-se a registrar numerosos éditos desde o reinado de Henrique IV até o de Luís XIII. Sobre a lentidão do Parlamento em restabelecer os escritórios, cf.: *Histoire du Parlement de Normandie*, IV, pp. 624-6; *supra*, aula anterior, pp. 41 [52/8] e 49, nota 10.

7. *Diaire*, p. 18: "Não será possível acalmar Deus irritado, a não ser por meio de erros maiores e ofensas a Deus que são tidas como punição?"

8. Cf. C. Seyssel, *La Grand'Monarchie de France*, Paris, Galiot du Pré, 1558, pp. 10 ss. A teoria dos três freios foi analisada notadamente em W. F. Church, *Constitutional Thought in Sixteenth-century France: A Study in the Evolution of Ideas*, Nova York, Octagon Books, vol. 47, 1969 (1ª ed. Cambridge, MA, Harvard University Press, "Harvard Historical Studies" XLVII, 1941).

9. C. Seyssel, *op. cit.*, p. 11. Se o rei fizer algo tirânico ou contrário à lei cristã, é "permitido [...] a um simples pregador repreendê-lo & argumentar publicamente & em suas barbas".

10. *Ibid.*, p. 12: "O segundo freio é a justiça, que sem dificuldade tem mais autoridade na França do que em qualquer outro país do mundo, que se saiba, sobretudo por causa dos parlamentos, que foram instituídos principalmente por esse motivo."

11. Foucault parece seguir aqui o resumo de W. F. Church em *Constitutional Thought in Sixteenth-century France, op. cit.*, pp. 30 ss. A polícia remete simultaneamente às leis fundamentais do reino e a todo um conjunto de "liberdades, privilégios e louváveis costumes" concedidos às diversas ordens. Principalmente, está bem especificado nessa obra que a definição de Seyssel inclui também "o conselho fornecido pelos numerosos oficiais e corpos organizados que fazem parte do trabalho da administração" (pp. 37 ss.).

12. Cf. *Diaire*, pp. 23-4 n. 1: "Godart du Becquet [...] disse que iam a Paris interceder junto ao rei pela cidade e implorou ao chanceler para ser o mediador deles perante o monarca. Mas a resposta do chanceler mostrou-lhes que já não havia remédio: '*Proíbo-vos [...] de ir até o rei. Sua Majestade decidiu restabelecer, por meio de suas armas, sua autoridade que foi violada, e punir exemplarmente a rebelião* que foi cometida em Rouen.'." (grifado no texto)

13. Cf. *supra*, aula anterior, pp. 47 [64/20] e 52-3, nota 26.

14. *Diaire*, pp. 19-21: "não tendo ele, meu dito senhor chanceler, vindo para deliberar e sim para pronunciar e executar coisas que ele mesmo acordara no Conselho do Rei e na presença de Sua Majestade, não poderia conceder ao dito senhor arcebispo aquele pedido nem parte alguma deste, nem relevar nada das coisas decididas e concertadas [...] esse brilho e pompa da religião não podendo ser considerados nem eficazes nessa circunstância, os ânimos do povo poderiam excitar-se mais e afastar-se da obediência devida a sua Majestade".

15. Cf. *supra*, aula anterior, pp. 48 [66/22] e 53, nota 28.

16. Ver, por exemplo, Mt. 25, 31-33: "Quando o Filho do Homem vier em sua glória com todos os seus anjos, sentará no trono de sua glória. Todas as nações serão reunidas

diante dele. Ele apartará uns dos outros, como o pastor separa dos bodes as ovelhas; e colocará as ovelhas à sua direita e os bodes à sua esquerda."

17. G. Budé, *Le Livre de l'institution du Prince*, Paris, Foucher, 1547, cap. XXI, p. 60. Assim como, segundo Salomão, o curso reto ou oblíquo dos rios depende da dispensação divina, "do mesmo modo o coração do Rei recebe seu movimento por instinto & impulso de deus, que o impele & o dirige, segundo seu prazer & providência absoluta, a realizar empreendimentos louváveis, honestos, úteis & convenientes para seu povo & salutares para ele; ou, ao contrário, segundo ele ou seus súditos tenham merecido, inclina-se sinistra & obliquamente".

18. O texto de Grassaille diz algo um pouco diferente. Trata-se das ordenações (*ordinationes*): "*Ideo ad tuitionem bonorum & punitionem malorum, factes sunt leges regiae quas ordinationes Galli vocant*" (C. de Grassaille, *Regalium Franciae*, Lyon, Simon Vincent, 1538, p. 60). A citação e, mais geralmente, as referências que vêm a seguir sobre os absolutistas sem dúvida são extraídas de W. F. Church, *Constitutional Thought in Sixteenth--century France*, pp. 58-9. Para uma história recente dessas teorias e do contexto de sua elaboração, ver: A. Jouanna, *Le Pouvoir absolu. Naissance de l'imaginaire politique de la royauté*, Paris, Gallimard, 2013; *Id.*, *Le Prince absolu. Apogée et déclin de l'imaginaire monarchique*, Paris, Gallimard, 2014.

19. P. Rebuffi, *Commentaria in Constitutiones*, t. I, Lyon, G. Rouilly, 1613.

20. Cf. *supra*, aula anterior, p. 48 [66/22].

# AULA DE 12 DE JANEIRO DE 1972

*I. Entrada (em Rouen) do poder civil e formação do corpo visível do Estado. – O chanceler ultrapassa as regras judiciais tradicionais e liga a ordem da justiça à ordem da força militar: o Estado assume um poder repressivo. – Surgimento dessa terceira função puramente repressiva do Estado, cumprida, independentemente do rei, pelo chanceler (membro do Conselho do Rei). Substituição do poder régio e do rei ausente por um corpo visível do Estado. O aparelho fiscal é acompanhado de um aparelho repressivo. II. Novas formas de controle sem instituições novas. – Questionamento das autoridades locais: suspensões provisórias. Substituição provisória das autoridades locais por comissários. – Medidas militares e sistema de multas fiscais para amarrar os privilegiados a seu compromisso. Em suma, um sistema de controle instável que ainda se apoia em estruturas feudais, antecipando a criação de um aparelho repressivo estatal especializado.*

[a]C. O CORPO DO ESTADO [81/1]

É em 2 de janeiro [de 1640] que o poder civil faz sua entrada em Rouen. O poder civil, ou seja, Séguier, La Vrillière, [os] conselheiros de Estado, [os] relatores. Teremos de voltar ao significado desses homens, ou melhor, dos corpos a que pertencem ou dos grupos sociais que representam.

Até então o poder civil permanecera nos bastidores, deixando o exército fazer sua justiça, prometendo apenas que a justiça do rei ia intervir para, como a de Deus, fazer a separação entre os culpados e os inocentes. As circunstâncias possibilitaram um jogo com as datas. A justiça do Rei foi aguardada durante todo o período do Advento ("*veniat cunctis gentibus desideratus*", pregava o arcebispo[1]): e o poder civil fez sua entrada quando começava o ano.

Quais são as características essenciais dessa entrada do poder civil?

a. As marcas de subdivisão "A" e "B" figuram na aula anterior.

1 – O exército passa para o controle do chanceler, ou melhor, na pessoa do chanceler vêm reunir-se as duas grandes funções do poder – as funções de guerra e de justiça.

Essa junção é marcada por toda uma série de medidas, de gestos, de "formalidades".

– Desde quando Séguier estava em Gaillon, o coronel Gassion tinha de ir receber ordens dele. As decisões militares eram tomadas pelo chanceler[2].

– [Além disso], Séguier levou à justiça civil um grande número de soldados que haviam dado início a abusos e crimes. Segundo Bigot de Monville, entre os condenados à morte houve mais soldados do que revoltosos. Séguier suspendia assim um dos antigos privilégios do exército[3].

– Mas, ao mesmo tempo, pelo menos numa ocasião o próprio Séguier exerceu militarmente a justiça civil. Tratava-se de Gorin e quatro outros revoltosos. Condenou-os à roda.

E essa condenação foi decretada contrariando três regras fundamentais da justiça[4]:

– foi Séguier sozinho, sem assistência de ninguém, que a decretou;

– ele se baseou no inquérito e nos depoimentos, mas não ouviu o acusado;

– formulou a sentença oralmente, como uma ordem, e não por escrito[5].

Na visão dos próprios contemporâneos, a violação dessas três regras (pluralidade de juízes, sentença escrita e principalmente oitiva do acusado) era extremamente grave. No [século] XVI Ayrault dizia: "Condenar alguém sem ouvi-lo é violar o universo, é inverter céu e terra."[6] Um século mais tarde Jousse enfatizará a ilegalidade de tal medida.

Tudo decorreu como se Séguier quisesse baralhar as linhas divisórias entre a ordem da justiça e a da força militar; como se quisesse manifestar um poder mais radical que transcendia ambas e não estava subordinado nem aos privilégios de uma nem às regras da outra. O chanceler assumia assim o direito de ignorar[a] as modalidades próprias dos diferentes tipos de ação judicial. Adotava as formas de processo

---

a. Palavras riscadas: "os privilégios de justiça".

ou de punição de que necessitava, sem respeitar as condições regulares de seu exercício ou de sua aplicação. É o que se expressa nesta estranha frase de Verthamont a propósito da execução de Gorin: "Como os condenados foram presos *in flagranti*ª numa sedição, pensou-se que em tais casos se deve fazer o processo após a morte."[7]
– Mas Gorin não fora preso *in flagranti*
– e o "processo após a morte" não tinha razão alguma de ser aplicado, visto que ele estava detido, que um inquérito fora aberto.

[84/4]

Portanto, vemos surgir, acima do exército e da justiça, uma função de repressão assumida pelo Estado e que não está coibida pelas regras tradicionais. Acima do poder de justiça e da força de combate, algo que é como o poder repressivo.

Dirão que essa não é a primeira vez que na repressão de um motim o poder força as fronteiras da justiça e do exército e pratica uma espécie de repressão selvagem, desenfreada. Na Normandia mesmo, na época de Carlos VI. E mais recentemente em Quercy[8].

Mas, justamente, a repressão realizada por Séguier não era selvagem; não se exercia na violência da luta. Desenvolveu-se quando tudo já voltara à ordem, quando os amotinados haviam sido derrotados e os privilegiados tinham se submetido pessoalmente.

A irregularidade aparente dos atos de Séguier é calculada. É feita a frio. E está em causa manifestar:
– por um lado, que o Estado tem um certo poder de repressão que vai além das, ou pelo menos não é forçosamente coibido pelas regras jurídicas ou pelos costumes militares;
– e, por outro lado, que esse poder de repressão que normalmente é conferido à justiça ou ao exército pode ele mesmo fazer-se valer e exercer-se segundo suas próprias modalidades, pelo menos num caso: a sedição popular.

[85/5]

Aos dois aspectos tradicionais da soberania monárquica (justiça e exército) vem somar-se um terceiro: a repressão. O rei pode e deve ministrar a justiça entre os indivíduos que são súditos seus; pode e deve assegurar a defesa de seus súditos contra os inimigos deles; pode e deve reprimir a sedição de seus súditos.

O fato de o chanceler ser encarregado dessa tarefa de repressão prova que ela já não é marginal e acidental, que já não deixam que seja assumida por seus governadores feudais (representantes simultaneamente do Estado e de si mesmos), como fora o caso em Guyenne[9];

---

a. Grifado no manuscrito.

esse é realmente o sinal de que ela passa a fazer parte das tarefas constantes do Estado.

O reinado jurídico-militar do chanceler evidencia uma função puramente repressiva do Estado, função central.
E essa função é cumprida sem o rei.

2 – A ausência do rei
O chanceler, portanto, se vê comandando o exército e remanejando as regras da justiça. Ora, até o momento quem podia acumular ao mesmo tempo funções judiciais e militares e desviar-se pessoalmente de suas regras? Quem podia tê-las na mão, e na mesma mão? Senão o rei?[10]

a/ E é justamente nessa posição régia que o chanceler se encontra. Ele ultrapassa essa divisão entre chefe de guerra e chefe de justiça que começava imediatamente depois do rei (divisão que as duas funções de condestável e de chanceler expressavam).
Ao ocupar essa posição, o chanceler presta-se a uma substituição quase sacrílega. Em todo caso, foi assim que os contemporâneos a entenderam.
Também aqui é preciso ver a etiqueta como uma manifestação do poder.
– Segundo Verthamont, Séguier só teria aceitado as honras militares após haver contraposto "durante muito tempo algumas recusas";
– [além disso,] em sua carta ao arcebispo ele destaca que não veio para deliberar, e sim "para executar ordens que ele mesmo acordara no Conselho do Rei"[11].
Portanto, ele não tem o poder régio de deliberar; não tem liberdade de mudar sua decisão; e entretanto essa decisão é a sua, visto que a tomou como membro do Conselho do Rei.
Assim, o lugar do rei é ocupado por alguém
– que não é o próprio rei, visto que aplica decisões;
– que é, contudo, mais do que o representante do rei, visto que as decisões que aplica são as suas.

Dessa maneira vemos destacar-se da pessoa do rei uma região, um conjunto de indivíduos, um corpo que é como o corpo visível do Estado. Um homem como Séguier e os que o cercam já não são simplesmente agentes do rei (os que executam, e diretamente, sua vontade): representam, ou melhor, constituem todos juntos o poder de Estado.

E, se é verdade que a teoria e a teologia políticas da Idade Média aceitaram que dois corpos estavam reunidos na pessoa do rei (o corpo físico e o corpo político)[12], talvez se deva aceitar que aquelas pessoas que iam para a Normandia carregadas de prerrogativas quase régias constituíam todas elas o corpo visível do Estado.

No lugar do rei ausente apresenta-se o corpo visível do Estado. Aliás (também aqui, manifestação do poder no nível da etiqueta), o chanceler [levara consigo] os selos do Estado e tudo decorria como se o rei estivesse lá[13].

b/ Séguier e os homens como Séguier, que, na qualidade de corpo visível do Estado, estão encarregados de exercer essas funções – nem exatamente judiciais nem exatamente militares – de repressão, quem são eles?

– La Vrillière, vinte e duas ou vinte e três carruagens de conselheiros de Estado, relatores; d'Ormesson, Laubardemont, Marescot, Verthamont, Talon, Le Tellier etc.[14]

– Todas essas pessoas pertenciam ao mesmo grupo social que os parlamentares. Mas, enquanto estes, ao tornarem-se proprietários de terras, se inseriam na feudalidade local, aquele pequeno grupo servia de árbitro, em torno do rei, entre os financiadores que obtinham em arrendamento as arrecadações de impostos e que emprestavam dinheiro ao rei, e os grandes senhores que se beneficiavam com a renda centralizada e redistribuída[a].

Essas pessoas tinham um papel decisivo[15]:
– no estabelecimento do imposto, na determinação das taxas. Pressionavam para substituição do regime de *états* pelo regime de *élections*[16];
– na atribuição dos arrendamentos fiscais e nas condições dos créditos concedidos ao rei;
– por fim, na distribuição das rendas, das pensões, dos ofícios.

Portanto, encontravam-se numa situação estratégica quanto à circulação de toda a massa fiscal:
(a) era neles que os grandes senhores tinham de apoiar-se para usufruir da renda feudal assim organizada;

a. Parágrafo riscado:
"Eram essas pessoas que arbitravam toda a regulação da fiscalidade: desempenhavam um papel decisivo na atribuição dos arrendamentos fiscais e um papel considerável na atribuição de pensões; eram elas que tinham um papel importante na atribuição do imposto e que pressionavam para a substituição do regime de *états* pelo regime de *élections*."

(b) eles mesmos eram os grandes beneficiários dessa renda, visto que sua situação de intermediários lhes permitia recolher, na passagem, uma parcela não desprezível dela; e, consequentemente, (c) eram os que estavam em melhor condição para realizar a repressão. Tinham poder para isso e tinham interesse nela.

Nisso sua posição era diferente da dos parlamentares e, em geral, dos oficiais régios:
– estes de fato eram socialmente intermediários entre uma burguesia de onde provinham, e na qual tinham se enriquecido, e a aristocracia na qual se integravam pelo viés da propriedade fundiária. Mas, na qualidade de detentores de ofícios que a fiscalidade régia desvalorizava pelo simples movimento da multiplicação destes e de proprietários de terras, sofriam com o aumento da fiscalidade. Ao passo que os "governantes", os "homens no poder" tinham todo interesse nesse aumento da fiscalidade: sua parcela e seu poder aumentavam em proporção direta.

[90/10]

Portanto, era totalmente normal que no exercício da repressão eles substituíssem os parlamentares, os homens da justiça tradicional. Iam tornar-se os agentes naturais de um controle totalmente novo e de uma repressão de Estado totalmente nova[a].

## *Repressão e fiscalidade* [91/10bis][b]

Pode-se dizer, genericamente, que existia um aparelho de Estado, que era o aparelho fiscal.
Ele se apoiava em alguns aparelhos de coação e repressão de caráter local.
O que se evidencia durante as grandes sedições do [século] é que esse aparelho fiscal de Estado não pode mais fun-

---

a. Parágrafo riscado:
"c/ Como eles a exercem em Rouen em 1640?
(1) Toda uma série de medidas que lhes permitem desocupar o espaço à sua frente, anulando de uma só vez todas as autoridades locais
'anular': não é suprimir definitivamente, e sim fazê-las desaparecer, em sua forma, em seu funcionamento, em seu *status* político atual, para fazê-las reaparecer em seguida – veremos em que condições.
– Todos os pontos de apoio políticos e militares da burguesia local lhe são retirados
os burgueses são desarmados
os magistrados municipais e os prefeitos são suspensos
os rendimentos dominiais e patrimoniais da cidade são vinculados à Coroa."
b. Folha intercalar no manuscrito.

cionar sem ser protegido, acompanhado de perto por um aparelho repressivo.

Ao deslocar-se para a Normandia, o corpo visível do Estado indica essa função e seu ponto de intervenção. Mas ele ainda não criou a instituição e os órgãos.

Apenas implantou um jogo de compromissos e fianças.

### D. A ordem e as fianças [92/11]

Como essas novas formas de controle vão ser implantadas?

Também aqui, ainda não há aparecimento de instituições novas. Elas surgirão mais tarde, assim como se fará mais tarde a reorganização das antigas. ªPara reagir à revolta dos *Nu-pieds* (ou às da mesma época) o poder régio não implantou nenhuma instituição. Mas modificou, torceu, desviou, deslocou o funcionamento das instituições existentes; desenhou as linhas básicas de uma função repressiva geral, que pouco a pouco se articulará em instituições específicas e desempenhará diferentes papéis políticos ao longo dos séculos futuros.

1 – Questionamento de todas as autoridades locais. Esse questionamento fez-se seguindo um modo tradicional: suspensão geral durante um período, depois reintegração como antes, quase sem modificação alguma, nem mesmo de pessoa.

– A municipalidade é suspensa e seus rendimentos dominiais e patrimoniais são vinculados à Coroa[17].

– O mesmo para os parlamentares: são suspensos; perdem suas fianças; ordenam-lhes que deixem a cidade e vão para Paris esperar ordens; ameaçam-nos de fazê-los arcar com a maior parte da multa[18]. [93/12]

E as declarações de interdição são interessantes, pelas relações de poder que nelas se manifestam e pelos elementos teóricos que comportam.

1/ Ao Parlamento (Declaração de 17 de dezembro de 1639): "Os reis, a fim de obrigar os povos a maior reverência para com os parlamentos, os honraram com as mais augustas marcas de sua grandeza e com os ornamentos da realeza."[19]

[Referência ao princípio de que o Parlamento é o próprio rei em sua corte; e os decretos do Parlamento são os decretos do rei: a corte é soberana.]ᵇ

---
a. Início de frase riscado: "Mas aparecem funções."
b. Frase entre colchetes no manuscrito.

"Mas, representantes do monarca, eles devem não só ministrar a justiça ao povo, mas também conter seus súditos nos deveres de uma total e legítima obediência."[20]

[Mas o rei dá aqui, do princípio anterior, uma interpretação muito diferente da dos parlamentares:
– os parlamentares extraíam desse princípio a conclusão de que, sem seu registro, as vontades do rei ainda estavam incompletas;
– o rei extrai a conclusão de que os parlamentares devem fazer obedecer a vontades que são perfeitas em si mesmas, isto é, suficientes para serem leis.][a]

Os parlamentares ainda estão com uma definição feudal do corpo político como "corte" do soberano; o rei já se refere [a] uma definição do corpo político como aparelho de Estado.

2/ O rei suspendeu o prefeito da cidade por meio de uma declaração do mesmo tipo. Censurava-o por "devido a sua covardia e conivência" ter sofrido os levantes contra a autoridade régia, sendo que seu cargo e o de prefeito lhe "davam plena autoridade sobre os habitantes"[21].

Também aqui, a função de prefeito não é definida pelos privilegiados da cidade, e sim como uma função autoritária a ser exercida sem limitação, em nome do rei.

Está certo que essas suspensões deviam ser apenas provisórias. Mas o modo como eram feitas indicava com muita clareza como as autoridades deviam funcionar daí em diante.

Entretanto, uma coisa deve ser notada: a coesão do corpo do Estado ainda é formulada em termos de compromisso feudal.
– Aos parlamentares e aos magistrados municipais o rei dizia que deviam arriscar a vida por ele[22];
– mas salientava, na declaração de suspensão dos parlamentares, que a revolta ocorrera no momento em que o rei "expunha sua pessoa aos incômodos e perigos de uma longa viagem"[23].
Compromisso à custa da vida.

2 – O segundo aspecto dessa reorganização é a substituição provisória dessas instituições suspensas por comissários. Também aqui nenhuma mudança institucional, visto que tudo devia permanecer provisório; e entretanto um determinado tipo de funcionamento é proposto.

---

a. Passagem entre colchetes no manuscrito.

– Num primeiro momento os parlamentares são substituídos por comissários, relatores, pertencentes a essa classe de homens que exerce o poder. São encarregados de ministrar justiça de uma forma excepcional[24].
– Depois, num segundo momento, são substituídos por outros parlamentares, enviados de Paris[25].
– Isso constituía uma habilidade tática: os parlamentares de Paris eram, entre todos, os mais próximos dos homens no poder. Era entre eles, ou pelo menos em suas famílias, que se recrutavam os conselheiros de Estado. Prova disso é Séguier, filho de um primeiro-presidente e cujo primo é enviado justamente para presidir o pseudoparlamento[26].
– Era também uma afirmação de princípio: os parlamentares diziam que todos eles eram as "classes" de um mesmo corpo; que, portanto, eram solidários, que entre eles não havia hierarquia; que, portanto, o rei não podia jogar uns contra outros, substituir uns por outros.
Com essa medida, o rei quer mostrar que considera os parlamentares apenas seus agentes, que respondem localmente, individualmente, a suas ordens. Não é o Parlamento como corpo que conclui e complementa a vontade: é a vontade do rei que se transmite por meio de seus agentes parlamentares.  [96/15]
– Ele faz uma demonstração do mesmo tipo a propósito do prefeito de Rouen. De certo modo, substitui-o por ele mesmo. Godart du Becquet foi substituído por um *alter ego*: era tenente-geral do *présidial*; é substituído pelo tenente do bailiado, Boulays[27].
Os mesmos homens nas mesmas funções, mas devendo funcionar de modo diferente.

ª3 – Mas como era possível fazer funcionar de modo diferente instituições que continuam as mesmas, com homens que também continuam os mesmos?
Sem dúvida, pode-se dizer que a intervenção e a presença dos homens do poder modificavam o equilíbrio ou pelo menos as formas de controle. Mas o problema era que eles eram pouco numerosos, que pela função só podiam residir em Paris. Quando partissem, como as novas formas de controle iam exercer-se?

a. Uma primeira versão do início do parágrafo 3 está riscada:
"3. Mas principalmente o terceiro aspecto, e o mais importante, é todo o sistema de fianças e garantias que é imposto."

Pede-se aos burgueses e aos nobres um compromisso pelo qual devem responder pessoalmente, por sua conta e risco.

– Aos nobres (Declaração de 8 de janeiro [de 1640]): "Doravante os fidalgos da Normandia deverão impedir que qualquer assembleia seja feita na extensão de suas terras, sob pena de responderem por isso, em seus próprios e privados nomes, como cúmplices."[28]

Mesmo juramento para os "magistrados, oficiais e outros".

– [Aos] burgueses: os comissários que em Rouen substituem os magistrados municipais convocam em 19 de janeiro os principais burgueses de Rouen e propõem-lhes que as tropas se retirem mediante a declaração de que "eles tomarão sob sua guarda a cidade de Rouen, segundo a vontade de Sua Majestade; que se encarregarão, com risco de suas próprias vidas, de mantê-la na obediência e fidelidade devida ao rei [...]; e de que promet[em] perseguir todos aqueles que quiserem perturbar-lhe a tranquilidade"[29].

Uma ordenação de 7 de fevereiro especifica o que os burgueses deverão fazer quando houver motim. Senão, "será procedido contra eles", considerados "responsáveis pelas desordens"[30].

Como esse compromisso pode ter alguma solidez? Essencialmente por meio de medidas de ordem militar e de ordem financeira.

1. Medidas militares

– Desarmamento geral. São recuperados em Rouen cerca de mil fuzis, 1.500 alabardas, 3 mil espadas[31]. Os canhões do paço municipal são retirados.

– Mas o desarmamento é seletivo.

*Diaire*: Em 5 de janeiro "Começaram a desarmar todo o populacho, o que foi feito muito calmamente; [...] os nobres e os bons comerciantes e burgueses continuarão armados para a defesa pública"[32].

*Diaire*, a respeito de Caen: O sr. Moran "propõe para a cidade de Caen que 500 dos principais se comprometam com o rei a proteger a cidade da sedição e mantê-la na obediência, para que devolvam a eles suas armas. Creio que, se apresentarem a petição devidamente assinada, será possível armar 500 dos principais, obtendo-se deles a segurança que propõem"[33].

Trata-se, na verdade, de uma redistribuição seletiva das armas. E, quando se pedia aos burgueses que respondessem pessoalmente pela ordem da cidade, esse compromisso moral na verdade se baseava [na] ou pelo menos tinha como correlato a concentração do controle armado em algumas mãos, pouco numerosas mas seguras.

(Concentração insuficiente, autonomia excessiva, compromisso incerto, como mostrará a Fronda. Daí mais tarde uma nova [...]ª.)

2. O sistema de multas                                [99/18]
   – Para Rouen, multa de 1.100.000 libras
   Das quais:
      150.000 representavam pagamentos em atraso
      150.000 representavam a subsistência do exército
      400.000 representavam as P.D. [perdas e danos]*
      400.000 "a ser tomadas como saldo e distribuídas aos abastados"[34].

E como foi financiada essa multa? Haviam pensado numa multa aos parlamentares, uma taxa aos abastados. Mas na verdade [foi por] um imposto indireto (em Caen mesma coisa que em Rouen).

1/ Seu contrato de arrendamento foi dado a um habitante de Rouen. Após muitas tergiversações e ameaças, Séguier concordou em mandar dá-lo a um J[acques] Marie.

Portanto, a cidade ficava endividada com ele. Mas ele, por sua vez, era avalizado pelos burgueses mais ricos da cidade[35].

De modo que a cidade viu-se endividada não com o rei, e sim com seus habitantes mais ricos.

Isso não teria acontecido se contratadores de fora tivessem conseguido o contrato.

2/ Como a cidade ia reembolsar?

O rei concede a possibilidade de cobrar impostos novos, impostos de barreira sobre mercadorias e gêneros alimentícios[36]. Mas é especificado que esse imposto recai apenas sobre as mercadorias que devem permanecer na cidade, não sobre as que saírem dela ou que por ali passarem[37]. Ou seja:
   – os produtos de consumo[38];
   – ou ainda as matérias-primas [...]ᵇ compradas pelos artesãos[39].

a. Palavra ilegível.
* No texto em francês: "D.I. [*dommages et intérêts*]". (N. da T.)
b. Palavra ilegível.

O esquema do rateio fiscal reproduz exatamente, ou melhor, vem encaixar-se exatamente no esquema da distribuição das armas[40].

Temos, portanto, um sistema em quatro níveis: [100/19]
– um endividamento coletivo dos mais pobres para com os mais ricos;
– [endividamento coletivo que][a] sem dúvida duplica o endividamento privado;
– um sistema de encargos e de exonerações fiscais;
– um sistema de distribuição das armas (aos exonerados e aos credores).
Sistema logicamente coerente.

– Nos campos, multas diretas e que, também nesse caso, recaem principalmente sobre os mais pobres (uma taxa de 10 libras por 100). Quanto aos que não têm imóveis: 25 libras.
Poderá ser vendido o bem dos que não puderem pagar (e sem encargo de hipoteca)[41].

3/ A partir dessa dupla garantia militar e financeira, o populacho podia ser perdoado. Isso era necessário se quisessem que os impostos entrassem, que as mercadorias saíssem e que os burgueses fossem reembolsados.
Era preciso que todos os insurgentes que estavam escondidos saíssem.
– Relativa clemência dos tribunais.
– Concede-se anistia[42].

Assim, os mais ricos são "perdoados" porque são os fiadores financeiros e militares da ordem; os pobres são perdoados como contribuintes e produtores da arrecadação fiscal. [101/20]
Sistema instável, apesar de sua lógica, que ainda se apoiava demais nas estruturas feudais. A evolução precisava ser levada muito mais longe. Para que a renda fiscal fosse mantida na forma centralizada, foi preciso um aparelho repressivo estatal muito mais aperfeiçoado.
– Todas as funções que surgiram ao longo dos acontecimentos e que foram exercidas pontualmente, em medidas temporárias, em gestos, em cerimônias etc. – todas essas funções o Estado ainda confiava à burguesia, à nobreza local, aos parlamentos, e na forma feudal do compromisso.

a. O manuscrito traz: "ele".

*Aula de 12 de janeiro de 1972*

– A Fronda mostrará que é preciso confiá-las a um aparelho estatal especializado; que o controle sobre as massas populares seja realizado não mais por aliados incertos, e sim por um instrumento firmemente posicionado nas mãos do Estado.

\*

NOTAS

1. Cf. *supra*, aula de 15 de dezembro de 1971, pp. 47 [64/20] e 52-3, nota 26.
2. Cf. *Diaire*, *op. cit.*, p. 2 n. 1: "O coronel Gassion, chefe das tropas enviadas a Rouen, devia, em todas as coisas, obedecer-lhe como a seu superior, mesmo no que dizia respeito às armas." Floquet enfatiza muito os "poderes exorbitantes" de Séguier.
3. Cf. *Mémoires du président Bigot de Monville*, *op. cit.*, p. 241: "Durante sua permanência" [mas Bigot está falando de Gassion] "em Rouen, executaram mais soldados do que burgueses." Cf. também A. Floquet, *Histoire du Parlement de Normandie*, t. V, Rouen, Édouard Frère, 1842, pp. 39 ss.
4. Sobre essa condenação e o suplício infligido a Gorin e seus cúmplices, cf. *Diaire*, pp. 112-6. Nele se encontram também todas as referências citadas em seguida por Foucault.
5. Ver os comentários de Daniel Jousse sobre a execução de Gorin em seu *Traité de la justice criminelle de France*, t. I, Paris, Debure, 1771, prefácio, nota p. XXIV: "Houve na condenação & execução três coisas extraordinárias. A primeira é que o sr. chanceler condenou todos os cinco à morte, ele sozinho & sem ser assistido por relatores nem outros; a segunda é que os condenou sem vê-los; a terceira é que deu a sentença sem mandar lavrá-la por escrito. O *prévôt de l'Isle* anunciou-a a eles verbalmente. [...] esse uso de condenar os acusados sem ouvi-los não ocorre mais hoje, & essa mudança está baseada nas mais sólidas razões" (Fundo BnF).
6. P. Ayrault, *L'Ordre. Formalité et instruction judiciaire*, Paris, Sonnius, 1588, p. 6. Ayrault fala da máxima: "Nenhum julgamento sem acareação nem oitiva" e observa: "ela é tão natural, tão razoável, tão conforme com todos os direitos que usá-la & praticá-la de modo diferente seria violar todo este universo e inverter céu & terra" (Fundo BnF).
7. Cf. *Diaire*, p. 115: "Estimou-se que essa ordem de guerra realçava ainda mais a autoridade do rei; e, ademais, tendo os condenados sido surpreendidos *in flagranti* numa sedição, julgou-se que em tais casos se deve fazer o processo após a morte."
8. Trata-se dos motins de Rouen em 1382, ditos "da *Harelle*", que começam em 24 de fevereiro, terminam em março-abril e depois recomeçam em agosto. [Harelle: de "*haro!*", brado lançado pelos amotinados para chamar a atenção. (N. da T.)]

Sobre essas revoltas, Foucault consultou L. Mirot, *Les Insurrections urbaines au début du règne de Charles VI*, Paris, Fontemoing, 1905 (Fundo BnF); sobre sua repressão, cf. pp. 104-8 e 202-9. A repressão da primeira revolta foi feita diretamente pelo rei, com várias execuções sumárias. A segunda foi feita por oficiais do rei, comissários-gerais reformadores, que prenderam 300 pessoas e condenaram à morte os que haviam se oposto aos recolhimentos fiscais.

A revolta de Quercy é a revolta dos *Croquants* de 1624, que foram massacrados por uma tropa de nobres locais comandados pelo marechal de Thémines (cf. B. Porchnev, *Les Soulèvements populaires en France*, *op. cit.*, pp. 49-52). [Cf. p. 21, nota b. (N. da T.)]

9. Com o duque de Épernon.
10. O melhor exemplo disso é dado precisamente pela repressão à primeira *Harelle* (cf. *supra*, nota 8). Ver também a interdição do Parlamento da Normandia em 17 de setem-

bro de 1540 por Francisco I: o rei então se deslocara até a Normandia (*Histoire du Parlement de Normandie*, t. II, Rouen, Édouard Frère, 1840, pp. 1-15).

11. *Diaire*, p. 20: "para [...] executar as coisas que ele mesmo acordara no Conselho do Rei"; mas acrescenta: "e na presença de Sua Majestade."

12. Cf. E. H. Kantorowicz, *The King's Two Bodies*, op. cit.

13. Cf. *Diaire*, pp. IX, 4 e 42.

14. Cf. *Histoire du Parlement de Normandie*, t. IV, op. cit., p. 676 (a respeito das carruagens) e *Diaire*, pp. 3-5, para a descrição das pessoas. La Vrillière é secretário das ordens do rei [*secrétaire des commandements*, uma espécie de primeiro-secretário. (N. da T.)]; d'Ormesson, Laubardemont, Marescot, Verthamont e Talon são conselheiros de Estado; Le Tellier é relator.

15. Sobre esses personagens e seu papel, cf. B. Porchnev, *Les Soulèvements populaires en France*, pp. 444 ss. E, mais atualmente, os trabalhos de D. Dessert, principalmente *Argent, Pouvoir et Société au Grand Siècle*, Paris, Fayard, 1984.

16. O Antigo Regime distinguia os *pays d'états* (Borgonha, Bretanha etc.), regiões onde as demandas fiscais da monarquia eram objeto de um exame e de uma votação durante assembleias reunindo as três ordens – os "*états provinciaux*" –, que se encarregavam de ratear e perceber os impostos, e os *pays d'élections*, regiões onde a administração fiscal estava a cargo do intendente e a percepção era delegada a agentes régios, os "*élus*" ("eleitos" [porque inicialmente eram eleitos; depois esses cargos se tornaram venais. (N. da T.)]). Os anos 1628-30, num contexto de aumento da fiscalidade e de fortalecimento do poder monárquico, são marcados precisamente por um vivo ataque contra o sistema de *états* e uma tentativa de introduzir *élections* em diversas províncias. Cf., por ex., A. Jouanna, *Le Prince absolu*, op. cit., pp. 131-5.

17. Cf. *Diaire*, pp. 138-40.

18. Cf. *Histoire du Parlement de Normandie*, IV, pp. 683 ss.; V, op. cit., pp. 1 ss.

19. Foucault utiliza o texto apresentado por Floquet, *ibid.*, IV, p. 682. O texto original é diferente: "Quando os Reis, nossos predecessores, ao instituírem os parlamentos delegaram-lhes uma parte tão grande de seu poder e de sua autoridade [...] não se limitaram a depositar-lhes nas mãos sua justiça distributiva; mas, a fim de obrigar os povos a maior reverência para com eles, os honraram com as mais augustas marcas de sua grandeza e com os ornamentos da realeza" (Declaração de 17 de dezembro de 1639, in A. Héron [org.], *Documents concernant la Normandie, extraits du "Mercure françois"*, Rouen, Métérie/ Société de l'histoire de la Normandie, 1883, pp. 324-5).

20. É a parte suprimida na frase anterior: "[e de sua autoridade], não foi somente para ministrar justiça a seus súditos, mas também para contê-los dentro dos deveres de uma total e legítima obediência" (*ibid.*).

21. *Diaire*, pp. 139-40 n. 1: o rei acusava o prefeito "de, por sua covardia e conivência, ter sofrido todas as rebeliões e desordens [...] sem opor-se a elas pelo dever de seu cargo e do de prefeito vitalício da referida cidade, que lhe dava plena autoridade sobre os habitantes".

22. Cf. *Histoire du Parlement de Normandie*, IV, p. 681: os magistrados municipais são apresentados como "obrigados, em confrontos semelhantes, a expor suas vidas pela defesa da autoridade régia".

23. "Enquanto estávamos nas fronteiras de nosso reino, expondo nossa pessoa aos incômodos e perigos de uma longa viagem pelo bem de nossos súditos" (Declaração de 17 de setembro de 1639, *loc. cit.*, p. 325).

24. Cf. *Histoire du Parlement de Normandie*, V, pp. 7-10.

25. Cf. *ibid.*, pp. 75 ss.

26. Trata-se de Tannegui Séguier. Cf. *ibid.*

27. Cf. *Diaire*, p. 140 n. 1. Godart du Becquet era ao mesmo tempo prefeito vitalício e tenente-geral do bailiado e *présidial* de Rouen. Boulays era tenente particular no bailiado e *présidial* de Rouen; exerce provisoriamente o cargo de tenente-geral a partir de 9 de janeiro de 1640.

28. *Ibid.*, p. 145 n. 1. A declaração exata é a seguinte: "dizemos e declaramos, queremos e nos apraz que doravante os fidalgos de nossa província da Normandia devem impedir que quaisquer assembleias se façam na extensão de suas terras, sob pena, caso ocorra alguma rebelião contra nosso serviço na extensão de suas ditas terras, de responderem por ela em seus próprios e privados nomes, como cúmplices" (*Documents concernant la Normandie, op. cit.*, pp. 343-4).

29. *Diaire*, p. 191 n. 1: "[...] que eles tomavam sob sua guarda a cidade de Rouen, segundo a vontade de Sua Majestade; que se encarregavam, com risco de suas vidas, de conservá-la na obediência e fidelidade devida ao rei seu soberano senhor [...] e que prometiam perseguir todos os que quisessem perturbar-lhe a tranquilidade".

30. *Ibid.*, p. 245 n. 1: "Ao som do tambor os burgueses pegarão imediatamente suas armas e se dirigirão para a casa do capitão, para receber as ordens dele; ou será procedido contra eles, como desobedientes e rebeldes ao comando de S.M. e cúmplices da agitação ou sedição, e serão responsáveis pelas desordens que ocorrerem."

31. Cf. *ibid.*, pp. 154-5 n. 1. Os números exatos são: 1.598 mosquetes e arcabuzes, 5.497 espadas e 1.037 alabardas. Madeleine Foisil, por sua vez, indica 1.598 mosquetes, 3.490 espadas e 977 alabardas (*La Révolte des Nu-pieds..., op. cit.*, p. 314).

32. *Diaire*, p. 92: "Começaram a desarmar todo o populacho; isso foi feito muito calmamente, continuando nos dias seguintes; os homens de qualidade e os bons mercadores e burgueses continuarão armados para a defesa pública."

33. *Ibid.*, p. 390: "O sr. Moran propõe, para a cidade de Caen, que quinhentos dos principais se comprometam com o rei a salvaguardar a cidade de sedição e mantê-la na obediência, contanto que lhes devolvam suas armas. Creio que, se apresentarem a petição devidamente assinada como eu disse, poderiam ser armados quinhentos principais, obtendo-se deles a segurança que propõem." É Séguier que faz essa proposta.

34. Para detalhes sobre as multas, cf. M. Foisil, *La Révolte des Nu-pieds...*, pp. 314-5, que Foucault segue aqui, arredondando os números. 150.000 libras para subsistência dos soldados durante o trimestre de inverno de 1640; 420.000 "a ser tomadas como saldo e distribuídas aos abastados"; 400.000 para perdas e danos. As 150.000 para pagamentos em atraso são menos evidentes; todas as fontes, inclusive Foisil, indicam 85.000.

35. Cf. *Mémoires du président Bigot de Monville*, pp. 272-3. Bigot apresenta isso como medidas positivas para a cidade de Rouen. Ver também M. Foisil, *La Révolte des Nu-pieds...*, p. 315.

36. Cf. *Diaire*, p. 243. Trata-se da tarifa decretada pelo Conselho de Estado em Rouen em 16 de fevereiro de 1640; detalhes sobre ela encontram-se em *Documents concernant la Normandie*, pp. 353-7.

37. Cf. *Documents concernant la Normandie*, p. 356: "Todos os quais direitos serão cobrados sobre todas as mercadorias e gêneros acima declarados que se consumirem na dita cidade, bairros e arredores de Rouen, sem que possam ser cobrados [...] sobre as mercadorias [...] que entrarem, passarem ou pararem na dita cidade [...] para dela serem transportadas."

38. Boi, vaca, porco, vinho etc.

39. Carvão, tecido de lã, peça de ratina, libra de seda de manufatura de toda espécie etc.

40. Isso é contestável: está bem especificado que essas medidas se aplicam a "todas as pessoas de qualquer qualidade e condição que sejam, isentos e não isentos, privilegiados e não privilegiados" (*Documents concernant la Normandie*, p. 354).

41. Cf. *Diaire*: "Será feita uma taxa [...] na base de dez libras por cem [...] os serviçais, rendeiros pobres e trabalhadores braçais, que não têm imóvel, pagarão vinte e cinco libras ou servirão o rei durante uma campanha" (p. 445) e "poderá ser vendido o bem dos culpados para pagar a taxa cobrada, sem que o bem vendido permaneça onerado de hipoteca" (p. 446). Trata-se de taxas para indenizar os prejudicados, na comuna de Avranches.

42. Trata-se do "Mémoire touchant l'abolition des Nuds-pieds du diocèse d'Avranches" [Memorial referente à anistia dos *Nuds-pieds* da diocese de Avranches], *in Diaire*, pp. 444-6 (citado *supra*, aula de 15 de dezembro de 1971, p. 48, nota 2), do qual são extraídas as citações anteriores.

# AULA DE 19 DE JANEIRO DE 1972

*Um sistema de repressão digno de nota por várias razões. I. Coerência interna: jogo de sanções diferenciadas visando romper as alianças anteriores de grupos sociais; proveito financeiro concedido aos privilegiados em contrapartida à manutenção da ordem; formação de uma terceira instância (nem militar nem jurídica) como instrumento administrativo (jurídico-militar) do Estado, mas ausência essencial de um aparelho específico de repressão. II. Precariedade visível: armamento diferenciado (problemas das milícias burguesas e do armamento popular), intervenção ruinosa do exército; queda dos rendimentos fundiários e dos recolhimentos fiscais: antinomia renda/impostos; entrada em jogo de duas contradições. III. Resolução da antinomia renda/impostos e estabilização do exército. A partir de 1640, implantação de uma nova instituição e de um aparelho repressivo distinto dentro do aparelho de Estado (intendentes de justiça, polícia e finanças), servindo de tribunal administrativo e de jurisdição excepcional; implantação de uma polícia centralizada e local; recolhimento da "população perigosa", enclausuramento e deportação. – Nascimento da prisão conjuntamente com o do capitalismo.*

Por que esta análise da revolta dos *Nu-pieds* [Descalços]? [102/1]
Porque nela vemos colocado em prática um sistema de repressão digno de nota por várias razões[1].

I

COERÊNCIA INTERNA[a]

a/ *A coerência da tática*: Ele estava lidando com uma aliança entre grupos sociais opostos (camponeses e artesãos de um lado; pequenos senhores feudais e parlamentares do outro). Mas, ante as exigências de uma fiscalidade que pesava sobre todos eles, embora de modo desigual, essa aliança era sólida; em todo caso, renovava-se facilmente.

a. Foucault havia escrito: "a. Sua coerência interna"; depois riscou "a. Sua".

Ao longo de todo seu desenrolar, a repressão visou a ruptura dessa aliança (por todo um jogo de defasagens, de ameaças, de chantagens, de sanções temporárias), de modo que os privilegiados se viram do lado da repressão que é exercida.

Sob o aspecto de uma repressão "maciça", era todo um jogo de sanções diferenciadas.

b/ *O tipo de solução*[a]: A ruptura entre os privilegiados e os pobres é realizada a longo prazo por um sistema de garantia dupla: [103/2]
– Os privilegiados comprometem-se perante o poder a garantir, mesmo que pela força, a manutenção da ordem. E para isso lhes é concedida a reapropriação de suas armas.
– Mas ao mesmo tempo, para que eles tenham interesse em garantir a ordem, o poder proporciona aos privilegiados um lucro sobre os impostos, as multas e todo o endividamento da cidade com o fisco.

Portanto, concede-se aos privilegiados uma recompensa financeira pela ordem que mantêm; ao mesmo tempo, a ordem mantida é para eles um modo de usufruírem das vantagens financeiras que lhes são dadas. Tornam-se os policiais de seus devedores. Os obreiros da repressão.

Nada mudou no sistema fiscal: nenhum alívio, ao contrário; mas promete-se aos privilegiados um benefício suplementar sobre o suplemento de encargos impostos à população.

Usura e compromisso (sistema feudal)[2].

c/ A instância que organiza a repressão (e que, por sua vez, já não é feudal)[b]. Uma terceira instância, nem militar (embora assuma o alto-comando do exército) nem judicial (visto que se dá o direito de atropelar as regras jurídicas fundamentais). [104/3]

Essa instância é o corpo administrativo do Estado, ou seja:
– não mais o próprio rei [nem seus][c] agentes
– e sim personagens como Séguier, que ao mesmo tempo obedecem às decisões e participam delas[3].
– Portanto: o aparelho de Estado como lugar de formação das decisões e instrumento de aplicação dessas decisões.

    a. O manuscrito traz um início de parágrafo parcialmente riscado: "Coerência entre esses resultados e a aparente estabilidade que a repressão consegue." As palavras "coerência entre esses resultados e" e "estabilidade" estão riscadas.
    b. Frase riscada: "A repressão já não é realizada pelo rei como chefe de guerra ou pelo rei como chefe de justiça." E início da frase seguinte riscado: "Mas por [uma...]."
    c. Também riscado.

É a época em que a forma jurídico-militar do poder estatal é substituída por uma forma administrativa.

– Forma jurídico-militar do Estado: ser súdito era ser jurisdicionado, ou seja, poder pedir justiça e dever aceitá-la; era poder ser protegido pela força armada e, em certos casos, dever participar dela; por fim, era estar exposto a tornar-se inimigo e ser reprimido militarmente caso rejeitasse o poder da justiça e o dever do exército.

– Forma administrativa: ser súdito é depender de decisões (financeiras, econômicas, também judiciais e militares) tomadas em nome de todos e aplicáveis, de pleno direito e salvo exceção, a todos. [105/4]

Portanto:
– Em sua forma jurídico-militar, o Estado manifesta-se por uma série de arbitragens e de intervenções que respondem sempre a situações particulares e às quais o costume dá uma forma geral e canônica[a].

É fácil compreender que o grande problema teórico em torno do qual se ordenam todas as representações ideológicas do poder seja o seguinte: o poder é justo? Para que direção o príncipe deve voltar os olhos para ser justo (para a lei divina ou a lei natural, para a razão ou o costume etc.)?

É fácil compreender, por fim, que, em sua forma jurídico-militar, [b]uma instância repressiva simultaneamente especificada e geral não seja necessária. A decisão de justiça tem em si mesma uma função[c] de gestão e uma função de repressão; a intervenção militar é simultaneamente política (em favor de determinado grupo, para arruinar ou favorecer determinados indivíduos) e repressiva.

A repressão é exercida em múltiplas circunstâncias de poder, ou seja, de arbitragem e de luta.[4]

Em contrapartida, em sua forma administrativa o Estado manifesta-se por uma série de leis que ligam todos os particulares e à qual ele mesmo está ligado (exceto razão de Estado). Já não são arbitragens ligadas pelo costume, e sim decisões gerais eventualmente suspensas por razão de Estado. [106/5]

É fácil compreender que o grande problema teórico para todas as representações ideológicas do Estado não seja mais o do justo, e sim o

---

a. Em seguida, acréscimo em interlinha, riscado: "Dispersão dos centros de poder. Luta [ilegível]."
b. Palavra riscada: "o Estado".
c. Palavra riscada: "administrativa".

da vontade. A decisão do Estado representa a vontade de quem? Qual vontade se expressa e se afirma numa lei ou num regulamento? Em que medida a vontade do Estado suspende ou aliena a vontade dos indivíduos?

Por fim, podemos ver bem que essa forma administrativa do Estado exige uma forma geral de repressão, uma instância única e um instrumento universal, que enquadre as decisões de justiça e as intervenções militares.

Essa manifestação de poder à qual assistimos com detalhes
– respondia realmente, num primeiro nível, à necessidade estratégica de romper uma aliança de classes;
– mas era também o surgimento dos modos de funcionamento de um poder administrativo nas formas próprias de um poder jurídico-militar.

[Todo aquele jogo de signos a que demos ênfase deve ser interpretado do seguinte modo:  [107/6]
– aos *Nu-pieds*, que haviam confiscado os signos de um poder de decisão jurídico e militar, aos parlamentares ou ao bispo, que ressaltavam os signos de seu poder de arbitragem,
– o poder respondeu com um conjunto de manifestações, de discursos, de cerimônias, de formalidades que subordinavam esses signos esparsos e diversos de poderes jurídico-militares ao exercício de um poder de Estado. Não mais o rei como simultaneamente chefe de justiça e chefe de exército; e sim um corpo visível do Estado na qualidade de decisão e execução.][a]

Evidentemente, não estamos dizendo que em 1639 surgem as primeiras formas do aparelho de Estado administrativo. Já havia muito tempo ele se instalava.
– Mas nessa época (que é a véspera de sua vitória) esse aparelho de Estado (e a classe em proveito da qual ele funciona) esbarra num limite: entra em violento conflito com os plebeus (camponeses e artesãos); também com a burguesia e a aristocracia locais.
– E para vencer essa resistência ele não tem um instrumento de repressão específico. Manifesta-se ele mesmo como sendo sua própria força de repressão; desloca-se, rodeado pela força armada, conduzido pelo chefe de justiça; mostra-se, afirma-se, exibe-  [108/7]

---

a. Passagem entre colchetes no manuscrito.

-se cerimonialmente como independente de toda justiça e superior a todo exército. Torna-se visível como instância universal e específica. E entretanto falta-lhe um instrumento: ainda é obrigado a apoiar-se na justiça e no exército; é forçado a um sistema de balanceamento, de compromisso, de promessas. Ainda precisa pedir uma fidelidade feudal.

O que marca o privilégio dos acontecimentos de 1639 não é o aparecimento do aparelho de Estado administrativo; é que, na oposição que ele encontra e na afirmação que faz de si mesmo, uma ausência essencial se revela: a de um aparelho de repressão.

ᵃDaí sua precariedade visível.

## II [109/8]

### A PRECARIEDADE MANIFESTA DA REPRESSÃO SÉGUIER

Ela aparece no sistema de garantia que deve concluir e manter de modo permanente a repressão implantada por Séguier.

Esse sistema de garantia esbarra imediatamente em duas contradições internas.

a/ O problema da força armada
– Por um lado, pedem aos privilegiados que mantenham a ordem. Tarefa difícil, pois com o sistema de multas os encargos financeiros aumentaram consideravelmente. (Os não proprietários da região de Avranches eram taxados em 25 libras[5]); e, se é verdade que desarmaram as pessoas, sabem bem que os artesãos e camponeses não têm dificuldade para fabricar armas brancas.
– Mas, ao mesmo tempo que lhes pedem que se comprometam a manter a ordem, retiram-lhes as armas, pois sabem que sua adesão ao poder é precária demais para não ser perigoso deixá-los armados. Ainda mais porque, fiéis ou não, se o povo apoderar-se de suas armas, será novamente a guerra civil.

É todo o problema do armamento popular que está colocado:
– Problema do armamento diferenciado para fins repressivos. Quem eles devem armar? Onde devem deter-se nesse armamen-

---

a. Foucault havia escrito: "Daí a terceira característica desse sistema de repressão: sua precariedade visível." A primeira parte está riscada.

to? (Problema das milícias burguesas.)
— Problema da circulação das armas a partir do exército (dos desertores, dos soldados dispensados). Problema da dissolução das tropas regulares e da vadiagem armada[a].

Tomam meias medidas:
— Rearmam os burgueses mais ricos;
— Em Caen, deixam armados os quinhentos mais ricos[6];
— Em Rouen, decidem em 7 de fevereiro [de 1640] que os burgueses deverão pegar em armas em caso de agitação popular (isso faz parte do pacto)[7].
— Decidem retirar os canhões do paço municipal e transportá-los para o Vieux Palais[8]. Metade deles será devolvida mais tarde.
(A história da letra A na lista de burgueses de Avranches ou de Caen[9].)
— Mas são obrigados a deixar ficar o exército, pelo menos em parte, mesmo que seja apenas para o campo.
Em 1643 encontram-se no *Cahier des états** da Normandia queixas sobre essa presença do exército.
Há cem soldados na *généralité* de Alençon para cobrar a talha; cinquenta no viscondado de Orbec. Cada soldado é alimentado, mas além disso requer 10 soldos por dia. "Eles arrombam e queimam as portas das casas, desmantelam os celeiros, batem o trigo, que vendem publicamente a preço vil; [...] queimam também as carroças e as charruas, e, exceto massacres, nada mais horrível poderia ser feito pelo inimigo."[10]
Ora, essa presença ruinosa do exército faz baixar os rendimentos da terra, e a insolvência dos camponeses impede-os de ser ao mesmo tempo bons contribuintes e bons credores (o que era o desafio prometido pelo pacto).

---

a. Passagem riscada:
"Esses dois pontos só serão resolvidos, ou pelo menos abordados em grande escala, por toda uma série de medidas que podem ser caracterizadas assim:
— substituição das milícias burguesas por uma polícia para realizar as tarefas da repressão armada;
— implantação de um exército permanente e luta [*ilegível*] contra a vadiagem.
Em todo caso, em 1639 ainda se está longe de chegar a isso."
* *Cahiers des états* (cadernos dos estados) ou *Cahiers de doléance* (cadernos de queixas): No Antigo Regime, memoriais em que cada uma das três partes do corpo social (nobreza, clero e terceiro estado) expunha ao rei suas reclamações, reivindicações e sugestões sobre assuntos de interesse público e/ou específicos de sua classe social. (N. da T.)

Portanto, a contradição é a seguinte:
– A fiscalidade pesa demais sobre os privilegiados para que se assuma o risco de rearmá-los inteiramente.
– Seu desarmamento implica que outra força armada intervenha. Mas esta freia as arrecadações fiscais do Estado, diminui as rendas dos burgueses, torna-os cada vez mais descontentes e o fato de disporem de armamento pode tornar-se cada vez mais perigoso.

b/ A segunda contradição surge a partir daí. O pacto pretendia que os privilegiados se tornassem responsáveis pela cobrança fiscal, mediante o que se tornavam credores dos mais pobres. Imediatamente após a revolta, estes, por terem se recusado a ser contribuintes, viram-se novamente contribuintes (perante o Estado e em proveito da grande aristocracia) e devedores (perante os burgueses que haviam adiantado o dinheiro das multas). [112/11]

Mas a incompatibilidade irrompe. Os abastados e o Estado entram imediatamente em concorrência:
– O *cahier des états* citado há pouco é um dos sinais disso: o exército efetua uma arrecadação direta para si mesmo; e faz entrar para os contratadores as somas devidas a título de impostos. O proprietário ou o credor só vêm depois.
– Mas, inversamente, se estes vierem em primeiro lugar, não resta mais nada para o Estado; nesse momento o Tribunal de Ajudas deveria confiscar os bens e condenar, mas com isso as rendas futuras do proprietário seriam afetadas.

E vemos desenhar-se aí a grande oposição entre imposto e renda[11]. Oposição que embasará boa parte das lutas políticas dos séculos XVII e XVIII, que também animará as discussões teóricas entre os economistas (partidários da renda, que defenderão o caráter produtivo da terra e só da terra e pregarão a irrigação natural, por assim dizer, de todo o corpo social pela renda fundiária, sem bombeamento direto pelos impostos: [os] fisiocratas) [e os] partidários, ao contrário, de uma intervenção do Estado em forma de impostos[a] mesmo sobre a menor produção, a menor circulação de riquezas[12].
Mas, de todo modo, tanto uns como outros tendo como postulado [113/12] prático que renda e imposto não devem entrar em concorrência imediatamente nem bloquearem-se mutuamente a ponto de se anularem.

a. Parte de frase riscada: "favorecendo diretamente algumas outras atividades que beneficiem a totalidade do corpo social".

Se agora juntarmos essas duas contradições imanentes ao sistema repressivo de Séguier, a quais constatações nos vemos levados?

– A repressão Séguier põe em jogo duas contradições:

1/ A contradição entre o armamento popular (isto é, de guerra) e o armamento seletivo (repressivo). Essa contradição foi sem dúvida a contradição principal no final da Idade Média no nível do exercício do poder. Fora essa contradição que, em parte, levara à organização de um poder central na França.

2/ Ela põe em jogo outra contradição: entre renda e imposto. Por um lado, essa contradição é levada a seu ponto mais intenso pela existência do Estado (que, entretanto, se justifica pela centralização da renda)[13]. Mas, por outro lado, rapidamente se torna "subdeterminada" (isto é, retomada numa determinação mais fundamental que a faz atuar segundo suas regras próprias). Essa determinação mais fundamental é a produção capitalista, que primeiramente se apoiou no imposto e fortaleceu a monarquia absoluta e em seguida se apoiou na renda.

[114/13]

Em todo caso, a repressão Séguier está no ponto de sutura entre uma contradição própria do exercício do poder no final da feudalidade e uma contradição característica do papel do Estado no desenvolvimento inicial do capitalismo.

– Mas, se a repressão Séguier põe em jogo essas contradições, não as resolve em nada. Na verdade, exaspera-as, ao contrário, e torna-as cada vez mais agudas.

A Fronda manifesta na luta generalizada contra o poder de Estado uma espécie de insurreição contra todas as formas de arrecadação fiscal; e revela que os camponeses e os artesãos podem armar-se facilmente, que as armas dos burgueses se voltam facilmente contra o Estado, que os próprios exércitos também são apanhados no jogo entre as independências e as fidelidades feudais[14].

Todas as repressões tipo Séguier que ocorreram no início do século XVII precipitaram a Fronda.

– Essas contradições serão superadas

– por um lado, quando a antinomia renda/imposto for afrouxada, o que a política mercantilista tentara conseguir ao longo do século, com efeitos frequentemente medíocres;

– por outro lado, quando os exércitos forem estabilizados como exércitos profissionais e suficientemente isolados da população para não se dissolverem nela.

[115/14]

O crescimento do Estado administrativo é simultaneamente resultado e fator desse afrouxamento da antinomia renda/imposto e dessa redistribuição da força armada.

### III [116/15]

Em qual direção vai ser feita essa implantação de um aparelho repressivo?

1 – Séguier procurava fazer com que o controle das massas passíveis de sedição fosse realizado pelos próprios privilegiados. E isso de acordo com duas formas bem típicas da sociedade feudal: a forma econômica da usura e a forma jurídica do compromisso.

O que vai ser implantado pouco a pouco a partir de 1640 é um aparelho repressivo diferente e que deverá exercer duas funções, de certo modo ortogonais:

– Por um lado, assegurar diretamente (e de cima para baixo) o controle e a repressão de todo movimento ou sedição. Isso de dois modos:

1/ pela intervenção direta de uma força armada;
2/ pela eliminação daquelas pessoas (desempregados, vadios, miseráveis, banidos, assaltantes) que serviam de efetivo, de ponta de lança, de agentes de transmissão das revoltas. Serão eliminadas: – pelo recrutamento
– pelo enclausuramento[15]
– pelas obras públicas.

– Mas a outra função dessa instância de repressão será controlar o [117/16] modo como os privilegiados exercem seu controle, a maneira como exercem o policiamento de que estão encarregados, o modo como ministram a justiça, o modo como é feita a separação entre o recolhimento fiscal e o recolhimento da renda.

Essa dupla função de repressão é realizada por uma nova instituição no aparelho de Estado: "intendentes de justiça, de polícia e de finanças, comissários enviados para as *généralités* do reino para execução das ordens do rei"[16].

Esses intendentes têm quádrupla função repressiva:
– "impedir toda aglomeração, opressões e desordens" (dão-lhes

uma tarefa de intervenção armada, que torna inúteis as milícias burguesas, os nobres e suas tropas enfeudadas[a];
– fiscalizar as finanças: "entrar nas assembleias das cidades e presidi-las, assim como nos escritórios de nossas finanças, requerer os registros de receitas e despesas";
– servir de tribunal administrativo: "informar exações, violências, concessões e malversações, proceder por juízo soberano e em última instância contra aqueles que se revelarem culpados"[17].
[Colbert dizia: "informar sobre todas as injustiças que nossos súditos possam sofrer dos oficiais e outros ministros da justiça por corrupção, ignorância, negligência ou outra coisa"[18].][b]

[118/17]

– Por fim, servir de jurisdição excepcional: eles recebem decretos de designação para julgar casos em que há suspeição legítima contra os juízes.

É fácil compreender que os intendentes tenham entrado em choque com o patriciado tradicional das províncias, a quem estavam despojando de muitas de suas atribuições e de alguns benefícios (particularmente os parlamentares e o pessoal dos tribunais, cujas causas diminuíam proporcionalmente).

É fácil compreender também a imagem positiva que deixaram de si na historiografia burguesa:
– visto que, por um lado, estavam ali para proteger contra as sedições; e
– visto que, por outro lado, árbitros entre a renda e o imposto procuraram acabar com a concorrência entre ambos por meio da criação de novos recursos.

As obras públicas, o combate ao desemprego, o desenvolvimento das manufaturas, o auxílio prestado ao capitalismo nascente atendiam a essas duas exigências.

2/ A outra característica do aparelho repressivo implantado no século XVII é que ele escapa à alternativa: armamento direto das classes privilegiadas ou presença do exército.

[119/18]

Para evitar essa antinomia na qual ficava presa a repressão Séguier, o Estado implantou duas instituições:
– Uma polícia: centralizada (o tenente-geral de polícia em Paris tinha poderes de intervenção em todo o reino) e local (tenentes de polícia em todas as cidades a partir de 1699[19]). Polícia significa:

a. O manuscrito traz na margem: "comissão dada em 1754 a De Blair".
b. Passagem entre colchetes no manuscrito.

– uma força armada, mas que ao mesmo tempo não tem tarefas militares;
– uma força armada que, fundida na população, tem capacidade de intervenção imediata e principalmente de prevenção, que o exército não possui;
– uma força armada cuja presença não tem as consequências econômicas desastrosas de um exército em campanha.

– A outra instituição, mais nova ainda, é o enclausuramento ou a deportação, ou seja, a *subtração*[a] de uma fração da população[20].
– Até esse momento a punição, a ameaça contra a sedição era a presença do exército, era a invasão.
– Agora é o recolhimento da população perigosa.
Subtrair ou ameaçar subtrair uma parte da população não tem os inconvenientes econômicos da invasão.
– Manutenção de salários baixos: as pessoas preferem aceitar salários baixos a ser encarceradas.
– Estímulo para a produção a baixo custo (para exportação); estímulo para o comércio colonial.

A polícia e o enclausuramento são dois fenômenos correlatos. Ambos permitem que se evite a alternativa presença do exército ou armamento da população; ambos permitem que se evite o custo suplementar que a repressão pontual pelo exército constitui; por fim, ambos têm um papel a desempenhar no desenvolvimento de uma economia que está abrindo um caminho entre a renda e o imposto.

N. B. A prisão não fazia parte do sistema penal[21].
Ela surge aqui, à margem do sistema penal ordinário, como uma espécie de circuito paralelo.
Está ligada ao desenvolvimento da produção capitalista. Mas não de modo direto. Não é como exploração que o aprisionamento atua; seu papel econômico é marginal.
Mas está ligada à implantação de um aparelho repressivo estatal simultaneamente centralizado, destinado basicamente à prevenção desse tipo de sedições que ocorreram nos séculos XVI-XVII, dotado de um custo econômico mínimo e, por fim, constituindo, em certa medida, uma margem de regulação dos salários e dos preços (pelo menos em nível local).

a. Grifado no manuscrito.

Portanto, vemos formar-se um aparelho estatal repressivo caracterizado:
– por uma justiça colocada nas mãos dos representantes do Estado. Daí uma grande reviravolta com relação a uma justiça que, pelo sistema de venda dos ofícios, estava na junção entre um sistema feudal e um sistema mercantil[22].
– por um instrumento policial que funciona em nome do Estado. Daí uma grande reviravolta com relação a uma justiça que em sua forma feudal estava ligada à luta e à arbitragem.

*

NOTAS

1. Parece que Foucault reorganizou esta aula, dedicada a destacar as características básicas do sistema de repressão, dividindo-a por fim em três partes, numeradas "I", "II" e "III". A primeira parte analisa a "coerência interna" desse sistema; a segunda, a "precariedade manifesta"; a terceira, o desenvolvimento futuro. Essa leitura levou-nos a relacionar "I" com o subtítulo "Coerência interna".

2. Cf. *supra*, aula anterior, pp. 71 [92/11] ss.

3. Cf. *ibid.*

4. Cf. *infra*, aula de 2 de fevereiro de 1972 e seguintes.

5. Cf. *supra*, aula anterior, pp. 75-6 [99/18] [100/19] e 79, n. 41.

6. Cf.: Diaire, *op. cit.*, pp. 200 e 390; *supra*, aula anterior, pp. 74-5 [98/17].

7. Cf. *Diaire*, p. 245.

8. Ver os detalhes *ibid.*, pp. 187-9 n. 1 e em M. Foisil, *La révolte des Nu-pieds et les révoltes normandes...*, *op. cit.*, p. 314. Apenas em 1650 uma parte dos canhões será devolvida.

9. *Mémoires du président Bigot de Monville*, *op. cit.*, p. 224. Devendo Gassion entrar em Rouen, os capitães dos burgueses da cidade deram-lhe "uma lista de todos os habitantes; ele pôs um A ao lado do nome dos mais solventes, aos quais deixaram as armas para servirem quando fossem comandados. Desarmaram os outros".

10. C. de Robillard de Beaurepaire, *Cahiers des États de Normandie sous les règnes de Louis XIII et de Louis XIV: documents relatifs à ces assemblées*, t. III, Rouen, Métérie, 1876-1878, pp. 110-1: "Há cem soldados que percorrem a *Généralité* de Alençon para cobrar a talha e ainda presentemente, no viscondado de Orbec, uma companhia de cinquenta homens de armas [...] faz ali tal devastação que cada soldado, além do alimento que consome à vontade na casa de seu hospedeiro, ainda exige dele dez soldos por dia; eles arrombam e queimam as portas das casas, desmantelam os celeiros, batem o trigo, que vendem publicamente a preço vil e com as palhas meio batidas e ainda cheias de parte do grão, também queimam as carroças e as charruas e, com exceção de massacres, nada mais horrível poderia ser feito pelo inimigo."

11. Observação importante: para Porchnev, "na Idade Média [...] a renda e o imposto não são separáveis no sistema feudal" (*Les Soulèvements populaires en France*, *op. cit.*, p. 395). Destacar a contradição entre ambos é sair do sistema feudal.
Em seu Caderno nº 11, com data de 28/10/1971 (Fundo BnF), Foucault mostra-se muito atento a essa distinção entre a renda fundiária feudal e a fiscalidade de Estado (arrendada principalmente pelos burgueses por meio do sistema de venda de ofícios), marcando assim uma importante diferença de leitura com relação a Porchnev. Como ele observa:

"A acumulação não se fez a partir da renda fundiária e feudal", e sim por uma arrecadação "arrendada para a burguesia; de modo que esta recebia quantidades importantes de dinheiro (que não reinvestia na terra). Mas que fazia dela uma potência monetária. A arrecadação fiscal entrava em concorrência com a renda fundiária (conflito com os senhores feudais, com os parlamentares). Probl.: ofícios ≠ arrendamentos fiscais. Ligado ao nascimento do aparelho de Estado." Compreende-se que essa análise permite ligar, como Foucault fará na sequência do curso, o mecanismo de acumulação do capital (e portanto as condições materiais, infraestruturais, de transformação dos modos de produção) às evoluções das relações de poder (aqui, a formação do aparelho de Estado) e, mais particularmente, ressaltar o papel da justiça na apropriação e acumulação de riquezas.

    12. Cf. M. Foucault, *Les Mots et les Choses. Une archéologie des sciences humaines*, Paris, Gallimard/nrf, 1966, pp. 207-9 [trad. bras.: *As palavras e as coisas: uma arqueologia das ciências humanas*, 10ª ed., São Paulo, Martins Fontes, 2016]. O objetivo dos fisiocratas (ou "economistas") era de fato abolir todas as taxas diretas (talha régia, principalmente) e indiretas sobre a produção, o consumo ou a circulação das riquezas (direitos alfandegários, por exemplo) e substituí-las por um imposto direto, único e proporcional sobre o produto líquido da agricultura, ou seja, sobre o rendimento das terras livre das despesas ligadas a sua valorização. Cf.: V. Riqueti de Mirabeau e F. Quesnay, *Théorie de l'impôt*, Amsterdã, Arkstée et Merkus, 1761, ou *id*., "Impôts" (1757), em Œuvres économiques, t. I, Paris, INED, 2005, pp. 213-56.

    Essa proposição insere-se ao mesmo tempo no contexto da doutrina econômica dos fisiocratas, segundo a qual apenas a terra é realmente produtiva, e num contexto político bem descrito em A. Skornicki, *L'Économiste, la Cour et la Patrie*, Paris, CNRS Éditions, 2011, pp. 347-53: tratava-se de implantar um sistema fiscal que evitasse a contradição do sistema anterior, baseado na venda de ofícios e na delegação a atores privados, que a curto prazo proporcionava entradas de dinheiro para a Coroa, mas ao fazê-lo multiplicava os privilégios e as isenções fiscais.

    13. Aqui reencontramos em parte a análise de Porchnev: o Estado centralizado é, no início, "uma organização especial para a repressão" que possibilita o "recolhimento da renda feudal". Mas pode-se ver que se confirma claramente uma contradição entre "a parte da renda feudal" que lhe cabe "em forma de impostos" e a renda feudal senhorial. Cf. B. Porchnev, *Les Soulèvements populaires en France*, pp. 395-6.

    14. Sobre "o problema da Fronda", cf.: *ibid.*, 3ª parte; R. Mousnier, *La Plume, la Faucille et le Marteau, op. cit.*, pp. 265-333.

    15. Sobre o enclausuramento, cf. M. Foucault, *Histoire de la folie à l'âge classique*, Paris, Gallimard, 1972 (1ª ed. Paris, Plon, 1961), caps. II e III; *La Société punitive, op. cit.*, pp. 126 ss.

    16. Ver, por exemplo, E.-V.-C. de Boyer de Sainte-Suzanne, *L'Administration sous l'Ancien Régime. Les intendants de la généralité d"Amiens (Picardie et Artois)*, Paris, Dupont, 1865: "Intendentes de justiça, polícia e finanças e comissários destacados, nas *généralités* do reino, para execução das ordens do rei" (p. 14). Sobre esses intendentes e sua criação, cf.: R. Mousnier, *La Plume, la Faucille et le Marteau*, pp. 179-213; M. Antoine, "Genèse de l'institution des intendants", *Journal des savants*, 1982, vol. 3, pp. 283-317; para uma visão global e uma orientação bibliográfica sobre os intendentes, ver M. Bordes, *L'Administration provinciale et municipale en France au XVIII$^e$ siècle*, Paris, SEDES, 1972.

    17. Essa lista de funções é extraída, com modificações, da cópia da comissão de De Blair para a intendência de Hainaut, em 1754, reproduzida em G.-A. Guyot, *Traité des droits, fonctions, franchises, exemptions, prérogatives et privilèges*, t. III (Paris, Visse, 1787, pp. 437-40), em que são detalhadas as diversas funções dos "intendentes das províncias": "Impedir todas as aglomerações, opressões & desordens" (p. 439); "Entrar nas assembleias das cidades e presidi-las" (p. 438); "Entrar, tomar assento nos escritórios de nossas finanças e presidi-los [...] fazer que vos sejam apresentados os registros da receita & despesa de nosso dinheiro" (p. 439); "informar cuidadosamente sobre exações, concussões, violências e

malversações que possam ser feitas em nossas finanças; proceder por juízo soberano & última instância [...] contra aqueles que se revelarem culpados delas" (p. 439). Para uma lista de funções muito semelhante, mas bem mais antiga, ver a comissão de Laffemas para a Picardia em 1635, em E.-V.-C. de Boyer de Sainte-Suzanne, *L'Administration sous l'Ancien Régime, op. cit.*, p. 568. Essas fórmulas reaparecem continuamente.

18. C. Godard, *Le Pouvoir des intendants sous Louis XIV, particulièrement dans les pays d'élections de 1661 à 1715* (Paris, L. Larose, 1901), que apresenta este texto como proveniente de Colbert: "Informar sobre todos os abusos [...] e em geral tomar ciência de todas as injustiças, faltas e opressões que nossos súditos podem sofrer dos oficiais e ministros da justiça, por corrupção, negligência, ignorância ou de outro modo" (pp. 41-2).

19. Trata-se do édito de criação dos tenentes-gerais de polícia em outubro de 1699. Cf. N. Delamare, *Traité de la police*, t. I, 2ª ed., Paris, Brunet, 1722, pp. 51-2. Sobre a história da polícia no Antigo Regime, ver também P. Napoli, *Naissance de la police moderne*, Paris, La Découverte, 2003. Sobre o tenente-geral de polícia em Paris, cf. *supra*, aula de 1º de dezembro de 1971, p. 33, nota 11.

20. Ver: *Histoire de la folie, op. cit.*, caps. II e III; *La Société punitive*, pp. 125-44, que se situa como prolongamento explícito de *Teorias e instituições* penais sobre esses assuntos. De fato, ali Foucault retoma um a um os elementos mencionados no curso: "feudalização e apropriação privada da justiça pela venalidade dos cargos", "aliança [...] contra a fiscalidade de Estado", "movimentos populares ante os quais essa justiça é impotente, quando não é semicúmplice", "intervenção do exército; consequência reiterada dessa 'justiça armada'" que Foucault apresenta como um "instrumento pesado e oneroso". "Daí a necessidade de recorrer a outro aparelho: foi a invenção que consistiu em substituir a repressão por uma técnica de recolhimento da população" (p. 126). Vem a seguir uma série de páginas sobre o aparelho parajudiciário dos "intendentes de justiça" e da polícia, e sobre o dispositivo de enclausuramento (particularmente as *lettres de cachet*).

21. Cf. por ex. F. Serpillon, *Code criminel, ou Commentaire sur l'ordonnance de 1670*, t. III, Lyon, Périsse, 1767, p. 1095: "A prisão não é vista como uma pena, segundo nosso direito civil" (Fundo BnF). Numa entrevista com N. Meienberg em março de 1972, "Le grand enfermement" (*Tages Anzeiger Magazin*, nº 12; trad. fr. J. Chavy; *DE*, II, nº 105, ed. 1994, pp. 296-406 / "Quarto", vol. I, pp. 1164-74 [trad. bras.: "O grande internamento", in *Ditos e escritos*, vol. I)]. Foucault retoma essa mesma ideia de que o enclausuramento foi "uma invenção genial da época clássica", "quando o capitalismo, em seu início, se viu confrontado com problemas novos [...] e quando as sociedades do século XVII conheceram grandes insurreições populares". O enclausuramento é um meio de resolver a antinomia colocada pela antiga repressão (justiça armada), que se tornou econômica e politicamente inadequada: "Então inventaram a prisão a fim de obter um resultado diferenciado [...] eliminar como perigosa determinada parte da população sem que essa eliminação tenha consequências econômicas catastróficas" (p. 297 / p. 1165). Além disso, "Para escapar do enclausuramento era preciso [...] aceitar um trabalho assalariado, por mais mal pago que fosse. Consequentemente, os salários mais baixos eram estabilizados pela ameaça de encarceramento" (p. 298 / p. 1166). Em seguida Foucault modificará um pouco seu ponto de vista sobre as condições de integração da prisão no dispositivo penal (ver *La Société punitive* e *Surveiller et Punir*).

22. Sobre a venalidade dos ofícios, ver a obra clássica de R. Mousnier, *La Vénalité des offices sous Henri IV et Louis XIII*, Paris, Maugard, 1946 (Fundo BnF); mais recentemente, para o século XVIII: W. Doyle, *Venality: the Sale of Offices in Eighteenth Century France*, Oxford, Clarendon Press, 1996.

# AULA DE 26 DE JANEIRO DE 1972

*O fracasso da repressão comandada pelo chanceler Séguier e depois a Fronda levam à implantação de três instituições novas: uma justiça centralizada (intendentes de justiça); a polícia; um sistema punitivo por recolhimento de população, enclausuramento, deportação. Em resposta às lutas populares, o sistema penal repressivo produz a noção de delinquência: o par sistema penal-delinquência como efeito do par sistema repressivo-sedição. – As novas instituições não substituem as instituições feudais: justapõem-se a elas. – O exercício do poder político liga-se ao capitalismo nascente. O novo sistema repressivo, concebido como peça de proteção da economia feudal, liga-se funcionalmente ao desenvolvimento da economia capitalista. Toma forma no código penal e será validado no final do século XVIII: produção da codificação penalidade/delinquência.*

*Características do novo sistema repressivo*[a]                    [122/1]

A repressão Séguier[b], ou melhor, seu fracasso estava ligado ao fato de que:
 (a) essa repressão tivera de ser conduzida pelo próprio aparelho estatal, sem poder apoiar-se nos poderes locais;
 (b) mas a esse aparelho estatal faltava um instrumento específico de repressão. Esse aparelho estatal mostrara-se em sua função repressiva, mas desprovido das instituições repressivas adequadas.
 (c) Portanto, precisou recorrer a formas de repressão antigas ou, em todo caso, inadaptadas.

---

 a. Intertítulo precedido de uma marca de subdivisão "A" (suprimida, por não haver "B").
 b. Foucault indica aqui as três características da repressão Séguier e indica seu deslocamento após a marca de subdivisão "(c)".
 "– o jogo das garantias e dos compromissos
 – a multa e o endividamento
 – a presença do exército".

E nessa lacuna, assim manifestada pelo fracasso de Séguier (e pela Fronda), foram implantadas três instituições novas:
 – os intendentes de justiça, ou seja, uma justiça centralizada, diretamente nas mãos do rei, e encarregada, [123/2]
  – por um lado, de reprimir as sedições,
  – por outro lado, de controlar os que estão encarregados do controle;
 – a polícia, ou seja, uma força de repressão simultaneamente não onerosa e preventiva, por oposição ao exército;
 – o enclausuramento ou a deportação, ou seja, uma forma de punição que não é destruição de riquezas, e sim recolhimento de população
  – recolhimento que tem alguns efeitos econômicos
  – mas cujo sentido é principalmente repressivo, antissedição[1].

A respeito dessas novas instituições, devemos observar:

a/ são todas comandadas pelas demandas de uma repressão antissediciosa. Foram as lutas populares que as determinaram.

Ou melhor, foi uma nova forma de luta popular, uma nova ameaça que provocou esse contra-ataque. Pois, como veremos, todas as grandes fases de evolução do sistema penal, do sistema repressivo, são modos de reagir a formas de lutas populares[a].

O avesso do sistema repressivo não é a delinquência: é a luta popular, a luta do povo contra o poder. É a isso que um sistema repressivo responde. [124/3]

Quanto à delinquência, é um efeito desse sistema repressivo. Quero dizer que um sistema repressivo implanta certas modalidades de prevenção, de precaução, de intervenções prévias, de vigilância constante[b]
 – que são formuladas em proibições e ameaças em forma de leis ou de costumes;
 – que assim definem condutas, comportamentos de delinquência,
 – e que permitem validar como sanção da delinquência o que é fundamentalmente prevenção da sedição popular.

O par sistema penal-delinquência é um efeito do par sistema repressivo-sedicioso. Um efeito, no sentido de que é dele um produto, uma condição de manutenção, um deslocamento e uma ocultação[2].

 a. O manuscrito traz na margem: "sedições que levarão à Revolução Francesa".
 b. Texto riscado: "que definem, por intermédio de leis ou de costumes penais, um conjunto de condutas de delinquência e que [...]"

b/ Essas novas instituições respondem a novas formas de lutas [125/4]
populares. Mas se justapõem a todo o velho conjunto de instituições
judiciais
  – justiças senhoriais
  – justiça régia = prebostes
    *présidiaux*
    parlamentos[3].
Limitam-nas, sem dúvida, fazem pressão sobre elas. Mas não as
suprimem.
Quando muito, a Ordenação de 1670 procura fazer a junção formal. Isso deixará intactos todos os conflitos reais[4].

Na verdade, se houve justaposição e não substituição, a razão disso é
sem dúvida a seguinte:
  – as novas instituições da repressão estatal manifestavam indiscutivelmente a existência e o desenvolvimento de um aparelho estatal totalmente estranho ao sistema feudal[a];
  – mas ele se destinava acima de tudo a proteger a renda feudal e o sistema feudal inteiro.
Ora, nesse sistema feudal tinham se integrado as instituições judiciais que haviam sofrido apropriação (seja pelo modo direto do enfeudamento, seja pelo modo indireto dos ofícios compráveis e [126/5] vendáveis).
De modo que o novo sistema repressivo (não feudal na forma e no funcionamento) tinha a função de proteger os restos de um regime de rendas feudais nas quais o antigo sistema repressivo havia se integrado pelo viés dos rendimentos judiciais. Os rendimentos judiciais produzidos pelo antigo sistema haviam se tornado uma parte dessas rendas feudais que o novo sistema devia proteger.

Portanto, é bem normal [que os dois sistemas][b] se justaponham, mas
não no mesmo plano: numa situação de subordinação
  – com o antigo sistema tornando-se, cada vez mais, uma pura e simples fonte de rendimentos (ao lado da propriedade fundiária ou do comércio),

---

a. Frase riscada: "Aliás, ele se tornou possível pelo desenvolvimento da produção capitalista, por um lado; por outro lado, favoreceu-o."
b. O manuscrito traz: "que eles".

– e o novo exercendo um poder que invade e pouco a pouco reduz a nada aquele que está encarregado de proteger.

[c/] A terceira observação é que essa justaposição não impede uma novidade radical[a]. [127/6]

(a) Embora se destine a controlar e permitir as entradas fiscais, ele mesmo não participa da cobrança fiscal. Não é uma forma de fiscalidade
 – diferentemente da justiça senhorial[5]
 – diferentemente dos ofícios[6].
Uma justiça que não serve a uma fiscalidade.
Até então, ser jurisdicionado era um modo de ser tributável.

(b) Embora se destine a proteger a propriedade privada, ele mesmo não é uma propriedade privada
 – diferentemente da justiça enfeudada,
 – diferentemente dos ofícios de magistratura[7].

(c) Embora esteja ligado ao exercício do poder político, é de um modo novo.
 – Até então, o fato de pronunciar uma sentença era ter um poder político. Visto que o exercício do poder era pronunciar sentenças, as próprias decisões régias eram sentenças. Muito naturalmente, o político era ocasionado pelo judicial.
 – Aqui, ao contrário, é o político que dá como *a fortiori* o direito de julgar. Porque gerencia, o intendente [de justiça] pode julgar.

[d/] Quarta observação: esse novo sistema está ligado ao capitalismo nascente[b]. [128/7]
 – O antigo sistema estava duplamente ligado à economia feudal:
  – ele a protegia (por seu funcionamento);
  – reforçava-a, por suas condições de exercício (visto que a propriedade da justiça ainda era de tipo feudal e que ela atraía o dinheiro disponível da burguesia para uma propriedade desse tipo)[8].
 – O novo sistema, por sua estrutura, é de fato uma peça de proteção da economia feudal. Mas na verdade [ele] facilita o desenvolvimento da economia capitalista.

---

a. Início de parágrafo riscado: "A. Quais são os pontos de novidade absoluta nesse novo sistema de repressão [?]"
b. Frase riscada: "(d) O exercício dessa nova justiça está de fato ligado ao desenvolvimento da economia, mas também aí de um modo muito diferente."

Como?
– por suas decisões? Até certo ponto. Quem ministrava justiça? Em função de quais interesses?
– mas principalmente por suas condições de funcionamento:
(a) [Ele]ᵃ reduz a importância das justiças tributadas e seus recursos.
(b) Reduz também [sua] importância política.
(c) Portanto, permite que a fortuna burguesa se direcione para novas formas de investimento.

De modo que, como vemos, esse novo sistema repressivo está ligado ao desenvolvimento do capitalismo por várias razões:

– Ele foi, se não a causa essencial, pelo menos parte ativa no basta que se deu às sedições populares, o que possibilitou o desenvolvimento da produção capitalista.
*Efeito estratégico*ᵇ
– Por suas decisões (e por causa dos que as tomavam), ele, em suma, foi favorável ao capitalismo nascente.
*Efeito jurisdicional de suas decisões*
– Por seu modo de funcionamento, orientou numa direção produtiva o capital mobilizável do patrimônio burguês.
*Efeito econômico de seu funcionamento*
– O essencial dele pôde ser retomado no sistema político do Estado burguês e capitalista do [século] XIX.
*Efeito institucional*

[129/8]

Por causa de tudo isso, é fácil compreender por que para ele a partida estava ganha. Apesar de estruturalmente ligado à feudalidade (e a sua forma centralizada), [esse novo sistema repressivo]ᶜ esteve funcionalmente ligado ao desenvolvimento do capitalismo:
– às necessidades da formação do capital,
– à desapropriação dos poderes de justiça,
– à separação entre exercício da justiça e recolhimento fiscal,
– à transferência do exercício da justiça para o poder administrativo do Estado.
Esses quatro processos estão interligados.

a. O manuscrito traz nos itens (a), (b) e (c): "Ela". Originalmente o texto fora redigido tendo como sujeito "essa nova justiça". Cf. *supra*, p. 98 [128/7], nota b.
b. Parece que Foucault escreveu primeiro: "Efeito repressivo", depois riscou "repressivo", escreveu por cima "político" [ou talvez: "prático"], depois riscou "político" e escreveu por cima: "estratégico".
c. O manuscrito traz: "ele".

ᵃPartindo daí, podemos compreender por que é esse novo sistema que por fim será retomado e validado no final do século XVIIIᵇ: [130/9]
– É esse sistema (justiça funcionarizada, polícia, enclausuramento) que vai substituir definitivamente o sistema: justiça enfeudada, garantia e compromisso dos grupos privilegiados e banimento-invasão militar.
– É ele, esse sistema antissedicioso, que vai tomar forma no código penal, no aparelho de justiça, no aparelho policial e no novo enquadramento da delinquência.
– Será ele que, evidentemente à custa de algumas modificações importantes, deverá assegurar a proteção antissediciosa na sociedade capitalista[9].

Não é o capitalismo que produz a criminalidade. Caráter superficial da análise: é o capitalismo que produz os ladrões e os assassinos; sem capitalismo já não há assassinos[10].
É preciso dizer que o capitalismo não pode subsistir sem um aparelho de repressão cuja principal função é antissediciosa. Esse aparelho produz uma determinada codificação penalidade-delinquência.

O que precisamos estudar agora é a implantação desse novo sistema repressivo [131/10]
– o modo como ele por fim prevaleceu, à medida que o sistema político da produção capitalista se desenvolvia e se complementava;
– mediante quais episódios ele por fim foi institucionalizado no século XIX na forma dos tribunais, da polícia, das prisões e do código penal. E isso por meio de três episódios:
1/ a conciliação Maupeou[11]
2/ um novíssimo sistema de controle judicial, ou melhor, o confronto entre vários sistemas de práticas judiciais sob a Revolução Francesa
3/ por fim, seu triunfo na época da reação imperial[12].

Mas voltar atrás, para avaliar a novidade destas três instituições: intendentes de justiça, polícia, enclausuramento.

    a. Início de frase riscado: "A quinta observação a ser feita é que [...]"
    b. Sequência riscada: "produzindo uma nova formulação penal e um novo enquadramento, uma nova codificação da delinquência".

Como toda uma nova prática judicial estava nascendo a partir desse novo sistema repressivo que se insinuava nos interstícios do antigo[a].

*

NOTAS

1. Cf. *supra*, aula anterior.
2. Cf. sobre esse assunto *La Société punitive*, *op. cit.*, Situation du cours, pp. 290-1.

É preciso, portanto, distinguir bem entre os "sistemas repressivos", que, segundo Foucault, têm então uma função *política* que visa reprimir e bloquear as lutas populares pelo poder (função antissediciosa). Embora essa função se esboce (como se verá a partir da aula de 9 de fevereiro de 1972) já nas revoltas do final do século XIII e do século XIV, com o aparecimento do Parlamento e do procurador do rei e com a constituição de exércitos centralizados, é a partir do século XVII que o "sistema penal, que na Idade Média tinha essencialmente uma função fiscal, voltou-se para a luta antissediciosa" ("Sur la justice populaire. Débat avec les maos", *DE*, II, nº 108, *loc. cit.* [*supra*, pp. 49-50, nota 15], p. 351 / p. 1219). Essa dimensão fundamentalmente *política* dos sistemas repressivos explica que "sob o ódio que o povo tem da justiça, dos juízes, dos tribunais, das prisões" haja "acima de tudo a percepção de um ponto singular em que o poder se exerce à custa do povo. A luta antijudiciária é uma luta contra o poder" ("Les intellectuels et le pouvoir", entrevista com Gilles Deleuze, 4 de março de 1972; *L'Arc*, nº 49: *Gilles Deleuze*, 2º trimestre de 1972, pp. 3-10), *DE*, II, nº 106, ed. 1994, p. 311 / "Quarto", vol. I, p. 1179 [trad. bras.: "Os intelectuais e o poder", in *Ditos e escritos*, vol. IV].

O par sistema penal-delinquência, por sua vez, tem o efeito de ocultar essa dimensão política (erigindo-a em "leis" que valem para a ordem social como um todo etc.) e, pela oposição entre "plebe delinquente" e "proletariado", opondo "proletariado" honesto e "marginais", manter ainda mais o domínio sobre o povo ao dividi-lo. "Não deveríamos dizer: há o proletariado e depois há os marginais. Deveríamos dizer: há na massa global da plebe um corte entre o proletariado e a plebe não proletarizada [...] Instituições como a polícia, a justiça, o sistema penal são um dos meios [...] utilizados para aprofundar continua-

---

a. Vem a seguir uma folha não numerada, que traz:

    Aparentemente: [132/s.f.]

    *Sistema penal – Delinquência*
        Um caso particular
           Sedição
           Acidente histórico → aparelho repressivo

    Na realidade:

    *Sistema repressivo – Sedição*
        Condição histórica
           *Sistema penal – delinquência*
           como efeito defasado ideologicamente
           rumo ao universal e ao permanente
           como instrumento de prorrogação
           (permanente, ampliado)

mente esse corte de que o capitalismo necessita" ("Table ronde" [*Esprit*, nº 413: *Normalisation et contrôle social (Pourquoi le travail social?)*, abril-maio 1972, pp. 678-703], *DE*, II, nº 107, § "Classes laborieuses et classes dangereuses", ed. 1994, p. 334 / "Quarto", vol. I, p. 1202). Aliás, segundo Foucault, um dos efeitos do par delinquência-sistema penal é a interiorização pelo proletariado de "uma parcela da ideologia burguesa [...] que diz respeito ao uso da violência, à insurreição, à delinquência, ao subproletariado, aos marginais da sociedade" ("Le grand enfermement", *DE*, II, nº 105, *loc. cit.* [*supra*, p. 94, nota 21], p. 303 / p. 1171). Daí o interesse de expressar o fato de que toda "delinquência" na realidade é *política* e de apagar o "corte" entre delinquência de direito comum e luta política. Cf. *infra*: aulas de 9 de fevereiro, pp. 122-3 [155/6]-[156/7], e de 1º de março de 1972, pp. 176 [225/14]-7 [227/16]; Situação do curso, p. 221 *et passim*.

3. Cf. *supra*, aula de 1º de dezembro.

4. Sobre a Ordenação de 1670, cf. *infra*, aula de 2 de fevereiro de 1972, p. 114, nota 8.

5. A senhoria é primeiramente um modo de propriedade fundiária que normalmente inclui três componentes: um domínio, um ou vários feudos e uma justiça senhorial. Os dois primeiros elementos implicam o pagamento de prestações (censo, rendas diversas etc.) e inserem-se num sistema fiscal complexo (por exemplo, o próprio senhor, para exercer seus direitos, quase sempre deve pagar ao rei um direito de feudo livre, ou seja, um ano de rendimentos a cada vinte anos). Na medida em que está vinculada à senhoria, a justiça senhorial (efetuada por juízes e agentes senhoriais, que dependem do senhor) está integrada nessa fiscalidade, nesse sistema de direitos e de prestações.

6. O sistema de "ofícios" consiste em vender cargos estatais (administração, justiça, finanças etc.), comprados por famílias ricas do reino, que em seguida os conservavam mediante uma prestação financeira anual e podiam transmiti-los a seus herdeiros. Também neste caso se trata claramente de integrar a justiça num sistema de arrecadações e de prestações. Cf. R. Mousnier, *La Vénalité des offices sous Henri IV et Louis XIII*, op. cit. [*supra*, p. 94, nota 22], e B. Guenée, *Tribunaux et Gens de justice dans le bailliage de Senlis à la fin du Moyen Âge (vers 1380-1550)*, op. cit. [*supra*, p. 32, nota 4], pp. 154-84.

7. Justiça senhorial e ofícios constituem um patrimônio comerciável e herdável.

8. Sobre esse ponto, ver as análises de B. Porchnev, *Les Soulèvements populaires en France*, op. cit., pp. 419-21, e principalmente pp. 557-61. Quando, apesar da pressão fiscal, a burguesia consegue acumular capital, prefere aplicá-lo, a título de capital usurário, em créditos para os privilegiados ou na compra de ofícios e de rendas, em vez de aplicá-lo como capital produtivo na indústria e no comércio. Esse era para ela um meio de evitar os encargos fiscais e de adquirir um *status* privilegiado num sistema ainda amplamente feudal.

Essa tese é contestada por Mousnier, principalmente para o século XVII; ele defende que o capital comercial e industrial tem uma importância maior do que Porchnev lhe atribui e diversifica a ideia de que monopólios e privilégios teriam sido obstáculos para o desenvolvimento do capitalismo. Cf. R. Mousnier, *La Plume, la Faucille et le Marteau*, op. cit., pp. 362-3. Para mais detalhes sobre esses debates, cf. C.-O. Doron, "Foucault e os historiadores", anexo citado [*supra*, pp. 12-3, nota 2], *infra*, pp. 266-71.

9. Cf. *supra*, aula anterior, p. 94, notas 20-1.

10. A ideia de que "o capitalismo [...] produz a criminalidade" é regularmente utilizada na época para caracterizar a "teoria marxista" em criminologia (cf., por ex., D. Szabo, *Criminologie*, Montreal, Presses universitaires de Montréal, 1965, p. 197: "a teoria marxista tendia a mostrar a criminalidade como produto do sistema capitalista", ou R. Merle e A. Vitu, *Traité de droit criminel*, Paris, Cujas, 1967, pp. 52-3: "Na visão dos juristas dos países socialistas, a criminalidade é essencialmente um produto do sistema capitalista"; ela "normalmente deverá cessar, ou diminuir consideravelmente, após a edificação definitiva do comunismo"). Essa ideia remete mais particularmente à obra clássica do criminologista marxista holandês W. A. Bonger, *Criminality and Economic Conditions* (trad. ingl. Henry P. Horton, Boston, Little, Brown & Co., "Modern Criminal Science Series", 8, 1916), em que ele expõe sua teoria de que o modo de produção capitalista arruína os sentimentos so-

ciais e propicia o egoísmo, a vontade de dominar, a imoralidade etc., produzindo a criminalidade. Ao contrário, numa sociedade caracterizada pela comunidade dos meios de produção, a criminalidade deve tender a desaparecer (cf., por ex., pp. 667-72).

11. René Nicolas Charles Augustin de Maupeou (1714-1792), ex-primeiro-presidente do Parlamento de Paris, torna-se em 1768 chanceler do reino e guardião do selo régio (*garde des sceaux*). Em 1771, num contexto de lutas entre os parlamentos (o Parlamento de Paris à frente) e a monarquia, ele empreende uma reforma profunda da justiça, visando reduzir o poder dos parlamentos. Manda prender e exilar os parlamentares julgados culpados de venalidade, abole a venalidade dos ofícios, institui a gratuidade da justiça e cria, no território de jurisdição do Parlamento de Paris, Conselhos Superiores cujos membros são designados pelo rei, inamovíveis e remunerados pelo Estado. Como sua reforma suscitou um protesto considerável, será abandonada em 1774, com o advento de Luís XVI. Maupeou perde então o cargo de guardião do selo régio, mas continuará chanceler até 1790. Sobre a reforma Maupeou, cf. J.-L. Chartier, *Justice: une réforme manquée, 1771-1774. Le Chancelier de Maupeou*, Paris, Fayard, 2009.

12. Foucault em seu curso acabará não voltando a esses diversos episódios. Irá ater-se a uma parte do programa (estudo do confronto entre os diversos sistemas penais no final do século XVIII e início do século XIX; introdução da prisão como forma penal preferencial etc.) no curso seguinte, em *A sociedade punitiva* e em *Vigiar e punir*.

# AULA DE 2 DE FEVEREIRO DE 1972

*Oposição do novo sistema repressivo ao antigo: antagonismo de processos que dá lugar ao nascimento da justiça como aparelho simultaneamente específico e estatal. I. História do aparelho judicial no século XVIII: lutas políticas, conflitos de funcionamento e contradições determinantes forjaram os diversos discursos da penalidade, do crime e da justiça penal. – Necessidade de um retorno à justiça feudal e ao direito germânico. II. História do direito penal germânico. – A ordem jurídica definida pelas regras do litígio; o ato de justiça não é determinado pela verdade nem pela instância judicial, e sim mediante uma luta regrada. – Encerramento da guerra pelo ressarcimento, e não sanção, da falta. – A atividade de julgar como assunção de risco, com o perigo da guerra privada produzindo um sistema de segurança (juramentos, indenizações, fianças).*

*Introdução* [133/1]

Vimos o esboço de um novo sistema repressivo. Ele se opõe ao antigo por algumas características fundamentais:
 – sua posição com relação à propriedade privada: ele a protege,
  mas não é objeto de uma apropriação;
 – sua posição com relação à fiscalidade: deve garanti-la,
  mas ele mesmo não opera uma arrecadação;
 – sua posição com relação ao poder político:
  é um elemento dele; deriva dele,
  não constitui uma instância dele;
 – sua posição com relação à produção capitalista:
  ao passo que o antigo sistema a freava, este a favorece,
  embora se destine a proteger a renda feudal[1].

Portanto, para o conjunto de funções de repressão temos dois[a] [134/2] sistemas totalmente distintos; dois sistemas que evidentemente são levados a conectar-se:

a. Palavra riscada: "aparelhos".

– no nível de suas práticas
– no nível dos homens que os mantêm
– no nível dos objetivos políticos que lhes são impostos.

De modo que a partir desses dois sistemas se esboça um único aparelho de Estado.

A história do aparelho judicial no século XVIII é sem dúvida um belo exemplo para o estudo das "contradições" de um aparelho de Estado. [135/3]

Exemplo preferencial por várias razões:

a/ É a[a] processos antagonistas que se deve o nascimento da justiça como aparelho[b] simultaneamente específico e estatal.

Genericamente, até o século XVI (e desde o império carolíngio) assistimos a uma série de tentativas para dar à justiça, à prática judicial e aos que a realizavam *status* e função de aparelho de Estado

– com os carolíngios, os tribunais condais[2]
– no final do século XII, os bailios e senescais[3]
– no final do século XIII, os parlamentos[4]
– em meados do século XV, os *présidiaux*[5].

Mas, toda vez que esse aparelho judicial que emanava diretamente do poder régio (e das instâncias do Estado em formação) se especificava, desistia ou era despojado de suas funções políticas e administrativas para passar a conservar apenas as judiciais, caía numa apropriação feudal ou quase feudal[6]. [136/4]

O aparelho judicial só permanecia estatal se não fosse especificado. No momento em que era especificado, deixava de ser estatal.

Para que um aparelho judicial de Estado pudesse formar-se foi preciso

– que as relações feudais, para conservar-se (pelo menos em forma de renda), tivessem precisado do desenvolvimento de um poder político fortemente centralizado[7];
– um poder político cuja forma era incompatível com a manutenção das estruturas feudais: mais ainda, esse poder político só podia apoiar-se na produção capitalista (e favorecê-la).

Foi[c] esse antagonismo de processos que propiciou o nascimento de um aparelho judicial especificado. Contradição determinante.

a. Palavras riscadas: "uma série de contradições".
b. Palavras riscadas: "de Estado".
c. Palavras riscadas: "essa contradição".

b/ Em seu próprio funcionamento, na época clássica o aparelho repressivo foi o lugar de um número considerável de[a] conflitos, justamente em razão [de] sua fragilidade.

Isso porque permaneceu a justaposição entre: [137/4][b]
– um aparelho judicial cada vez mais especificado (cada vez mais desprovido de todo poder político, administrativo, financeiro), mas extraído das formas da propriedade privada;
– um aparelho estatal, mas pouco especificado em suas funções judiciais (para os intendentes as funções judiciais eram acessórias).

Daí toda uma série de oposições que se traduziram
    (a) na legislação penal: por exemplo, preparação da Ordenação de 1670[8]
    (b) na prática judicial: conflitos de atribuições[9]
    (c) nos interesses financeiros: o caso Law[10]
    (d) na ideologia religiosa: a tradição jansenista dos parlamentos[11].

c/ Por fim, o aparelho repressivo foi o centro de interesse de uma luta política, de uma luta pelo poder e contra o poder
    – tentativas de retomada de controle pelo poder régio (Parlamento Maupeou[12])
    – luta da burguesia para [o][c] controlar ou apropriar-se dele [138/5]
    – lutas populares contra a justiça (e que assumiram
      ou formas fiscais: revoltas do timbre na Bretanha[13]
      ou formas religiosas: *Camisards*[14]
      ou formas políticas: antes da Revolução Francesa
      ou formas sociais: banditismo[15]).

E foi por meio dessas lutas (de poder), desses conflitos (de funcionamento) e dessa contradição determinante que se formaram tramas discursivas diversas:
    – teorias da penalidade,
    – crítica da prática judicial (grandes polêmicas em torno de algumas causas),
    – figuração literária das relações de justiça,
    – literatura popular sobre os crimes, os criminosos, os bandidos.

É preciso avaliar a transformação que se opera, nessa época, por intermédio das lutas, conflitos e contradições. [139/6]

    a. Palavra riscada: "contradições".
    b. Segunda folha numerada "4".
    c. O manuscrito traz: "a".

Para fazer essa avaliação é preciso caracterizar o que havia sido a justiça feudal. Ou melhor, quais processos foram elaborados, desde o direito germânico, por essa justiça enfeudada que o Estado em formação foi forçado a fazer acompanhar de um novo aparelho repressivo[a].

### [b]O DIREITO GERMÂNICO [140/7]

O objetivo não é reconstituir aquele velho direito germânico, e sim indicar algumas características desse direito que reencontramos no direito criminal ao longo de toda a Idade Média e até o século XVI[16].

– O direito privado romanizou-se bastante cedo, com o desenvolvimento da economia mercante, das práticas bancárias e das garantias contratuais que lhe eram necessárias.

– O direito público e a teoria do poder do príncipe também se romanizaram na medida do desenvolvimento do Estado[17].

– O direito criminal, em contrapartida, romanizou-se muito tardiamente e de modo superficial. É verdade que não permaneceu germânico. Mas seguiu um processo de evolução específico.

Sem dúvida essas razões devem ser encontradas no que determina a evolução e o funcionamento de todo direito penal.

A saber: [141/8]

– Como circula a riqueza?[18]
  – circuito das mercadorias
  – movimento da dívida e da usura
  – recolhimento da renda e da fiscalidade.
  Por onde passa o dinheiro, pelas mãos de quem? Quem fica fora do circuito?

– Quem detém as armas? Quem é armado e quem é desarmado? De que forma é feita a apropriação das armas? A organização de uma força armada.

---

a. No verso deste fólio [139/6], uma página riscada traz:
"Todos esses conflitos são os efeitos, em isotopias determinadas, da irrupção e do desenvolvimento do novo aparelho repressivo.
Mas, antes de estudar pelo menos alguns desses conflitos, avaliar a diferença da determ[inação].
Voltar atrás. E procurar ver como
– da Idade Média ao início do século XVII
– a instituição judicial enfeudou-se ou apropriou-se;
– como ela se fiscalizou;
– qual forma de ligações estabeleceu com o poder político."

b. Intertítulo precedido no manuscrito pela marca de subdivisão "A" (suprimida, por não existir "B").

– Onde estão situados, numa sociedade, os pontos de revolta possíveis? Quais são as forças sociais passíveis de revoltar-se? Com quais apoios e quais alianças, quais formas podem elas dar a suas revoltas (esporádicas, permanentes, individuais, coletivas)?
– Em quais forças sociais e em quais estruturas estatais pode apoiar-se a repressão dessas revoltas? Quem pode fazer-lhes frente?

Foram esses elementos que, em primeira e última instâncias, determinaram as transformações do direito penal no decorrer da Idade Média e explicam sua fraca romanização e o aspecto geral que ele tinha no início do século XVII. [142/9]

Quais eram as características do direito germânico que assim foram elaboradas no decorrer da Idade Média?

O princípio fundamental (para a descrição do sistema, não para sua explicação) é o seguinte:

O que caracteriza o ato de justiça não é o acionamento de um tribunal e de juízes; não é a intervenção dos magistrados (mesmo que devessem ser simples mediadores ou árbitros). O que caracteriza o ato jurídico, o processo ou o procedimento no sentido amplo, é o desenvolvimento regrado de um litígio. E nesse desenvolvimento a intervenção dos juízes, seu parecer ou sua decisão nunca é mais que um episódio. É o modo como os indivíduos se enfrentam, o modo como lutam que define a ordem jurídica[19].

A regra e a luta, a regra na luta: isso é o jurídico. [143/10]
Disso podemos extrair duas conclusões:

– A ordem[a] da justiça não é determinada pela instância judiciária nem subordinada a ela. Obter justiça, fazer justiça para si não passa forçosamente pelos tribunais; o ato de justiça, para existir e ser validado como tal, não precisa ser autentificado por uma instância específica.

O confisco dos atos e operações de justiça por uma instância judiciária é uma transformação tardia e uma das marcas características da evolução medieval[b].

– O ato de justiça não se pauta pela paz e pela verdade. Ao contrário, efetuar um ato de justiça é proceder a uma guerra de acordo com as regras

---

a. Palavra riscada: "jurídica".
b. O manuscrito traz na margem: "apropriação/rentabilidade".

– o par *pax et justitia*ᵃ, tão frequente na Idade Média, é resultado de uma evolução na qual o confisco do direito às armas por alguns foi decisivo;ᵇ

– a ideia de que o ato de justiça passa pelo ou se baseia no enunciado da verdade também é um fenômeno tardio (e que está ligado à passagem da instância judiciária sob um certo controle estatal; em todo caso, ao funcionamento da justiça como poder público).ᶜ

[144/11]

A partir desse princípio geral (ato de justiça = luta regrada), quais são as características gerais que dele derivam?

1 – A todo dano sofrido por ele ou por sua família o indivíduo deve revidar colocando em jogo certas regras:

(a) a primeira é precisamente que ele deve fazê-lo de acordo com esquemas bem determinados de comunicação

(b) a segunda é que a cada categoria de dano corresponde um determinado tipo de revide:
   – cadafalso
   – encruzilhada (pés e mãos cortados)[22].

(c) a terceira é a publicidade do gesto
   – publicidade do ato (o indivíduo coloca a cabeça da vítima diante de sua porta)
   – publicidade: informa à assembleia o que fez e a razão por que o fez[23].

2 – Entre essas regras, há uma que permite que as duas partes, desde que ambas estejam de acordo, substituam por uma composição*.

[145/12]

Essa composição não tem de modo algum a função de uma multa devida pelo criminoso por causa do dano que infligiu.

É essencialmente o ressarcimento da guerra futura. O adversário que considerá-la menos vantajosa para si propõe ao outro a composição[24]. (Nas formas mais arcaicas do direito germânico, os dois adversários podem propô-la. Mais tarde, apenas o ofendido.)

    a. Grifado no manuscrito.
    b. O manuscrito traz na margem: "concentração das armas/estatização da guerra ('estado de paz'[20])".
    c. O manuscrito traz na margem:
"poder público de investigação/inquisição[21]
                confissão
                tortura
                verdade".
    * Composição no sentido de "transação, convenção ou acordo entre litigantes para pôr cobro à ação em que se defrontam" (Dicionário Houaiss). (N. da T.)

A composição é,
— por um lado, uma substituição: substituição dos episódios futuros por um único gesto;
— e, por outro lado, encerramento.
É o encerramento da guerra, não é a sanção do delito.

Daí algumas consequências: [146/13]
a/ A instância judiciária (os juízes, o tribunal e a sentença ou decisão) vem juntar-se de modo facultativo ao procedimento regrado da luta (de seu andamento e de sua conclusão). Sobrepõe-se a ele como fator que permite, facilita, valida, garante a substituição da vingança ritual e indefinida pela compensação terminal.
Se preciso, os juízes ajudam a fixar a compensação, se seu montante for contestado; servem de fiadores para autentificar que as coisas realmente aconteceram de acordo com as regras; são testemunhas de que se restabeleceu a paz[a].
Mas essa função não é permanente nem está ligada a um poder específico:
— não é permanente: só vem a exercer-se se os adversários assim pedirem e para atender a seu apelo;
— não está ligada a um poder específico: são os homens livres e maiores da centena que formam o tribunal[25].
Mas sempre com base [no] e a partir do consentimento das partes. [147/14]
A justiça não se impõe. É constituída pela vontade dos indivíduos em litígio[26].

b/ Daí esta outra característica importante: nada que faça pensar numa ação pública. Consequentemente, nada que faça pensar numa distinção entre:
— litígios privados que os indivíduos levam perante um tribunal para que sejam decididos de acordo com a lei,
— e casos nos quais a sociedade está interessada na punição dos indivíduos.
O conflito de direito entre particulares e a ação delituosa de um indivíduo não são diferenciados. Reivindicar seu direito com relação a alguém, fazê-lo valer contra ele, é uma ofensa. Inversamente, não há ação que provoque retaliação[b], a não ser se alguém sofre um dano e se dispõe a revidá-lo.

    a. O manuscrito traz na margem: "dois papéis: auxiliar na composição/supervisionar o caráter jurídico".
    b. O manuscrito traz: "uma retaliação".

Punição pública só é encontrada nos casos de:
– traição, deserção, covardia militar
– transgressão sexual[27].

Sobre essa ligação transgressão sexual-crime de Estado há um problema: ela permaneceu constante ou, em todo caso, duradoura; e há muitos testemunhos disso: [148/15]

– na alta Idade Média, identidade entre a punição dos traidores e a punição dos que haviam violado uma virgem: olhos vazados e castração[28];
– no século XIII, anexação dos crimes de sodomia aos crimes de lesa-majestade[29].

Fora da traição (política) e da transgressão (sexual) há apenas litígios.

c/ Daí a quinta característica dessa justiça, [a saber] que julgar é menos exercer um poder constituído do que assumir um risco. Até certo ponto, é entrar no litígio[30].

De fato: as partes assumem um risco ao se exporem ao julgamento do tribunal. Risco de perder. Risco de não ganhar tanto quanto se esperava[a].

Mas os que julgam também assumem um risco:
– de, por sua vez, serem arrastados para uma guerra privada, se um dos adversários achar que o julgamento é injusto;
– de não serem obedecidos; de verem seu poder (político e religioso) arranhado e comprometido. [149/16]

a. No verso desse fólio [148/15] uma página riscada, numerada "13", traz:
"– e, se é verdade que os juízes designados são regularmente os que possuem um poder, é por duas razões:
  – porque eles têm força para fazer a parte perdedora acatar a decisão, e também
  – porque possuir o poder é possuir o poder mágico de unir e desunir
    – chefe político: indo-europeu
    – chefe religi[oso]: cristianismo.
Pode-se dizer que:
  – o poder não está inteiramente do lado do aplicador da justiça
  – e o dever, do lado do jurisdicionado.
Mas que:
  – o jurisdicionado tem o poder de constituir-se como juiz uma vez que não tem o poder (ou uma vez que desiste do poder) de derrotar a parte adversa;
  – o aplicador da justiça tem, portanto, o dever de ministrar a justiça; dever que é consequência de seu poder político (simultaneamente militar e religioso).

3/ Terceira coisa a observar: julgar é uma coisa perigosa
  – é certo que as duas partes assumem um risco ao fazerem seu litígio ser julgado por uma instância terceira; [elas] podem perder, e poderiam ter ganhado (transformam um risco em outro)."

A atividade de julgar tem lugar no perigo da guerra privada. Traz consigo riscos. Deve ser assumida num sistema de segurança:
– juramento de obediência (pronunciado pelos adversários)[31]
– indenização de julgamento (o *fredum* ao lado do *wergeld*), que não é uma multa[32]
– às vezes, ou em todo caso mais tarde, fianças[33].[a]

\*

NOTAS

1. Cf. *supra*, aula anterior.
2. Considerava-se, principalmente depois dos trabalhos de Ganshof ou de Duby, que os tribunais condais eram oriundos diretamente de uma forma de apropriação, pelos condes, do *mallus publicus* carolíngio que o conde então presidia a título de representante do soberano e da autoridade pública. A partir do fim do século X o tribunal condal vai perdendo muito de sua autoridade e tende a restringir-se a um grupo de familiares e de pessoas próximas do conde. Torna-se principalmente, retomando a expressão de Duby, "um tribunal de arbitragem que litigantes escolhem para resolver seus diferendos". Sobre essa evolução tal como Foucault a via por meio de suas fontes, cf.: G. Fourquin, *Seigneurie et Féodalité au Moyen Âge*, Paris, PUF, 1970, pp. 30-2 [ed. port.: *Senhorio e feudalidade na Idade Média*, Lisboa, Edições 70, 1970]; F. L. Ganshof, "Étude sur l'administration de la justice dans la région bourguignonne de la fin du X$^e$ au début du XIII$^e$ siècle", *Revue historique*, t. 135 (2), 1920, pp. 193-218; e principalmente G. Duby, "Recherches sur l'évolution des institutions judiciaires pendant le X$^e$ et le XI$^e$ siècle dans le sud de la Bourgogne", *Le Moyen Âge*, vol. 52, 1946, pp. 151-63 (Fundo BnF). Para uma abordagem mais recente, ver B. Lemesle, *Conflits et Justice au Moyen Âge*, Paris, PUF, 2008. Para um estudo mais geral sobre os carolíngios, cf.: E. Perroy, *Le Monde carolingien*, Paris, CEDES, 1974, pp. 221-30; P. Riché, *Les Carolingiens. Une famille qui fit l'Europe*, Paris, Hachette, 1988.
3. Com relação aos bailios e senescais nos séculos XII-XIII, Foucault baseia-se em: Y. Bongert, *Recherches sur les cours laïques du X$^e$ au XIII$^e$ siècle, op. cit.*, pp. 153-8; F. Lot e R. Fawtier, *Histoire des institutions françaises au Moyen Âge*, t. II: *Institutions royales, op. cit.* [*supra*, p. 32, nota 3], pp. 144-57. O termo "bailio" inicialmente nada tem de específico e remete a todo um conjunto de oficiais; a partir da segunda metade do século XII, o bailio designa um juiz delegado pelo rei e pela *Curia Regis* numa determinada circunscrição. Representante do rei, ele tem funções de administrador, de juiz e de oficial. Os "senes-

---

a. O manuscrito traz em seguida uma passagem riscada:
"Todas essas características possibilitam uma avaliação das transformações que vão operar-se na Idade Média:
1/ constituição de um aparelho judicial permanente e progressivamente especificado;
2/ poder dado a esse aparelho não só de impor suas decisões, mas também de intervir.
– Portanto: ação pública
– e poder de execução;
3/ separação entre os litígios privados e os delitos ou crimes a propósito dos quais a ação pública intervém;
4/ recolhimento financeiro autoritário exercido pela justiça sobre os jurisdicionados.
A justiça deixa de ser perigosa, torna-se lucrativa."

cais" têm as mesmas atribuições que os bailios, mas sua instituição é mais antiga: em alguns casos, eles se mantiveram; em outros, cederam lugar aos bailios.

Sobre a evolução das funções de bailios e senescais, Foucault baseia-se em G. Zeller, *Les Institutions de la France au XVI$^e$ siècle*, *op. cit.*, pp. 167-75. No decorrer do século XV os bailios entregaram seus poderes de justiça para seus tenentes: pouco a pouco se tornam uma espécie de governadores de província, e a partir de 1561 seu ofício é reservado para fidalgos, oficiais "de toga curta" (homens de espada), enquanto seus tenentes são oficiais "de toga longa". Ver O. Tixier, *Essai sur les baillis et sénéchaux royaux*, Paris, Morand, 1898. Para uma história mais recente, cf. A. Rigaudière, *Pouvoirs et Institutions dans la France médiévale*, t. II: *Des temps féodaux au temps de l'État*, Paris, A. Colin ("Collection U"), 3ª ed., 1998, pp. 267-82.

4. Sobre os parlamentos, cf. *supra*, aula de 1º de dezembro de 1971, pp. 32-3, nota 6.

5. Sobre os *présidiaux*, cf. *supra*, *ibid.*, p. 33, nota 10.

6. Para uma orientação sobre essa ampla questão, ver: R. Fossier, *Enfance de l'Europe. Aspects économiques et sociaux*, t. I: *L'Homme et son espace*, t. II: *Structures et problèmes*, Paris, PUF, 1982; J.-P. Poly e E. Bournazel, *La Mutation féodale, X$^e$-XII$^e$ siècle*, Paris, PUF, 1991; D. Barthélemy, *La Mutation de l'an Mil a-t-elle eu lieu? Servage et chevalerie dans la France des X$^e$ et XI$^e$ siècles*, Paris, Fayard, 1994.

7. Cf. *supra*, aula de 19 de janeiro de 1972, pp. 87-8 [113/12]-[114-13] ss.; B. Porchnev, *Les Soulèvements populaires en France*, *op. cit.*

8. Sobre a ordenação criminal de 1670 e os debates que ela suscitou, Foucault baseia-se especialmente em A. Esmein, *A History of Continental Criminal Procedure, with Special Reference to France*, *op. cit.* [*supra*, pp. 33-4, nota 12] (Foucault utiliza a versão americana), pp. 183-251. A ata das discussões em torno da ordenação encontra-se em H. Pussort, *Procez verbal des conférences tenues par ordre du Roy pour l'examen des articles de l'ordonnance civile du mois d'avril 1667 et de l'ordonnance criminelle du mois d'août 1670*, 2ª ed., Paris, 1709. Para uma análise mais recente dos debates, cf. M. Boulanger, "Justice et absolutisme: la Grande Ordonnance criminelle de 1670", *Revue d'histoire moderne et contemporaine*, nº 47/1, jan.-mar. 2000, pp. 9-36.

9. Os exemplos de conflitos de atribuições são extremamente numerosos ao longo da história do sistema repressivo medieval e na época moderna. Ver, por exemplo, F. Olivier-Martin, *L'Assemblée de Vincennes de 1329 et ses conséquences. Étude sur les conflits entre la juridiction laïque et la juridiction ecclésiastique au XIV$^e$ siècle*, Paris, Picard, 1909.

10. Sobre o caso Law, ver E. Faure, *La Banqueroute de Law: 17 juillet 1720*, Paris, Gallimard, 1977. Cf., mais recentemente, A. E. Murphy, *John Law: Economic Theorist and Policy-Maker*, Bruxelas, Peter Lang, 2007. O caso Law situa-se num contexto de endividamento extremamente pesado da Coroa da França e de sua crescente dependência dos dois grupos encarregados do sistema fiscal francês (recebedores-gerais e contratadores-gerais), ou seja, dos "homens das finanças". O sistema de Law visava, entre outras coisas, "suprimir o sistema de financiamento da dívida a longo prazo pelas rendas [...] e simultaneamente abolir o antigo sistema de ofícios e assumir o controle das Fazendas Gerais. Ele queria libertar a França dos financiadores, que acusava de haverem despojado o Estado da maioria de suas receitas fiscais [...] e dos que viviam de rendas" (*ibid.*, p. 347). Com isso atraiu a oposição de todos os que se beneficiavam do sistema de ofícios e de financiamento da dívida por distribuição de rendas.

11. As estreitas relações entre meios jansenistas e resistências parlamentares à monarquia absoluta no século XVIII, particularmente no Parlamento de Paris, foram estudadas por Lucien Goldmann em *Le Dieu caché*, Paris, Gallimard, 1955; ver também: E. Préclin, *Les Jansénistes au XVIII$^e$ siècle et la Constitution civile du clergé. Le développement du richérisme, sa propagation dans le bas clergé (1713-1791)*, Paris, Gambert, 1929; J. Parquez, *La Bulle Unigenitus et le jansénisme politique*, Paris, Les Presses modernes, 1936; H. Légier-Desgranges, *Du jansénisme à la Révolution*, Paris, Hachette, 1954; R. Taveneaux, *Jansénisme & Politique. Textes*, Paris, Armand Colin, 1965. Cf., mais recente-

mente, P. Campbell, "Aux origines d'une forme de lutte politique: avocats, magistrats et évêques. Les crises parlementaires et les jansénistes (1727-1740)", in *Jansénisme et Révolution. Actes du colloque de Versailles, 1989*, reunidas por Catherine Maire ("Chroniques de Port-Royal" 39), Paris, Bibliothèque Mazarine, 1990, pp. 153-5.

12. Cf. *supra*, aula anterior, p. 103, nota 11.

13. A revolta dita "do papel timbrado" ou dos *"bonnets rouges"* [gorros vermelhos] ocorreu na Bretanha em 1765. Embora suas causas sejam muito mais amplas e mais profundas (hostilidade contra os senhores feudais, intensificação geral da fiscalidade régia, particularmente com um édito em 1672 sobre a justiça dos senhores, do qual os *états* da Bretanha obtêm a suspensão mediante pagamento de 2,6 milhões de libras, dois terços dos quais a cargo das classes baixas), seu nome provém do édito de 1674, que tornava obrigatório papel timbrado para todos os atos judiciais e notariais. De fato, a revolta visará, entre outras coisas, os escritórios do papel timbrado. Cf.: R. Mousnier, *Fureurs paysannes, op. cit.*, pp. 123-56; Y. Garlan e C. Nières, *Les Révoltes bretonnes de 1675: papier timbré et bonnets rouges*, Paris, Éditions sociales, 1975. Entretanto a melhor referência ainda é J. Lemoine, *La Révolte dite du papier timbré ou des bonnets rouges en Bretagne en 1675*, Paris, Champion, 1898.

14. A revolta dos *Camisards* ocorre na região dos montes Cévennes [centro-sul da França] a partir de 1702. É composta de artesãos, camponeses e pastores, dirigidos por pregadores, em luta contra a repressão aos protestantes. É marcada por um forte tom religioso. Ver P. Joutard, *La Légende des Camisards*, Paris, Gallimard ("Bibliothèque des Histoires"), 1977.

15. Foucault havia constituído um dossiê importante sobre os assaltos entre o século XVIII, a Revolução Francesa e o Império. Baseava-se principalmente em: M. Agulhon, *La Vie sociale en Provence intérieure au lendemain de la Révolution*, Paris, Société des études robespierristes ("Bibliothèque d'histoire révolutionnaire"), 1970; M.-H. Bourquin e E. Hepp, *Aspects de la contrebande au XVIIIe siècle*, Paris, PUF ("Travaux et recherches de la Faculté de droit et des sciences économiques de Paris. Série Sciences historiques" 14), 1969; M. Juillard, *Le Brigandage et la Contrebande en Haute-Auvergne au XVIIIe siècle*, Aurillac, Imprimerie moderne, 1937; M. Marion, *Le Brigandage pendant la Révolution*, Paris, Plon, 1934; J. M. Maurel, *Le Brigandage dans les Basses-Alpes*, Paris, Hachette, 1899 (Fundo BnF). Esse tema será retomado em *A sociedade punitiva*.

16. Para sua análise do direito germânico Foucault baseia-se principalmente em: H. Brunner, "La parole et la forme dans l'ancienne procédure française" (Académie des sciences de Vienne, vol. 57), trad. fr. in *Revue critique de législation et de jurisprudence*, 2[a] série, I, 1871; J.-J. Thonissen, *L'Organisation judiciaire, le droit pénal et la procédure pénale de la loi salique*, 2[a] ed., Paris, Maresq, 1882 [1881]; R. Monier, *Les Institutions judiciaires des villes de Flandre, des origines à la rédaction des Coutumes*, Lille, Bresle, 1924 (Fundo BnF); bem como, sem dúvida, em R. Sohm, *Études sur les institutions germaniques. La procédure de la Lex Salica*, Paris, Librairie A. Franck ("Bibliothèque de l'École des Hautes Études. Sciences philologiques et historiques" 13), 1873.

Para referências mais recentes sobre o assunto cf. por ex.: P. D. King, *Law and Society in the Visgothic Kingdom*, Cambridge, Cambridge University Press, 1972; W. Bergmann, "Untersuchungen zu den Gerichtsurkunden der Merowingerzeit", *Archiv für Diplomatik*, 1981, pp. 1-186; O. Guillot, "La justice dans le royaume franc à l'époque carolingienne", in *La Giustizia nell'Alto Medioevo* (Settimane di Studio del CISAM, 42), 1995, pp. 653-736; e, para um estudo comparativo recente das diversas leis dos povos germânicos e eslavos, K. Modzelewski, *L'Europe des barbares. Germains et Slaves face aux héritiers de Rome*, trad. fr. do polonês por Agata Kozak e Isabelle Macor-Filarska, Paris, Aubier, 2006.

17. Sobre a romanização do direito privado e do direito público, cf. por ex.: A. Gouron, *La Science juridique française aux XIe et XIIe siècles. Diffusion du droit de Justinien et influences canoniques jusqu'à Gratien*, Mediolani, Giuffrè ("Jus Romanum Medii Aevi" I, 4), 1978; P. Ourliac, Études d'histoire du droit médiéval, Paris, Picard, 1979; E. Cortese, *Il*

*Diritto nella storia medievale*, Roma, Il Cigno, t. I & II, 1995-1996. Sobre o papel do direito romano na teoria do poder do príncipe, ver: J. Krynen, *L'Empire du roi*, Paris, Gallimard ("Bibliothèque des Histoires"), 1993; A. Rigaudière, *Penser et construire l'État au Moyen Âge (XIII-XV$^e$ siècle)*, Comité pour l'histoire économique et financière, Paris, 2003.

18. Essa fórmula é retomada nas observações de Foucault em *La Société punitive*, p. 112: "Para compreender o sistema de moralidade de uma sociedade, é preciso fazer a pergunta: Onde está a fortuna? A história da moral deve ordenar-se inteiramente por essa questão da localização e do deslocamento da fortuna."

19. Cf. J.-B. Brissaud, *Cours d'histoire générale du droit français*, t. I, Paris, Fontemoing, 1904, p. 567: "O processo primitivo tem seu ponto de partida na vingança privada; consiste em fazer justiça pessoalmente nas formas consagradas pelo uso [...] o processo é obra mais das partes que da autoridade pública; o litigante deve agir de acordo com as formas."

20. Cf. *infra*, aula de 16 de fevereiro de 1972, sobre as instituições de paz.

21. Cf. *infra*, aula de 8 de março de 1972.

22. R. Sohm, *Études sur les institutions germaniques. La procédure de la Lex Salica*, *op. cit.*, p. 115: "A forma como essa execução pela parte interessada deve ser feita é o homicídio legal, regrado pelo direito comum; a publicidade deve dar a esse ato seu caráter jurídico [...] Entre os francos, o cadáver era exposto no *bargus*, na *clida*, ou seja, numa espécie de cadafalso, para que todos pudessem aproximar-se e vê-lo. O *quadrivium*, a encruzilhada, é [...] o lugar onde é exposto aquele que foi morto legalmente, o lugar onde os *inimici* [...] deixam o cadáver *sine manus et sine pedes*. O cumprimento dessa última formalidade indica também que um homicídio foi cometido por direito de vingança e se justifica [...]."

23. Cf. J.-J. Thonissen, *L'Organisation judiciaire, le droit pénal et la procédure pénale de la loi salique*, *op. cit.*, pp. 163-7, que enfatiza muito a publicidade. "Tudo acontecia às claras e os juízes ficavam habilitados para pronunciarem-se sobre o caráter legal do assassinato. O autor de um homicídio legítimo dava a conhecer o motivo e as consequências de sua vingança [...] ele cortava a cabeça do morto e expunha-a numa estaca, à beira do caminho, à vista dos passantes [...] chamava testemunhas, narrava o fato [...] anunciava o assassinato a seus vizinhos seguindo uma fórmula determinada pelo costume. Entre os germanos do norte, devia ir à assembleia judicial (*thing*), anunciar o assassinato e fornecer a prova da existência de uma causa justificativa" (pp. 165-6).

24. Cf. *ibid.*, pp. 199-202: "Essa composição não é a multa moderna [...] tampouco é a reparação do dano material ou moral resultante da infração [...] considerada em sua origem, ela é o ressarcimento do direito de vingança." Mais geralmente sobre a composição, ver pp. 198-237. Para uma análise mais recente da composição, cf.: J. Balon, "Componere", *Revue historique de droit français et étranger*, 1964, pp. 413-47; J.-P. Poly, "Le grain de Welches: pouvoir et monnaie dans les royaumes mérovingiens", *Droit et Cultures*, XII, 1986, pp. 19-42.

25. Cf. J.-J. Thonissen, *L'Organisation judiciaire...*, p. 77: "Os *rachimbourgs* não eram um corpo de juízes permanentes nem um colégio de delegados da centena encarregados da administração da justiça. Não formavam sob nenhum aspecto uma classe à parte entre os francos nascidos livres. O tribunal da centena era composto de todos os cidadãos ativos dessa subdivisão territorial, reunidos sob a presidência de seu chefe, o *thunginus* [...] todos tinham direito de participar do *Mäl*." A centena designa entre os francos uma unidade demográfica: agrupa cem chefes de família que em tempo de guerra formam uma companhia dirigida por um chefe e em tempo de paz permanecem juntos num mesmo território.

26. Cf. H. Brunner, "La parole et la forme dans l'ancienne procédure française", art. cit., p. 28: "No antigo processo francês, as partes não tinham de sofrer nenhum tipo de tutela pelo juiz. O litígio era assunto próprio e exclusivo delas. O tribunal tomava uma medida ou decisão apenas se elas assim lhe requeressem."

27. Cf. J.-J. Thonissen, *L'Organisation judiciaire...*, pp. 244-5: "Entre os francos, como entre os antigos germanos, existia uma série de crimes que apresentavam uma gravi-

dade excepcional, maculados por uma infâmia particular, que não admitiam composição [...] eram crimes que [...] em virtude de um costume nacional eram punidos com o último suplício, tais como a traição, a deserção, a covardia, o regicídio, as práticas sexuais infames."

28. Cf. A. Du Boys, *Histoire du droit criminel des peuples modernes*, t. III, Paris, Durand, 1860, p. 228 (Fundo BnF).

29. Cf. E. Perrot, *Les Cas royaux: origine & développement de la théorie aux XIII$^e$ et XIV$^e$ siècles*, Paris, A. Rousseau, 1910, p. 35 (Fundo BnF). Mas, segundo Perrot, essa anexação data do século XIV. Sobre o problema da sodomia na Idade Média, ver, por exemplo: G. W. Olsen, *Of Sodomites, Effeminates, Hermaphrodites and Androgynes: Sodomy in the Age of Peter Damian*, Toronto, Pontifical Institute of Mediaeval Studies, 2001; J. Cadden, *Nothing Natural is Shameful: Sodomy and Science in Late Medieval Europe*, Filadélfia, University of Pennsylvania Press, 2013.

30. Cf. Y. Bongert, *Recherches sur les cours laïques...*, p. 38: "Não era tão simples encontrar um juiz, pois julgar é tomar partido na contenda e, portanto, é correr riscos." Em seu Caderno nº 11, na data de 8/11/1971, Foucault faz sobre essa questão do risco de julgar uma longa explanação, que retranscrevemos aqui: "participar das assembleias judiciais era, na época carolíngia, uma obrigação (como o serviço militar). Por que obrigação: [1] a assembleia judicial tinha a função de manter ou restabelecer a paz entre os francos. [2] os que julgavam assumiam riscos (vingança posterior, guerra que se reacende e em que eles são envolvidos com aqueles cujo partido tomaram). Ministrar justiça não é um direito: é uma obrigação, um risco. Ao ministrar justiça, o indivíduo se expõe, assim como diante dele os litigantes se expõem a uma decisão. Uns se expõem a uma decisão; os outros se expõem por uma decisão. Os dois deveres de hoste e de audiência não são tão diferentes, embora suas funções sejam opostas. Mas é um dever que alguém só concorda em cumprir com a condição de o soberano que o impõe a nós ser, por sua vez, forte o bastante para impor nossa decisão; não é um direito que alguém impõe ao soberano, limitando assim sua soberania; é um risco que assume, solidariamente com o soberano e sob sua garantia. Quanto mais fraco for o soberano, menos alguém concorda em julgar. *O risco é grande demais* [ilegível]. O dever de julgar só é aceitável na proximidade de um poder forte" (grifado no manuscrito).

31. Sobre esse juramento de comprometer-se a executar o julgamento ou *fidem facere*, cf. J.-J. Thonissen, *L'Organisation judiciaire...*, p. 465: "Segurando na mão esquerda a *festuca* como símbolo material de uma afirmação solene e erguendo para o céu a mão direita, o condenado declarava, pessoalmente ou por um fiador, que se conformaria às prescrições do tribunal."

32. O *fredus* ou *fredum* é a parcela da composição que a autoridade judicial atribui a si. É o preço da paz (*friede*), pago como compensação pela ruptura da paz pública, da qual o rei era o guardião; cf. J.-J. Thonissen, *op. cit.*, p. 205. Distingue-se da parcela da composição que cabe ao ofendido, a título de ressarcimento da vingança privada (*faida*). O *wergeld* (preço do homem) é a soma pecuniária estabelecida para reparação e interrupção da vingança após um assassinato ou um crime grave. Varia de acordo com o *status* social da pessoa. Para uma análise recente sobre o *wergeld*, ver C. Camby, *Wergeld ou uueregildus. Le rachat pécuniaire de l'offense entre continuités romaines et innovation germanique*, Genebra, Droz, 2013.

33. Sobre essas fianças e as garantias requeridas para respeito aos julgamentos (fiadores, atos de doação etc.), cf. por ex.: G. Duby, "Recherches sur l'évolution des institutions...", art. cit. (1946), pp. 156-7, (1947), pp. 30-3; Y. Bongert, *Recherches sur les cours laïques...*, pp. 75-6.

# AULA DE 9 DE FEVEREIRO DE 1972

*I. História do direito penal germânico (continuação): suas remanescências no direito penal da Idade Média. (A) O procedimento acusatório, a* diffamatio. *(B) O sistema da prova: um teste que decide sobre o vencedor. Nos juramentos, nos ordálios, no duelo judicial, a verdade não está em jogo. (C) As guerras privadas como modalidade do direito na Idade Média. O litígio fora do judiciário. II. História da transformação em sistema penal judicial com ação pública e estabelecimento de uma verdade sobre o crime. (A) Devida não simplesmente à influência do direito romano ou do cristianismo, ela mais se insere no jogo das relações de apropriação e das relações de força. (B) A justiça criminal opera um recolhimento econômico importante e contribui para a circulação das riquezas. – Os elementos dessa circulação: fianças, prestações financeiras, multas, confisco, ressarcimento. – Consequências: circulação das riquezas e concentração do poder político. – Observações gerais: O sistema penal da Idade Média tem seus efeitos importantes no âmbito do recolhimento dos bens; o sistema penal contemporâneo, no âmbito do recolhimento dos indivíduos; comparação: fiscal/carcerário, troca/exclusão, ressarcimento/prisões.*

*Introdução* [150/1]

Com base no direito germânico e em contraste com ele, a Idade Média
 – implantou um *aparelho judicial*[a] que tende (mesmo que não o consiga inteiramente) a ser *permanente* e *especificado*[a].
  Aparecimento de um aparelho judicial

 – esse aparelho judicial não recebeu simplesmente um poder reforçado de impor suas decisões: recebe o *direito de intervir*[a] por conta própria, de iniciar atos de justiça.
  Aparecimento da intervenção pública

 – com isso são distinguidos os litígios privados (com ou sem dano) que os indivíduos resolvem entre si perante a justiça; e os

---

a. Os termos em itálico estão grifados no manuscrito.

delitos ou crimes a respeito dos quais o poder público aciona por conta própria (até mesmo independentemente de um demandante ou em correlação com ele) uma intervenção judicial.

Aparecimento do direito penal especificado

Evidentemente, muitos elementos do direito germânico vão continuar em vigor e marcar durante muito tempo o direito penal da Idade Média. [151/2]
A título de exemplos:

1. *O procedimento acusatório*[1]
   No direito germânico ele tem dois aspectos:

   – É o demandado, o réu, que tem de afastar a acusação que fazem contra ele. O demandante não tem de provar (pelo menos não tem de provar constantemente) o que alega[2].
   – O ataque em justiça é um ataque e continua sendo um ataque. Cabe ao atacado encontrar uma defesa e afastar o que o ameaça.

   Portanto, é sempre a forma da batalha que prossegue perante os tribunais.

   – É preciso haver um acusador. Mesmo quando o poder público intervier, quando se envolver no ato de justiça do qual participará como demandante, durante muito tempo ele se baseará no pré-requisito de um acusador:

   – individual ou coletivo (no caso de flagrante delito e de "*haro*")[3]
   – secreto (denunciante) ou anônimo (*diffamatio*)[4].

Mesmo no penal, essa forma de litígio entre dois indivíduos será mantida durante muito tempo. A intervenção do poder público assume o aspecto de um apoio a uma das partes, de um agravamento da pena [para] aquele que provadamente provocou um dano. Passa inteiramente para o lado de um combatente e amplifica a derrota do outro; principalmente, impede toda composição. Mas ainda se está na batalha. [152/3]

2. *O sistema da prova*
O ato de justiça é uma determinada maneira de encerrar o litígio. De levá-lo a seu término. De substituir a luta e todos os seus desdobramentos futuros por um teste decisivo.

Portanto, trata-se não tanto de saber quem tem razão, e sim de a todo instante colocar os adversários diante da alternativa:

– ou vocês chegam a uma composição, entendem-se e fazem as pazes,
– ou então se submetem a um teste que decidirá quem vence.
Trata-se de paz ou de vitória: não de demonstração e de verdade. Daí aquelas famosas provas medievais:

a. Os juramentos

Utilizados no direito germânico, generalizaram-se na época dos carolíngios e desaparecerão pouco (século XII). [153/4]
No direito germânico, o réu que não pudesse apresentar testemunhas recorria ao juramento purgatório com cojuradores (12 a 15)[5].
Em seguida ele se generalizou. Na Romênia (por uma decretal de Honório III) podia-se evitar toda ação judicial por meio do juramento, mesmo que o demandante tivesse testemunhas.
Na época de Carlos Magno, parece que todo o mundo jurava: o acusado (para livrar-se), o acusador (para afirmar a verdade do que dizia), os fiadores[6].

b. Os ordálios

– A lei sálica menciona apenas o teste da água fervente.
– Nas fórmulas carolíngias encontramos a água quente, a água fria, o caldeirão, o ferro em brasa, a cruz[7].

c. O duelo judicial

– era utilizado entre alguns germânicos (bávaros, lombardos, alamanos)[8], mas não entre os sálios. Talvez para os crimes de lesa-majestade[9].
– Em todo caso, sua generalização data da lei Gombeta. Para pôr fim à ampliação abusiva dos juramentos[10].
Do século X ao século XIII, o duelo abrangeu toda a matéria judicial (civil ou criminal). Podia ser invocado: [154/5]
 – contra o juramento do adversário
 – contra o juramento das testemunhas
 – e até contra os juízes
(quando a parte condenada considerava que o julgamento era ruim, ela podia recorrer a um contrajulgamento e convocar seus juízes para o duelo judicial. Porém os camponeses não tinham esse direito, se houvessem sido julgados por seu senhor.)[11]

Tudo isso mostra bem que em seu desenrolar o ato judicial continuou a conservar um caráter de guerra. O problema era saber quem ganharia (no desafio dos juramentos, no jogo do teste ou no duelo) perante um juiz destinado principalmente a autentificar o andamento do "combate". Não estava em causa o juiz estabelecer pessoalmente, e por seus próprios meios, onde estava a verdade.

Em seu teatro, o julgamento ainda é uma luta, um episódio da guerra, uma rivalidade. Numa época em que suas justificativas ideológicas e religiosas o impelem para outro ponto (para a verdade) e em que seu funcionamento é de um tipo muito diferente.

## 3. [As guerras privadas]

Mas a mais importante dessas remanescências do direito germânico são evidentemente as guerras privadas, que continuam ao longo da Idade Média [155/6]

– umas, as mais importantes, que opõem os grandes feudatários a seus soberanos, ou entre eles, tendendo cada vez mais a tornar-se guerras públicas (com exército profissional, exército organizado, alianças políticas). E é por meio delas que os Estados unitários e "nacionais" começarão a organizar-se;

– outras, as menos importantes, que opõem os camponeses ou os burgueses entre eles, tendendo cada vez mais a tornar-se rivalidades individuais, hereditárias, primeiro irredutíveis ao direito e logo depois contrárias à ordem.

Haverá uma forte tendência para fazer essas guerras passarem para a categoria de conflitos políticos ou para a categoria de delinquência individual. E para instaurar uma separação que para nós é totalmente "clara". (Na verdade, é pouquíssimo clara: a separação crime individual/crime político é um efeito da estatização da penalidade; e está nas mãos justamente dos detentores do aparelho estatal. Dizer: isto é um "direito comum", isto um "político" implica retomar o ponto de vista do aparelho estatal que põe em prática a penalidade[12].) [156/7]

Em todo caso, essa resistência da guerra privada é um dos fenômenos importantes do sistema penal da Idade Média. A guerra privada não fica fora do direito; é uma forma "marginalizada" ou "encravada" de direito, mas é uma forma de direito.

Ela se mostra tanto mais resistente, tanto mais difícil de diminuir quanto mais fraca é a organização estatal.

Exemplo em Flandres:

– o direito de guerra privada não é reconhecido explicitamente
– mas o é de fato, a tal ponto que
  – certos crimes (até mesmo os assassinatos) parecem ter sido tolerados se estivessem ligados a uma guerra privada[13],
  – as municipalidades permitiam o porte de armas aos que se encontravam em estado de guerra privada[14],
  – havia instituições, ritos, contratos solenes de pacificação[15]: [157/8]
    – os "pazeadores" ("*paiseurs*") ao lado dos juízes municipais[16]
    – numerosos contratos de *"concordia"*[17]
    – tarifação da paz[18].

Portanto, *dentro*[a] da esfera do judiciário (i. é, na prática dos tribunais, na forma que seguem e no que fundamenta suas decisões) o litígio (o sistema dano – revide – guerra) permanece visível durante séculos.

Mas *no exterior*[b] dessa esfera, no que a cerca, lhe escapa e lhe resiste, o litígio e a guerra continuam a definir um determinado âmbito de "justiça", reconhecido como tal; a passagem pelo judiciário é apenas uma eventualidade com relação a essa esfera da justiça.

A transformação vai consistir:
  – numa absorção de todas as "justiças" pelo judiciário;
  – correlativamente com uma intervenção autoritária do judiciário, que se atribui o poder de impor-se como ação pública;
  – correlativamente também com uma distinção entre direito comum e "político" (guerras privadas que são apenas crimes individuais, e guerras públicas, umas internas, outras externas); [158/9]
  – por fim e consequentemente, implantação de um processo penal inteiramente ordenado para
  – a ação pública,
  – seu poder de intervenção e de decisão,
  – o estabelecimento de uma verdade sobre o crime (e não mais de uma paz entre os litigantes)[19].

Como essa transformação se tornou possível?

[*]

a. Grifado no manuscrito.
b. Grifado no manuscrito.

Essas transformações se devem a quê? [159/10]

1/ Influência do direito romano ligado ao aumento do poder régio. O direito romano teria dado aos monarcas um instrumento técnico, uma ferramenta institucional e também uma justificativa teórica para a implantação de um poder público que atua em matéria judicial e que processa em seu próprio nome as infrações à lei.

É particularmente o direito romano tardio (o do Código Justiniano) que teria dado o modelo teórico dos crimes de lesa-majestade.

2/ Influência do cristianismo. O crescimento da Igreja teria possibilitado a absorção das velhas práticas germânicas. Teria puxado a antiga concepção litígio – dano – revide, simultaneamente privada e coletiva, para a concepção de pecado, de falta individual, de castigo. Teríamos passado da compensação para a sanção[20].

Essas são explicações excessivamente gerais e excessivamente particulares [160/11]
– excessivamente particulares porque na realidade o aumento do poder régio ou a penetração de ideias cristãs na prática penal são apenas efeitos de outros processos que se situam em outro nível;
– e excessivamente gerais porque não levam em conta o modo como a prática penal se insere no jogo das outras instituições, das relações sociais, das prestações econômicas.

[a]A prática penal não é simplesmente o resultado de uma concepção jurídica do Estado ou de uma concepção religiosa da falta. Ela não faz (ou em todo caso *não somente*[b]) parte das superestruturas. Insere-se muito diretamente no jogo das relações de apropriação e das relações de força[c].

*Nas relações de apropriação.* [161/12]

O direito germânico
– por um lado, regularizava a guerra privada
– por outro lado, dava a possibilidade de um ressarcimento. Este tinha duas partes:

a. Palavra riscada: "Resumindo,".
b. Grifado no manuscrito.
c. Foucault anuncia uma explanação em duas grandes partes – relações de apropriação e relações de força. Assim, a folha seguinte intitula-se: "A. *Nas relações de apropriação*." Como o final desta aula trata das relações de apropriação, eliminamos a marca de subdivisão "A". Foucault aborda as relações de força na aula seguinte.

– o *wergeld*: dano
– o *fredum*: multa[21]
esta parte, que era de longe a mais fraca, tornou-se a essencial na época das primeiras tentativas estatais:
reino merovíngio
império carolíngio[22].
Daí, no momento do desmembramento do Estado carolíngio, da eliminação do Condado e dos agentes régios, da implantação desse novo centro de poder político, militar, econômico que é o castelo, a apropriação da justiça[23].

A justiça é um elemento de poder capital
– porque seus julgamentos definem os direitos, as propriedades, as prestações financeiras, as heranças, as subordinações;
– mas também porque ela opera[a] em si mesma um recolhimento econômico importante.
A distribuição da justiça faz parte da circulação dos bens. E faz parte dela de dois modos:
– controlando-a (no civil) no âmbito dos contratos, dos casamentos, das heranças, das obrigações e prestações financeiras; e (no criminal) no âmbito das infrações, dos roubos, dos comércios ou apropriações ilícitos;
– e contribuindo para ela pelo fato de ser lucrativa, de o ato de justiça ser pago, de serem depositadas fianças nas mãos dos juízes, também de se comprar a boa vontade deles; mas principalmente pelo fato de ela impor ressarcimentos, multas e composições.
(É principalmente como justiça civil que a justiça controla a circulação das riquezas.
É principalmente como justiça criminal que ela contribui para a circulação das riquezas[24].)

1. Quais são os elementos dessa contribuição?
a/ O fato de ser juiz é[b] uma carga: pesa fortemente sobre o camponês quando precisa ir às audiências três vezes por ano[25].
Assim, a "audiência geral", que era um direito, torna-se um pagamento (depositado na mão de um senhor)[26].
Paga-se para não ser juiz e paga-se para não ser julgado. Duas faces do mesmo fenômeno: o judiciário não é o único meio de obter justiça.

[162/13]

---

a. Palavras riscadas: "por intermédio da multa".
b. Palavras riscadas: "perigoso; também provoca inconvenientes".

b/ Julgar é fácil quando se trata de julgar um camponês livre. Difícil quando se trata de um rico ou de um nobre. Julgar é um risco[27]:
– porque o juiz pode não ser obedecido
– porque ele pode ser arrastado para uma guerra privada
– porque o condenado pode, perante outro tribunal, recorrer e desafiar seus primeiros juízes para um duelo judicial[28].

[163/14]

Donde, quando se quer interessar um juiz, começa-se por dar-lhe dinheiro[29].

c/ Ao longo do processo o indivíduo paga fianças e taxas. E quando o interrompe paga uma indenização ao juiz.
Cf. o duelo judicial. Quando ele se encerra, o vencido é despojado em proveito do senhor. Mas, se o interromperem (e a todo momento há a possibilidade de pacificação), paga-se ao senhor[30].

d/ Mas é principalmente no epílogo de uma causa criminal que é feito o recolhimento mais alto. E é feito de duas formas:

[164/15]

– a multa (cuja importância aumentou continuamente com relação aos danos)[31]
– o confisco[32]. É encontrado:
1/ como pena principal em certos casos ou regiões (em Poitou, na Bretanha, na Normandia, em Paris: bens dos que se suicidam; na Normandia, para toda fraude sobre os direitos do senhor; em Touraine e Anjou, castigo específico dos nobres);
2/ como pena acessória nos casos de blasfêmia, heresia, lesa-majestade, deserção, prevaricação, assalto, guerra privada, homicídio, assassinato de mulher grávida, incêndio voluntário, adultério, estupro, rapto, sodomia, incesto, roubo, falsificação de dinheiro, falso-testemunho.

Além disso, num duelo judicial, se o acusado vence, é o vencido que sofre o confisco (no caso em que o acusado o teria sofrido).

De modo geral, ele acompanha regularmente a pena de morte, a mutilação e o banimento; é aplicado quando o culpado fugiu ou se evadiu da prisão.

O confisco e a multa (portanto, o recolhimento de riquezas) são o denominador comum de todas as penas.

e/ Mas a isso é preciso acrescentar outra forma de direito penal (no limite entre o civil e o penal). É em direito feudal a pena de "*commise*": se há infração às obrigações de vassalagem, o feudo é devolvido ao suserano, que recupera a livre disposição dele[33].

[165/16]

f/ Observar, por fim: essas multas e, com mais razão ainda, esses confiscos frequentemente eram teóricos. Não compensavam: ou por serem materialmente impossíveis, ou por serem perigosos demais para o juiz se quisesse mandar executá-los, ou por suscitarem inextricáveis dificuldades políticas e jurídicas. A estrutura linhageira da sociedade punha-lhes obstáculos demais.

Mas ocasionavam toda uma série de conflitos, ameaças, ajustes, composições. Ressarcia-se o ressarcimento com somas pagas, rendas [por exemplo], ou com cessão de direitos, ou com taxas temporárias, mas frequentemente definitivas.

Portanto: antes, durante e depois do ato de justiça, uma grande circulação de riquezas e de bens; uma série de transações, de despesas, de lucros, de benefícios.

2. Consequências desse estado de coisas                         [166/17]

a/ As justiças tornam-se objeto de cobiça política e econômica.

Não só o ato de justiça provoca uma circulação econômica, mas o direito de ministrar justiça também faz parte da circulação. É objeto de cessão, de transmissão, de venda. Pode-se guardá-lo para si quando se cede um feudo; pode-se, ao contrário, cedê-lo a alguém.

Daí um encavalamento muito complexo entre posse dos feudos e posse das justiças[34].

b/ Ministrar justiça já não é perigoso; ao contrário, é lucrativo e desejável. Portanto, os aplicadores da justiça tendem a impor sua intervenção, em vez de aguardarem que os dois adversários venham voluntariamente solicitar sua arbitragem.

A justiça tende a tornar-se obrigatória. Mas, ao mesmo tempo (e sempre porque é onerosa), uma tendência a evitá-la. O jurisdicionado corria atrás do tribunal; o tribunal corre atrás do jurisdicionado. E a instância do judiciário tende a confiscar toda a esfera das justiças espontâneas.

Mas para poder impor-se é preciso uma força. A necessidade de um apoio político e militar faz-se sentir ainda mais. E as únicas justiças fortes serão as que contarem com esse apoio[35].

c/ Daí um movimento duplo:                                      [167/18]
– fragmentação das justiças como efeito das vendas, das cessões,
– mas um movimento de concentração.
– Isso porque o aplicador da justiça que tem direito de confisco pode apropriar-se continuamente de novos feudos e de novas justiças.

– Além disso, ao tornar-se obrigatória, a justiça será mais bem exercida se estiver nas mãos de quem possuir uma força política e militar de coerção.

Assim se explica o extremo desdobramento das justiças:
– as menores (as mais fáceis de aplicar e que dão pequenos lucros) dispersam-se em mãos cada vez mais numerosas;
– em contrapartida, as grandes (as que rendem grandes lucros, mas são difíceis de aplicar) passam para o lado dos que concentram o poder político e militar. E principalmente do rei[36].

Assim se explica toda a série de lutas entre os diferentes privilegiados para adquirirem ou conservarem suas justiças: imunidades da Igreja, jurisdições urbanas; e a necessidade de arbitragens entre as jurisdições, que, também nesse caso, reforça o poder central.
As altas, médias e baixas justiças, as justiças eclesiásticas, urbanas, senhoriais, régias, bem ou mal sistematizavam esse conjunto e o movimento incessante que o anima[37]. [168/19]
Mas essas separações, essa hierarquia, essa distribuição não fazem mais que recobrir um processo que põe no jogo o recolhimento feudal, o deslocamento de propriedades, a circulação das riquezas, a concentração do poder político.

d/ Por fim, não podemos esquecer que o sistema penal – assim ligado ao movimento de apropriação das terras e das rendas – forçosamente está ligado também ao movimento da população (a seu crescimento e a seus deslocamentos).
– Do século X ao século XIII, aumento da população; movimento de colonização, com desbravamento das florestas; constituição de novos espaços agrícolas e de novas comunidades urbanas.
– Isso fazia o confisco e o banimento serem compensados pela possibilidade de ir para outro lugar. O rigor da pena também ficava atenuado.
– Mas, inversamente, o confisco era [mais] frequente porque as pessoas podiam partir. Os senhores estavam dispostos a acolher [169/20] novos colonos.
Daí o fato de os confiscos e as multas pesadas não serem aplicados[38].
– Mas há a complicação do século XIII: as terras tornam-se raras; a tensão aumenta[39]
– início das grandes sedições, contra as quais um exército centralizado se torna necessário,

– e início dos exércitos profissionais, que absorvem os elementos sediciosos da população.

Daí o apoio que as justiças locais buscam cada vez mais em uma justiça e uma força de repressão centralizada.

O Parlamento e o exército centralizado nascem juntos[40].

– A Grande Peste. O apetite por terras acalma-se. Mas nem por isso se volta à situação anterior. O sistema penal não se dispersa novamente. Os efeitos da Grande Peste afetam principalmente a economia senhorial: muitas terras deixam de produzir renda; a escassez de mão de obra faz os salários e os preços subirem: portanto, queda relativa das rendas.

– Daí, entre os senhores, uma tendência para corrigir essa redução da renda feudal. (Reajuste ou aumento da justiça.)[41]

– Mas, entre os camponeses, uma força de resistência maior. [170/21] Daí as grandes revoltas do final do século XIV.

Revoltas que só podem ser dominadas por um exército importante e requerem uma intervenção do poder régio (no caso dos [Jacques], o rei de Navarra)[42].

Partindo disso, podemos entender como o sistema penal se inseriu:

1/ nesses movimentos de apropriação intermediária contra a rapina e a compra. Numa época de economia não monetária, em que a riqueza era acima de tudo propriedade da terra ou recolhimento fiscal sobre seus produtos;

2/ num movimento de centralização do poder político: à medida que a justiça se rentabilizava, aumentando a pressão fiscal ou parafiscal, tinha proporcionalmente mais necessidade de um poder central para arbitrar os conflitos entre os que a ministravam e apoiar seu próprio poder de execução.

Entre a rapina guerreira e o comércio, numa economia não monetária.

Entre a apropriação individual e a funcionarização, numa sociedade não estatal.

*Observações gerais* [171/22]

– O sistema penal da Idade Média tem seus efeitos importantes no âmbito do recolhimento dos bens.

O nosso tem seus efeitos importantes no âmbito da exclusão dos indivíduos[43].

Compreendemos assim como o sistema medieval pôde articular-se em uma moral e uma teologia da falta, da penitência e do ressarcimento. Um crime devia ser ressarcido pela punição; a punição podia ser ressarcida, o próprio ressarcimento devia ser ressarcido.

Compreendemos como o nosso se articula quase necessariamente com ou, em todo caso, dá lugar a uma problemática do indivíduo: Quais são esses indivíduos que é preciso excluir? Quem são eles em natureza, em realidade, em segredo?

O sistema da penalidade medieval é fiscal: digamos que é por ter uma função econômica de apropriação que ele é fiscal em sua forma importante, e ideologicamente ligado ao cristianismo.

O sistema da penalidade moderna é carcerário: é por ter uma função social "antissediciosa" que ele é carcerário em sua forma importante e ideologicamente ligado a todos os ψ [psicologismos].

Uma descrição das práticas penais na Idade Média sem dúvida devia pautar-se pela questão: Quem ressarce o quê; para que se ressarce esta ou aquela ação; como isso é compensado? Resumindo, pela *troca*[a].

[172/23]

Uma descrição das práticas penais modernas devia pautar-se pela questão: Quem exclui quem e o quê; quem enclausura quem; o que é posto fora do circuito? Resumindo, pela *exclusão*[b].

Então veríamos que as mesmas práticas funcionam de modo muito diferente aqui e lá: a morte (ressarcimento, salvação; ou exclusão definitiva); a mutilação, a marca corporal (compensação purificatória; marca social); a confissão (confissão religiosa, reconhecimento); o aprisionamento (fiança, retirada do circuito)[44] [c].

a. Grifado no manuscrito.
b. Grifado no manuscrito.
c. O manuscrito desta aula termina numa folha numerada [173/24] que parece menos prosseguir as explanações anteriores do que propor outra versão delas. Reproduzimo-la abaixo:
"De fato, a economia senhorial é abalada (as rendas caem, os salários aumentam). Daí a atitude cada vez mais exigente e repressiva dos senhores. Daí as grandes revoltas do final do século XIV que exigem uma intervenção do poder régio.
*[Na margem]* E ao mesmo tempo bloqueio do confisco.
Portanto, o sistema penal desempenhou um papel considerável na circulação das riquezas e na concentração do poder político.
Vemos que seu funcionamento se entrecruza continuamente com o problema das forças armadas e de sua concentração.

*Observação geral*
Se compararmos o sistema da Idade Média com o nosso:

*Aula de 9 de fevereiro de 1972*

\*

NOTAS

1. Para sua leitura do procedimento acusatório em contraposição à forma inquisitória, Foucault baseia-se em C. J. A. Mittermaier, *Traité de la preuve en matière criminelle, ou Exposition comparée des principes de la preuve en matière criminelle* (trad. fr. C.A. Alexandre, Paris, De Cosse et N. Delamotte, 1848 [ed. bras.: *Tratado da prova criminal; ou Exposição comparada dos princípios da prova em matéria criminal*, Rio de Janeiro, Eduardo & Henrique Laemmert, 1879]), que distingue radicalmente entre essas duas "formas" e caracteriza o procedimento acusatório como "um verdadeiro combate entre duas partes adversas" (p. 35) (Fundo BnF); e principalmente em A. Esmein, *A History of Continental Criminal Procedure, with Special Reference to France*, op. cit., que constitui sua fonte principal.

2. Sobre o procedimento acusatório entre os germanos, cf. J.-J. Thonissen, *L'Organisation judiciaire, le droit pénal et la procédure pénale de la loi salique*, op. cit., pp. 419 ss. O demandante, o acusador, intima seu adversário a responder por meio de uma fórmula solene, o *tangano*. O demandado *tanganizado* é obrigado a responder, sob pena de multa: "Não são os juízes, é o próprio demandante que, por meio do *tangano*, intima seu adversário a responder à acusação" (p. 427). Sobre o ônus da prova as posições são menos definidas. Alguns autores (Rogge, Sohm etc.) afirmavam que o ônus da prova pesava unicamente sobre o demandado, o acusado: ou ele fazia uma composição ou tinha de provar a falsidade da acusação. Tardif resume essa posição assim: "o demandado ou inculpado é obrigado a provar sua inocência ou seus direitos. Pelo simples fato da queixa, ele se acha lesado e ofendido [...] apressa-se a tomar a ofensiva" (A. Tardif, *Histoire des sources du droit français: origines romaines*, Paris, Picard, 1890, p. 161 [*passagem assinalada por Foucault, que remete a Thonissen* (Fundo BnF)]. Essa tese é discutida por Thonissen (nas páginas 438-55 de *L'Organisation judiciaire*...), que chega a uma posição menos categórica: o demandante não precisa necessariamente provar sua acusação, ele faz uma asserção; o

---

– ele recolhe bens (ressarcimento)
– o nosso recolhe indivíduos (prisões).
O ressarcimento é o denominador, o segredo da penalidade medieval.
O aprisionamento, [como] impedimento de causar dano, é o segredo do nosso.
O primeiro [sistema] no fim das contas está ligado ao cristianismo; o nosso, à proteção social, à psicologia, à psiquiatria.
O medieval é fiscal e o nosso é carcerário (a série prisão-hospital – a série morte--ressarcimento *[ilegível]*.
A prisão não está na mesma posição."

*No verso*
"– As inst[ituições] exilantes. As confiscantes. As aprisionantes [s.f.]
(purificação – partida; purificação – ressarcimento; purificação – penitência)
A posição do corpo também não é mais a mesma: o luto do exilado; a marca do confiscado; o espancamento.

– As confiscantes e a proibição.

A proibição (do incesto) e a circulação de bens[45].
A punição e a circulação dos bens.
A produção e a penalidade.

– Um 'aparelho de Estado'
  sua razão de ser
  seu funcionamento real."

demandado faz outra, e, de acordo com o grau de verossimilhança das duas, imputa-se o ônus da prova a um deles.

3. Cf. A. Esmein, *A History of Continental Criminal Procedure*, pp. 61-2. O brado de "*haro*" designa, no costume normando, o apelo a todo e qualquer membro da comunidade para que agarre o malfeitor, em caso de flagrante delito. Ver E. D. Glasson, *Étude historique de la clameur de haro*, Paris, Larose et Forcel, 1882. O mesmo procedimento é encontrado na Inglaterra, com o nome de "*hue and cry*". Segundo Esmein, trata-se de um "engenhoso meio formal de conservar para a causa um caráter de captura em flagrante delito algum tempo após o crime".

4. Sobre a "*denunciatio*" e a "*diffamatio*", cf.: P. Fournier, *Les Officialités au Moyen Âge. Étude sur l'organisation, la compétence et la procédure des tribunaux ecclésiastiques ordinaires en France de 1180 à 1328* (Paris, Plon, 1880, pp. 254-62), que descreve os procedimentos de denúncia no contexto eclesiástico; e principalmente A. Esmein, *op. cit.*, pp. 78-87 e 99-104. As noções de "*denunciatio*" e de "*diffamatio*" provêm do processo eclesiástico. Segundo Esmein, o procedimento inquisitório deriva em grande parte do direito canônico, que, quando a opinião pública acusava uma pessoa de um crime que fora cometido e o juiz estabelecia essa "*infamia*" ou "*mala fama*", previa a possibilidade de mover uma ação contra o *infamatus*. É esse o sentido da *diffamatio*. Para uma história recente dessas questões, cf.: F. Migliorino, *Fama e Infamia. Problemi della società medievale nel pensiero giuridico nei secoli XII e XIII*, Catânia, Giannotta, 1985; J. Théry, "Fama. L'opinion publique comme preuve judiciaire", in B. Lemesle, dir., *La Preuve en justice de l'Antiquité à nos jours*, Rennes, PUR, 2003, pp. 119-47.

A *denunciatio*, por sua vez, provém inicialmente de um procedimento de "denúncia" obrigatória que tinha lugar durante as visitas do bispo aos monastérios ou durante os sínodos diocesanos; esse procedimento sofreu transformações que levaram ao princípio segundo do o qual um "*denunciator*" podia dirigir-se a um juiz para que este iniciasse um inquérito contra um indivíduo, sem que se tratasse formalmente de uma acusação. Como se verá mais adiante (aula de 1º de março de 1972), em geral é como "*denunciator*" que o procurador público intervém primeiramente.

5. Sobre os juramentos no direito germânico, cf., por ex., J.-J. Thonissen, *L'Organisation judiciaire...*, pp. 516-24. O número de cojuradores varia consideravelmente; o número 12 é o que aparece mais regularmente, mas pode chegar a 72. Sobre os juramentos em geral, ver R. Verdier (org.), *Le Serment. Actes du colloque de Paris X Nanterre* (1989), Paris, CNRS, 1991, 2 vols.

6. Cf. J.-P. Lévy, *La Hiérarchie des preuves dans le droit savant du Moyen Âge, depuis la Renaissance du droit romain jusqu'à la fin du XIV$^e$ siècle*, Paris, Recueil Sirey, 1939, p. 132: "Uma célebre decretal de Honório III diz que na Romênia [...] o indivíduo podia com seu juramento evitar toda ação judicial, mesmo quando o demandante citava testemunhas dispostas a depor em seu favor" (trata-se da Decretal X.2.19.12 de 1218). Sobre a onipresença do juramento sob Carlos Magno, cf. *ibid.*, p. 134.

Foucault voltará mais longamente ao assunto dos juramentos e dos ordálios, vistos como testes (testes da importância social de um indivíduo, testes verbais e corporais) em "La vérité et les formes juridiques", *loc. cit.* (*DE*, II, nº 139), pp. 574-5 / pp. 1442-3.

7. R. Monier, *Les Institutions judiciaires des villes de Flandre, des origines à la rédaction des Coutumes, op. cit.* [*supra*, p. 115, nota 16], pp. 49-50. Para trabalhos mais recentes sobre o assunto, ver: R. Bartlett, *Trial by Fire and Water. The Medieval Judicial Ordeal*, Nova York, Clarendon Press/Oxford, Oxford University Press, 1986; e principalmente R. Jacob, *La Grâce des juges. L'institution judiciaire et le sacré en Occident*, Paris, PUF, 2014.

8. C. De Smedt, *Les Origines du duel judiciaire*, Paris, Victor Retaux et fils, 1894, pp. 7 (para a ausência de duelo na *lex salica*) e 9-13 (para sua presença entre os bávaros, lombardos e alamanos). Cf. também J. Declareuil, "À propos de quelques travaux récents sur le duel judiciaire", *Nouvelle Revue historique de droit français et étranger*, 33º ano,

1909, p. 78 (Fundo BnF). Para uma história mais recente do duelo judicial, ver: M. Chabas, *Le Duel judiciaire en France XIII<sup>e</sup>-XIV<sup>e</sup> siècles*, Saint-Sulpice-de-Favières, Jean-Favard, 1978; O. Guillot, "Le duel judiciaire: du champ légal (sous Louis le Pieux) au champ de la pratique en France (XI<sup>e</sup> s.)", em *La Giustizia nell'Alto Medioevo (secoli IX-XI)*, 2 (Settimane di Studio del CISAM, 44), Spoleto, 1997, pp. 715-95, e diversos textos reunidos em *Le Règlement des conflits au Moyen Âge*, Atas da SHMESP, 31º Congresso (Angers, 2000), Paris, Publications de la Sorbonne, 2001.

9. Trata-se aqui de uma alusão à tese desenvolvida por Alexander Gál em *Der Zweikampf im fränkischen Prozess* (1907) e discutida por Declareuil, art. cit., pp. 76 ss., segundo a qual inicialmente o duelo judicial era reservado à jurisdição régia e dizia respeito às infrações de um dos membros da vassalagem ao dever de fidelidade para com o rei.

10. A lei Gombeta (*lex Gundobada*) designa a compilação de leis editadas pelo rei dos burgúndios, Gundebaldo (morto em 516). Foucault refere-se a uma ordenação de 502, que forma o título XLV da lei Gombeta e que, para combater o abuso de juramentos e perjúrios, incentiva o uso do duelo judicial se a parte adversa recusar a prova por juramento. Cf.: C. De Smedt, *Les Origines du duel judiciaire*, *op. cit.*, pp. 7-8; J. Declareuil, art. cit., p. 81.

11. Essa explanação baseia-se em J. Declareuil, art. cit., p. 84.

12. Reencontramos aqui uma questão mencionada (*supra*, aula de 24 de novembro de 1971, p. 15-6, nota 16, e *infra*, aula de 1º de março de 1972, pp. 176-7 [226/15]), referente à genealogia da separação entre delito político e delito de direito comum. Esse problema interessa particularmente a Foucault na época, em ligação com seu engajamento no GIP [Groupe d'informations sur les prisons (Grupo de Informação sobre as Prisões)] e no contexto da repressão "política" pós-1968 (cf. *infra*, Situação do curso, pp. 227, 230 e nota 15). O debate sobre a divisão delito político/delito de direito comum desenrola-se então em dois níveis. Por um lado, quando da dissolução da Esquerda Proletária (GP, de Gauche prolétarienne) e de outras organizações de extrema-esquerda em nome das "leis Marcellin" em 27 de maio de 1970, a imprensa, o poder e alguns pensadores de extrema-esquerda (como o trotskista Daniel Bensaïd no nº 66 da revista *Rouge*, publicado em junho de 1970) procuraram apresentar os maoistas como "associais" ou "niilistas" e jogá-los para o lado da delinquência de direito comum. Aliás, esse empenho em não ser tratados como "marginais" ou "associais" e não ser confundidos com delinquentes de direito comum aparece já em março de 1970 nos textos da própria GP ("De la lutte violente des partisans", março de 1970, texto que levanta numerosas temáticas abordadas no curso de Foucault). Isso será confirmado pelas primeiras greves de fome dos militantes presos, que visam obter o *status* de "prisioneiros políticos" ou, mais precisamente, o regime "especial" obtido anteriormente pelos presos da FLN [Front de Libération Nationale (Frente de Libertação Nacional)] e da OAS [Organisation Armée Secrète]. Em certo sentido, estava em causa então fazer vigorar *para si*, a título protetor, uma separação que, Foucault enfatiza aqui, adota na verdade *o ponto de vista do aparelho de Estado*.

Para Foucault, ao contrário, como se constata em diversos textos da época, o que está em jogo é anular esse "corte" entre delinquência de direito comum e delinquência política, restituindo a toda delinquência seu caráter político. Sobre esse ponto, cf. principalmente: "Le grand enfermement", *loc. cit.* (*DE*, II, nº 105), pp. 302-3 / pp. 1170-1; "Table ronde", *loc. cit.* (*DE*, II, nº 107), pp. 334-6 / pp. 1202-4; "Sur la justice populaire. Débat avec les maos", *loc. cit.* (*DE*, II, nº 108); "Prisons et révoltes dans les prisons" (entrevista com B. Morawe; trad. fr. J. Chavy, *Dokumente...*, junho de 1973), *DE*, II, nº 125, ed. 1994, pp. 426- -7 / "Quarto", vol. I, pp. 1294-5 [trad. bras.: "Prisões e revoltas nas prisões", in *Ditos e escritos*, vol. IV]; e "À propos de l'enfermement pénitentiaire", *loc. cit.* (*DE*, II, nº 127), pp. 441-3 / pp. 1309-11. Segundo Foucault, os anos 1960-início dos 1970, com a entrada na prisão dos maoistas e dos prisioneiros políticos argelinos e depois com a fundação do GIP, trouxeram um duplo movimento de politização das lutas dentro das prisões e de politização do problema da prisão externamente, conduzindo a uma atenuação dessa separação cujos agentes eram a prisão e o aparelho penal. Aliás, em abril de 1972 Foucault qualificará de "erro político" essa primeira reação dos militantes maoistas que procuram distinguir-se dos delinquentes de direito comum e comemorará o fato de que "os maoistas logo compreenderam que no final das contas a eliminação, pela prisão, dos prisioneiros de direito comum fazia parte do sistema de eliminação política do qual eles próprios eram vítimas. Se fizermos a distinção [...] entre direito político e direito comum [...] estaremos reconhecendo a moral e a lei burguesa [...] O direito é a política: no fundo, foi justamente a burguesia que, por razões políticas e com base em seu poder político, definiu os princípios do que chamamos de direito" ("À propos de la prison d'Attica", entrevista com J.K. Simon; trad. fr. F. Durand-Bogaert, *Télos*, nº 19, primavera 1974; *DE*, II, nº 137, ed. 1994, p. 533 / "Quarto", vol. I, p. 1401 [trad. bras.: "Sobre a prisão de Attica", in *Ditos e escritos*, vol. IV]).

Para uma análise desses debates, ver G. Salle, *La Part d'ombre de l'État de droit; La question carcérale en France et en République fédérale allemande depuis 1968*, Paris, Éd. de l'EHESS (col. "En temps & lieux"), 2009, pp. 42-7. Para uma genealogia do delito político um pouco diferente da esboçada por Foucault, ver S. Dreyfus, *Généalogie du délit politique*, Paris, LGDJ, 2010.

13. Cf.: G. Espinas, *Les Guerres familiales dans la commune de Douai aux XIIIe et XIVe siècles: les trêves et les paix*, Librairie de la Société du recueil général des lois et des arrêts, 1899, pp. 16-7; C. Petit-Dutaillis (org.), *Documents nouveaux sur les mœurs populaires et le droit de vengeance dans les Pays-Bas au XVe siècle. Lettres de rémission de Philippe le Bon* (vol. 9), H. Champion, 1908, reed. Slaktine, 1975, pp. 45 ss. (Fundo BnF).

14. Cf.: G. Espinas, *op. cit.*, p. 15, que cita várias autorizações desse tipo na magistratura municipal da comuna de Douai; C. Petit-Dutaillis, *op. cit.*, p. 47.

15. Essas "instituições de paz" são o principal objeto dos trabalhos citados de Espinas e de Petit-Dutaillis. Foucault volta a elas com mais detalhes na aula seguinte (*infra*, pp. 144 [184/11]-150 [195/s.f.]).

16. Cf. G. Espinas, *op. cit.*, p. 8. Nas comunas de Flandres e Brabant, a partir do início do século XIII distingue-se entre os magistrados municipais (*échevins*), encarregados de ocupar-se das "tréguas" (interrupções temporárias das guerras privadas), e os "pazeadores" ("*paiseurs*"), encarregados de firmar as "pazes" (solução do conflito). Para mais detalhes, cf. *infra*, aula seguinte, p. 152, nota 11.

17. Cf. Y. Bongert, *Recherches sur les cours laïques du Xe siècle au XIIIe siècle, op. cit.*, pp. 52-3: os "Cartulários [...] estão repletos de *concordiae* pondo fim a atos de violência coletivos".

18. Cf. G. Espinas, *Les Guerres familiales dans la commune de Douai...*, pp. 26-7. Essas tarifações podem ser pecuniárias: é o *Sühngeld*, dinheiro de expiação, equivalente ao *Wergeld* germânico. Mas também podem ser tarifações morais: "*penence, kerke*", peregrinação expiatória. Cf. também C. Petit-Dutaillis (org.), *Documents nouveaux sur les mœurs populaires et le droit de vengeance...*, pp. 77 ss.

19. Cf. *infra*, aula de 1º de março de 1972, sobre a ação pública, e aula de 8 de março, sobre a questão da verdade.

20. Esses dois argumentos se encontram, por exemplo, em M. Bloch, *La Société féodale*, t. I, Paris, Albin Michel, 1939, pp. 187-8 [ed. bras.: *A sociedade feudal*, São Paulo, Edipro, 2016].

21. Cf. *supra*, aula anterior, pp. 112-3 [149/16] e 117-8, nota 32. Como vimos, o *wergeld* é mais precisamente o "preço do sangue", ou seja, a compensação que ressarce o direito de vingança privada; o *fredus* ou *fredum* é a parcela que cabe às autoridades públicas.

22. Cf. J.-J. Clamageran, *Histoire de l'impôt en France*, t. I, Paris, Guillaumin, 1867, livro II, cap. III, p. 171: "Os *freda* constituíam um rendimento muito importante para a Coroa. Os capitulares muito frequentemente os recomendam aos oficiais do rei e encarregam os *missi dominici* de uma vigilância especial nesse aspecto. Em decorrência das concessões de benefícios e das imunidades, pouco a pouco eles foram caindo [...] na esfera privada dos bispos e dos senhores, ou melhor, fizeram parte dos direitos de soberania local

voltados para o proveito deles." Sobre o modo como esses "*freda*" se tornam os direitos de justiça na alta Idade Média, cf. *ibid.*, pp. 214-5 (Fundo BnF).

23. Sobre esse processo de apropriação, Foucault baseia-se principalmente em: G. Fourquin, *Seigneurie et Féodalité au Moyen Âge, op. cit.*, pp. 23-31; G. Duby, "Recherches sur l'évolution des institutions judiciaires...", art. cit. (1946 & 1947); F. L. Ganshof, "Étude sur l'administration de la justice...", art. cit.

24. Sobre o papel da justiça na circulação das riquezas num contexto marcado por uma fraca circulação das mercadorias e da moeda, cf. Y. Bongert, *Recherches sur les cours laïques...*, pp. 101-3 e 114. Na mesma época, Foucault faz regularmente referência a esse papel em diversas entrevistas. Cf. por ex.: "Le grand enfermement", *loc. cit. (DE,* II, nº 105), pp. 300-1 / pp. 1168-9, em que observa que "O sistema penal da Idade Média contribuiu quase mais que o banco para a circulação dos bens" e enfatiza o papel desempenhado pelo confisco no estabelecimento da monarquia absoluta; "Sur la justice populaire. Débat avec les maos", *loc. cit. (DE,* II, nº 108), pp. 342-3 / pp. 1210-1, em que destaca que a justiça não era simplesmente um instrumento de apropriação ou um meio de coerção, mas "um recurso, produzia um rendimento ao lado da renda feudal [...] As justiças eram recursos [...] propriedades [...] bens que eram trocados, que circulavam, que eram vendidos ou herdados" (p. 143 / p. 1211).

25. Cf.: Y. Bongert, *Recherches sur les cours laïques...*, p. 86; H. Dubled, "La justice au sein de la seigneurie foncière en Alsace du XI$^e$ au XIII$^e$ siècle", *Le Moyen Âge,* nº 3, 1960, pp. 239-40 (Fundo BnF). A "audiência geral" designa originariamente a reunião a que o imperador carolíngio convocava seus vassalos, condes e principais bispos para discutirem sobre os assuntos do reino; depois vai designar as cortes de justiça locais que se reúnem geralmente três vezes por ano, sob comando do conde ou do senhor. A participação é obrigatória, sob pena de multa.

26. Principalmente na Borgonha, em Brie e na diocese de Amiens. Cf. Y. Bongert, *Recherches sur les cours laïques...*, pp. 89-90: a audiência geral perde sua fisionomia de assembleia judicial para tornar-se "uma simples prestação fiscal recognitiva da justiça, como o censo era recognitivo da senhoria [...] a assistência à audiência geral era muito onerosa para os que estavam sujeitos a ela [...] por isso os vemos [...] tentar esquivar-se dessa obrigação". Pouco a pouco, "a taxa da multa" torna-se "uniforme para todos e com todas as características de uma taxa fiscal".

27. Cf. *infra,* e Y. Bongert, *op. cit.*, p. 38.

28. Esse procedimento é a alegação de julgamento falso; cf. M. Fournier, *Essai sur l'histoire du droit d'appel, suivi d'une étude sur la réforme de l'appel*, Paris, A. Durand et Pedone-Lauriel, 1881, pp. 143 ss. (Fundo BnF), e *infra,* aula seguinte, pp. 146 [187/14] e 153, nota 34.

29. Cf.: Y. Bongert, *Recherches sur les cours laïques...*, pp. 56-61; L. Halphen, "Les institutions judiciaires en France au XI$^e$ siècle. Région angevine", *Revue historique,* t. 77 (2), 1901, pp. 279-307 (Fundo BnF).

30. L. Halphen, art. cit., pp. 304-5.

31. *Ibid.*, pp. 305-6.

32. Sobre o confisco, Foucault baseia-se inteiramente em P. Timbal, "La confiscation dans le droit français des XIII$^e$ et XIV$^e$ siècles", *Revue d'histoire du droit français et étranger,* 4ª série, t. XXII, 1943, especialmente pp. 50-4 sobre o confisco como pena principal (Timbal acrescenta aos casos mencionados por Foucault os dos usurários), e pp. 54-9 como pena acessória (Fundo BnF). Foucault enfatiza o papel do "confisco" como chave de leitura do sistema penal medieval, em "Le grand enfermement", *loc. cit. (DE,* II, nº 105), p. 300 / p. 1168: "Neste momento [...] estou me ocupando do sistema penal da Idade Média. E um dia destes – talvez seja um pouco de ingenuidade minha não ter visto antes – descobri o xis da questão: trata-se do confisco dos bens."

33. Sobre a *commise,* cf.: P. Timbal, art. cit., pp. 67-73; G. Fourquin, *Seigneurie et Féodalité au Moyen Âge,* p. 125. A *commise* mais famosa é a pronunciada por Filipe Augusto em 1202 contra seu vassalo (e rei da Inglaterra) João Sem Terra, depois de um conflito

entre este e os Lusignan. Todos os feudos que ele recebera do rei da França (como a Normandia e a Guyenne) são confiscados, e assim Filipe Augusto se apodera da Normandia. Cf. F. Lot e R. Fawtier, *Histoire des institutions françaises au Moyen Âge*, t. II, *op. cit.*, pp. 38-9.

34. Cf. Y. Bongert, *Recherches sur les cours laïques...*, pp. 123-4; ver também G. Duby, "Recherches sur l'évolution des institutions judiciaires...", art. cit. (para os séculos X-XIII), e B. Guenée, *Tribunaux et Gens de justice dans le bailliage de Senlis à la fin du Moyen Âge*, *op. cit.*, pp. 135-84 (para os séculos XIV-XVI).

35. Mesma explanação em "Sur la justice populaire", *loc. cit.* (*DE*, II, nº 108, pp. 342-3 / pp. 1210-1). Foucault a reconstitui dentro de uma genealogia da forma "tribunal" para mostrar que essa forma herda toda uma história feita de apropriação e concentração das armas e das riquezas, levando à formação de um aparelho judicial estável, apresentado como desempenhando o papel de um terceiro neutro nos conflitos e articulado com a força armada. Com isso ele se contrapõe àqueles, entre os maoístas da época, que defendem a ideia de um "tribunal" como forma da justiça popular e conclui sua genealogia assim: "compreende-se por que na França e [...] na Europa ocidental o ato de justiça popular é profundamente antijudicial e oposto à própria forma do tribunal". (Para mais detalhes, cf. *infra*, Situação do curso, pp. 221-8, 249, 253.)

36. Cf. "Le grand enfermement", *loc. cit.* (*DE*, II, nº 105), pp. 300-1 / 1168-9.

37. Cf.: G. Duby, "Recherches sur l'évolution des institutions judiciaires..." (1947); B. Guenée, *Tribunaux et Gens de justice...*, pp. 77-99.

38. Cf. G. Duby, *L'Économie rurale et la vie des campagnes dans l'Occident médiéval*, Paris, reed. Champs Flammarion, 1977 [1ª ed. Aubier-Montaigne, 1962], vol. I, pp. 144-75 e 209-22 [ed. port.: *Economia rural e vida no campo no Ocidente medieval*, Lisboa, Edições 70, 1987]. Sobre o papel dos desmatamentos e dos movimentos de colonização como meios de combate às exações senhoriais, cf. G. Fourquin, *Seigneurie et Féodalité au Moyen Âge*, pp. 181-4 (Fundo BnF).

39. G. Duby, *L'Économie rurale...*, vol. 2, *op. cit.*, pp. 95-168.

40. Sobre as grandes sedições do século XIV, cf. *infra*. Sobre a constituição dos exércitos profissionais, Foucault baseia-se em: F. Lot e R. Fawtier, *Histoire des institutions françaises au Moyen Âge*, t. II, pp. 509-36; E. Boutaric, *Institutions militaires de la France avant les armées permanentes*, Paris, Plon, 1863 (Fundo BnF). Para uma história mais recente, ver: P. Contamine, *Guerre, État et société à la fin du Moyen Âge. Étude sur les armées des rois de France (1337-1494)*, Paris/La Haye. Mouton, 1972; R. W. Kaeuper, *Guerre, Justice et Ordre public*, trad. fr. N. e J.-P. Genet, Paris, Aubier, 1994/ *War, Justice and Public Order: England and France in the Later Middle Ages*, Oxford, Clarendon Press, 1988. É no reinado de Carlos V, pelas ordenações de 16 de dezembro de 1373 e 13 de janeiro de 1374, que se afirma uma primeira tentativa de organizar as "companhias" compostas de soldados comandados por capitães que ofereciam seus serviços a príncipes por um preço e um período determinados. As ordenações tentavam integrá-los numa hierarquia definida pelo soberano e impor alguma disciplina. Mas somente em 1445 houve uma reforma realmente eficiente. O Parlamento, por sua vez, assume sua forma definitiva (pelo menos em linhas gerais) com as ordenações de 1345 e 1360.

41. Cf.: G. Duby, *L'Économie rurale...*, vol. 2, pp.171-231; M. Mollat e P. Wolff, *Ongles bleus, Jacques et Ciompi. Les révolutions populaires en Europe aux XIV$^e$ et XV$^e$ siècles*, Paris, Calmann-Lévy, 1970, pp. 108 ss. (Fundo BnF). Trata-se evidentemente da Peste Negra, cujos primeiros efeitos se fazem sentir na Europa no final de 1347.

42. Sobre a revolta dos Jacques ou "*jacquerie*" de 1358, que envolveu os campos de Île-de-France, de Beauvais e depois a Normandia, Champagne, Auxois etc. e foi reprimida por Carlos, o Mau, rei de Navarra, em 10 de junho de 1358, cf. M. Mollat e P. Wolff, *op. cit.*, pp. 123-31.

43. Cf. "Le grand enfermement", *loc. cit.* (*DE*, II, nº 105), p. 301/ p. 1169. Lembrar que Foucault está então em plena reflexão sobre o fato de as sociedades capitalistas serem "sociedades enclausurantes"; não são "sociedades de assassinatos rituais" nem "sociedades

de exílio" nem "sociedades de reparação", e sim "sociedades de enclausuramento" ("Table ronde", *loc. cit.* (*DE*, II, nº 107), p. 319 / p. 1187). Seu sistema penal caracteriza-se por não mais assegurar a apropriação, a concentração ou a circulação dos bens, e sim o recolhimento e a subtração de indivíduos. Em contrapartida, ele se distanciará da noção de "exclusão" como equivalente de "enclausuramento" no curso do ano seguinte (cf. *La Société punitive*, *op. cit.*, aula de 3 de janeiro de 1973, *passim* e principalmente pp. 18-9 n. 6). A ideia de que os dispositivos de enclausuramento (que mais tarde Foucault requalificará de "coercitivos" e depois, de "disciplinares") constituem uma tecnologia de poder cujo correlato e alvo é o indivíduo será retomada com outra forma em *Le Pouvoir psychiatrique. Cours au Collège de France, 1973-1974*, ed. J. Lagrange, Paris, Gallimard-Seuil (col. "Hautes Études"), 2003, pp. 41-60 [ed. bras.: *O poder psiquiátrico: curso dado no Collège de France (1973-1974)*, São Paulo, Martins Fontes, 2012].

44. Indiretamente, a referência onipresente nesta passagem é Claude Lévi-Strauss, pois o sistema penal desempenha na Idade Média, segundo Foucault, um papel análogo ao da proibição do incesto, segundo Lévi-Strauss, nas sociedades primitivas: garantir a circulação e a troca. Esse ponto é desenvolvido mais longamente em "Le grand enfermement", *loc. cit.* (*DE*, II, nº 105), em que Foucault observa: "O papel do sistema penal medieval era quase tão importante quanto a proibição do incesto nas sociedades primitivas." Ela "também tinha como objetivo fazer os bens circularem" (p. 301 / p. 1169).

Ao acionar o par troca/exclusão, Foucault torna rígida uma oposição que criticará no ano seguinte em *La Société punitive* (cf. *supra*, nota 43). Em contrapartida, encontraremos naquele mesmo curso, inseridas essa vez numa análise do que Foucault chamará de "táticas finas da sanção", as diversas práticas (morte, marca, confissão, aprisionamento) mencionadas aqui. Foucault distinguirá então entre "quatro grandes táticas punitivas": excluir (exilar, banir), organizar um ressarcimento ou impor uma compensação (jogo da dívida/falta e da reparação/obrigação), marcar e encarcerar (*ibid.*, pp. 8-9) e fará o sentido das práticas (condenação à morte, principalmente) variar em função dessas táticas.

Por sua vez, a comparação efetuada entre o sistema legal medieval baseado no ressarcimento e "uma teologia da falta, da penitência e do ressarcimento" será reelaborada particularmente na gênese da penitência tarifada a partir do modelo "da penalidade germânica" em *Les Anormaux. Cours au Collège de France, 1974-1975*, ed. V. Marchetti e A. Salomoni, Paris, Gallimard-Seuil (col. "Hautes Études"), 1999, pp. 159-60 [ed. bras.: *Os anormais: curso no Collège de France (1974-1975)*, São Paulo, Martins Fontes, 2014], bem como nas conferências que Foucault dará em outubro-novembro de 1975 em São Paulo, sobre a sexualidade e a confissão (arquivos IMEC, C.152[1-5]).

45. Cf. "Le grand enfermement", *loc. cit.* (p. 301/p. 1169); ver nota anterior.

# AULA DE 16 DE FEVEREIRO DE 1972

*Distinguir entre as estruturas pré-estatais medievais e os aparelhos de Estado que as suplantarão. A prática penal na Idade Média, que se insere entre litígio civil e espoliação violenta, consiste numa correlação político-econômica; ela redistribui a propriedade, a riqueza e os bens: é a "justa das fortunas". – Tributação da justiça. Importância das instituições e pactos de paz na penalidade feudal. – O funcionamento das instituições de paz (suspensão dos atos de guerra privada, pactos, contratos; andamento ritualizado).* Pax et justitia, *princípio dos concílios de paz. A guerra social entra no âmbito da penalidade. – Sistema de penalidade ligado ao problema do armamento (detenção, concentração e repartição das armas). – Crise dos séculos XIII-XIV: abalo da feudalidade; recurso a mercenários estrangeiros; os senhores apoiam-se na justiça régia. Aplicação de um sistema com função antissediciosa no aparelho parlamentar e no aparelho fiscal. Desenvolvimento da justiça régia como primeira forma de um poder institucionalizado como aparelho de Estado judicial.*

*Introdução*                                                                  [174/1]

A prática penal está no centro de toda uma translação de riquezas, de toda uma circulação de bens, de toda uma movimentação de propriedades. A penalidade mobiliza e desloca a riqueza.

a. Ela obtém esse resultado:
 – pela natureza das penas que impõe:
  – multas
  – confisco
 – pelo sistema de ressarcimentos que propõe:
  – ressarcimento, composição (para as multas muito pesadas, para os confiscos aos quais a estrutura linhageira da sociedade se opõe)
  – remissões que podem ser compradas do suserano e principalmente do rei[1]

– pelo sistema de custas judiciais:
  – fianças depositadas na mão do aplicador da justiça
  – compra de sua complacência [175/2]
  – e logo (quando o processo escrito prevalece) custas judiciais propriamente ditas[2].
É todo um turbilhão de dinheiro, ou melhor, de bens (móveis e imóveis) que se forma em torno das causas penais.
> Exemplo: (Tanon. Causas criminais em Saint-Martin-des-Champs no início do século XIV)[3]
> Custo de um processo.

É como se numa época de escassez monetária o fluxo das riquezas e seu deslocamento passassem pelo litígio judicial.

O litígio desempenha uma das funções da troca (ao lado do casamento, em concorrência com o casamento, em consequência do casamento)[4].

b. Por aí vemos que a penalidade se insere entre litígio civil, regularmente decidido de acordo com o costume ou com o direito escrito, e a espoliação violenta.

1/ Ela é próxima do litígio civil, que também diz respeito essencialmente ao problema de transferência de propriedades
  – o litígio civil controla, impede ou homologa os deslocamentos de propriedade; [176/3]
  – o processo penal proíbe e anula alguns [deles] (condenando as espoliações violentas), mas impõe outros pela coerção[a].
Daí o intrincamento, ou melhor, a não diferenciação entre civil e criminal em muitas causas. Toda uma série: litígio, dano, composições, contratos, multas. Todo um conjunto que constitui a "justa das fortunas".

2/ Mas a ação penal é próxima também das espoliações violentas e não regulares. Faz parte das guerras de apropriação:
  – ou porque vem sancionar, pelo menos parcialmente, uma apropriação violenta, uma pura e simples espoliação. Frequentemente foi esse o caso na alta Idade Média: alguém se apodera de um bem e em seguida paga uma multa, ou uma composição que de qualquer modo deixa um lucro;
  – ou porque é pretexto para uma pura e simples espoliação. Isso ocorre regularmente no final do século XIII e início do século XIV com os judeus e os lombardos.

a. O manuscrito traz na margem: "até o final do século XVIII, especulação".

Exemplo: Luís IX havia banido os judeus. Chamados de volta em 1288, banidos em 1306; chamados de volta e depois novamente banidos em 1311-1312. [Os] lombardos são banidos em 1291 e chamados de volta em 1295; expulsos em 1311-1312.
Os templários[5].

Costuma-se dizer: A Idade Média praticava a usura e entretanto a condenava. Não basta retificar dizendo: Justamente porque a praticava a condenava. É preciso dizer: A condenação fazia parte da prática econômico-política da usura. Na série de riscos e de coações instaurados pelo crédito, pela dívida, pela usura, o confisco penal e o banimento do usurário estavam inseridos como o arresto do devedor ou sua escravização. Para dizer a verdade, não *"como"*[a]; mas num outro modo: a intervenção do poder político.

Afinal de contas, os créditos judeus no sul da França representavam na maior parte dívidas de camponeses. E o confisco de seus bens foi proveitoso para o rei e os privilegiados. Pelo confisco do credor a dívida é inscrita no recolhimento fiscal[6].

[Em vez de falar em termos de ética, seria melhor falar primeiramente em termos de prática penal.][b]

Poderíamos citar também a espoliação político-penal das províncias do sul durante o século XIII, sob a proteção de uma cobertura religiosa. Esta vez se trata de uma espoliação política dentro da qual o confisco penal à custa dos proprietários desempenha um papel quase "colonizador"[7].

De modo geral, podemos dizer
    a/ Sob o jogo das proibições, das infrações, das penas:
    — desenrola-se todo um jogo de transferências de propriedades, de riquezas, de bens, jogo que se insere e funciona:
        (a) entre o jogo (pacífico) das convenções, alianças, contratos
        (b) e o das violências, apropriações, espoliações.

Numa economia tão pouco monetarizada, [esse jogo][c] supre as trocas; ou, pelo menos, só ocupa esse lugar tão importante porque as trocas monetarizadas ainda são relativamente muito fracas.

    b/ Mas seria totalmente insuficiente dizer que é um "substituto das trocas". Na verdade, é uma circulação de bens que segue necessa-

---

a. Grifado no manuscrito.
b. Frase entre colchetes no manuscrito.
c. O manuscrito traz: "ele".

riamente (visto que é feita por coação, e por meio de autoridade, em proveito de seus detentores) as inclinações de concentração do poder. [179/6]

[Esse jogo][a] é um dos pontos de articulação entre o deslocamento das riquezas e o deslocamento do poder. Possibilita o entrosamento de um com o outro. Funciona de tal modo que:

– todo aumento de riqueza agrária traduz-se por um poder real, imediato sobre os homens (direito de julgá-los), e

– todo aumento de poder traduz-se, no sistema de bens, por um aumento [de] riquezas (poder de confiscar e de arrecadar).

O sistema penal ainda não é, de modo algum, um aparelho de Estado; mas exerce uma função que é a de um aparelho de Estado: entrosar um com o outro o exercício de um poder que é dominação de classe e o sistema de acumulação de riquezas definido por relações de produção.

*Conclusões metodológicas* [180/7]

– Existem, antes mesmo dos aparelhos de Estado, funções "pré--estatais"; ou seja, funções de correlação político-econômica:

– que ainda não tomaram forma em aparelhos de Estado,

– mas que são realizadas por formas regulares e institucionalizadas de poder.

– Mas, no momento em que se forma o aparelho de Estado que deve realizá-las, podem ocorrer deslocamentos.

É assim que:

a/ O poder regular e institucionalizado de punir tomará forma posteriormente num aparelho de Estado que é o aparelho judicial, policial e penitenciário. Mas esse aparelho de Estado não terá a função de ligar poder político a acumulação da fortuna; terá outra função: uma função antissediciosa[8].

b/ Quanto à função de entrosamento entre a acumulação da fortuna e a concentração do poder, ela será cumprida de modo muito diferente:

– pelo aparelho fiscal (os financiadores do século XVII);

– depois, graças a um novo desdobramento, pelo aparelho fiscal e [181/8] pelo aparelho parlamentar.

(De modo que, nessa distribuição dos aparelhos de Estado e de suas funções, o escândalo é justamente a aplicação de um siste-

---

a. O manuscrito traz: "Ele".

ma penal com função antissediciosa no aparelho parlamentar e no aparelho fiscal cuja função é o entrosamento econômico-político[9].)

Em todo caso, de um ponto de vista metodológico, sem dúvida é preciso distinguir:
– as formas institucionais e regulares de exercício do poder,
– os aparelhos de Estado,
– as funções estatais ou pré-estatais que eles cumprem.

O sistema penal na Idade Média
– não comporta um aparelho
– entretanto é um modo codificado de exercer o poder
– e tem uma função pré-estatal (riqueza/concentração/poder) que não aparece imediatamente na regularidade institucional da prática.

### A PENALIDADE E A REPARTIÇÃO DAS ARMAS [182/9]

Esse sistema de penalidade (com sua regularidade institucional e sua função pré-estatal) está ligado ao sistema de posse das armas, de sua distribuição e concentração.
– Está ligado a ele como todo sistema repressivo, como todo sistema de coação. A captura dos culpados, a execução da sentença, a proteção do tribunal e de seus membros, tudo isso evidentemente requer a força armada.
Sobretudo quando em grande parte as sentenças são apreensão dos bens.
– Mas há outra ligação muito mais importante.
– Vimos que o efeito da penalidade era uma apropriação dos bens em proveito dos juízes ou, em todo caso, pela ação deles.
O crime ou o delito de alguém é uma oportunidade de fazer passar para uma determinada direção política uma parte dos bens, quando não sua totalidade.
Portanto, numa abordagem inicial, [a penalidade][a] tem o mesmo efeito que a espoliação ou a rapina de guerra. [183/10]
– Mas, justamente, ela se opõe a essas espoliações violentas. Entre os delitos reprimidos com mais frequência na Idade Média, além dos roubos, estão as ocupações violentas, os raptos

---

a. O manuscrito dá: "Ela".

(pedidos de resgate), o porte de armas, a falsificação de documentos e de moeda.

É como se o sistema penal tivesse a função de substituir uma forma de espoliação violenta e anárquica por outra forma de apropriação, feita regularmente num determinado sentido e numa determinada direção.

Até agora explicamos como a justiça penal se efetivava num jogo de apropriações e como essas apropriações fortaleciam o poder que as provocava.

Mas não explicamos como e por que a sociedade medieval podia operar essas apropriações indiretas e regradas (em vez das diretas, que seriam produzidas pelo uso da força militar).[a]

A operação faz-se por meio das instituições de paz. As instituições de paz são, com as transferências de riquezas, o aspecto mais importante da penalidade feudal.

1. Em que consistem as instituições de paz[10].  [184/11]

São muito diversificadas e seguem tipos muito diferentes.

a/ Num primeiro nível, os pactos, contratos de paz firmados entre indivíduos ou famílias. Por meio deles se põe fim a uma guerra privada preexistente.

São ritualizados, e mais ainda quando recorrer a um árbitro, uma autoridade, um tribunal de "pazeadores", se torna mais regular e mais necessário. Assim, em Flandres:
 – a trégua[11], frequentemente renovável dentro de quarenta dias, era um ato simples, um juramento, muitas vezes registrado perante uma autoridade[12].

Exemplo: "Um certo Jean Martin, morador em Orchies, requereu ter as tréguas de nossa dita cidade, para estar protegido de Jean Madoul o primogênito; o qual Jean o primogênito, que não tinha nenhuma intenção de malfazer-lhe, jurou e prometeu perante a lei do dito lugar manter as ditas tréguas, que foram então registradas nos registros da cidade"[13].
 – a paz, que comporta três elementos[14]:
 – uma homenagem daquele que atacou, com promessa de uma expiação: – material
   – moral[15]
 – um beijo de paz, que restabelece a igualdade[16]

---

a. O manuscrito traz na margem: "A condição de possibilidade".

– um juramento mútuo de reatar as relações "falar, beber, comer e comerciar"[17].

b/ Num segundo nível, fortemente ligado ao primeiro e ainda muito próximo dele, é a intervenção de uma autoridade que incita, pressiona as partes para que cheguem a uma paz ou uma trégua; que lhes dá garantia e que pune os que a rompem. [185/12]

– Em 1296 é estabelecido em Lille que a paz só pode ser feita perante os magistrados municipais[18]. Nos Países Baixos, ao lado dos magistrados municipais há um tribunal especial, os "pazeadores"[19].
– Essa intervenção pode assumir um aspecto individual ou ser uma medida geral.

Em Gent, a Carta Magna de 1297 impõe uma trégua de 14 dias às duas linhagens, quando ocorre uma rixa[20].

Em Lille, a renovação das tréguas dá-se automaticamente no Natal e no dia de são João: dois magistrados municipais e um escrevente percorrem a cidade portando cartas de tréguas[21].

– A coerção frequentemente é operada pelo sistema de reféns[22].

Em Merville, o costume de 1451 dita que os que não quiserem beber juntos são levados para a prisão e só saem dela depois de fazerem as pazes e pagando uma caução[23].

Às vezes os árbitros é que são presos (os custos são deles, ou da parte que impede o entendimento)[24].

Mas sem dúvida esse sistema de paz se contrapõe (ou em todo caso destina-se a resistir) a outro sistema mais antigo, mais autoritário e menos ligado à civilização urbana.

c/ São os pactos de paz, dos quais há testemunhos já no início do século XI e pelos quais os senhores, por incitação da Igreja ou de seu suserano, se comprometem a suspender parcialmente os atos de guerra privada[25]. [186/13]

– São pazes seletivas:
Por exemplo: tomada do rebanho (Charroux)
ou ainda: [agressão à] pessoa dos clérigos[26]
ou ainda: durante um período determinado. A trégua de Deus em Liège proíbe o porte de armas durante o Advento e a Quaresma[27].

– São pazes que na maioria assumem a forma jurídica do pacto, do *fœdus*, mas que têm um funcionamento autoritário. Aquele que for responsável pelo *fœdus* o impõe e impõe as sanções[28].

– No concílio de Poitiers (1011-1014), parece que todos os príncipes que prestaram o juramento deixaram reféns.
– Os que romperem o pacto devem ser "destruídos" pelos outros (Poitiers)[29].
– Quando é a Igreja que dá origem ao pacto, é a excomunhão que é fulminada contra os que não o observam.
– São compromissos que antecedem toda guerra privada e que implicam que o litígio seja levado perante os tribunais.

No concílio de Poitiers, fica decidido que toda "*altercatio*" nas regiões dos príncipes presentes e todos os litígios referentes às *res invasae*[a] devem ser submetidos à jurisdição do príncipe ou de seus juízes[30].

d/ Por fim, num quarto nível, há a paz assegurada e garantida pelo rei (ou por um grande senhor feudal, como o conde de Flandres, o duque de Borgonha ou da Normandia):
– asseguramento pessoal: certo indivíduo é protegido por uma paz que lhe diz respeito pessoalmente[31];
– paz do mercado, das feiras, dos caminhos[32];
– pazes decretadas por ordenação: Filipe, o Belo, proibindo toda guerra privada enquanto o rei estiver guerreando[33];
– por fim, talvez devamos colocar nesta série o recurso ao rei nos casos de "falta de justiça" ou de julgamento falso. O rei como árbitro supremo, bloqueando todas as guerras privadas[34].

Mas o que há em comum em todas essas instituições é terem como objetivo
– expulsar da esfera da justiça tudo o que é "guerra privada". É certo que elas reconhecem [as guerras privadas][b], visto que as limitam; mas por isso mesmo as controlam; delimitam sua extensão: prescrevem-lhes regras e impõem-lhes obstáculos.
– Portanto, elas tendem a substituir pelo judiciário o andamento regular dos atos da justiça privada. O judiciário não é a instância que fiscaliza e encerra a guerra privada, e sim o que deve substituí-la.
– Elas tendem a separar um âmbito que seria o da guerra, do não judiciário, do proibido e do não justo, e um âmbito que seria o da paz, do judiciário, do legítimo e do justo.

---

a. Grifado no manuscrito.
b. O manuscrito traz: "elas as reconhecem".

As instituições de paz não são da ordem do judiciário. São instituições pelas quais se delimitam, sob a garantia de uma autoridade política, regiões, momentos, circunstâncias em que, na incerteza da guerra, a justiça entre indivíduos, a reparação dos danos, a compensação devida pelo autor do delito serão realizadas inteira, exaustivamente, na paz do tribunal.

Daí em diante haverá:
– de um lado, *bellum et injuria*
– do outro, *pax et justitia*.

Essa fórmula – que aparece regularmente em todos os concílios de paz (após o de Charroux)[35] – sem dúvida é muito antiga, mas:
– nos textos latinos, *pax et justitia* referia-se à vigência do direito romano onde havia *pax romana*[36];
– nos textos medievais, *pax et justitia* refere-se à prática dessas instituições de paz: é somente na *pax* assim estabelecida que pode haver *justitia*.

Podemos ver o deslocamento com relação ao direito germânico: a guerra após a *injuria*, isso era a *justitia*.

– *injuria* - *(bellum = justitia)* - *pax*
– *injuria* - $\dfrac{bellum}{pax - justitia}$.

Na barra: a autoridade política. É a autoridade política que proíbe matar os inimigos. É a autoridade política que confunde *pax* e *justitia*. É ela que coloca toda a ordem dos atos de justiça sob controle da instância judiciária. É ela que impõe a forma do tribunal (forma "pacífica") ao justo andamento do litígio.

Vemos que esse princípio *pax et justitia*[a] é constitutivo do direito penal. De fato, há direito penal já no sentido moderno da palavra

quando a retaliação do dano é realizada por uma autoridade pública e seguindo caminhos que não são os da guerra privada.

Vemos também que esse princípio[b] foi um instrumento político capital nas mãos dos detentores do poder público. De fato, aquele que, estando na órbita de influência de uma autoridade pública, trata outro dela como inimigo cai na guerra injusta, na *bellum et injuria*.

Toda guerra contra a injustiça da justiça será, por definição, injusta. A guerra social está no campo da penalidade.

a. Grifado no manuscrito.
b. Palavras riscadas: "é constitutivo".

É em cima disso que se desenvolverá a história da penalidade política com relação à penalidade comum.

2. O funcionamento das instituições de paz.

– O papel principal da instituição de paz é a constituição autoritária de um espaço de ação para as instâncias judiciárias (tribunal, juiz, sentenças, execuções); ou seja, de um espaço no qual as instâncias judiciárias poderão desempenhar seu papel de recolhimento fiscal.

– Ao converter em delito um ato de guerra privada, o senhor ou o suserano torna-o passível de uma condenação, de uma multa. Cria uma fonte de proveito para si onde até então os jurisdicionados resolviam pessoalmente seus litígios.

Ele se introduz como terceiro que também sofreu o dano pelo fato de ter havido ataque ou de ter havido revide ao ataque. Em qualquer momento do jogo de revides ele pode surgir como terceiro lesado e que exige sua parte[37]. [191/18]

– Mas, por outro lado, como a "paz" tem uma função protetora para os que poderiam ser atacados e que seriam prejudicados numa guerra privada (Igreja, comerciantes), o suserano que estabelece a paz não demora a vendê-la.

De modo que a criação (pela paz) de um campo de penalidade lucrativa é, por sua vez, objeto de lucro.

Houve na Idade Média uma "demanda" de estabelecimento das penalidades. E a essa demanda respondeu uma oferta monetizada.

Vemos que a paz também desempenhou um papel na tributação da justiça.

– Mas as "pazes" representam muito mais ainda. Estão em causa o controle das armas, sua concentração e a limitação das operações militares.

a/ Compreende-se que tenha havido toda uma luta política em torno dessas instituições de paz: quem as estabelecerá, quem lucrará com elas, quem terá o direito de proibir quais armas ou quais formas de ataque, em qual momento.

Já no início, conflito entre a Igreja e os grandes senhores feudais. [192/19]
As classes populares às vezes são chamadas a socorrer[38].

E essas lutas entre as "pazes" mais fortes vêm inserir-se muito exatamente nas estruturas da feudalidade.

b/ Entretanto, com uma tendência que pouco a pouco vai abalar a feudalidade.

– Isso porque, para ter certeza de fazer reinar sua paz, o senhor deve dispor de vassalos armados que assegurem a punição dos culpados.
– Mas, quanto mais a população é armada, menos a paz pode reinar.
– Daí a tendência a recorrer a mercenários estrangeiros para manter essas zonas de penalidade pacífica;
– mercenários que, aliás, reacendem as guerras privadas, a autodefesa, visto que se comportam como em terra conquistada.
– Até que, por um novo aporte de mercenários ou uma nova força armada, o suserano os expulse para a delinquência, declare-os criminosos, colocando-os fora da lei etc.

Essa foi a história dos *Routiers* no século XII, das *Grandes Compagnies* no século XIV, dos *Écorcheurs* e dos *Tard-venus* no final do século XIV-início do XV[39].

E nesse processo compreende-se que fatalmente ocorra uma concentração das armas. Apenas os ricos podem dispor de mercenários; e o mais rico, de mercenários para expulsar os outros. [193/20]

c/ E a isso é preciso acrescentar dois outros processos que desempenharam um papel determinante:
– o impasse econômico do século XIII e a derrocada do século XIV (peste, abandono das plantações, salários mais altos, rendas fundiárias baixas, exações fiscais, exasperação e revoltas populares)[40];
– a importância da infantaria no exército, que torna o povo militarmente mais temível[41].

Daí o apoio na justiça régia, justamente graças aos senhores. São eles que recorrem à justiça régia, porque as guerras privadas custam caro demais, porque não podem pagar mercenários nem armar o povo.

Assim se opera uma série de separações de atribuição, de responsabilidade e de proveitos entre justiças senhoriais e justiça régia.

E é aí, sob a proteção de um exército que ante as revoltas populares tende a tornar-se instrumento de Estado em benefício de uma feudalidade já impotente, que vai desenvolver-se a justiça régia, como primeira forma de um aparelho de Estado judicial. [194/21]

A justiça como aparelho de Estado desenvolveu-se à sombra do exército. A feudalidade, para proteger seus privilégios contra os motins populares, foi forçada a recorrer a um exército e uma justiça centralizados (um exército de mercenários e uma justiça de funcionários) que são os dois [grandes agentes] do poder régio. São vistos funcionando ainda no século XVII.

## Resumo

– A justiça, progressivamente tributada na Idade Média, exerce uma função pré-estatal (de correlação econômico-política)

– a justiça como correlato das instituições de paz aparece como o verso de um aparelho cuja outra face é o exército, e

– a concentração simultânea da fiscalidade e do exército dá origem a um aparelho de Estado que se decompõe em duas séries de instituições

– as instituições jurídico-fiscais
– as instituições militares.[a]

\*

NOTAS

1. Foucault faz alusão aqui às cartas de remissão para obter a graça do soberano contra uma soma em dinheiro, que se desenvolvem a partir do século XIV. Cf.: B. Guenée, *Tribunaux et Gens de justice dans le bailliage de Senlis à la fin du Moyen Âge*, op. cit., pp. 301-2; F. Lot e R. Fawtier, *Histoire des institutions françaises au Moyen Âge*, t. II, op. cit., pp. 83-4. Para detalhes úteis sobre essa prática, ver C. Gauvard, *"De Grace especial". Crime, État et Société en France à la fin du Moyen Âge*, Paris, Publications de la Sorbonne, 1991.

2. Cf. B. Guenée, *Tribunaux et Gens de justice...*, op. cit., pp. 251-76.

3. Encontra-se, basicamente, em L. Tanon, *Registre criminel de la justice de St Martin des Champs à Paris au XIVe siècle* (Paris, Willem, 1877), menção de somas pagas para libertação após um aprisionamento: por exemplo, em 1332 um certo Gillet e seu filho Jehannin são presos por suspeita de haverem espancado uma certa Marie de Bournville. Eles

---

a. Uma folha adicional não numerada [195/s.f.] comporta as notas seguintes, cujo início se assemelha ao texto da folha 6 da próxima aula:

"[...] – ou, por fim, apoiando-se no poder régio (de Luís VI e Luís IX).

b/ Do mesmo modo as cidades necessitam de paz; daí sua tentativa de se armar. As lutas com os senhores e o apoio buscado no poder régio central – tanto da parte das cidades como dos senhores eclesiásticos ou laicos.[42]

E os grandes feudatários (ou o rei) apoiam ora as forças locais ora as forças feudais, mas sempre de modo que seja sua própria paz, ou seja, sua própria feudalidade que se beneficie.

Portanto, desarmar esta ou aquela camada da população ou algum outro grupo social e estabelecer uma justiça andam juntos.

Como vimos: a ligação da justiça com a fiscalidade leva a uma modificação do sistema judiciário:

(1) caráter cada vez mais obrigatório
(2) forma cada vez mais concentrada.

Do mesmo modo, a ligação da justiça com a posse e o exercício das armas vai exatamente na mesma direção:

(1) caráter obrigatório da justiça, visto que ela frequentemente resulta de uma guerra, em todo caso, de rivalidade

(2) forma cada vez mais concentrada, visto que ela fortalece o mais forte."

obtêm sua libertação contra a entrega de duas bigornas no valor de 60 soles de Paris (p. 34); do mesmo modo, em 1339 Simonnet le Normand é preso por haver, diante de testemunhas, "dito palavras vis de nosso senhor Jhesucript" e é libertado depois de pagar 60 soles de Tours ao hospital Saint-Julien (pp. 153-4).

4. Cf. *supra*, aula anterior, pp. 124-6 [161/12]-[162/13] e 135, nota 24, 129-30 [170/21]-[171-22] e 137, nota 44.

5. Cf. J.-J. Clamageran, *Histoire de l'impôt en France*, t. I, *op. cit.*, pp. 298-300. O confisco dos bens dos templários é pronunciado após seu processo em 1310: o rei fica com o dinheiro e todos os bens móveis e deduz grande parte dos bens imóveis antes de entregá--los aos hospitalários. Clamageran detalha também o modo como Filipe, o Belo, oscila entre privilégios e espoliação com relação aos judeus e aos lombardos para melhor despojá--los todas as vezes. Segundo ele, só na senescalia de Toulouse o confisco dos bens dos judeus entre 1306 e 1311 rendeu 75.264 libras. Cf. também: F. Lot e R. Fawtier, *Histoire des institutions françaises au Moyen Âge*, t. II, p. 203; P. Timbal, "La confiscation en droit français des XIIIe et XIVe siècles", art. cit., pp. 57 ss.

6. Cf. M. Mollat e P. Wolff, *Ongles bleus, Jacques et Ciompi, op. cit.*, pp. 32-3, que resumem os trabalhos de Richard W. Emery sobre o assunto. Nos créditos judeus dos registros notariais de Perpignan entre 1261 e 1286, dois terços dizem respeito a camponeses que se endividaram para melhorar seu equipamento. Como lembra Timbal (art. cit.), o confisco é a pena principal aplicada em grande número de casos de usura, particularmente com a morte do usurário e em proveito do rei ou, na Normandia, do duque.

7. Foucault refere-se aqui especificamente à cruzada contra os albigenses, que é acompanhada de um amplo movimento de confisco dos bens dos hereges, seguindo as prescrições do papado. Ver P. Timbal, art. cit.

8. Cf. *supra*. Esse é todo o objeto das aulas sobre os *Nu-pieds*. Cf. também "Sur la justice populaire. Débat avec les maos", *loc. cit.* (*DE*, II, n[o] 108), pp. 350-2 / pp. 1218-20: "A partir de certa época, o sistema penal, que na Idade Média tinha essencialmente uma função fiscal, voltou-se para a luta antissediciosa" (p. 351/ p. 1219). E isso mediante um "papel triplo": (1) "fator de 'proletarização'", forçando "o povo a aceitar seu *status* de proletário" (enclausuramento dos ociosos, trabalho forçado etc.); (2) foco nos "elementos mais móveis", mais "perigosos" e dispostos à ação violenta, que ele aparta; (3) estabelecimento do corte entre "a plebe não proletarizada" e o "proletariado", por meio da legislação, da prisão e de diversas categorias morais e ideológicas (pp. 351-2 / pp. 1219-20).

9. Aqui sem dúvida Foucault faz referência ao fato de, na repressão aos *Nu-pieds*, o aparelho antissedicioso ter se voltado contra os membros do Parlamento da Normandia e os agentes encarregados, em nível local, da fiscalidade, como o Tribunal de Ajudas. Cf. *supra*, aula de 15 de dezembro de 1971.

10. Sobre essas instituições de paz, as principais referências de Foucault são as seguintes. Sobre Flandres e o norte da França: G. Espinas, *Les Guerres familiales dans la commune de Douai aux XIIIe et XIVe siècles...*, *op. cit.*; C. Petit-Dutaillis (org.), *Documents nouveaux sur les mœurs populaires et le droit de vengeance dans les Pays-Bas au XVe siècle, op. cit*. Para os movimentos de paz que se desenvolvem a partir do concílio de Charroux no final do século X e no século XI, Foucault baseia-se essencialmente em três contribuições reunidas em *Recueils de la Société Jean Bodin pour l'histoire comparative des institutions*, vol. XIV: *La Paix*, t. I, Bruxelas, Librairie encyclopédique, 1961, pp. 415-545; R. Bonnaud-Delamare, "Les institutions de paix en Aquitaine au XIe siècle"; E. Strubbe, "La paix de Dieu dans le nord de la France"; A. Joris, "Observations sur la proclamation de la trêve de Dieu à Liège à la fin du XIe siècle", bem como em G. Duby, "Recherches sur l'évolution des institutions judiciaires...", art. cit. (1946).

Para trabalhos mais recentes sobre o assunto, ver: T. Gergen, *Pratique juridique de la paix et trêve de Dieu à partir du concile de Charroux (989-1250)*, Berlim/Bruxelas/Nova York, Peter Lang, 2003; N. Offenstadt, *Faire la paix au Moyen Âge*, Paris, Odile Jacob,

2007; K. Petkov, *The Kiss of Peace: Ritual, Self, and Society in the High and Late Medieval West*, Leyde, Brill, 2003.

11. Sobre a distinção entre "trégua" e "paz", cf. G. Espinas, *op. cit.*, pp. 4-6: a trégua é uma separação temporária dos adversários, uma "abstinência de guerra" que não elimina a causa do conflito; a "paz" visa a supressão da ofensa, a substituição da discórdia pela "concórdia".

12. Cf.: C. Petit-Dutaillis (org.), *Documents nouveaux sur les mœurs populaires...*, p. 60; G. Espinas, *Les Guerres familiales dans la commune de Douai...*, p. 25. Em Douai esse juramento é chamado de *"fiance"*.

13. Citado in C. Petit-Dutaillis (org.), *op. cit.*, p. 58: "Um certo Jean Martin, morador em Orchies, requereu ter as tréguas de nossa dita cidade, para estar assegurado de Jean Madoul o primogênito, do qual desconfiava, como dizia; o qual Jean o primogênito, que não tinha nenhuma intenção de malfazer-lhe, jurou e prometeu perante a Lei do dito lugar manter as ditas tréguas, que foram então registradas nos registros desta cidade."

14. Aqui Foucault segue G. Espinas, *Les Guerres familiales dans la commune de Douai...*, pp. 26 ss.

15. Cf. *ibid.*, pp. 26-8: "uma homenagem real da parte viva à parte assassinada, ela afirma sob juramento seu arrependimento"; a isso somam-se expiações sob forma pecuniária (*Sühngeld*) e moral (*penence, kerke*), por exemplo, uma peregrinação expiatória. Cf. *supra*, aula anterior, p. 134, nota 18.

16. Cf. G. Espinas, *Les Guerres familiales...*, p. 28. Cf. também C. Petit-Dutaillis (org.), *Documents nouveaux sur les mœurs populaires...*, pp. 82 ss.

17. G. Espinas, *ibid.* Trata-se de um juramento mútuo de perdão e de paz, com promessa de "falar, beber, comer e comerciar uns com os outros".

18. Ver a "nova ordenação sobre a paz" de 1296, in J. Roisin, *Franchises, Lois et Coutumes de la ville de Lille*, Lille, Vanackere, 1842, p. 123: "É estabelecido por juízes municipais, pelo conselho e por grande número de habitantes da cidade, a cumprir perpetuamente, que, se acontecesse algum fato [...] como bater, insultar, ferir ou matar, os que tivessem cometido o malfeito e os que o tivessem sofrido não poderiam fazer entre si nenhum acordo de paz, a não ser na forma legal perante juízes municipais e não perante o senhor nem nenhum outro."

19. Cf.: C. Petit-Dutaillis (org.), *Documents nouveaux sur les mœurs populaires...*, pp. 57 ss.; G. Espinas, *Les Guerres familiales...*

20. Cf. C. Petit-Dutaillis (org.), *Documents nouveaux...*, p. 59. A carta magna dos gandenses, em 1297, prevê que, quando ocorre uma rixa, os "inocentes" das duas linhagens em causa estão imediatamente em trégua legal, por catorze dias, ao passo que os autores da rixa não gozam de trégua enquanto a lei não intervier para conceder uma.

21. Cf. *ibid.*, p. 60.

22. Cf. *ibid.*, pp. 63-4. Trata-se do procedimento dito *"otagement"* (tomada de refém) ou *"ghiselscepe"*.

23. Cf. *ibid.*, p. 70.

24. Cf. *ibid.* (em Bruges).

25. Num contexto de tensões e lutas de influência no condado de Marche, entre os duques da Aquitânia e os duques da Gasconha, o arcebispo Gombaud, duque de Bordeaux, irmão do duque da Gasconha, em 1º de junho de 990 reúne em Charroux (na província de Marche) uma assembleia de bispos, de outros religiosos e de letrados que inicia o movimento das "pazes de Deus" e dos diversos pactos de paz, que se estenderá ao longo do século XI.

26. O concílio de Charroux, reunido em nome de Deus, formula três proibições que condenam a anátema os que as infringirem: (1) proibição de toda violação de uma igreja ou de tomada de seus bens; (2) proibição de tomar como penhor bois ou de tirar animais (carneiros, bois, porcos etc.) dos agricultores e dos pobres a título de butim; (3) por fim, contra todos os que atacarem os clérigos, que não deviam ser atacados nem presos nem agredidos.

Cf. R. Bonnaud-Delamare, "Les institutions de paix en Aquitaine...", art. cit. (em *La Paix*, t. I), pp. 422-3.

27. A "trégua de Deus" foi proclamada em Liège em 1082 por iniciativa do bispo da cidade, Henri de Verdun, para combater as guerras privadas. Proibiu o porte de armas desde o Advento até a Epifania e do domingo da septuagésima até a oitava de Pentecostes. Também proibiu agressões, assaltos e incêndios. Cf. A. Joris, "Observations sur la proclamation de la trêve de Dieu à Liège", art. cit. (em *La Paix*, t. 1), principalmente pp. 508-9.

28. Cf. R. Bonnaud-Delamare, "Les institutions de paix en Aquitaine...", *loc. cit.*, pp. 432-3.

29. O concílio de Poitiers realizou-se em 13 de janeiro de um ano situado entre 1011 e 1014, sob a égide do duque de Poitiers (e da Aquitânia) Guilherme, o Grande. É marcado, pela primeira vez, pela preeminência de uma autoridade laica (o duque) e pela presença de grande número de "*príncipes*" laicos (sem dúvida os condes das dioceses). Nesse caso se trata de instaurar uma paz da sociedade laica, garantida por sanções religiosas, mas para instaurar regras de procedimentos civis. Cada príncipe presente em Poitiers efetivamente deu reféns que seriam punidos se eles não respeitassem as prescrições. Além disso é estipulado que em caso de não respeito os príncipes unanimemente deveriam destruir o culpado. Cf. R. Bonnaud-Delamare, "Les institutions de paix en Aquitaine...", *loc. cit.*, p. 443.

30. Cf. *ibid.*, pp. 440-1: "toda *altercatio* nos *pagi* dos príncipes presentes na assembleia, bem como os litígios a respeito das *res invasae* [...] doravante deverão ser submetidos à jurisdição do *princeps* da *regio* ou perante algum *judex* do *pagus*".

31. Sobre os "asseguramentos" ("*asseurements*"), cf. F. Lot e R. Fawtier, *Histoire des institutions françaises au Moyen Âge*, t. II, pp. 426-7, e, recentemente, B. Lamiges, "L''Asseurement' du contrôle de la violence au maintien de la paix publique dans le royaume de France (fin XII$^e$ siècle – fin XV$^e$ siècle)", tese de doutorado, Universidade de Limoges, 2013.

32. Cf. E. Perrot, *Les Cas royaux, op. cit.*, pp. 114 ss. Existem, assim, desde a época dos francos, "pazes locais" referentes aos mercados ou feiras e às pessoas que os frequentam, geralmente garantidas pelos senhores; a partir do século XIII são colocadas sob a proteção do rei.

33. Cf. F. Lot e R. Fawtier, *Histoire des institutions françaises au Moyen Âge*, t. II, p. 429: em 9 de janeiro de 1304, Filipe, o Belo, proíbe todas as guerras privadas e violências "*durantis guerris nostris*" na senescalia de Toulouse; recorre ao mesmo princípio em 1314, durante a guerra de Flandres.

34. Sobre a apelação de julgamento falso ("*faux jugement*") e a apelação de falta de direito ("*défaut de droit*"), cf. M. Fournier, *Essai sur l'histoire du droit d'appel, op. cit.*, pp. 143-68. A apelação de julgamento falso está ligada ao direito de que dispõe a parte condenada de atacar a sentença declarando-a errônea e má e obrigando seus juízes a um duelo judicial (ou outra prova) perante um tribunal superior ou perante o suserano. A apelação de falta de direito corresponde em realidade à denegação de justiça: quando um senhor se recusa a ministrar justiça, esquiva-se ou maltrata seu vassalo, este pode citar seu senhor, exigindo que ele ministre justiça, e, por fim, apresentar queixa perante o suserano.

35. R. Bonnaud-Delamare, "Les institutions de paix en Aquitaine...", *loc. cit.*, p. 467.

36. Sobre *pax romana* e *justitia*, cf. *La Paix*, t. 1, pp. 303-95.

37. Cf. *infra*.

38. Esses conflitos entre bispos e príncipes ou duques laicos são recuperados in R. Bonnaud-Delamare, "Les institutions de paix en Aquitaine...". O recurso às classes populares nesses conflitos refere-se ao apelo do arcebispo de Bourges, Aimon de Bourbon, em 1038, à assembleia de fiéis (a partir de 15 anos) para que jurassem entrar em guerra contra os senhores que violassem a paz. Cf. *infra*, aula seguinte, p. 164, nota 5.

39. Sobre todos os grupos de mercenários mencionados, a principal referência de Foucault é E. Boutaric, *Institutions militaires de la France avant les armées permanentes, op. cit.*, que descreve precisamente esse processo de rechaço para a delinquência em cada

final de guerra (pp. 162-74 e principalmente pp. 240-5 sobre os *Routiers*; pp. 256-63 sobre as "*Grandes Compagnies*"; e pp. 263-5 sobre os *Écorcheurs*). Cf. também F. Lot e R. Fawtier, *Histoire des institutions françaises au Moyen Âge*, t. II, pp. 522-5.

Os *Routiers* {na Idade Média, salteadores de estrada} são mercenários, frequentemente brabanções ou flamengos, empregados de modo constante nos exércitos régios inglês e francês durante a segunda metade do século XII, bem como pelos diversos senhores feudais. As "*Grandes Compagnies*" são bandos de mercenários que inicialmente se formaram na Bretanha e em seguida se espalharam pela França, recrutados por diversos senhores feudais (inclusive pelo rei de Navarra Carlos, o Mau) e que, depois de dispensados, percorriam os campos, conseguindo importantes vitórias sobre os exércitos feudais; é o caso dos "*Tard-Venus*" ("retardatários") em Brignais, em 1362. Como vimos, Carlos V e depois Carlos VI procuraram, por meio de ordenações, organizá-los em exércitos regulares (cf. *supra*, aula anterior, nota 40). Quanto aos "*Écorcheurs*" ("esfoladores"), trata-se de todo um conjunto de companhias dispensadas sob Carlos VII que assolaram o ducado de Borgonha nos anos 1430.

40. Ver M. Mollat e P. Wolff, *Ongles bleus, Jacques et Ciompi...*

41. Sobre a evolução do lugar da infantaria no exército, cf. F. Lot e R. Fawtier, *Histoire des institutions françaises...*, t. II. Até o século XIV, o lugar da infantaria, particularmente na França, é extremamente reduzido com relação à cavalaria e à infantaria montada, compostas essencialmente de nobres. As vitórias conquistadas pelo povo flamengo em armas contra a cavalaria francesa em Courtrai em 1302, mas principalmente as vitórias dos exércitos ingleses, compostos de poucos cavaleiros e uma infantaria de arqueiros em grande número, em Crécy (1347) e Azincourt (1415), mostram os limites fortes desse exército de cavaleiros.

42. Por exemplo, ordenações régias em março de 1356 e maio de 1358 proclamam o direito, e até mesmo o dever, das cidades de resistir e socorrer-se mutuamente em caso de agressão pelos soldados dispensados. Cf. S. Luce, *Histoire de la Jacquerie d'après des documents inédits*, Paris, Champion, 1895, pp. 161-3 (Fundo BnF).

# AULA DE 23 DE FEVEREIRO DE 1972

*I. Processos endógenos. A função das instituições de paz na Idade Média: 1/ constituição de um espaço de* justitia *garantida pelo judiciário como autoridade pública; 2/ constituição de zonas de fiscalidade mais confiáveis que venham acompanhar de perto o procedimento judicial; 3/ distribuição das armas, intervenção da força, e constituição e desenvolvimento do exército profissional. Concentração, centralização e quase estatização da justiça. II. Processos exógenos. As crises dos séculos XIV e XV e as grandes lutas sociais transformam a justiça. Fenômenos importantes: 1/ o funcionamento do Parlamento como centro de toda prática de justiça; 2/ o rei é aplicador da justiça (justiceiro) como soberano; 3/ o Parlamento torna-se elemento de um aparelho de Estado.*

A. *Continuação das instituições de paz* [196/1]

[1.] *Primeira função.* As instituições têm como função[a] constituírem
– um espaço, um tempo, um lugar, um momento dos quais as guerras privadas estão proscritas,
– dos quais estão proscritas por meio de uma autoridade singular ou coletiva;
– essa autoridade impõe que sejam levados perante uma instância judiciária:
  – os litígios que provocaram ou podem provocar guerras privadas,
  – mas também as próprias guerras privadas, quando ocorrerem num lugar ou num período de paz.

Daí em diante
– a *justitia* já não é o conjunto de revides regrados que respondem a uma *injuria*, revides que podem ser a guerra, depois a arbitragem, depois a sentença, depois a paz;

---

a. Aqui, Foucault substituiu pela palavra "função" a palavra "efeito", riscada.

– e sim a *justitia* é o conjunto de procedimentos que se desenrolam perante um tribunal, sob supervisão de uma autoridade que previamente fez reinar a paz. [197/2]

Revanche, vingança, revide caem para o lado da *injuria*, já que a separação entre *injuria* e *justitia*[a] é a paz estabelecida, mantida, garantida por uma autoridade pública.

A justiça é confiscada pelo judiciário, e por um judiciário imposto pela autoridade pública.
Esse é o efeito das instituições de paz.
Mas qual é sua função?

2. *Segunda função*. Criar zonas de fiscalidade mais organizadas, mais bem geridas, mais lucrativas. Regiões em que o recolhimento fiscal judiciário será mais e constantemente garantido.

Como ele é garantido pelas instituições de paz?

a/ É certo que as guerras privadas sempre deixavam uma parcela de benefícios para os detentores da autoridade. As composições comportavam um *"fredum"* ao lado do *"wergeld"*[1].

Mas está claro que, se todas as etapas, todos os episódios da reparação passarem pelas instâncias judiciárias, o recolhimento pode ser feito em pontos mais numerosos. Uma espécie de fiscalidade permanente vem acompanhar de perto o processo judicial. [198/3]

b/ As instituições de paz são criadoras de infrações. Daí em diante não só a *injuria* é uma infração que pode ser punida com uma multa; também o revide não judicial (a guerra privada) é uma infração, sancionada [por uma] multa, [por] confiscos etc.

c/ Por fim, as instituições de paz têm a função de proteger, de assegurar contra um ataque armado determinados indivíduos, em determinadas circunstâncias ou em determinados lugares. Por exemplo, os mercadores, as pessoas que vão à feira, cidades inteiras[2].

Portanto, elas apresentam vantagens que os interessados podem comprar. Serão vendidas. Alguém que tiver poder de dissuasão ou de coerção garantirá sua paz mediante pagamento em dinheiro.

Daí uma verdadeira escalada de lances a respeito da paz: tende-se a solicitá-las aos mais poderosos. E os mais poderosos tendem a vendê-las mais caro que os outros. E com isso conflitos, rivalidades [se instauram] entre os diversos vendedores de paz, mais ou menos poderosos. [199/4]

a. Estas duas últimas palavras estão grifadas no manuscrito.

Exemplos: conflitos entre a monarquia (e os grandes feudatários) ou os senhores menores. Proteger as cidades e os mercadores era muito rentável (por causa do desenvolvimento do comércio, por causa das comunidades que eles formavam e com a condição de não serem armados).

No século XIII o número de burgueses do rei foi tão grande que a nobreza protestou. Em 1272 Filipe, o Ousado, revogou todas as "*avoueries*" recebidas nos dez anos anteriores pelos bailios régios e comprometeu-se a não aceitar nenhuma[3].

Em todo caso, vemos como o processo de estabelecimento das instituições de paz fortalece a tributação da justiça. A justiça torna-se pagante, não só em seus procedimentos, mas em sua própria instituição. Paga-se

- quando se recebeu justiça
  (multa)
- para receber justiça
  (preço do processo)
- para tornar-se jurisdicionado
  (para ser protegido por ela).[a]

3. *Terceira função*: a distribuição das armas.  [200/5]

Portanto, as instituições de paz transformam intervenções armadas em processos judiciais e lucrativos (para os que detêm o poder e a jurisdição).[b]

Essa transformação, por sua vez, só pode dar-se pela intervenção da força. Para que um poder possa transformar em justiça lucrativa uma luta armada, é preciso que aqueles que lutam (ou que estão dispostos a lutar) sejam privados de suas armas ou desistam, sob uma pressão ou outra.[c]

É por meio da guerra que as instituições de paz podem estabelecer-se. Luta-se para fazer reinar sua própria "*pax et justitia*".

a. Uma passagem riscada vem a seguir no manuscrito:
"Daí toda uma luta econômica em torno dessas fontes de lucro (o rei e a grande aristocracia, a pequena nobreza, a Igreja, as comunidades urbanas)."
O manuscrito traz na margem esta menção (não riscada): "A justiça, caminho de fluxo da fiscalidade."
b. O manuscrito traz na margem:
"A justiça está ligada às armas:
 – porque é lucrativa
 – porque deve proteger uns, atacar outros."
c. O manuscrito traz na margem: "A *justitia*: continuação da guerra. Fundamentada numa relação de força."

a/ Na alta Idade Média, a Igreja, como proprietária de terras, precisa da paz (para que suas fontes de rendimentos estejam protegidas). Mas tem interesse nela também como suserana, como detentora de imunidades, como podendo ela mesma fazer justiça. Por fim, tem interesse na paz porque não tem diretamente uma força armada para realizar suas vinganças.[a]

Donde, imediatamente após a derrocada do Estado carolíngio, sua busca de paz:

– apoiando-se em um senhor contra algum outro (na época dos concílios de Charroux, Limoges, Poitiers)[4],

– ou apoiando-se no povo (episódio de Aimon de Bourges)[5],

– ou, por fim, apoiando-se no poder régio (desde Luís VI e Suger → Luís IX)[6].

b/ Do mesmo modo, as comunidades urbanas precisam de paz. Mas, apesar de certa inferioridade militar, são capazes de defender-se e de lutar.

– Fazem isso contra seu senhor (eclesiástico ou laico), tendo como reivindicação importante a independência de suas justiças[7].

– E nessas batalhas o poder superior (os grandes feudatários, o rei) toma partido de acordo com seu próprio interesse: i. é., a fim de estabelecer sua própria paz, ou seja: – sua fiscalidade

– seu exército.

c/ Com isso vemos iniciar-se um processo capital no estabelecimento da justiça. É o aparecimento de um exército de mercenários[8].

De fato:

– o exército feudal arcaico convocava para o combate os vassalos, os vavassalos e até certos camponeses livres, implicando, por um lado, que todo o mundo fosse armado; e, por outro, que o suserano dependesse da boa vontade do vassalo.

Como fazer reinar a paz, como impor pela guerra a proibição da guerra, e isso na terra de seus próprios vassalos, quando se depende deles e eles são detentores da força armada?

a. O manuscrito traz na margem:
"As três instâncias que contribuíram para a paz:
– a Igreja
– as cidades
– a grande feudalidade."

Os grandes feudatários haviam reconhecido os inconvenientes disso quando quiseram apoiar-se nas cidades contra seus vassalos, ou inversamente.

Recorrer ao exército de mercenários permite que se estabeleça a paz pela guerra, mas sem serem armados aqueles a quem se quer impor a paz, ou seja, aqueles que se pretende submeter à fiscalidade.

Portanto, a instituição de uma justiça autoritária e fortemente tributada está ligada, por um lado, à instauração das pazes e, por outro lado, de modo correlato, ao surgimento e desenvolvimento do exército profissional.

Vemos que todos esses elementos tendem a uma concentração, uma centralização e (no limite) uma estatização da justiça.
– A ligação da justiça com a fiscalidade fazia dela uma fonte de rendimentos que os mais ricos tendiam a acumular em suas mãos.
– A ligação da justiça com as instituições de paz (e com o recuo das guerras privadas) faz dela o resultado de uma relação de força, necessariamente favorável aos mais fortes.
– Por fim, a dependência da justiça com relação ao exército profissional concentra-a nas mãos dos que são mais ricos e mais fortes.

Aqui, um parêntese metodológico.

– Talvez seja verdade que as formas jurídicas (ao mesmo tempo os princípios de direito e as regras processuais) traduzem, expressam relações econômicas;
– Talvez seja verdade que as decisões de justiça têm essencialmente o papel de prolongar relações de produção;
– Porém existe outro nível no qual o funcionamento do aparelho judicial se revela. Nesse nível ele não é nem expressão nem prolongamento das relações econômicas. Insere-se como relação de poder nas relações econômicas, e justamente por isso as modifica: transcreve as relações econômicas nas relações de poder e justamente por isso as modifica.

Um aparelho como o aparelho judicial não é apenas expressão ou instrumento de reprodução[9]. É um dos sistemas pelos quais se dá:
– o investimento do político pelo econômico,
– a inserção do político no econômico.
Ele assegura ao mesmo tempo
– a onipresença do político no econômico
– e a defasagem de um para o outro.

Se nos ativermos ao exemplo da feudalidade, vemos como, por [204/9]
meio do aparelho judicial (mas poderíamos tomar também o aparelho
militar ou religioso),
   do sobreproduto que possibilita a renda feudal é extraído um sobrepoder, um acréscimo de poder (um "mais poder")
   – a partir do qual realmente essa mesma renda é demandada,
   – mas a partir do qual as formas e as relações de produção se deslocam.

No estudo de um aparelho de Estado, sem dúvida é preciso distinguir:
   – sua estrutura: que é realmente de natureza repressiva;
   – sua estratégia (a estratégia de suas decisões), que é realmente direcionada para a reprodução,
   – e seu funcionamento como aparelho que manifesta o jogo das relações de poder e das relações de produção umas para com as outras[a].

B. Mas até agora estudamos apenas um conjunto de processos endógenos: [205/10]
   – o jogo entre renda feudal, luta armada, exercício de uma justiça autoritária
   – e os processos que, nesse mesmo jogo, levaram à concentração da justiça e ao fortalecimento de um poder armado.
   O que foi descrito aqui é um processo tendencial, desenvolvendo-se a partir de si mesmo.
   Mas ele foi permeado por um movimento que o precipitou e possibilitou a constituição do Estado ou, pelo menos, de algumas de suas formas rudimentares.
   É a grande crise do século XIV[11].
   – Essa crise tivera início no decorrer do século XIII, quando o [206/11]
movimento de colonização interna atingira seu limite e a expansão
demográfica (contínua durante os séculos anteriores) encontrara um
obstáculo:
   – o superpovoamento relativo ocasionara movimentos populares (sensíveis principalmente nas cidades onde os artesãos contestam o poder dos patrícios)[12],

   a. Sequência riscada:
   "e que as relações de poder não se superpõem às relações econômicas. Formam com elas uma trama única.
   As relações de poder são tão profundas quanto as relações de produção. Não se deduzem umas das outras. Prolongam umas às outras."[10]

– mas permitira o desenvolvimento dos exércitos profissionais, de mercenários, donde as possibilidades de repressão.

– Mas ela se desencadeia, paradoxalmente, quando a Grande Peste do século XIV provoca uma redução demográfica enorme, e com isso uma escassez da mão de obra[13]. Esta se traduz:
– por um abandono das terras mais difíceis de cultivar,
– por um aumento dos salários e [dos] preços,
– por uma queda do valor da renda feudal (valor relativo com relação ao preço; valor absoluto com relação aos salários),
– por uma redução do poder de coerção dos senhores.

Seguem-se entre os senhores uma tentativa de restabelecimento feudal e principalmente uma reativação das guerras que permitem a pilhagem, as rapinas, os pedidos de ressarcimento: os "benefícios de guerra" são encarregados de assumir o lugar dos recolhimentos feudais regulares.

Mas ao mesmo tempo as possibilidades de luta popular ficam mais fortes:
– A mão de obra é escassa. Os operários podem pedir aumentos de salário. O arrendatário atormentado pelos agentes senhoriais deixa sua terra e vai buscar outro lugar.
– Militarmente, as camadas populares tornam-se uma força; necessita-se delas nas guerras, são convocadas ou recrutadas como mercenários; aprendem a lutar; possuem armas[14].

É no meio desses processos que se inserem as grandes lutas sociais dos séculos XIV-XV:
– umas, essencialmente urbanas, são feitas com ou contra os burgueses das cidades: os *Maillotins*
　　os *Cabochiens*[15]
– outras, rurais, frequentemente arrastam as populações das cidades ([1381] Inglaterra; [1363] França)[16]
– outras, por fim, são feitas por tropas mercenárias dispensadas ou que ficaram sem emprego e que continuam a guerra por conta própria (os *Tard-Venus*, os *Écorcheurs*)[17].

Essas guerras são novas por sua amplitude, pela importância das forças populares que mobilizam. São novas principalmente porque os senhores feudais esgotados não podem reagir. Não podem reagir sem uma centralização de suas forças e de seus recursos. De cada revolta dessas o poder régio sai fortalecido. Um exército centralizado e, portanto, finanças centralizadas tornam-se necessidades para os senhores feudais.

Não devemos nos iludir: as rivalidades entre os grandes feudatários ou as grandes famílias de príncipes (Orléans e Bourguignon[s], Lancaster e Tudors) talvez obscureçam momentaneamente o personagem do rei: expressam claramente o fato de a monarquia estar se tornando o ponto estratégico do poder feudal, sua pedra angular.

O rei louco definiu o absolutismo[18].

Mas essa época das grandes lutas sociais, dos exércitos[a] mercenários e das finanças centralizadas é uma época decisiva para a transformação da justiça. Os lentos processos de concentração precipitam-se[b]. [209/13]

Quatro fenômenos importantes:

1.º *O Parlamento*[20][c]

a/ No início ele não era diferente de uma corte senhorial.
– Era o conjunto de pessoas do círculo do rei e de seus conselheiros;
– reunia-se irregularmente, a pedido do rei e de acordo com os assuntos que se apresentavam,
– não tinha nenhuma especificidade judicial[21],
– e quando funcionava como jurisdição era a respeito dos domínios régios, portanto, a respeito dos direitos senhoriais do rei, ou a respeito de questões feudais (o rei, na qualidade de suserano, tinha de decidir sobre problemas de vassalidade)[22].

b/ Mas a partir do final do século XIII e durante todo o século XIV sua competência estende-se e organiza-se de acordo com algumas ordenações[23].
– sua competência[24] estende-se com os domínios, ele conhece dos casos judiciais do rei como senhor e faz valer os direitos fiscais do rei-suserano; [210/14]
– torna-se a jurisdição natural dos grandes vassalos que, a título de pares do rei, exigem ser julgados diretamente por ele;
– torna-se o tribunal direto de certas pessoas que receberam esse privilégio por meio de cartas de *committimus*[25];
– funciona como tribunal de conflitos quando há litígio de competência entre diferentes tribunais;
– é um tribunal de apelação.

a. Segunda folha numerada "13".
b. No verso da folha, riscado, lê-se a seguinte frase: "Não esquecer que foi Carlos VI que definiu o absolutismo."[19]
c. Nesta aula Foucault trata apenas do Parlamento (numerado "1").

O Parlamento funciona como justiça de todas as justiças. É do Parlamento (e do rei do qual ele é o Conselho) que dependem:
- todos os que não dependem de nenhuma outra justiça,
- todos os conflitos entre as justiças,
- todos os que apelam de uma justiça já ministrada.

Ele abarca toda atividade e prática judicial. Em última instância, é nele que tudo desemboca. É o supervisor judicial geral de toda prática de justiça.

É a partir daí que se forma a teoria, característica do século XIV, segundo a qual[26]:
- (α) a justiça emana inteiramente do rei, que é *"fons justitiae"*. Ele recebe a justiça somente de Deus;
- (β) os barões só ministram justiça na medida em que o rei lhes concede o exercício da justiça. Beaumanoir afirma que todas as jurisdições seculares são recebidas do rei como feudo e subfeudo[27];
- (γ) quando o rei chama a si uma causa judicial ou quando ela lhe é submetida (por meio de apelação ou de alegação de falta de direito), ele não faz mais que retomar suas atribuições, cedidas por um momento.

Portanto, não é como suserano que o rei exerce a justiça, não é como senhor feudal e no mesmo sentido que um senhor feudal que o rei é aplicador da justiça.
- O rei é aplicador da justiça como soberano, ou seja, de pleno direito,
- o senhor é aplicador da justiça por cessão de direito, como suserano de um feudo que lhe foi concedido pelo rei.

O Parlamento, originariamente corte feudal, torna-se órgão de soberania, elemento de um aparelho de Estado.

\*

NOTAS

1. Cf. *supra*, aula de 2 de fevereiro de 1972, pp. 112 [149/16] e 117, nota 32; aula de 9 de fevereiro, pp. 124-5 [161/12] e 134, nota 21.

2. Cf. E. Perrot, *Les Cas royaux, op. cit.*, pp. 114 ss. A partir do século XIII o poder régio reserva para si o monopólio de criação de novos mercados e multiplica as causas de

desuso das antigas feiras senhoriais; no século XIV apenas o rei tem a guarda das feiras e mercados e apenas ele assegura o salvo-conduto dos mercadores que vão para as feiras.

3. Os "burgueses do rei" são homens livres que, apesar de residirem numa senhoria, estão excluídos da jurisdição do senhor e dependem apenas do rei, ao qual pagam uma prestação em gêneros ou em dinheiro. Fala-se de *avouerie* porque essa prática se baseia no direito feudal que permitia a um homem, sob certas condições, declarar-se solenemente (*s'avouer*) homem de outro senhor. Ao fazê-lo, o burguês do rei passava a gozar da proteção do rei. No século XIII os burgueses do rei multiplicaram-se, resultando em queixas dos senhores feudais e levando Filipe, o Ousado, em 1272, a anular por ordenação as *avoueries* recebidas pelos agentes régios nos dez a doze anos anteriores. Cf.: A. Luchaire, *Manuel des institutions françaises: période des Capétiens directs*, Genebra, Megariotis Reprints, 1979 [1ª ed. Paris, Hachette, 1892], pp. 391-2; E. Perrot, *Les Cas royaux*, pp. 118-20.

4. Cf. R. Bonnaud-Delamare, "Les institutions de paix en Aquitaine au XI$^e$ siècle", art. cit. (em *La Paix*, t. 1), pp. 419-72. No concílio de Charroux, Gombaud apoia-se no duque de Gasconha e nos condes de Marche contra a autoridade do duque da Aquitânia; no de Poitiers, o duque da Aquitânia, ao contrário, desempenha um papel considerável. Quanto ao concílio de Limoges, é difícil saber se Foucault se refere ao que teria se realizado entre 991 e 998 (cuja autenticidade é contestada por Bonnaud-Delamare) ou, mais provavelmente, àquele reunido em 1031 pelo arcebispo Jordan de Limoges, que ordena a paz sob a autoridade dos bispos e no qual o conde da Aquitânia Guilherme, o Gordo, desempenha um papel muito subordinado.

5. Cf.: R. Bonnaud-Delamare, *loc. cit.*, 474-87; *supra*, aula anterior, p. 153, nota 38. O arcebispo de Bourges, Aimon de Bourbon, fez todos os fiéis com mais de 15 anos de sua diocese prestarem juramento de que resistiriam contra os inimigos da paz. Esse juramento era voltado essencialmente contra os senhores.

6. O abade Suger (por volta de 1080-1151), abade de Saint-Denis e conselheiro de Luís VI e Luís VII, desempenhou um papel fundamental na formação da ideologia régia. Em sua *Vie de Louis VI le Gros* (1040) ele enfatiza particularmente o papel da realeza como apoio essencial na instauração da paz, ao lado da Igreja. Cf. J. Krynen, *L'Empire du roi, op. cit.*, pp. 36-42. Na época de Foucault uma das referências importantes sobre Suger ainda é a obra de Erwin Panofsky, *Architecture gothique et Pensée scolastique*, precedida de *L'Abbé Suger de Saint-Denis*, trad. fr. e posfácio Pierre Bourdieu, Paris, Minuit (col. "Le sens commun"), 1967.

7. Sobre o estabelecimento das "pazes urbanas" e as revoltas que elas podiam implicar contra os senhores laicos ou eclesiásticos que se recusam a reconhecê-las, Foucault remete-se particularmente a R. Monier, *Les Institutions judiciaires des villes flamandes, op. cit.* [*supra*, p. 115, n. 16], pp. 68-76. Monier menciona, por exemplo, a revolta dos habitantes de Cambrai contra seu senhor-bispo para estabelecer a comuna "*quam pacem nominant*" ["que chamam de paz". O termo "*paix*", paz, podia designar também uma comuna; por exemplo, "*paix de la ville*" para o subúrbio parisiense. (N. da T.)]. Ver também H. Pirenne, *Les Villes et les Institutions urbaines*, t. I, Paris, Alcan, 1939.

8. A respeito dessas evoluções Foucault consultou: E. Boutaric, *Institutions militaires de la France avant les armées permanentes, op. cit.*; F. Lot e R. Fawtier, *Histoire des institutions françaises au Moyen Âge*, t. II: *Institutions royales, op. cit.*, pp. 511 ss. Para leituras mais recentes, ver: P. Contamine, *Guerre, État et société à la fin du Moyen Âge, op. cit.*; R. W. Kaeuper, *Guerre, Justice et Ordre public, op. cit.*

9. Trata-se aqui de uma crítica dupla ao materialismo histórico marxista, que reduziria (1) o aparelho jurídico e suas formas a uma superestrutura que expressaria as relações econômicas que os determinam em última instância. A promulgação de um direito novo (por exemplo, o direito mercantil na Idade Média) seria apenas a expressão e a sanção tardia de uma transformação das relações de produção que se deu progressivamente, sem ser reconhecida inicialmente pelo direito. Entretanto, devemos observar, como destaca Althusser, que o lugar do direito foi objeto de debates importantes na reflexão marxista sobre a

questão de saber "se o Direito pertencia à superestrutura ou se em vez disso não estaria 'no lado das relações de produção'" (L. Althusser, *Sur la reproduction* [manuscrito inédito de 1969-1970], introd. de Jacques Bidet, Paris, PUF, 1995, p. 197 [ed. bras.: *Sobre a reprodução*, 2ª ed., Petrópolis, Vozes, 2008), uma vez que permite que as relações de produção funcionem. Encontra-se em Poulantzas (principalmente em N. Poulantzas, "À propos de la théorie marxiste du droit", *Archives de philosophie du droit*, 1967, pp. 145-7, e em *Pouvoir politique et Classe sociale*, Paris, Maspero, 1968 [ed. bras.: *Poder político e classes sociais*, 2ª ed., São Paulo, Martins Fontes, 1986]) uma visão das relações entre estruturas jurídico-políticas e estruturas econômicas muito mais complexa, em que o nível jurídico-político, relativamente autônomo, intervém de modo muito profundo nas relações econômicas, mesmo que estas continuem determinantes em última instância. Aqui, a tese de Foucault pretende ser mais radical: o aparelho judicial, particularmente na Idade Média, está integrado simultaneamente como *objeto* nos circuitos da troca e da acumulação das riquezas e como *instrumento* essencial de sua circulação, de seu confisco e de sua concentração: portanto, ele é *constitutivo* das relações de produção. Como ele observa na mesma época em "Sur la justice populaire. Débat avec les maos", *loc. cit.* (*DE*, II, nº 108), p. 354 / p. 1224: "oponho-me à ideia de que o sistema penal seja uma vaga superestrutura. Ele teve um papel constitutivo nas divisões da sociedade atual". E esse aparelho está fundamentalmente ligado a relações de força.

Esse posicionamento leva-o a opor-se: (2) à redução dos mecanismos de poder a instrumentos de *reprodução* das relações de produção, tese essencial na análise althusseriana dos aparelhos de Estado (ver nota seguinte). Para Foucault as relações de poder estão tão profundamente enraizadas quanto as relações de produção e interagem com elas: como mostrará mais claramente em *La Société punitive* e em "La vérité et les formes juridiques", com respeito às instituições coercitivo-punitivas, para ele não está em questão admitir, como o jovem Marx, que o "trabalho" é "a essência concreta do homem" e que há uma ligação analítica entre o homem e o trabalho. Como lembra em *La Société punitive* (*op. cit.*, especialmente pp. 236 e 245 n. 8), a "essência concreta" do homem, ou a "existência do homem em sua forma concreta" é igualmente a festa, a sexualidade, o prazer. A própria "força de trabalho" não é dada analiticamente: "para que os homens sejam efetivamente [...] ligados ao trabalho [...] é preciso [...] uma série de operações complexas pelas quais os homens se encontrem efetivamente – de um modo não analítico e sim sintético – ligados ao aparelho de produção [...] é preciso a operação ou a síntese operada por um poder político para que a essência do homem possa apresentar-se como sendo o trabalho" ("La vérité et les formes juridiques", *loc. cit.* [*DE*, II, nº 139], pp. 621-2 / pp. 1489-90). Em outras palavras, as relações de poder são constitutivas e estão profundamente enraizadas nas relações de produção: desempenham mais que um papel de *reprodução* dessas relações.

10. A temática da "reprodução" realizada pelo aparelho de Estado e particularmente pelos aparelhos ideológicos de Estado é muito atual na época. É em junho de 1970 que é publicado em *La Pensée* (nº 151, pp. 3-38) o célebre artigo de Althusser sobre "Idéologie et appareils idéologiques d'État" (derivado, por sua vez, de um manuscrito mais amplo intitulado "Sur la reproduction des appareils de production", publicado depois com o título *Sur la reproduction, op. cit.*). A tese central de Althusser era que "somente do ponto de vista da reprodução" das condições da produção e, em particular, da reprodução das relações de produção se pode analisar o papel do Estado, do direito e da ideologia (cf. *Sur la reproduction*, pp. 83-4 e 275-6), ou seja, os três objetos estudados em *Teorias e instituições penais* (como se verá nas aulas de 1º e 8 de março de 1972, Foucault substitui a ideologia pela questão do saber).

Também é em 1970 que Bourdieu e Passeron publicam *La Reproduction. Éléments pour une théorie du système d'enseignement* (Paris, Minuit) [trad. bras.: *A reprodução: elementos para uma teoria do sistema de ensino*, 7ª ed., Petrópolis, Vozes, 2014], que assume como objetivo "analisar os mecanismos propriamente pedagógicos pelos quais a escola contribui para reproduzir a estrutura das relações de classe ao reproduzir a distribuição desigual do capital cultural entre as classes" e introduz em particular a noção de "violência simbólica", enquanto Althusser gostava de diferenciar os aparelhos repressivos, que funcionam de maneira prevalente à violência, e os aparelhos ideológicos, que funcionam de maneira prevalente à ideologia (distinção que Foucault rejeita). O objetivo de Foucault, que se repete nos cursos seguintes, principalmente em *A sociedade punitiva*, é, ao contrário, enfatizar o papel *constituinte*, no próprio interior das relações de produção, das relações de poder: estas atuam como verdadeiras condições de formação e de transformação dos modos de produção, seja na constituição do homem como "força de trabalho" ou no processo de acumulação e circulação das riquezas (ver a nota anterior e o extrato do Caderno nº 11, de 28/10/1971, citado na nota 11 da aula de 19 de janeiro de 1972).

11. Sobre essa grande crise e suas consequências sociais, cf. M. Mollat e P. Wolff, *Ongles bleus, Jacques et Ciompi, op. cit.*

12. Esses movimentos que contrapunham *"magnati"* a *"popolani"*, *"popolani grassi"* a *"minuti"*, *"ongles bleus"* ("unhas azuis") a *"mains blanches"* ("mãos brancas") etc. são detalhadamente analisados por M. Mollat e P. Wolff, *ibid.*, pp. 13-90. Atingem principalmente Flandres, o norte da Itália e as cidades imperiais na segunda metade do século XIII e na primeira metade do século XIV.

13. Cf.: *ibid.*, pp. 91-270; C. Petit-Dutailly, "Introduction historique" a André Réville, *Le Soulèvement des travailleurs d'Angleterre en 1381*, Paris, Picard, 1898, pp. XXIX--LIII; G. Duby, *L'Économie rurale et la vie des campagnes dans l'Occident médiéval, op. cit.*, vol. 2, pp. 171-265 (Fundo BnF).

14. Cf. aula anterior, pp. 148-50 [192/19]-[194-21].

15. A revolta dos *Maillotins* eclode em Paris em março de 1382, depois que uma verdureira cujas mercadorias um cobrador queria confiscar teria clamado "abaixo os impostos!", desencadeando uma onda de violências contra os cobradores. Os revoltosos apoderaram-se de martelos de guerra (*maillets*) guardados no Châtelet e juntaram-se a uma parte do "povo gordo" (*"peuple gras"*) parisiense, enquanto o rei e os senhores tergiversavam em Vincennes. A revolta acabou rapidamente e foi seguida de uma dura repressão. Cf.: M. Mollat e P. Wolff, *Ongles bleus, Jacques et Ciompi*, pp. 172-3; L. Mirot, *Les Insurrections urbaines au début du règne de Charles VI, op. cit.* [*supra*, p. 77, nota 8], pp. 109-43.

A revolta dos *Cabochiens*, do nome de um de seus líderes, o esfolador Simon Le Coutelier, alcunhado Caboche, eclode em Paris em 1413, no contexto conturbado da guerra civil entre Armagnacs e Bourguignons. Ela combina: um movimento popular, encabeçado pelos açougueiros parisienses, grupo social enriquecido, mas que não gozava do prestígio de outros grupos de burgueses; aspirações reformistas que se manifestarão nos *états* de Languedoïl reunidos por Jean Sans Peur (João Sem Medo) em janeiro de 1413 e depois na redação da ordenação dita *"cabochienne"* ("cabochiana"), que visava combater os abusos dos agentes régios e reformar a administração; e as intrigas políticas dos Bourguignons, com João Sem Medo apoiando-se nos açougueiros e nos reformistas contra seus inimigos políticos, Armagnacs e o delfim. A revolta consiste num conjunto de manifestações, invasões do domicílio do delfim e, depois, do rei, execução de diversos inimigos dos Bourguignons etc., entre abril e agosto de 1413. Cf. M. Mollat e P. Wolff, *op. cit.*, pp. 229-40.

16. Foucault havia acumulado uma detalhada documentação sobre o levante de 1381 na Inglaterra, conhecido como levante dos trabalhadores, no qual parecia ver ecos da futura repressão aos *Nu-pieds*. Assim, anota que, apesar de sua "repressão [ter sido] essencialmente militar", deu-se com uma "ação dos tribunais paralela à ação do exército" (notas tomadas sobre A. Réville, *Le Soulèvement des travailleurs d'Angleterre, op. cit.* [Fundo BnF]). O levante de 1381 começa nos campos de Essex e de Kent, tendo como causa imediata um combate às novas medidas fiscais (*poll-tax*) destinadas a financiar a guerra contra a França. Encabeçado principalmente por Wat Tyler e pelo pregador John Ball, autor de sermões acusando os nobres e os ricos (*"When Adam dalf and Eve spun // where was then the gentleman?"*), o movimento assume uma amplitude considerável, apoderando-se de várias cidades, inclusive Canterbury, e avançando para Londres. Recebe apoio de uma

parte do povo londrino, entra na cidade e obtém do rei Ricardo II que ele aceite várias de suas reivindicações (abolição da servidão, abolição do Estatuto dos Trabalhadores etc.). Outros movimentos eclodem em Surrey e Norfolk. Após o falecimento de Tyler, o movimento londrino é finalmente reprimido e a aceitação das reclamações é revogada, enquanto os movimentos periféricos também são derrotados. Cf.: A. Réville, *op. cit.*; M. Mollat e P. Wolff, *op. cit.*, pp. 186-210.

Quanto ao levante de 1363 na França, Foucault refere-se aos *tuchins*, bando de camponeses e artesãos sem raízes que grassaram de 1363 (em Saint-Four) a 1384, primeiro em Haute-Auvergne e nos campos de Languedoc, e depois chegaram a diversas cidades, como Nîmes, Montpellier, Béziers, Carcassonne. Cf. M. Mollat e P. Wolff, *ibid.*, pp. 180-5.

17. Cf. *supra*, aula anterior, pp. 153-4, nota 39.

18. As casas de Borgonha e de Orléans confrontaram-se no contexto de uma luta de influência dentro do Conselho do rei Carlos VI, que desde 1392 sofria ataques de loucura. A oposição entre Filipe, o Ousado, duque de Borgonha e tio do rei, e Luís de Orléans, irmão do rei, insere-se também no contexto do desenvolvimento de um ducado de Borgonha cada vez mais poderoso, do fortalecimento do poder régio que faz do Conselho do rei um lugar decisivo para o indivíduo apropriar-se dos recursos, dos poderes e instituir sua clientela; e num período de guerra perpétua contra os ingleses. Depois que João Sem Medo sucedeu Filipe, o Ousado, essa rivalidade desemboca, em 1407, no assassinato de Luís de Orléans e, depois, na eclosão de uma guerra civil entre Bourguignons e Orléans (depois Armagnacs), na qual jogos de aliança com os ingleses e apropriação da pessoa do rei da França constituem elementos importantes. Ela só se encerra oficialmente em 1435, com a assinatura do tratado de Arras, depois de João Sem Medo, por sua vez, ter sido assassinado em 1419 e o novo rei, Carlos VII, ter conseguido uma série de vitórias importantes contra os ingleses.

Sem dúvida a alusão aos Lancaster e aos Tudors faz referência à influência considerável da casa Lancaster sobre o destino da realeza inglesa no final do século XIV e no século XV, desde João de Gand (acusado de querer tomar o poder quando morre Eduardo III), depois a destituição de Ricardo II por Henrique IV (da casa Lancaster, filho de João de Gand), até a guerra das Duas Rosas (1455-1485), que verá o confronto entre a casa York e a casa Lancaster encerrar-se com a vitória desta na pessoa de Henrique Tudor (Henrique VII).

19. Foucault parece estar se referindo ao fato de, apesar da loucura do rei, o Estado ter continuado a funcionar.

20. Sobre o Parlamento Foucault baseia-se essencialmente em: G. Ducoudray, *Les Origines du Parlement de Paris et la justice aux XIII$^e$ et XIV$^e$ siècles*, Paris, Hachette, 1902 (Fundo BnF); F. Lot e R. Fawtier, *Histoire des institutions françaises au Moyen Âge*, t. II, pp. 332-511.

A bibliografia sobre os parlamentos é considerável. Como ponto de partida sobre o Parlamento de Paris, ver também: F. Aubert, *Histoire du Parlement de Paris des origines à François I (1250-1515)*, t. I: *Son organisation*; t. II: *Ses compétences, ses attributions*, Paris, 1894; F. Autrand, *Naissance d'un grand corps d'État: les gens du Parlement de Paris (1345-1454)*, Paris, 1981.

21. Cf. G. Ducoudray, *Les Origines du Parlement de Paris et la justice...*, *op. cit.*, p. 26.

22. Cf. *ibid.*, p. 25.

23. Essas ordenações são descritas por G. Ducoudray, *ibid.*, pp. 57-72. Começam sob Filipe, o Ousado, em 1274 e encerram-se sob Carlos VI em 1417. Vão delineando pouco a pouco a estrutura do parlamento, com seus órgãos diversos (*Chambre des Enquêtes, Chambre des Requêtes, Grande Chambre* etc.), sua composição, seus procedimentos etc. [A *Chambre des Enquêtes* – literalmente, câmara de inquéritos – conduzia investigações a pedido da *Grande Chambre*. A *Chambre des Requêtes* – literalmente, câmara de petições, de recursos – decidia a pedido do palácio, entre outras, as causas cíveis de detentores de alguns tipos de privilégio. A *Grande Chambre* – câmara magna, a mais importante, na qual o rei presidia "leitos de justiça" – julgava em última instância certas apelações de jurisdi-

ções inferiores, além de causas envolvendo nobres, privilegiados, o rei, a Coroa, a administração do reino etc. (N. da T.)] Cf. também F. Lot e R. Fawtier, *Histoire des institutions françaises au Moyen Âge*, t. II, pp. 332-54.

24. Para a descrição das diversas competências do Parlamento Foucault segue estritamente G. Ducoudray, *Les Origines du Parlement de Paris...*, pp. 304-15, em que o Parlamento é apresentado sucessivamente como defensor do "rei senhor" e do "rei suserano"; como "tribunal dos pares"; "tribunal dos privilegiados"; "árbitro de todas as justiças" e "tribunal de conflitos"; "tribunal de apelação" etc.

25. As cartas de *Committimus* facultavam a algumas pessoas que gozavam do favor do rei ou de seus próximos o privilégio, normalmente reservado aos comensais e oficiais do rei, de ver seus casos judiciais tratados pela *Chambre des Requêtes* e não pela *Grande Chambre*, prolongando assim o privilégio de que gozavam os pares de França de ser julgados diretamente pelo tribunal do rei em primeira e última instância. Cf. G. Ducoudray, *op. cit.*, p. 313, e principalmente F. Lot e R. Fawtier, *Histoire des institutions françaises...*, t. II, pp. 420-1.

26. Para essa explanação Foucault baseia-se em A. Tardif, *La Procédure civile et criminelle aux XIII$^e$ et XIV$^e$ siècles, ou Procédure de transition*, Paris, Adolphe Picard/ L. Larose & Forcel, 1885, pp. 9-12.

27. Cf. A. Tardif, *ibid.*, p. 10: "assim se chega muito rapidamente a pôr como um princípio de direito público que toda justiça emana do rei. Já no final do século XIII Beaumanoir e o autor anônimo do *Coutumier d'Artois* (Livro dos Costumes de Artois) afirmam que todas as jurisdições seculares são recebidas do rei como feudo e subfeudo. Seus barões recebem dele a posse legal dos direitos de justiça, mas ele não a recebe de ninguém".

# AULA DE 1º DE MARÇO DE 1972

*Resumo: crises e lutas sociais dos séculos XIII e XIV levam à centralização do poder régio e à implantação de uma justiça régia que se manifesta na instituição de um Parlamento. Três características de uma justiça de Estado: universal, obrigatória, delegada. – Duas outras medidas: 1/ Desenvolvimento dos casos que são da competência do rei: extensão de sua jurisdição, tendo como efeitos nova definição do reino-Estado e nova dimensão de penalidade para infrações à ordem pública. Nova esfera de penalidade que sanciona a ruptura de uma regra enunciada pelo poder. 2/ Instauração dos procuradores régios: extensão de seu papel à acusação, tendo como consequências teórico-práticas que todo crime é atentado ao poder e que o rei se torna juiz e parte. – Duplo efeito sobre o funcionamento do sistema penal: (1) separação entre o penal e o civil; (2) substituição da guerra e da reparação pela obediência e pela punição. A penalidade ordena-se por uma estrutura política. O crime torna-se ataque contra o poder. Oposição entre delito político e delito de direito comum como peça central da penalidade do século XIX, mascarando a função política do sistema penal.*

*Introdução* [212/1]

A crise da feudalidade havia levado à organização de um poder régio centralizado, único meio de fazer frente aos grandes movimentos populares dos séculos XIII-XIV.

    Essa centralização comportava:
– a constituição de um exército profissional;
– a organização de uma fiscalidade de Estado[1];
– por fim, a implantação de uma justiça régia simultaneamente:
    – como controle dessa fiscalidade
    – e como elemento dessa fiscalidade.

Essa justiça centralizada manifesta-se em primeiro lugar na instituição de um Parlamento.

    – Parlamento que nada mais é que o conselho do rei, ou melhor, o rei em seu conselho.

– Parlamento que mostra que o rei é aplicador da justiça não simplesmente como suserano, mas como soberano.

– Parlamento que mostra que a justiça do rei não é simplesmente superior a qualquer outra justiça, e sim é seu princípio e sua fonte.

É como *rex* que o rei é aplicador da justiça (e não mais simplesmente como *dominus*); não é mais o juramento de vassalidade ou de feudalidade que fundamenta a relação aplicador da justiça/jurisdicionado; é a sagração régia que faz de um homem o justiceiro absoluto e lhe permite: [213/2]

– ministrar justiça a quem pedir,
– impor sua justiça mesmo a quem não a quiser,
– por fim, conceder o exercício da justiça a quem ele quiser[2].

Justiça universal, obrigatória, provisoriamente concedida[a]. Três características básicas de uma justiça de Estado.

[*]

É preciso acrescentar duas outras medidas, ou melhor, duas outras modificações que deram lugar a todo um conjunto de medidas distribuídas ao longo de mais de um século.

1. *Especificação dos casos régios*[3] (até os séculos XVI-XVII, preferia-se dizer "casos privilegiados", "casos pertencentes ao rei").

– Originariamente esses casos diziam respeito aos domínios régios: todas as questões judiciais de propriedade, herança, fiscalidade, roubo, danos que envolviam as terras das quais o rei era o senhor;

– também eram "casos reservados" tudo o que constituía crimes contra sua pessoa, seus oficiais, as pessoas a quem ele concedera sua proteção, seus asseguramentos. Ainda eram casos feudais, embora a severidade particular com que eram punidos porque [se tratava do] rei já indique seu caráter soberano. [214/3]

– depois foram considerados "casos régios" os crimes contra sua moeda, seu selo, suas insígnias. Atentados a seus privilégios régios[4].

– Mas é no século XIV que vemos aparecer como casos régios infrações novas:

– a *portatio armorum*: portar armas quando se está em grupo (pelo menos dez pessoas), exceto, evidentemente, [em] guerra, exceto quem é soldado[5];
– os ataques contra os comerciantes, as caravanas, nas estradas[6];

---

a. À palavra "concedida" está superposta no manuscrito a palavra "delegada".

*Aula de 1º de março de 1972*

– as infrações às ordenações régias promulgadas em toda a extensão do reino. Quem vai contra uma ordem régia vai contra a justiça do rei. Poder de ordenar e poder de julgar são [co]extensivos⁷.

Pela especificação desses casos régios, o que aparece é:

a/ uma certa definição nova do reino-Estado. [215/4]
O reino já não é simplesmente os domínios mais as terras incorporadas por um vínculo de vassalidade; [é]ᵃ
– um lugar de circulação controlada das forças armadas,
– uma rede de comunicações para as mercadorias e as riquezas,
– um espaço de validade para ordens, proibições, decisões.
O reino é um lugar de circulação regrada das mercadorias, das armas e das prescrições. Portanto, já não é somente:
– a reunião de tudo o que depende de uma única e mesma suserania,
– o conjunto de lugares onde são exercidos autoritariamente a paz, a proteção, o asseguramento régio.
É o lugar de uma ordem econômica, militar e legislativa,
– e com isso se delineia um novíssimo personagem do rei:
 – ele já não é só o suserano ou o soberano,
 – é o guardião da ordem, de uma ordem pública caracterizada pelo controle centralizado das armas, pela segurança da troca mercantil, pela obediência às prescrições do soberano.

b/ Mas, correlativamente a esse soberano-guardião da ordem, aparece uma nova esfera de penalidade que se define [216/5]
– não mais como dano a um particular,
– nem como atentado aos direitos feudais do soberano,
– e sim como infração à ordem pública.

Especificar:
– Trata-se de delitos que já existiam como delitos. Com os casos régios não há uma criação de delitos novos,
– e sim uma nova dimensão da penalidade.

(α) Até então, para que houvesse infração (e a justiça entrasse em funcionamento) era preciso haver uma parte lesada, um dano e uma vítima.

---

a. Parece necessário restabelecer: "é", termo riscado no manuscrito, porque Foucault quis modificar a ordem de apresentação das transformações dos domínios régios.

(β) Podia ser que por trás da vítima se erguesse para protegê-la aquele que era seu suserano e que lhe proporcionava sua paz ou seu asseguramento.
(γ) Mas no "caso régio" não é necessário que haja vítima nem mesmo dano. A *"portatio armorum"* não lesava ninguém; e a infração a uma ordenação podia não provocar dano. No caso régio, para que haja crime é preciso que uma ordem geral do rei tenha sido infringida; é preciso que a ordem regular tenha sido perturbada[8].

Acontecimento capital na história da penalidade. [217/6]
– Já não é o dano que, por si só, vai provocar a resposta judicial.
– É também, é ao mesmo tempo e às vezes é exclusivamente (mesmo sem dano algum) a ruptura da ordem.

– Atacar alguém numa estrada não é apenas causar dano a alguém; é também romper a ordem e consequentemente atacar em sua autoridade aquele que a garante.
– Portar armas não é lesar alguém, mas é ameaçar a ordem e atentar contra aquele que a garante.
– Transgredir uma ordenação não é atentar contra os interesses dominiais ou senhoriais do rei. É atentar contra a autoridade que a exerce, contra seu direito de dar ordens.

Por trás da penalidade que sanciona um dano e ao lado dessa penalidade, às vezes independentemente dela, aparece uma penalidade que sanciona uma desordem, a pura e simples ruptura de uma regra enunciada pelo poder.

*Observações* [218/7]

1/ A história desses "casos régios" é a história de uma longa extensão: No momento da Ordenação de 1670, homens do rei (Pussort) se recusarão a especificá-los[9].
– Ainda no século XVIII os teóricos definirão o crime como dano – seja a um interesse privado
   – seja a um interesse público
(Muyart de Vouglans)[10].
– Mas pode-se dizer que [o] Código Penal de 1810 generalizou completamente a teoria dos casos régios. Pois o que motiva a ação penal não é o dano causado a outrem, é a infração à lei; e o que caracteriza a infração é que ela seja punida pela lei.
"A infração que as leis punem com uma pena de... é uma contravenção", um "delito", um "crime"[11].

Nesse ponto[a], o ato punível define-se por sua relação com o poder, como recusa das ordens que ele dá e da ordem que ele instaura.

O ato punível já não é fundamentalmente dano, e sim infração; atenta contra o poder, mesmo nos casos em que não atenta contra ninguém. A primeira, a mais geral, a mais constante vítima do crime será não mais o corpo, os bens, a honra, os direitos de outrem: será a ordem.

2/ Ainda estamos muito longe disso na época dos "casos régios". No século XIV esse ainda é apenas um campo especial da penalidade, mas é um campo totalmente novo e que já não é redutível ao direito feudal. [219/8]

– Quando, no século XIII, o rei chamava para si um crime cometido contra alguém a quem dera seu asseguramento, era o dano infligido a essa pessoa protegida que levava à intervenção do rei, numa ação penal que de todo modo [teria] se desenvolvido[12].

– Ao contrário, no "caso régio" e *a fortiori* na infração ao Código Penal, é porque o dano causado a outrem é uma desordem, um atentado contra o poder que a ação penal pode ser lançada.

Tudo o que até então fora chamado de direito penal é a ritualização de um litígio e de uma luta entre dois indivíduos.

A partir desse núcleo, ainda isolado, do "caso privilegiado", o direito penal vai ser essencialmente a definição das relações entre o indivíduo e o poder.

Claro, não que o poder estivesse ausente do antigo direito penal. Ele intervinha como árbitro, como fiscalidade, como exército. Mas se inseria na luta entre dois indivíduos; incorporava-se a ela para controlá-la e tirar proveito.

Daí em diante é ele que, pouco a pouco, vai tornar-se o grande parceiro do criminal. É ele que vai ser o primeiro atingido pelo crime; o acusador principal do criminal e, evidentemente, seu único juiz. [220/9]

É aqui que deparamos com outra instituição que não foi condicionada nem pela existência do Parlamento nem pelo surgimento dos casos régios, mas que esteve ligada a eles.

2. *Instauração dos procuradores régios*[13]

São requeridos pelo funcionamento do Parlamento e pela existência dos casos régios.

Mas, de modo geral, pelo fato de o rei, simultaneamente como beneficiário da cobrança fiscal e como guardião da ordem, ser "parte interessada" na punição dos crimes em todo o perímetro do reino

---

a. Palavra riscada: "a penalidade".

a/ Já existiam procuradores régios que o representavam nos tribunais:
– para defesa de seus interesses dominiais e patrimoniais
– para recolhimento das multas[14].

b/ Mas pouco a pouco durante os séculos XIII-XIV eles vão desempenhar (e isso absolutamente a contrapelo de todo o antigo sistema penal) o papel de acusador.  [221/10]
– No antigo sistema, só havia ação penal se houvesse um acusador; e se esse acusador fosse parte interessada[15].
Tudo decorria nesta forma da luta a dois:
– a acusação era um ataque
– ao qual era preciso responder com "provas",
– e a acusação (ou pelo menos a pena) podia recair sobre o acusador.
– O procurador começou a fazer o papel de acusador
– quando as vítimas eram órfãos ou pessoas sem família,
– ou quando havia notoriedade (era a *aprise*[16]).
– Depois o vemos fazendo o papel de coacusador quando há um acusador privado[17].

c/ E isso implica duas consequências teórico-práticas:

(a) O rei é lesado por todo crime; e ocupa a posição do indivíduo lesado.
Mesmo quando não é seu poder que é atacado (como nos casos régios), mas houve apenas um dano privado, ele é covítima; portanto, pode ser coacusador.  [222/11]
E, inversamente, toda vítima é vítima duas vezes:
– como indivíduo privado
– e como súdito do rei.
Todo crime é atentado ao poder. (A lógica lenta do sistema tornou preciso esperar o Código Penal para que:
– os casos régios se diluíssem na infração em geral,
– e todo caso punível se tornasse infração.)
(b) O rei é representado duas vezes em sua justiça:
– é representado por seus juízes
– é representado por seu procurador, por esse acusador que coacusa em todo processo.

Esse paradoxo impressionou muito os contemporâneos. Vários espantaram-se por o rei ser juiz e parte. Mas esse espanto é paradoxal, visto que no direito feudal o senhor podia perfeitamente arrazoar perante seu próprio tribunal.
Mas o que é novo aqui é que ele aciona sua justiça
– fora das formas feudais da suserania,
– e para causas nas quais ele só é "vítima" porque é soberano.
É como soberano que ele julga e é como soberano que ele acusa. [223/12]
É, portanto, "*fons justitiae*"* de dois modos:
– como aplicador universal da justiça
– como acusador geral.

No total, o surgimento dos casos régios e as novas funções do procurador tiveram efeito duplo, capital para compreender o funcionamento do sistema penal.

a/ Separação do penal e do civil
– Enquanto a infração se definia pelo dano, pela lesão ao interesse particular, está claro que não podia haver um corte nítido entre civil e penal[18]:
disputar uma propriedade
ocupá-la indevidamente
recuperá-la pelas armas
exercer em seguida vinganças privadas
submeter a questão a um tribunal
decidir por meio de um duelo judicial.

Tudo isso formava uma série não descontínua: tratava-se sempre dos interesses privados, de seu ataque e sua proteção, do dano que se podia causar-lhes, da luta mais ou menos regular que se sucedia.
– Mas, a partir do momento em que o poder intervém, em que, [224/13] para caracterizar certas causas judiciais, o atentado contra a autoridade pública quer vir junto com o dano infligido aos interesses privados, a partir do momento em que há casos em que o poder se considera lesado, então o campo das infrações se desvincula da esfera dos danos:
– o crime deixa de ser um dano mais grave que os outros, mais atroz ou mais oneroso,
– é um dano estatizado no âmbito da ação que lhe responde, estatizado até mesmo quanto a sua definição.

* "Fonte de justiça". (N. da T.)

b/ O outro efeito característico dessa transformação é que no centro do direito penal o que vemos não é mais a vingança, o revide, a guerra e a reparação. É o poder, a obediência e a punição.

A penalidade é política, de alto a baixo.

(a) Se ela se aproximou da moral (assimilando o crime à falta e substituindo a vingança pela punição, a reparação pela multa), foi porque o sistema penal se ordenou de acordo com uma estrutura política.

A penetração da moral cristã no sistema deu-se por esse viés. [225/14]

(b) É preciso levar a sério o que a história do direito penal revela, ou seja, que o poder se considerou e se considera lesado pelo crime. Ele define até mesmo o crime apenas como o que suspende suas leis.

Portanto, é preciso extrair disso esta conclusão totalmente lógica: se o poder se acha lesado pelo crime, o crime é sempre, pelo menos numa de suas dimensões, ataque contra o poder, luta contra ele, suspensão provisória de suas leis[19].

E, no fundo, é justamente isso que dizia o *crimen majestatis* dos romanos, ou a generalização dos casos régios.

Na penalidade do século XIX ocorreram uma cesura e um deslocamento:

(1) o poder se apresenta realmente como poder na repressão ao crime (e sob as espécies do procurador);

(2) mas o que o crime presumivelmente ataca não é o poder, é a natureza, a moral, a lei natural, é o interesse geral[20].

O discurso do sistema penal a partir do século XIX, o "discurso do procurador", será:

"Eu, na qualidade de Estado, processo os que atacaram essa parte de mim mesmo que denomino moral ou natureza ou interesse geral."

O poder não se apresenta como sendo simultaneamente o atacado e [226/15] o queixoso. Como atacado, ele é o universal da natureza e da lei, e como queixoso é a generalidade do querer.

Podemos compreender por que ele é muito cioso da distinção entre o político e o direito comum.

A existência do delito político, em que ele se apresenta como atacado como poder, permite-lhe pôr à mostra, por contraste, o delito de direito comum, em que ele defenderia como sendo o que foi atacado na qualidade de natureza ou interesse geral ou moral.

A oposição político/direito comum é uma peça política essencial na penalidade do século XIX. Permite-lhe mascarar que há cinco séculos:

– o crime é definido com relação ao poder,
– o campo da penalidade foi recortado e especificado por ele,
– ele se tornou o elemento determinante de todo o funcionamento desse sistema penal[21].

Enfim, vemos como: [227/16]
– a tributação da justiça,
– o jogo das instituições de paz e da repartição das armas,
– a crise social do século XIV
levaram à centralização da justiça, mas principalmente a uma redistribuição total do sistema da penalidade em torno do exercício do poder político[a].

\*

NOTAS

1. Sobre o desenvolvimento de uma fiscalidade de Estado, encontram-se elementos em F. Lot e R. Fawtier, *Histoire des institutions françaises au Moyen Âge*, t. II, *op. cit.*, pp. 183-285. Convém lembrar que é nos anos 1355-1370 que é implantada toda uma série de medidas fiscais (fogal, ajudas diversas, inclusive a gabela), tidas como "extraordinárias" e provisórias, mas que afinal serão perenizadas. Ver também J.-J. Clamageran, *Histoire de l'impôt en France, op. cit.* Para uma história mais recente, ver P. Contamine, J. Kerhervé e A. Rigaudière (orgs.), *L'Impôt au Moyen Âge. L'impôt public et le prélèvement seigneurial (fin XII$^e$-fin XV$^e$ siècle)*, t. I: *Le Droit d'imposer*, t. II: *Les Espaces fiscaux*, t. III: *Les Techniques*, Paris, CHEFF, 2002.
2. Cf. A. Tardif, *La Procédure civile et criminelle aux XIII$^e$ et XIV$^e$ siècles, op. cit.*, pp. 9-12.

---

a. No verso desta folha [227/16] uma passagem riscada traz:
"b/ O poder e a penalidade
Portanto, o que vai caracterizar o campo do penal é uma determinada relação de infração à lei que, com ou sem dano para um particular, atenta contra a autoridade.
– é uma definição que encontraremos durante muito tempo nos diversos códigos e teorias penais. É ela que ainda vigora atualmente.
– "ato proibido pela lei pelo qual se causa um prejuízo a um particular ou ao público" (Muyart de Vouglans)
– o artigo 1 do Código Penal.
– Mas o que está no centro dessa especificidade não é mais a vingança, é o poder. O penal organizou-se como tal a partir de uma determinada distribuição do poder político. É o poder político apresentando-se como distribuição do poder político. É o poder político apresentando-se como soberania acima da suserania feudal, e manifestando sua soberania na garantia da ordem. Foi esse poder político que definiu o penal.
Historicamente, o penal é o político, em todo caso é o que o político reassume para impor-lhe um castigo que é muito mais do que a reparação do dano ou sua compensação ou sua consequência."

3. E. Perrot, *Les Cas royaux, op. cit.*, pp. 22-3. Mais geralmente, toda a explanação sobre os "casos régios" tem como referência essa fonte.

4. Cf. *ibid.*, pp. 37-46, para as causas patrimoniais; pp. 27-36 e 76-113, para a pessoa régia, os oficiais régios e os asseguramentos; pp. 47-62, para a falsificação de moeda; pp. 63-75, para os selos e outros privilégios.

5. Cf. *ibid.*, pp. 149-70. O delito de "porte de armas" só se torna um caso régio a partir de 1270 no sul da França e no final do reinado de Filipe, o Belo, no norte da França.

6. Cf. *ibid.*, pp. 114-8, sobre os mercadores; pp. 204-17, sobre as estradas.

7. Cf. *ibid.*, pp. 171-87.

8. Sobre esses casos régios "de interesse público" que, na verdade, não colocam explicitamente em jogo a pessoa do rei, seus domínios ou sua segurança, E. Perrot (*ibid.*, pp. 262-4) detém-se principalmente no "porte de armas".

9. Cf. H. Pussort, *Procez verbal des conférences tenues par ordre du Roy entre M. Les Commissaires du Conseil et M. Les députés du Parlement pour l'examen des articles de l'ordonnance criminelle du mois d'Aoust 1670, loc. cit.* [*supra*, p. 114, nota 8], pp. 20-6. Trata-se da discussão sobre o artigo XI: "Cas royaux et quels juges en peuvent connoître" [Casos régios e quais juízes podem recebê-los]. Foucault evoca aqui a posição do Presidente: "Não é de modo algum conveniente sempre determinar quais são todos os casos régios" (*ibid.*, p. 23). Já a posição de Pussort é diferente: "não há risco em especificá-los: a enumeração que é feita deles não pode em caso algum prejudicar a autoridade régia" (p. 25). Aliás, é esta última opinião que prevalecerá.

10. Ver P.-F. Muyart de Vouglans, *Institutes au droit criminel, op. cit.* (*supra*, p. 36, nota 34). O crime é um "ato proibido pela lei, pelo qual alguém causa um prejuízo a um terceiro por seu dolo ou por sua falta" (p. 2); "esse terceiro é ou o Público ou o Particular, ou ao mesmo tempo um & outro" (p. 5). Foucault havia acumulado um dossiê considerável sobre a definição de "crime" e sobre as teorias da penalidade no século XVIII e início do século XIX, dossiê que depois utilizará para escrever *Vigiar e punir* (Fundo BnF).

11. São as "disposições preliminares" do artigo primeiro do Código Penal de 1810: "A infração que as leis punem com penas de polícia é uma *contravenção*. A infração que as leis punem com penas correcionais é um *delito*. A infração que as leis punem com uma pena aflitiva ou infamante é um *crime*" (*Code pénal*, Paris, Imprimerie Impériale, 1810, p. 1). Essa definição "legalista" do crime, por sua vez, tem uma longa história. Por exemplo, encontra-se na mesma época uma expressão clara dela em S. Bexon, *Développement de la théorie des lois criminelles, par la comparaison de plusieurs législations anciennes et modernes*, Paris, Garnery, 1802, t. I: "Fazer o que proíbem, não fazer o que ordenam as leis que têm como objeto a manutenção da ordem social, a tranquilidade pública, o respeito devido às pessoas e às propriedades é um *crime*, um *delito* ou uma *contravenção*" (p. 33; grifado no texto) (Fundo BnF).

12. Cf. E. Perrot, *Les Cas royaux*, pp. 76 ss., sobre a violação dos asseguramentos régios.

13. Sobre a instauração dos procuradores régios, as principais referências de Foucault são: F. Lot e R. Fawtier, *Histoire des institutions françaises au Moyen Âge,* t. II, pp. 364-71; A. Esmein, *A History of Continental Criminal Procedure, op. cit.*, pp. 114-21; G. Ducoudray, *Les Origines du Parlement de Paris et la justice aux XIII$^e$ et XIV$^e$ siècles, op. cit.*, pp. 189-96 e 676-82.

14. Cf.: A. Esmein, *op. cit.*, p. 115; G. Ducoudray, *op. cit.*, p. 677.

15. Cf. *infra* e A. Esmein, *op. cit.*, pp. 116-7.

16. *Aprise* é um procedimento que surge no século XII. Autoriza o juiz, quando um fato grave é denunciado pela notoriedade pública, a deter o suspeito, encarcerá-lo e tentar suscitar acusadores contra ele. Assim, nesse caso, o juiz pode intervir sem que nenhuma acusação já se tenha manifestado. Mas ele não pode conduzir o processo a seu termo e condenar o suspeito sem acusador. Em contrapartida, pode propor ao suspeito que se submeta "voluntariamente" a um inquérito (ainda que seja necessário utilizar pressões), o que lhe permitiria levar a termo o processo. Segundo Esmein (*ibid.*, pp. 94-100), é da *aprise* que decorrem o inquérito oficial e a abertura de ações públicas.

17. Cf. A. Esmein, *ibid.*, p. 117. O procurador intervém a título de "*denunciator*" e apoia a ação judicial movida por indivíduos privados. Esmein cita vários casos descritos em L. Tanon, *Registre criminel de la justice de St Martin des Champs à Paris au XIVᵉ siècle*, *op. cit.* [*supra*, pp. 150-1, nota 3], em que o procurador intervém de comum acordo com outra pessoa.

18. Cf. *supra*, por ex., aula de 2 de fevereiro de 1972, pp. 111-2 [147/14]-[148/15].

19. Cf. *supra*, aula de 26 de janeiro de 1972, pp. 96 [123/2] ss. e 101-2, nota 2, e aula de 9 de fevereiro, p. 133-4, nota 12. Enfatizar a dimensão *política* em jogo em toda forma de delinquência de direito comum e nas lutas dos prisioneiros é um cuidado regular de Foucault nos anos 1971-1973. Ver também: *Dits et Écrits*, nᵒˢ 105, 106, 107, 108, 125 (*loc. cit. supra*); as entrevistas com Sylvie Marion: "Les vols dans les grands magasins" [Os roubos nas lojas de departamentos], em que ele declara que as pessoas "que vão roubar nas lojas de departamentos [...] atentam de um modo muito consciente e, creio eu, consequentemente já muito político, contra o sistema capitalista. Eles sabem perfeitamente que é o resultado de seu trabalho que estão recuperando", e "L'affaire de Bruay-en-Artois" [O caso de Bruay-en-Artois], em que "uma causa de direito comum, que aparentemente não tem um aspecto político", é apresentada, ao contrário, como eminentemente política, pois marca "a apropriação e a inversão do sistema punitivo", que normalmente "enquadra as classes ditas 'inferiores'". "Ela politiza, pela primeira vez na França depois de muito tempo, uma pura e simples causa de direito comum [...] o sistema penal, de modo geral o sistema punitivo agora está se tornando para as pessoas um objeto de lutas [...] agora a luta política abrange o sistema penal inteiro."

Ver as entrevistas disponíveis no site dos arquivos Foucault, no endereço: <http://michel-foucault-archives.org/?-Archives-numeriques->.

20. As diversas categorias mencionadas remetem às alternativas descritas por A. Chauveau e F. Hélie, *Théorie du code pénal*, t. I, Gobelet, Paris, 1836, pp. 4-16. O interesse geral remete a Beccaria e a Bentham; a moral e a lei natural, a Pellegrino Rossi (particularmente ao *Traité de droit pénal*, Paris, Sautelet, 1829) (Fundo BnF).

21. Pode-se comparar essa explanação com as seguintes análises, propostas por Foucault em seu Caderno nº 11, em 13/11/1971:

"Três funções da justiça: [1] função de arbitragem dentro de uma classe // em relação com a guerra privada; [2] função de recolhimento econômico // em relação com a fiscalidade; [3] função de repressão // em relação com os movimentos de revolta. Pode-se ver que nessa função tripla a justiça abarca o essencial das funções do Estado. O Estado é o sistema de autoridade que impede a guerra privada; o sistema que recolhe nos circuitos econômicos uma determinada porção de riquezas, que ele acumula e redistribui; por fim, é o sistema que mantém o poder de uma determinada [classe] social. A história da justiça está ligada à história do Estado, ou seja, à história de quem exerce o poder e como (em qual forma e sob quais instrumentos). Mas a ideologia da justiça sempre consistiu em fazer crer: 1) que ela preexistia ao Estado e ao poder; que havia poderes justos e outros que não o eram; 2) que o aparelho da justiça era ou devia ser independente do Estado. Em suma: que há uma esfera do justo superior ao poder; e, dentro do Estado, o aparelho de justiça independente do aparelho de Estado. Isso (em descolamento) se operou no momento em que, por um lado, o recolhimento fiscal foi realizado pelo poder central; e em que o principal do recolhimento sobre o produto do trabalho se deu na forma capitalista do assalariamento [; e], por outro lado, a repressão foi operada por um aparelho policial criado *ad hoc*. Com isso a justiça foi apresentada como sendo um poder de arbitragem entre os indivíduos, ou entre os indivíduos e o Estado, ou entre os indivíduos e a sociedade; poder de arbitragem que somente... recebeu do poder de Estado a capacidade de fazer executar suas decisões. // A autonomização do poder de justiça. A luta pela, a propósito da justiça. Na realidade, é a luta [1] contra o recolhimento fiscal; [2] contra a opressão de classe; [3] contra o confisco do poder de Estado por uma classe."

# AULA DE 8 DE MARÇO DE 1972

*I. Após a análise da função e das relações de poder da justiça penal na Idade Média, estudar seus efeitos de saber: não no sentido de operações ideológicas, e sim de produção de verdade. – No direito germânico, o teste estabelece uma relação de superioridade de um sobre o outro. – No novo regime penal com procuradores régios, o inquérito estabelece a verdade que permite passar da acusação para a sentença. O inquérito como operador de recolocação em ordem. – A verdade estabelecida pelas testemunhas e a escrita que transcreve substituem o teste. II. Observações complementares. O inquérito e a confissão como fontes preferenciais da descoberta da verdade no novo regime penal. – O ponto de inserção da tortura. – O sistema das provas legais. Contraste entre o inquérito e a medida. A medida como instrumento e forma de um poder de distribuição; o inquérito, de um poder de informação. Sistema inquérito-burocracia na Idade Média. – Análise dos tipos de extração do sobrepoder. Relação com o Curso de 1970-1971 sobre "a vontade de saber". Última observação sobre o surgimento da forma do exame nos séculos XVIII-XIX. O nascimento das ciências do homem.*

Três níveis na análise da justiça penal na Idade Média, no estudo de sua pré-história como aparelho de Estado: [228/1]

1. O nível de suas condições de exercício: a posição e a função do aparelho penal
   – com relação à circulação de riquezas, mais exatamente a seu recolhimento autoritário pelos detentores do poder. Penalidade e fiscalidade;
   – sua relação com a distribuição das armas (que, por sua vez, está ligada à função fiscal).

2. O nível das relações de poder que permeiam essa justiça penal e se institucionalizam nela.
   O aparecimento do Parlamento, do procurador e do direito de mover ação judicial caracteriza essas relações de poder,

– ou melhor, eles mostram como o exercício da justiça, que é uma relação de poder, muito cedo se baseia nas formas (rudimentares, sem dúvida) de um aparelho de Estado.

3. Agora precisamos estudar o nível dos efeitos de saber que essa justiça penal produz.

Efeitos de saber [que são distintos de][a] operações ideológicas[1].

– Por[b] operações ideológicas [devemos entender] todos os procederes[c] pelos quais as práticas e instituições penais são justificadas, explicadas, repetidas, inseridas no interior de sistemas de racionalização:

– a teoria do rei guardião da ordem e *fons justitiae*,
– a concepção da *pax et justitia*.

Em todos os níveis em que analisamos a instituição penal encontramos tais transcrições ideológicas.

– Por efeitos de saber devemos entender outra coisa: é o corte, a distribuição e a organização do que se dá a conhecer na prática penal; é a posição e a função dos sujeitos habilitados a conhecer, é a forma de conhecimento, de indicação, de revelação, de manifestação que atua nela.

Analisar os efeitos de saber da prática penal é estudar essa prática como palco onde é nomeada uma verdade.

A. No antigo sistema de liquidação (ou de reparação) jurídica do crime, em que consistia esse palco? Quais eram as formas que deviam ser observadas, as palavras que deviam ser ditas, os gestos que deviam ser feitos, os tempos e a ordem de entrada a ser observados, os personagens presentes e seus papéis?[d]

A forma a observar não era um modo de garantir o direito dos adversários, a imparcialidade dos juízes ou o respeito à verdade.

Se impunham aos litigantes formas complexas, isso era um modo de testá-los, de ver se iam fracassar ou se conseguiam ter êxito[2].

Portanto: série de testes

[...][e]

    a. Palavra riscada: "interno". Em seguida o manuscrito traz: " ≠". A palavra seguinte, "efeitos", está riscada e substituída por "operações".
    b. Palavra riscada: "efeitos".
    c. Palavras riscadas: "de racionalização".
    d. Vem a seguir uma linha riscada: "Era essencialmente uma série de testes."
    e. O manuscrito desta 13ª aula contém várias lacunas (aqui, faltam duas folhas, 4-5). Sem dúvida é possível supri-las recorrendo às conferências que Foucault dá em 1973 no Rio de Janeiro, sobre o mesmo tema: "La vérité et les formes juridiques", *loc. cit.* (*DE*, II, nº 119). Aqui, cf. principalmente a terceira conferência, pp. 574-6 / pp. 1442-4.

[*]

[...] ou de fracasso. O resultado é favorável ou desfavorável. [231/6]
E o resultado do teste traz consigo o do processo. Contém-no.
Portanto:

a/ Juiz espectador. O teste não é um elemento submetido à soberana apreciação do juiz. É um mecanismo que, desde que a forma seja respeitada, desencadeia automaticamente o desfecho do processo.

b/ Esse desfecho do teste:
– é um operador de direito; o que assegura o triunfo definitivo do direito (acima do litígio, do dano invocado, [da] guerra privada e da vingança);
– é secundariamente um indicador de verdade. Se o direito de alguém triunfou, é porque ele havia dito a verdade. Mas é apenas secundário. E principalmente não é porque ele disse a verdade, e na medida em que a disse, que seu direito triunfa.

O teste é "marca" (e não simplesmente signo); faz parte não de uma semiologia, e sim de uma dinástica
– é a instauração, o estabelecimento de uma relação de superioridade de um sobre o outro;
– é a institucionalização ritual dessa relação de força;
– é o índice do lado, da[a] região em que se encontram alojados solidariamente o bom direito, a maior força[3].

E, se afinal se pode falar de verdade, não é porque o teste indicando onde está a verdade permite deduzir onde está o bom direito e para qual lado é justo a força pender. [232/7]

É porque, no processo judicial, a relação de força seria verdadeiramente adequada à superioridade do direito[b].

O palco judicial é o palco em que são adequadas a desigualdade de força e a superioridade do direito. Tudo é preparado para que eles se manifestem simultaneamente e com verdade.

Estando ali como testemunha, o juiz garante que eles se manifestaram bem, que se manifestaram com verdade.[c]

---

a. Palavra riscada: "verdade".
b. O manuscrito traz na margem: "A razão da forma".
c. O texto a seguir corresponde a uma passagem riscada [fls. 7-8]:
"(Estamos muito longe do que constitui a distribuição posterior:
um juiz que na suspensão das forças
vê a verdade
e decide onde está o direito.)

Enquanto a prova estabelece "fatos" pelos quais se ordena o direito, que por sua vez deve submeter igualmente todas as forças, o teste instaura "acontecimentos" em que se manifesta a desigualdade (a desigualdade solidária dos direitos e das forças). [233/8]

Ritualização de uma série de *acontecimentos* na forma de teste[a], de luta, de sucesso e de fracasso.

B. A intervenção do procurador do rei, da ação judicial *ex officio*, abala esse sistema. O procedimento acusatório no qual os dois adversários estão frente a frente e no qual o processo judicial regulamenta entre eles um teste de força cujo resultado é incerto já não é possível. [234/9]

O "mais poder" está definitivamente assentado, de uma vez por todas, num lado, e num único lado: no lado da acusação[5].

– Se há um acusador privado, há atrás dele esse suplemento de poder que é o[b] procurador.

– Se há apenas o procurador, ele não está em situação de duelo com relação ao acusado, visto que é o representante do próprio poder daquele que é o soberano-[c]guardião da ordem.

Isso tem como consequências que:

1/ a acusação como ritualização de acontecimentos-testes na forma de luta (com possibilidades de ganho e de perda de ambas as partes, reversibilidade da pena) já não é possível. O rei não pode ser punido se seu paladino for derrotado[6]. O rei é guardião da ordem;

2/ o tribunal não pode mais ser a instância que constata o resultado de um jogo no qual cada direito é em si mesmo sua própria força; ele é a instância que representa a outra face do poder. O poder-justiceiro. O poder de decidir[d] quem tem razão e quem está errado, quem deve pagar e quanto; [235/10]

No espaço do tribunal medieval, nessa 'liça' do duelo judicial que é a forma mais visível, mais simbólica (mesmo que não seja única), a distribuição do juiz, dos litigantes, da verdade, da força, do direito, da igualdade e da desigualdade, da decisão, em suma, todo o jogo da atribuição da pena obedece a leis estritas.

– Elas são muito diferentes das que presidem a organização do espaço judiciário moderno.

– Costuma-se falar do sistema 'bárbaro' de prova. Na realidade não se trata absolutamente de prova. E sim de teste em que irrompe o pertencimento recíproco do melhor direito e da maior força."[4]

a. Essas duas palavras estão grifadas no manuscrito.
b. Palavras riscadas: "o próprio poder".
c. Palavra riscada: "justiceiro".
d. Palavras riscadas: "sobre a pena".

3/ e afinal o acusado se vê apanhado entre dois poderes: aquele que denuncia a desordem e aquele que assegura sua reparação pela sentença.

Portanto, podemos esquematizar duas séries:

[1] dano – demandante/demandado – acontecimento/teste – resultado garantido pelo poder
[2] desordem – poder/acusado – x/y – sentença imposta pelo poder[a]

O que vai possibilitar a passagem do confronto poder/acusado para a sentença imposta? Evidentemente, não pode ser um acontecimento/teste (com o que ele comporta de imprevistos).

A peça substituta que permite passar de um poder guardião da ordem para um poder portador da sentença é o *inquérito-verdade*[b].

Como ela se inseriu?[7]

[...][c]

[*]

[...] – questionando: ele tem o direito de dirigir-se a alguém, de exigir deles uma resposta; e estes têm obrigação de responder. [236/16]

O poder estabelece o notório pelo notável[9]: ele tem o direito de extrair o saber daqueles que sabem[10].

O acréscimo de poder (que o procurador manifesta no sistema penal) traduz-se por uma extração de saber. Ele subtrai saber.
(Notar a diferença entre esse "saber" ao qual o poder tem direito e a "prudência", a "sabedoria" ou ainda o dom de "visão" que é atribuído ao chefe, ao rei

    como *fons justitiae*, o rei é *prudens*, pessoalmente
    como guardião da ordem, ele tem o direito de saber, por intermédio de seu procurador.)

– Essas duas práticas[d], ao darem o meio de chegar a uma verdade fundamentada, propõem uma espécie de substituto para o flagrante delito.

Se uma coisa é bem estabelecida por inquérito, se os notáveis (ou os que devem saber) estabeleceram sua notoriedade, pode-se

---

    a. Vem a seguir uma linha riscada: "Esse lugar do acontecimento-teste vai ser ocupado pelo inquérito/verdade."
    b. Grifado no manuscrito.
    c. Em seguida faltam aqui cinco folhas (fls. 11-15) que nos parece possível situar com relação à passagem de "La vérité et les formes juridiques" correspondente às páginas 581-4 / 1449-52 (*loc. cit.*)[8].
    d. Palavra riscada: "modelos".

considerar que a coisa é verdadeira, evidente, quase atual. O inquérito proporciona uma espécie de flagrante diferido.

Pode-se recuperar o procedimento de flagrante delito[11].

– Essas duas práticas permitem introduzir no campo da penalidade certos comportamentos que não são danos a indivíduos, e sim desordens. [237/17]

O inquérito carolíngio tem como objetivo determinar:
– qual é a ordem que deve ser seguida
– e se as coisas são conformes com essa ordem.

O inquérito eclesiástico tem como objetivo:
– determinar se houve desordem (com relação à regra monástica, com relação à lei da Igreja)
– e provocar uma reparação.

O inquérito é um operador de recolocação em ordem, a partir de algo que pode ser um dano, mas pode ser outra coisa: uma irregularidade.

– Ambos colocam o acusado, o réu, numa posição totalmente singular:
– Enquanto no antigo direito germânico o acusado luta com seu acusador, nesses procedimentos de inquérito ele é objeto de um saber. Já não é aquele que deve lutar; é aquele a cujo respeito é preciso saber.

Ele estava num campo de força; agora está numa esfera de saber. [238/18]

– No direito de tipo germânico, o acusado ganhava ou perdia; agora, "sabe-se" ou "não se sabe"[a] a respeito dele. Ele é trazido à luz ou permanece oculto.

Está preso na oposição luz/escuridão e não mais ganho ou perda.

– Por fim, no direito germânico, ele sempre tinha a possibilidade de assinar sua própria perda; podia desistir a qualquer momento. Agora ele pode tornar-se o enunciador de sua verdade, ao tornar-se, pela confissão, seu próprio denunciante[12]. Com a ambiguidade moral que isso comporta.

– Por fim, o inquérito introduz no sistema penal dois elementos que vão tornar-se fundamentais:
– a verdade, tal como foi estabelecida por testemunhas, pelos que viram[13];
– a escrita, que retranscreve o que foi dito; e transmite a atualidade[14].

---

a. O manuscrito não traz aspas.

Duas transferências de atualidade:
- o depoimento, que transfere o flagrante delito → inquiridor
- a escrita, que transmite o depoimento → juiz.

A verdade vista e a escrita fiel substituem o acontecimento-teste.

*

# OBSERVAÇÕES COMPLEMENTARES A RESPEITO DO SISTEMA PENAL E DOS EFEITOS DE SABER[a]

1. *A confissão e o teste*  [239/1]

– Demos uma caracterização maciça dos dois sistemas:

$$\text{– dano} \left/ \frac{\text{demandado}}{\text{demandante}} \right/ \frac{\text{teste}}{\text{acontecimento}} \rightarrow \text{resultado}$$

$$\text{– desordem} \left/ \frac{\text{procurador}}{\text{acusado}} \right/ \frac{\text{inquérito}}{\text{verdade}} \rightarrow \text{julgamento}$$

O efeito de saber não estava ausente do primeiro sistema: estava até mesmo precisamente localizado no teste/acontecimento; consistia em que o triunfo da maior força manifestava a validade do melhor direito.

No segundo sistema, o efeito de saber é muito diferente: a responsabilidade (total ou parcial, exclusiva ou paralela) do poder pela acusação
 – excluía o modelo da luta
 – e trazia o do flagrante delito, i. é, do[b] delito visível [por] todos, devidamente constatado e ocasionando a sentença devido a sua evidência[15].

Daí, técnicas de atualização ou de reatualização do delito:  [240/2]
   – inquérito
   – depoimentos
   – escrita
   – confissão
produzindo um efeito de saber muito diferente[16].

a. Foucault começa aqui uma nova explanação com esse título, precedido de "Aula nº 13".
b. Palavra riscada: "crime".

– Mas é preciso observar que nesse conjunto o inquérito e a confissão estão, um em relação ao outro, numa posição privilegiada.

a. Eles são complementares:
A confissão, no limite, faz as vezes do inquérito. É a atualização perfeita. Considera-se que aquele que confessa renuncia ao teste do inquérito[17].

O inquérito bem-feito, exaustivo, equivale, no limite, a um flagrante delito ou a uma confissão[18]. A confissão, perfeição do inquérito, flagrância.

Isso é muito menos válido para a Inglaterra: o inquérito é um velho procedimento administrativo; sua reatualização na penalidade deu-se mais diretamente, sem passar pela Igreja. Empirismo inglês: vem daí?[19]

Na França, ao contrário, importância muito maior da confissão. O sujeito falando em primeira pessoa, marca da verdade. Ligação entre a primeira pessoa e a evidência[20].[a]

b.[b] O processo tem como objetivo: [241/3]
– fazer dizer o que se sabe
– ajustar o que uns e outros dizem
– permitir que o juiz decida quem diz a verdade.

O novo processo desloca inteiramente as funções do discurso:
– não mais jogo, luta, teste
– e sim descoberta de uma verdade. O discurso já não é o lugar das artimanhas, das armadilhas, dos erros, dos esquecimentos; é o lugar onde a verdade, voluntária ou involuntariamente, é dita.

---

a. Parágrafo deslocado por Foucault no manuscrito.
b. O manuscrito traz uma passagem riscada:
"Enquanto no inquérito o acusado é objeto, na confissão ele é sujeito. Tanto que no novo processo penal ele já não é aquele que perde ou ganha, e sim aquele que sabe e sobre o qual se sabe."
O manuscrito traz no verso da mesma folha [241/3] a seguinte passagem, riscada:
"Isso pressupunha técnicas de atualização ou de reatualização do delito
– inquérito
– depoimentos
– escrita
– confissão.
Nesse conjunto o inquérito e a confissão estão um diante do outro numa posição complementar
– a confissão ocupa o lugar do inquérito
– o inquérito bem-feito equivale a uma confissão.
O acusado é objeto do inquérito."

E onde ela é dita sobre o acusado; onde ela é dita pelo acusado. O acusado é aquele que no discurso penal ocupa, sem mover-se, ora a posição de objeto ora a posição de sujeito[a].

Daí técnicas como: – a acareação
– o interrogatório.

"Tendo sido dito isso sobre vós, o que tendes a dizer?"

Escrever uma história do interrogatório. Não se [deu] atenção suficiente ao fato de o poder arrogar-se o direito de fazer perguntas: o poder não só cobra impostos, obriga ao trabalho, recruta soldados e envia para a morte, mas também faz perguntas, às quais é preciso responder. Ele recolhe saber, e a respeito daquele mesmo a quem faz uma pergunta. Deves dizer-me o que sabes sobre ti[21]. [242/4]

Na constituição do "sujeito" consciente, sabedor etc., o papel da interrogação como forma de exercício do poder é capital. Talvez mais do que a teologia[22].

c. Por fim, devemos observar que o inquérito/confissão, ao mesmo tempo que substituiu o acontecimento/teste, durante muito tempo permaneceu ligado a sua forma.

– Durante muito tempo o inquérito continuou sendo um teste:
– os nobres exigiram (e conseguiram) que a submissão ao inquérito fosse voluntária, pelo menos para eles[23];
– temos testemunho de formas intermediárias. Dois homens são acusados de um assassinato. O juiz procura acusadores. Emprega todos os meios para suscitá-los. Ao mesmo tempo, mantém presos os suspeitos para forçá-los a confessar.

Isso está a meio caminho entre o inquérito e o teste[24].

– Mas foi principalmente a confissão que durante muito tempo manteve o aspecto de teste. [243/5]

Empregar certos meios capazes de proporcionar a confissão, e, se os meios fracassarem, então o acusado terá vencido o teste, como teria vencido o teste ordálico.

Esse é o ponto de inserção da tortura:

(a) que reaparece nesse momento,
(b) e que deve ser compreendida como o ordálio da verdade (por oposição ao ordálio do melhor direito).

a. O manuscrito traz na margem: "Inquérito
confissão".

Esse caráter de teste se manifesta no fato de que a tortura
- intervém tardiamente, no último momento, quando todos os outros meios já foram utilizados.
- É uma espécie de duelo com o representante do poder. Se o acusado houver suportado a tortura, o outro não pode aplicar a pena total – em certo sentido, o juiz perdeu.
[Sobre isso, muitas complicações e sutilezas: suportar não é ser empedernido? Ao passo que a confissão reconhece, mas purifica. Em termos religiosos: não será o demônio que dá forças para suportar? E, forçando alguém a confessar, não se estará ajudando-o a salvar-se?[25]

Toda uma ética e uma teologia da confissão da verdade. Ligação ética e religiosa do sujeito com a verdade.][a]

- A remanescência do teste no sistema penal do inquérito é observada também em outra característica processual: o sistema das provas legais[26]. [244/6]

No palco penal a verdade é buscada de acordo com formas e critérios canônicos. Não se dá ao juiz liberdade para encontrar os meios de verdade que lhe pareçam mais convincentes. A verdade é menos uma questão de convicção do que uma questão de teste bem-sucedido ou não.

- Assim, são estabelecidos o número e a natureza das provas para o latrocínio; outro número [...][b] para o homicídio; outro para o roubo. Quanto mais importante é o crime, maiores são o número e a dificuldade das provas[27].
- No final da instrução algumas provas podem ter sido obtidas, "felizes", e as outras falham.

Então a condenação levará em conta o número de provas reunidas.

Sistema curioso, que mostra bem que não se trata de uma verdade-convicção, e sim de uma verdade-teste. O juiz não tem o papel decisivo que terá mais tarde, julgando "em sua alma e consciência".

Ele registra as provas, assim como garantia a regularidade dos testes[28].

Esse sistema das provas legais se manterá até o final do século XVIII. Reforçado: [245/7]
- pela importância atribuída à opinião pública, à *fama*. Alguém que tiver contra si muitas testemunhas ou provas não pode ter boa reputação; não se pode agir para com ele como se isso nada significasse;

a. Parágrafo entre colchetes no manuscrito.
b. Palavra ilegível.

– pelo esboço ainda muito rudimentar de um pensamento probabilístico. Determinado número de sinais de uma coisa dá um grau correspondente de certeza (cf. o pensamento médico).

De modo que esse arcaísmo (da verdade-teste) se viu reativado: encontrou um horizonte teórico que, de certo modo, o naturalizou no século XVIII.

Em todo caso, entrosou-se no sistema da demonstração jurídica uma relação entre prova, probabilidade e certeza cuja fortuna epistemológica (e cujos avatares) está longe de ser esgotada pelas singularidades processuais que pudemos constatar[29].

## 2. O inquérito e a medida [246/8]

Não pensar que esses efeitos de saber ligados ao inquérito sejam todos determinados por uma modificação no processo penal.

Na realidade, o processo penal utiliza, a partir dos séculos XIII-XIV e em ligação com uma estatização inicial da justiça, uma forma mais antiga, mais ampla e que mais ou menos na mesma época foi fortemente reativada[30].

Ela é utilizada particularmente:

– no direito civil, para todas as contestações de propriedade, de encargos financeiros, de dívidas. Ligada ao desenvolvimento do comércio e do novo *status* jurídico da propriedade;

– na legislação: a reforma e a redação dos costumes serão feitas no final de investigações do mesmo tipo;

– nas lutas sociais que opõem a burguesia à feudalidade ou ao clero, os proprietários a seus arrendatários.

No momento em que a propriedade feudal é atingida pelo aumento dos preços e pela sangria demográfica, tenta-se valorizar os antigos direitos:

– no processo administrativo de centralização. O poder régio se estabelece por investigação; [247/9]

– nas novas formas de controle que a Igreja exerce sobre a população (*inquisitio*)[31].

[Há] os grandes séculos da *inquisição*, como houve os grandes séculos da *medida*[32].[a]

a. Como a medida, essa é uma forma de poder-saber; ou seja, o poder se estabelece pela aquisição e pelo exercício desse saber.

---

a. Palavras grifadas no manuscrito: "inquisição" e "medida".

Entre os gregos, foi preciso haver um poder para estabelecer a medida das terras, a medida das propriedades, das dívidas, a medida das mercadorias. Aqueles que podiam medir, aqueles a quem essa tarefa era confiada tinham o poder. Mas eram os que impunham a medida que estabeleciam o poder deles.

A medida criava poder e o poder criava medida. Deslocamento do poder, deslocamento do saber; mais saber, mais poder; mais poder-saber impondo-se como lei[33].

Do mesmo modo, ainda que em lutas e processos diferentes, o poder[a] mantém-se, desloca-se, centraliza-se, enfia-se nas práticas cotidianas e vai se ampliando na medida de um reino, usando, entre outros instrumentos (os impostos e o exército), o inquérito. E inversamente o inquérito, que faz perguntas, extrai saber, centraliza-o, transforma-o em decisão, é um exercício do poder.

Pelo inquérito o saber cria poder que cria saber. [248/10]

b. Entretanto, há um desequilíbrio bastante notável com relação à medida.

– É certo que a medida se baseava num saber prévio e, de modo muito rudimentar, sem dúvida se baseava numa certa forma de inquérito[34].

– Em contrapartida, o inquérito, por sua vez, é uma forma de arrecadação do saber. É um modo de subtrair o saber, de fazê-lo passar para outro lugar, de reuni-lo, de dar-lhe outra forma e de convertê-lo em decisão.

– A medida e o inquérito não se opõem; não estão no mesmo plano. O inquérito pode ser determinada maneira de chegar à medida. Ambos podem articular-se entre si.

A medida é um tipo de poder-saber que tem a forma da delimitação, da composição, da reequilibração, da distribuição; possibilita uma manutenção ou um deslocamento da riqueza e do poder.

O inquérito é um tipo de poder-saber que tem a forma da arrecadação do próprio saber e de sua redistribuição. É uma forma de poder-saber que diz respeito não mais às coisas (propriedades, mercadorias, fortunas, colheitas, estações do ano), e sim ao saber.

E, enquanto a medida grega possibilitava que se mantivesse a arrecadação das riquezas, o inquérito constitui em si mesmo uma arrecadação de saber, que possibilita secundariamente, pelos fortalecimentos políticos que autoriza, uma arrecadação de riqueza. [249/11]

a. Palavra riscada: "centralizado".

A medida: instrumento e forma de um poder de distribuição.

O inquérito: instrumento e forma técnica de um poder de informação.

– Nessas condições compreende-se que a inserção do saber no poder, a disposição recíproca do poder e do saber não ocorra do mesmo modo institucional na sociedade grega e na sociedade medieval.

– Na Grécia, o poder, aquele que governa, deve conhecer a medida. Deve ao mesmo tempo saber e ser justo; geômetra e sábio; conhecer o princípio de proporção das coisas e o princípio de equilíbrio das cidades.

É na forma da pedagogia (do governante e do cidadão) que se opera a ligação entre o poder e o saber: aquele que tem mais saber deve ter mais poder; e aquele que tem mais poder deveria ser o mais avançado no saber.

[250/12]

O tema do chefe filósofo; o problema da educação do cidadão; como tornar-se o melhor, o mais sábio e o mais forte[35].

– As coisas são muito diferentes no sistema de poder-saber que se organiza na Idade Média: o saber de que o poder necessita, o saber que ele convoca e ao qual dá espaço é o saber arrecadado, canalizado, acumulado, convertido em decisão; o governante, sendo aquele que chama para si esse saber, percorre-o e depois disso julga sobre a decisão que deve ser tomada.

O governante deve julgar e julgar bem; mas o saber existe antes dele, ao redor dele, [é] incessantemente coletado, registrado, acumulado. Resumindo, saber e poder não se ligam na forma de uma pedagogia, e sim de uma burocracia.

O poder-saber entre os gregos é comandado pelo sistema medida-pedagogia.

Na Idade Média começa a delinear-se uma forma de poder-saber comandada pelo sistema inquérito-burocracia. E a pedagogia ocidental (do modo como aparece nas universidades medievais) tem como fim principal formar não [...][a] "governantes", e sim burocratas, administradores, elementos para o processo de acumulação, de circulação, de registro do saber.[b]

[...][c]

---

a. Duas palavras ilegíveis.
b. O manuscrito traz na margem: "o erudito e o administrador".
c. Folhas 13 a 18 faltantes.

[*]

[...] – analisar os tipos dessa extração do sobressaber: o tipo administrativo, o tipo econômico, o tipo científico, o tipo tecnocrático[36];
 – analisar qual distribuição social ela ensejou. Essencialmente, o aparecimento daqueles dois personagens gêmeos que são o investigador e o notável:
 – o investigador, instrumento de extração e até mesmo de concentração, instrumento direto ou indireto do aparelho de Estado ou do poder;
 – o notável, aquele que sabe e que aceita que coletem seu saber, que já o coletou; que é testemunha e fiador; mas que pode recusar a verdade. Complementar do aparelho de Estado, muito próximo[37].

Esse personagem *bifronte* (do qual extraem e que extrai) é o personagem tão importante na sociedade capitalista: o intelectual.

O intelectual é o extrator de sobressaber, indispensável para o poder, mas em posição de chantagem e de recusa. Muito próximo dos aparelhos de Estado, sempre [disposto a] tornar-se funcionário; e sempre disposto a ser o intelectual "protestador", fora do jogo, que se recusa a extrair saber (poeta, escritor) ou que pretende colocar seu saber a serviço da classe dominada[38].

Por fim, seria preciso analisar as lutas a respeito dos inquéritos, a favor ou contra a constituição do sobressaber:
 – por exemplo, lutas entre os artesãos e os manufatureiros (segredo)[a]
 – lutas dos operários para realizarem eles mesmos seus próprios inquéritos, para falarem em seu próprio nome, contra os inquéritos administrativos[39].

Luta no século XIX por um "saber popular" oposto ao saber "inquisitorial" ligado ao "mais poder" da burguesia.

A escola pública talvez tenha sido a solução:
 – obrigar a classe operária a receber uma forma de educação canonicamente estabelecida
 – sem dúvida os professores primários são [...][b], mas o saber que eles mesmos recebem e que são encarregados de transmitir foi realmente formado a partir do sobressaber regularmente subtraído.

---

a. O manuscrito traz na margem: "podemos falar de uma verdadeira rapina de saber".
b. Ilegível.

A hierarquia Universidade-*Lycée*-Escola\*, a continuidade descendente, mas não ascendente, desses três níveis fecha o sistema; impede a constituição de um saber popular. Ao passo que a independência da universidade, sua "autonomia", seu desinteresse destinam-se a ocultar que na raiz do saber que ela distribui há extração do sobressaber[40].

N.B. É preciso destacar o cuidado com que foi mascarada essa formação de um sobressaber, a tal ponto que todas as análises foram invertidas. [253/21]

Entre essas precauções, uma das mais constantes foi a insistência na separação entre técnica e ci[ência], saber empírico e conhecimento científico. A insistência em destacar o desnivelamento de racionalidade, o limiar de cientificidade.

– Não se trata absolutamente de dizer que esses saberes estão em continuidade.

– Mas o problema é saber o que acontece "entre", naquilo que é apresentado como vazio, escansão, cesura: como foi produzido esse sobressaber cujo efeito é a ciência ou o que se apresenta como ciência.

A noção de corte epistemológico como limiar de cientificidade talvez seja a transposição desse mascaramento[41].

4.ª [254/22]

O problema posto no ano passado era o da "vontade de saber"[42].

– A análise filosófica tradicional colocava o conhecimento (o sujeito cognoscente) na origem, na raiz do conhecimento:

  o sujeito já presente
  o conhecimento já atuando
  o conhecido já dado.

  Psicologia da curiosidade, metafísica da memória e do esquecimento (que bem podemos transpor para vestígio/recalque).

– A análise nietzschiana que por trás do conhecimento busca algo muito diferente do conhecimento. Algo muito diferente com relação ao qual o sujeito cognoscente e o próprio conhecimento são efeitos.

---

\* Ou seja: universidade-ensino médio-ensino fundamental. (N. da T.)
 a. No verso da mesma folha [254/22] figura esta passagem riscada:
 "4. O saber-poder e as formações discursivas
  O nível do saber-poder, com suas formas, é totalmente distinto do nível 'epistemológico' em que se analisam as ciências. É distinto também do nível 'arqueológico' das práticas discursivas."
 Pode-se supor que a menção de um intertítulo "3" tenha feito parte das folhas faltantes.

É esse algo muito diferente que estava em causa inventariar.

O que está por trás da "forma" do conhecimento, do sujeito do conhecimento, do campo aberto do que está por conhecer, do *corpus* de conhecimentos adquiridos, o que está por trás de tudo isso são relações de poder: é a mobilização de formas de poder que criam saber, o qual, por sua vez, aumenta o poder: jogo indefinido de formação, deslocamento, circulação, concentração, em que se produzem continuamente os suplementos, excessos, reforços de poder, e o aumento de saber, o mais saber, o sobressaber. É esse o nível do "poder-saber". [255/23]

É nesse nível que se dá a ligação verdadeira, profunda, decisiva com o econômico.

– O problema de saber se a ciência é rentável é importante (hoje). Mas em escala histórica a questão talvez não tenha mais sentido do que indagar se ser cientista dá o poder. Os governantes são burros e a ciência custa caro.

– É no nível não da ciência e sim do mais saber, não do governo e sim do mais poder, não da rentabilidade e sim do acúmulo de lucro que as ligações aparecem.

Nesse nível:

    o mais saber → mais poder e mais lucro

    o mais lucro → mais poder e mais saber

    o mais poder → mais saber e mais lucro[43]

Em todo caso: [256/24]

– Esse nível é fundamental com relação ao conhecimento. A constituição de um "sujeito de conhecimento", o recorte de um "objeto a conhecer", o que se chama de ato de conhecimento são os efeitos históricos, e localizados em nosso tipo de civilização, desses processos do poder-saber.

– Esses processos não se leem diretamente como traços ou estruturas no interior da ciência. É por uma série de brechas e de defasagens que se pode passar do nível da ciência para o nível do poder-saber.

Os dois descolamentos principais são:

– O que permite passar das ciências, ou pretensas ciências, para grandes tipos de técnicas discursivas e por intermédio das "matrizes epistemológicas".

A análise dessas matrizes epistemológicas permite descobrir maneiras de recortar, delimitar, constituir campos de objeto, definir as posições do sujeito, regular a formação dos conceitos e das teorias. [257/25]

Assim, por intermédio dessas matrizes epistemológicas, passa-se da descrição histórica das ciências para sua "arqueologia"[44].

– O segundo descolamento permite passar das práticas discursivas para o nível do poder-saber por intermédio dessas matrizes "jurídico-políticas" do saber que são a medida, o teste, o inquérito.

Assim, nas grandes ciências empíricas do Ocidente, como a biologia ou a gramática, não se encontra o inquérito administrativo propriamente dito; mas o inquérito como forma de exercício do poder e de constituição de um sobressaber produziu práticas discursivas (para tipos de descrição, de análise, de recorte do objeto, posicionamento do objeto) que se estabilizaram, se corrigiram, se reforçaram mutuamente em seu próprio nível. Também nesse nível elas foram corrigidas, retificadas por outras formações discursivas. Novo tipo de formação de um mais saber.

E foram essas formações discursivas que deram ensejo a ci[ências], [258/26] que em seu próprio nível produzem mais saber[45].

Mas procurar o princípio desse "mais saber" característico do nível científico no "avanço" da racionalidade é explicar os efeitos do ópio por sua virtude dormitiva[46].

Temos, portanto, três níveis:
– a história das ci[ências] a partir da qual a redução às matrizes epistemológicas permite passar
– para a arqueologia do saber: a partir da qual a emergência das matrizes jurídico-políticas do saber
– permite passar para o nível do saber-poder. Nível em que se ligam o mais lucro, o mais poder e o mais saber. Estudo da dinástica do saber.

Uma observação final. [259/27]

A análise de outras matrizes jurídico-políticas fará aparecer ao lado do inquérito e da medida outro esquema do poder-saber.

Os novos tipos de penalidade, de controle e de repressão nos séculos XVIII-XIX fizeram surgir a forma do exame:
    exame de normalidade
    exame de nível
    exame de moralidade
    exame de saúde (mental ou não)
sobre os indivíduos ou os grupos.

É daí que será extraído um sobressaber cujo efeito será o surgimento das ciências humanas.

A partir das três matrizes jurídico-políticas nasceram as ciências:
- medidoras do$^a$ κοσμος*,
- descritivas da natureza,
- normativas do homem[47].

*

NOTAS

1. Sobre essas "operações ideológicas", cf. *supra*, particularmente as aulas de 23 de fevereiro e 1º de março de 1972. Foucault sempre desconfiou da noção de ideologia, utilizada pelos althusserianos e que na mesma época entra no vocabulário de Canguilhem ("Qu'est-ce qu'une idéologie scientifique?" data de 1969; ironicamente, Canguilhem afirma que é "por influência dos trabalhos de *Michel Foucault* e de Louis Althusser" que ele a introduz em seus próprios trabalhos).
Foucault critica a ideologia particularmente por basear-se numa oposição simplista entre ciência e não ciência (cf. *L'Archéologie du savoir*, Paris, Gallimard/nrf, 1969, pp. 240-3 [ed. bras.: *A arqueologia do saber*, 8ª ed., Rio de Janeiro, Forense Universitária, 2015]) e principalmente por pressupor como *dada* a relação de conhecimento, entendida como uma relação do sujeito com o objeto que poderia apenas ser simplesmente "perturbada, obscurecida" pelas relações econômicas, sociais e políticas (ver, por exemplo, "La vérité et les formes juridiques", *loc. cit.* [*DE*, II, nº 139]). Como todo o projeto de Foucault, desde *Aulas sobre a vontade de saber*, consiste em mostrar como as relações de poder (aqui, as práticas penais), ligadas a condições políticas e econômicas determinadas, são, ao contrário, "aquilo pelo qual se formam os sujeitos de conhecimento e, portanto, as relações de verdade", ele procurará sistematicamente distanciar-se dessa abordagem. É o caso no Resumo do curso ("poder e saber não estão interligados unicamente pelo jogo de interesses e de ideologias", *infra*, p. 209), em "La vérité et les formes juridiques" (ver principalmente a primeira conferência e as correções de Foucault a uma pergunta feita por M. J. Pinto, p. 630 / pp. 1498-9: o sujeito não é "de modo algum [formado] pela ideologia. Especifiquei bem que não era uma análise de tipo ideológico que eu estava apresentando") e em *La Société punitive* (*op. cit.*, principalmente pp. 236-7, em que Foucault contrapõe sua análise ao "esquema da ideologia"; cf. *ibid.*, Situação do curso, pp. 296-8). As duas críticas feitas ao marxismo, com relação ao poder e à ideologia, são finalmente as seguintes: (1) postular um vínculo analítico entre "a essência concreta do homem e o trabalho", ao passo que o homem "está ligado ao trabalho, no nível de sua vida e de seu corpo, apenas por uma relação de poder" (*La Société punitive*, p. 224); (2) postular um vínculo analítico entre o sujeito e as formas do conhecimento, considerados como dados, ao passo que são as relações de poder que "põem à mostra [...] formas totalmente novas de sujeitos, de sujeitos de conhecimento" e ligam esses sujeitos a essas formas históricas particulares de veridicções ("La vérité et les formes juridiques", *loc. cit.*, p. 539 / p. 1407).
2. Cf. H. Brunner, "La parole et la forme dans l'ancienne procédure française", *loc. cit.* [*supra*, p. 115, nota 16], p. 30. As duas folhas desta aula que faltam (4-5) podem ser proveitosamente supridas recorrendo-se a alguns trechos de "La vérité et les formes juridiques", 3ª conferência, pp. 574-6 / pp. 1442-4 (e, mais precisamente, de: "No direito feudal, o litígio entre dois indivíduos era resolvido pelo sistema do *teste* [...]" até: "[...] a separação

---

a Termo riscado: "[d]a medida".
* Leia-se "*kósmos*". (N. da T.)

da verdade e do erro entre os indivíduos não desempenha nisso nenhum papel; existe simplesmente a vitória ou o fracasso.").

De fato, é muito provável que essa passagem à qual remetemos repita, pelo menos em sua estrutura geral, a explanação faltante apresentada por Foucault nesta 13ª aula. Vamos lembrar aqui seus pontos principais. O direito feudal é apresentado como organizado sobre "o sistema do teste", ou seja, como uma série de testes que podem ser: (1) testes sociais (o número de testemunhas que o indivíduo consegue reunir mostra sua importância social); (2) testes de tipo verbal (importância das fórmulas rituais e das formas a respeitar); (3) testes mágico-religiosos (como o juramento); (4) testes corporais (como os ordálios). Essa série de testes apresenta duas características: (1) segue um sistema binário: ou o indivíduo aceita o teste ou desiste dele; se desistir, perde o processo. (2) Termina com uma vitória ou um fracasso: não há uma sentença, dada por um terceiro em função da verdade dos fatos, e sim a vitória ou o fracasso de uma das partes, constatado por esse terceiro.

3. Retorna aqui a noção de "dinástica" oposta à "semiologia" mencionada na aula de 15 de dezembro de 1971 (cf. *supra*, pp. 44 [58/14] e 50-2, nota 16). Pode ser útil comparar esta análise das relações entre teste e verdade com as análises que Foucault propunha de l'αγωνώ [*agón*] na Grécia arcaica (*Leçons sur la volonté de savoir, op. cit.*, pp. 69-84). Se o teste remete à dinástica, é porque implica primeiramente certa relação diferencial de forças; em seguida, a conformação dessa relação em regras e rituais; por fim, a ideia de que essas regras e esses rituais expressam adequadamente essa relação. A noção de teste tem um papel essencial na interpretação do sistema judicial germânico e medieval em Foucault, para diferenciá-lo do dispositivo que se instala por meio do inquérito, do sistema de provas, do procurador e das testemunhas. Sobre esse ponto, ver "La vérité et les formes juridiques", *loc. cit.*, pp. 574-7 / pp. 1442-5. Foucault contraporá o teste ao inquérito e ao exame como instâncias de julgamento em *La Société punitive, op. cit.*, pp. 200-1, e o recolocará numa história da verdade que contrapõe a série "verdade-teste-acontecimento" (na qual situa a noção médica de "crise") à "verdade-conhecimento", "verdade-demonstração" em *Le Pouvoir psychiatrique, op. cit.*, pp. 235-47.

4. Sobre a questão do sistema de "provas" dos bárbaros, cf. J. Declareuil, "Les preuves judiciaires dans le droit franc du Vᵉ au VIIIᵉ siècle", *Nouvelle Revue historique de droit français et étranger*, 1898, 22º ano, pp. 220-68, 457-88, 747-62, e 1899, 23º ano, pp. 79--109 e 188-212 (Fundo BnF); ver também J.-P. Lévy, *La Hiérarchie des preuves dans le droit savant du Moyen Âge, op. cit.* Esse sistema é apresentado como "irracional" por oposição ao sistema fundamentado no depoimento, no inquérito e na confissão. Para uma crítica dessa leitura em termos de racional/irracional, cf. "La vérité et les formes juridiques", *loc. cit.*, pp. 584-5 / pp. 1452-3.

5. Essa noção de "mais poder", assim como as de "mais saber" e de "mais lucro", que Foucault introduz mais adiante nesta aula (*infra*, p. 197 [255/23]), parecem forjadas nos moldes do "mais-de-gozar" que Lacan havia teorizado em sua aula de 13 de novembro de 1968. Encontra-se nessa aula um conjunto de problemas análogos aos tratados aqui por Foucault por meio do conceito de "dinástica": o problema do "fora do sentido" e do "não pensamento" que constituem a ordem discursiva e o jogo dos significantes ("e não do sentido [...] como toda a fenomenologia supõe", especifica Lacan); o "mais-de-gozar" como função, que permite uma certa compensação da "renúncia ao gozo" necessária para o funcionamento do aparelho significante e, ao mesmo tempo, é condição de formação do sujeito do discurso. (É em torno do "mais-de-gozar que se constitui a relação que [...] nos permite ver realizar-se essa soldadura, essa precipitação [...] que faz com que possamos unificar um sujeito como sujeito de todo um discurso"). De certo modo, assim como a "dinástica" permite a Foucault sair da "semiótica" ou dos sistemas regrados de signos para explicar as condições de sua formação pelos mecanismos de poder (cf. aula de 15 de dezembro de 1971, *loc. cit. supra*, nota 3), o "mais-de-gozar" permite a Lacan sair do jogo regrado e repetitivo de significantes para explicar as condições de formação e reprodução deste pelo duplo mecanismo de renúncia ao gozo e de um "mais-de-gozar" que compensa em certo nível essa renúncia por meio do discurso. Cf. J. Lacan, "De la plus-value au plus-de-jouir",

primeira aula inédita do seminário "D'un Autre à l'autre", de 13 de novembro de 1968; texto estabelecido por J.-A. Miller, *Cités*, 2003/4, nº 16, pp. 129-42.

6. "La vérité et les formes juridiques" explicita esse ponto e vai além: "compreende-se que a liquidação judicial já não pode ser obtida pelos mecanismos do teste. O rei ou seu representante, o procurador, não podem arriscar sua própria vida e seus próprios bens toda vez que um crime é cometido. [...] É preciso encontrar um novo mecanismo que já não seja o do teste, da luta entre dois adversários, para saber se alguém é culpado ou não" (*loc. cit.*, pp. 580-1 / pp. 1448-9).

7. Foucault fará do aparecimento do "inquérito" como forma específica de poder-saber, ligada à formação do Estado medieval, o objetivo principal do curso em seu Resumo do curso (*infra*, pp. 209-14). Esse estudo sobre o inquérito como matriz de saber distinta tanto da medida (que foi objeto do curso de 1970-1971) como do exame (que seria objeto do curso de 1973-1974) é esboçado, para o período grego dos séculos VI-V, na aula dada em março de 1972, em Buffalo, e depois em outubro de 1972, na Cornell University, "Le savoir d'Œdipe" ([O saber de Édipo] in *Leçons sur la volonté de savoir*, pp. 225-51), e será retomado em "La vérité et les formes juridiques". Sobre o período medieval, Foucault baseia-se, para sua análise da gênese do procedimento inquisitório e do inquérito, nos trabalhos de: A. Esmein, *A History of Continental Criminal Procedure, op. cit.*; Y. Bongert, *Recherches sur les cours laïques du X<sup>e</sup> au XIII<sup>e</sup> siècle, op. cit.*; J.-P. Lévy, *La Hiérarchie des preuves dans le droit savant...*; M. Guillemard, *L'Enquête civile en Bourgogne*, Dijon, Nourry, 1906; P. Guilhiermoz, *Enquêtes et Procès. Étude sur la procédure et le fonctionnement du Parlement au XIV<sup>e</sup> siècle*, Paris, A. Picard, 1892 (Fundo BnF). Para trabalhos mais recentes sobre a questão, ver, por exemplo: C. Gauvard (org.), *L'Enquête au Moyen Âge*, Roma, École française de Rome, 2008; M. Dejoux, *Les Enquêtes de saint Louis*, Paris, PUF, 2014; R. Jacob, *La Grâce des juges, op. cit.*, pp. 249-307.

8. Essas folhas faltantes provavelmente detalham os dois modelos de inquérito que antecedem o estabelecimento definitivo do procedimento inquisitorial: o inquérito "carolíngio", de tipo administrativo, do qual dizem derivar (sem dúvida erroneamente) o inquérito jurado ou "*inquisitio per patriam*" que vai impor-se na Inglaterra normanda (sobre esse ponto Foucault baseia-se em F. Joüon des Longrais, "Le droit criminel anglais au Moyen Âge [1066-1485]", *Revue historique de droit français et étranger*, t. 34, nº 3, 1956, pp. 391-435 [Fundo BnF]; cf. também *id.*, "La preuve en Angleterre depuis 1066", em *Recueil de la Société Jean Bodin*, t. XVII: *La Preuve. Deuxième partie*, Bruxelas, Librairie Encyclopédique, 1965, pp. 193-274); e o inquérito eclesiástico, originário da *visitatio* do bispo a sua diocese e que procedia por uma *inquisitio generalis* durante a qual o bispo interrogava os notáveis para saber se algo acontecera em sua ausência, e em seguida por uma *inquisitio specialis* para identificar o autor preciso da falta e sua natureza. Cf. "La vérité et les formes juridiques", *loc. cit.*, pp. 581-4 / pp. 1449-52, que dá uma ideia do modo como Foucault pode ter desenvolvido esta passagem.

9. A noção de "notoriedade" ou de "fato notório" é um elemento essencial do direito erudito medieval. O "notório" designa o que é manifesto, de conhecimento geral, e que, portanto, dispensa toda prova; pelo notório se alcança a certeza imediata e plena, ao passo que a prova traz apenas uma convicção que, quando muito, pode alcançar a "*probabilis certitudo*". O notório remete particularmente à evidência (*evidentia rei*) do que é realizado publicamente, diante de todos, como o "flagrante delito"; mas na teoria da notoriedade medieval a confissão em justiça também torna a coisa notória. Sobre essas questões, cf. J.-P. Lévy, *La Hiérarchie des preuves dans le droit savant...*, pp. 32-66.

10. Esse jogo do notável e do notório sem dúvida se refere a duas coisas: a respeito do inquérito carolíngio, "quando os representantes do soberano tinham de resolver um problema de direito, de poder, ou uma questão de impostos, de costumes [etc.,] o representante do poder convocava as pessoas consideradas aptas a conhecer os costumes, o direito ou os títulos de propriedade. Reunia essas pessoas, fazia-as jurar que diriam a verdade, diriam o que sabiam, o que haviam visto [...] O poder, para determinar a verdade, dirige-se

aos notáveis, às pessoas consideradas aptas a saber" ("La vérité et les formes juridiques", *loc. cit.*, pp. 581-2 / pp. 1449-50). Essa ideia se repete na maioria das fontes de Foucault sobre o assunto: cf. por ex. Y. Bongert, *Recherches sur les cours laïques...*, pp. 270 ss.

Do mesmo modo, por ocasião da *visitatio* do bispo, a *inquisitio generalis* supõe interrogar "todos os que deviam saber – os notáveis, os mais idosos, os mais cultos, os mais virtuosos – sobre o que acontecera na ausência [do bispo], principalmente se houvera falta, crime etc.". ("La vérité et les formes juridiques", *loc. cit.*, p. 583 / p. 1451). Aqui, Foucault baseia-se em A. Esmein, *A History of Continental Criminal Procedure*, pp. 84-5. Mais adiante nesta aula ("Observações complementares") ele volta ao problema da extração do saber, possibilitada por um "mais poder" característico do inquérito.

11. Essa ideia aparece regularmente em Esmein, em particular com relação à *aprise*: "considerava-se que um fato que fosse jurado por numerosas testemunhas e que, portanto, fosse um fato de notoriedade pública poderia ser considerado um flagrante delito" (*op. cit.*, p. 94).

12. No decorrer desta aula Foucault volta à confissão, colocando-a em paralelo com o inquérito ("Observações complementares", pp. 188-9 [240/2] ss.). A reflexão sobre a confissão, em que o sujeito se liga à verdade sobre si, ocupará continuamente Foucault nos anos seguintes. Algumas reflexões sobre o assunto são esboçadas em *Leçons sur la volonté de savoir* (pp. 83-4), e em seguida reaparecerão em muitos cursos no Collège de France (*Le Pouvoir psychiatrique*, pp. 12-3, 158-60 e principalmente pp. 238-41, em que são retomados alguns elementos de *Teorias e instituições penais* em ligação com uma história da série verdade-teste-acontecimento; *Les Anormaux, op. cit.*, pp. 155-80; *Du gouvernement des vivants. Cours au Collège de France, 1979-1980*, ed. M. Senellart, Paris, Gallimard-Seuil, col. "Hautes Études", 2012, pp. 71-106; *et passim* [trad. bras.: *Do governo dos vivos*, São Paulo, WMF Martins Fontes, 2014]). Foucault dedicará suas aulas em Louvain, em 1981, a uma história das práticas da confissão. Cf. *Mal faire, dire vrai. Fonction de l'aveu en justice*, ed. F. Brion e B. E. Harcourt, Chicago/Louvain, University of Chicago Press/Presses universitaires de Louvain, 2012 [trad. bras.: *Malfazer, dizer verdadeiro: função da confissão em juízo*, São Paulo, WMF Martins Fontes, 2018]). Sobre o lugar da confissão no processo medieval, ver, por exemplo, J.-P. Lévy, *La Hiérarchie des preuves dans le droit savant...* Foucault volta ao assunto com mais detalhes em *Mal faire, dire vrai, op. cit.*, pp. 199-206.

13. J.-P. Lévy, *op. cit.*, p. 71: "a testemunha deve falar apenas daquilo que sabe [...] deverá ter adquirido esse conhecimento pessoalmente e por um sentido corporal, '*de visu*' [...] obrigam-na a explicar ao juiz a fonte de sua informação [...] portanto, a testemunha não é um partidário. Tem apenas de dizer '*totam et meram veritatem*'". Cf. também Y. Bongert, *Recherches sur les cours laïques...*, pp. 262 e 267.

14. A questão da escrita é tratada em: A. Esmein, *A History of Continental Criminal Procedure*, pp. 106-7 e 149-56; J.-P. Lévy, *op. cit.*, pp. 72-9 e 84-106.

15. Cf. *supra*. Sobre o caráter de evidência (*evidentia facti*) do flagrante delito que o erige como fato notório, cf. J.-P. Lévy, *La Hiérarchie des preuves dans le droit savant...*, pp. 29-45.

16. Essas técnicas são objeto da análise de J.-P. Lévy, *op. cit.*, que mostra que elas se organizam de acordo com uma hierarquia (*gradus probationis*) que parte do notório até as provas semiplenas e as suspeitas. Ver toda sua obra e, para a gradação em graus de saber, as páginas 26-31.

17. Cf. *supra*, pp. 185-7 [236/16]-[238/18], e J.-P. Lévy, *op. cit.*: a confissão em justiça torna notório o fato e, portanto, equivale a uma atualização.

18. Cf. *supra*, pp. 185-6 [236/16]-[237/17] e 201-2, notas 9-10: o inquérito baseia-se na passagem do notável para o notório.

19. Sobre esse ponto, cf. por ex. F. Joüon des Longrais, "La preuve en Angleterre", art. cit., pp. 196-8: trata-se do "inquérito jurado" e da *inquisitio per patriam*, inquérito administrativo ou fiscal para o primeiro (que se encontra no *Domesday Book* em 1086, estabelecendo o recenseamento da população, do rebanho, das propriedades e dos instrumentos

aratórios após a conquista normanda); inquérito propriamente judicial para o segundo. Este dá origem ao júri inglês. A ideia de que o empirismo decorre dessas formas de inquérito é explicada no Resumo do curso, *infra*, p. 209.

20. Trata-se evidentemente de uma referência a Descartes, que, como se sabe, liga experiência de si a evidência. A leitura das páginas 29-31 da obra de Jean-Pierre Lévy sugere esse paralelo, uma vez que a notoriedade, apresentada como "*certitudo demonstrativa*" ou "*infallibilis*", em oposição à prova, é descrita como imediata, "intuitiva" e direta, por um lado; e, por outro, pelo fato de a confissão ser "assimilada à evidência", tornando notório o fato e até mesmo *fundando* a notoriedade (segundo a posição de Hugo de Pisa, resumida em *La Hiérarchie des preuves dans le droit savant...*, pp. 40-1). A referência crítica ao Cogito cartesiano é recorrente na reflexão de Foucault, desde *Histoire de la folie*, a polêmica que o contraporá a Derrida sobre esse tema ("Mon corps, ce papier, ce feu", *DE*, II, nº 102 [trad. bras.: "Meu corpo, esse papel, esse fogo", in *Ditos e escritos*, vol. X]), até seus últimos cursos no Collège de France (ver por ex. *Du gouvernement des vivants*, *op. cit.*, pp. 94-9) e *Mal faire, dire vrai*, *op. cit.*, pp. 167-9. No caso presente, estamos no cerne do projeto mencionado na aula sobre Nietzsche (em *Leçons sur la volonté de savoir*, pp. 202-5): escrever uma história do conhecimento sem referência a um sujeito originário e mostrando que a própria relação sujeito/objeto é efeito de todo um jogo de relações de força, "o jogo da marca e do querer".

21. Esse problema do modo como o poder extrai saber do sujeito e lhe faz perguntas que, para o sujeito, implicam produzir sobre si, de acordo com certas formas, enunciados de verdade e ligar-se a eles guiará Foucault em: *Le Pouvoir psychiatrique*; *Les Anormaux*; "L'évolution de la notion d'individu dangereux'" (*DE*, III, nº 220 [trad. bras.: "A evolução da noção de 'indivíduo perigoso' na psiquiatria legal do século XIX", in *Ditos e escritos*, vol. VI]); *Mal faire, dire vrai*.

22. É difícil não perceber aqui um eco da famosa tese de Althusser segundo a qual a ideologia "interpela" os indivíduos como sujeitos, no sentido de que "toda ideologia tem a função de [...] 'constituir' como sujeitos indivíduos concretos" ("Idéologie et appareils idéologiques d'État", *loc. cit.* [*supra*, aula de 23 de fevereiro de 1972, pp. 165-6, nota 10], pp. 302-7). Para Althusser a transformação do indivíduo concreto em sujeito, operada por toda ideologia, assume a forma da *interpelação* (e Foucault prefere destacar a *interrogação*), e, na realidade, depois de dar o exemplo da interpelação "policial" para ilustrar seu tema, Althusser desenvolve mais longamente a interpelação tal como é exercida na ideologia religiosa cristã, a partir principalmente de seus dogmas e reflexões teológicas (cf. *ibid.*, pp. 307-12).

23. Cf. A. Esmein, *L'Acceptation de l'enquête dans la procédure criminelle au Moyen Âge*, Paris, Thorin, 1888, pp. 9-10 (Fundo BnF). Após a morte de Filipe, o Belo, os nobres e senhores de diversas regiões (Borgonha, Champagne etc.) exigiram o restabelecimento do direito de não serem submetidos a inquérito *sem seu consentimento*, o que obtiveram em 1315 por uma série de ordenações de Luís X.

24. Cf. *ibid.*, pp. 14 ss., ou *id.*, *A History of Continental Criminal Procedure*, *op. cit.*, pp. 64-5, ou ainda F. Joüon des Longrais, "Le droit criminel anglais au Moyen Âge", art. cit., pp. 207-8. De fato, quando alguém era detido por suspeita de um crime grave, a fim de obter seu consentimento para um inquérito, era habitual colocá-lo na prisão, quase sem alimento e bebida (e até mesmo, como acontecia na Inglaterra, deitado nu no chão, com um enorme peso de ferro sobre o corpo, alimentado um dia com pão duro e no outro com água podre). Enquanto isso, procurava-se por todos os meios encontrar um acusador.

25. Foucault havia reunido um dossiê importante, marcado com "T", sobre a questão da tortura (Fundo BnF), do qual utilizará alguns materiais em *Vigiar e punir*. Por outro lado, a ligação entre tortura e ordálio da verdade prolonga as reflexões apresentadas por Foucault em *Leçons sur la volonté de savoir*, pp. 83-4, em que destacava que "haveria toda uma história a ser escrita sobre as relações entre a verdade e o suplício" e esboçava algumas reflexões idênticas às apresentadas aqui, sobre o "teste da verdade" e a confissão no teste inquisitório na Idade Média. Há algumas explanações que dão uma ideia do modo como

Foucault pode ter apresentado a questão da tortura na Idade Média em *Mal faire, dire vrai*, p. 204. Sobre o reaparecimento da tortura na baixa Idade Média (séculos XIII-XIV), Foucault baseia-se em A. Esmein, *A History of Continental Criminal Procedure*, pp. 107-14. Cf. também R. Van Caenegem, "La preuve dans l'ancien droit belge des origines à la fin du XVIIIe siècle", em *La Preuve, Deuxième partie, op. cit.*, pp. 399-403, e principalmente as cartas anexadas ao artigo, que põem em paralelo o desaparecimento dos ordálios, o avanço dos inquéritos por meio de testemunhas e o reaparecimento da tortura na Europa a partir do século XIII.

26. Sobre o sistema das provas legais e seu aparecimento, cf. A. Esmein, *A History of Continental Criminal Procedure*, pp. 251-71 e 620-6. Sobre sua pré-história, cf. J.-P. Lévy, *La Hiérarchie des preuves dans le droit savant...* Foucault apresenta uma análise semelhante em *Mal faire, dire vrai*, pp. 205-6.

27. Assim, é preciso uma prova completa, e não indícios próximos ou distantes, para punir um crime capital; ao passo que as exigências são menores para um crime punido com uma simples multa.

28. A. Esmein, *A History of Continental Criminal Procedure*, p. 251: "Para que o juiz condene nesse sistema [de provas legais] é preciso que reúna certas provas previamente determinadas [...] o juiz é como um teclado que inevitavelmente responde quando certas teclas são apertadas."

29. Essa relação entre o sistema das provas legais e a gênese de um pensamento probabilista é extremamente sensível na obra de J.-P. Lévy, *La Hiérarchie des preuves dans le droit savant...* Foucault baseia-se principalmente em C. J. A. Mittermaier, *Traité de la preuve en matière criminelle, op. cit.* [*supra*, p. 131, nota 1], p. 20, que fornece várias fontes sobre a aplicação do cálculo de probabilidades aos julgamentos criminais do século XVIII. A noção de "provável" [muito possível, quase certo (N. da T.)] vem de "*prouvable*" [que pode ser provado (N. da T.)]. Cf. I. Hacking, *The Emergence of Probability*, Cambridge, Cambridge University Press, 1975; e, mais recentemente, L. Daston, *Classical Probability and the Enlightenment*, Princeton, Princeton University Press, 1988, pp. 3-49.

30. Em "A verdade e as formas jurídicas" e em *Aulas sobre a vontade de saber* Foucault situa na Grécia, no "processo pelo qual o povo apossou-se do direito de julgar, do direito de dizer a verdade, de contrapor a verdade a seus próprios senhores", a gênese do inquérito como forma de saber. Mas, acrescenta, "muito curiosamente, a história do nascimento do inquérito ficou esquecida e perdeu-se, tendo sido retomada, com outras formas, vários séculos depois, na Idade Média" ("La vérité et les formes juridiques, *loc. cit.*, p. 571 / p. 1439). As formas "mais antigas" que Foucault tem em mente remetem aos inquéritos carolíngio, anglo-normando e capetiano.

31. Para detalhes de todos esses usos cf., por exemplo, Y. Bongert, *Recherches sur les cours laïques...*, pp. 261-76.

32. A "medida" constitui um dos temas principais de *Leçons sur la volonté de savoir* (cf. principalmente pp. 97-160): nas formas do "δίκαιον" [*díkaion*], da moeda e do "νόμος" [*nómos*]. No Resumo do curso Foucault apresenta esse curso de 1970-1971 como analisando "a *medida* [...] como forma de 'poder-saber' ligada à constituição da cidade grega", e o de 1971-1972 como voltado para o "*inquérito* [...] em sua relação com a formação do Estado medieval". Além disso, anuncia que os próximos cursos enfocarão o "*exame*". Cf. *infra*, p. 208.

33. *Leçons sur la volonté de savoir*, pp. 111-39. Os diversos tipos de "medidas" impõem-se na Grécia num contexto marcado pelo endividamento dos camponeses, por transformações militares ("revolução hoplítica") e pelo desenvolvimento do artesanato e das trocas, requerendo o estabelecimento de uma equivalência e uma mensuração das terras, dos produtos trocados etc. E isso num contexto político em que tiranos e legisladores vão atender, dentro de certos limites, as exigências de equidade e de regulação dos camponeses endividados e dos artesãos, sem com isso tocarem na distribuição efetiva das riquezas. Mas, observa Foucault, "seja tirano ou legislador, aquele que detém o poder é o mensurador

da cidade: o medidor das terras, das coisas, das riquezas, dos direitos, dos poderes e dos homens" (p. 127). Inversamente, a mensuração das propriedades, dos bens, dos rendimentos de cada um, o estabelecimento da moeda e do sistema de medidas conferem um poder considerável. Permitem arrecadar os impostos, classificar os cidadãos de acordo com seus bens e atribuir-lhes direitos políticos correspondentes, instituir *in fine* uma ordem social que assumirá a aparência do νόμος e da justa medida.

34. Cf. *supra*, nota 30: Foucault menciona essa forma de inquérito em *Le Savoir d'Œdipe*, *loc. cit.*, pp. 239-51, e em "La vérité et les formes juridiques", *loc. cit.*, pp. 570-1 / pp. 1438-9.

35. Cf. *Leçons sur la volonté de savoir*, pp. 146-9 e 156-7, em que as condições de implantação dessa configuração entre pedagogia, saber e poder são descritas para o século V a.C.: "a filosofia, a ciência, o discurso de verdade" são: "independentes do poder/ fundadores do poder/críticos do poder"; mas, na realidade, segundo Foucault, trata-se mais de um mascaramento e um desconhecimento que "oculta a dependência do político em relação ao econômico" por meio da ficção do "νόμος". Observar que Foucault vai descrever nesta aula um fenômeno semelhante a respeito das "ciências": assim como a filosofia e os discursos gregos da verdade "deve[m] falar desse espaço em branco, dessa cesura" que Foucault qualifica de "ficção de um corte real", "em que são ignoradas as relações entre o político e o econômico", assim também a epistemologia e os partidários althusserianos do "corte epistemológico" falam dessa cesura entre ciência e ideologia, ciência e senso comum, que mascara "como foi produzido esse sobressaber cujo efeito é a ciência", ou seja, os mecanismos de poder que possibilitaram a extração e o confisco do "sobressaber". Cf. *supra*.

36. A fórmula "extração do sobressaber" é uma referência direta à extração da mais--valia em Marx. Portanto, o poder não tem simplesmente o papel de permitir a extração da mais-valia, seja diretamente, como no sistema feudal, garantindo recolhimentos obrigatórios sobre os produtores, seja indiretamente, como no sistema capitalista. Ele garante também, por todo um conjunto de técnicas, a extração e a captação dos saberes. Foucault voltará a essa questão em "La vérité et les formes juridiques", *loc. cit.*, pp. 619-20 / pp. 1487-8, pela noção de "poder epistemológico" como "poder de extrair dos indivíduos um saber e de extrair um saber sobre esses indivíduos submetidos ao olhar e já controlados por esses diferentes poderes", e no final de *La Société punitive*, pp. 236-8, criticando o "esquema da ideologia", que vê o poder seja na forma da violência muda, seja na tagarelice da ideologia (isto é, do "falso" saber), e procurando mostrar os vínculos complexos que unem o poder e o saber. Nesse contexto ele explica o que chama aqui de "tipo administrativo", baseado num saber de gestão, num saber de inquérito e num saber de inquisição policial (particularmente com a obrigação de fazer relatórios), e observa: "seria preciso escrever a história desse saber de Estado, ou seja, a história da extração administrativa do saber". Essa questão é retomada, esta vez menos em termos de extração e mais de desqualificação, normalização e hierarquização dos saberes, em *Il faut défendre la société. Cours au Collège de France, 1976*, ed. M. Bertani e A. Fontana, Paris, Gallimard-Seuil (col. "Hautes Études"), 1997, pp. 159-66 [ed. bras.: *Em defesa da sociedade*, 2ª ed., São Paulo, Martins Fontes, 2016]. Nele Foucault volta sobretudo, brevemente, aos "processos de anexação, de confisco [...] dos saberes menores [...] dos mais artesanais, pelos maiores [...] os mais gerais, os mais industriais" e à luta contra os segredos artesanais.

37. Cf. *supra*, pp. 185-7 [236/16]-[238/18] e 201-2, notas 9-10.

38. A questão do papel do intelectual com relação ao poder é abordada por Foucault, na mesma época, na entrevista com Deleuze: "Les intellectuels et le pouvoir", *loc. cit.* (*DE*, II, nº 106). Nela Foucault mostra especial cuidado em evitar a colocação do intelectual como detentor do saber e da verdade e não sendo pessoalmente ator de relações de poder. Tem de admitir simultaneamente que (1) "as massas não necessitam [dele] para saber", que não necessitam dele para uma conscientização e que, portanto, há uma anterioridade do saber do povo sobre o intelectual. Mas principalmente que (2) "existe um sistema de poder

que [...] invalida [...] esse saber" popular e, pode-se acrescentar, o extrai e o confisca. Poder do qual o intelectual "é simultaneamente objeto e instrumento". É nesse nível, "contra as formas de poder [...] na ordem do 'saber', da 'verdade', da 'consciência'" que o intelectual deve lutar. Compreende-se, portanto, que um dos objetivos importantes para Foucault seja aclarar a posição do intelectual em todo um conjunto de formas de lutas em que ele corre o risco de repetir os mecanismos de extração e de confisco do saber historicamente atuante: daí sua crítica à forma "tribunal" e ao papel de "procurador" (assumido por Sartre, figura exemplar do intelectual então criticado por Foucault); e daí principalmente sua inquietude ante a forma "inquérito" que ele próprio escolheu para o GIP. Para fazê-lo ele procurará pensar uma prática do inquérito que tente sair do dispositivo de extração do sobressaber descrito aqui: trata-se de dar a palavra aos "infames", àqueles que não são "notáveis", mas que mesmo assim conhecem, e de eliminar o segredo contra o poder. Pode-se indagar se, sobre esse ponto, Foucault não ficou tentado a utilizar uma tensão entre as duas genealogias do inquérito que fará em "La vérité et les formes juridiques": a versão grega, em que "a humilde testemunha, por meio unicamente do jogo da verdade que viu e enuncia, pode sozinha vencer os mais poderosos [...] resumo de uma das grandes conquistas da democracia ateniense [...] processo pelo qual o povo se apossou do direito de julgar [...] de contrapor a verdade a seus próprios senhores" (*loc. cit.*, pp. 570-1 / pp. 1438-9), e a versão medieval, fundamentada na administração e na formação do aparelho judicial de Estado, em que o notório é estabelecido pelos notáveis e/ou extraído por um conjunto de dispositivos de poder etc. Ambivalência do inquérito que se repete na valorização das "enquetes feitas sobre os operários pelos próprios operários" que servem de modelo para as enquetes-intolerância do GIP. Cf. "Préface à *Enquête dans vingt prisons*" (Paris, Champ Libre, col. "Intolérable", nº 1, 29 de maio de 1971, pp. 3-5), *DE*, II, nº 91, ed. 1994, pp. 195-7 / "Quarto", vol. I, pp. 1063-5 [trad. bras.: "Prefácio à *Enquête dans vingt prisons*", in *Ditos e escritos*, vol. IV]. Essas enquetes agora estão reunidas na brochura *Intolérable*. Ver também P. Artières *et al.*, *Le Groupe d'information sur les prisons. Archives d'une lutte. 1970-1972*, Paris, IMEC, 2003.

39. Cf. H. Rigaudias Weiss, *Les Enquêtes ouvrières*, Paris, PUF, 1936, pp. 158 ss. As mesmas reflexões, mais desenvolvidas, encontram-se em "Par-delà le bien et le mal", *loc. cit.* (*DE*, II, nº 98), p. 1093: "Há, de um lado, todo um saber técnico dos operários que foi objeto de uma incessante extração, trasladação, transformação da parte do patronato [...] sob a divisão do trabalho, por meio dela e graças a ela, todo um mecanismo de apropriação do saber, que mascara, confisca e desqualifica o saber operário" e "no início do século XIX os operários realizaram enquetes muito amplas sobre sua própria condição. Esse trabalho forneceu grande parte da documentação de Marx." A questão do "saber operário" está na moda então: nessa época Foucault propõe que se publiquem regularmente no jornal *Libération*, que acaba de ser criado, crônicas da memória operária, que se baseiem na "própria experiência deles e ainda sem estarem enquadrados nem pelos sindicatos nem pelos partidos políticos" ("Pour une chronique de la mémoire ouvrière" (entretien avec José [Duarte] et un journaliste, *Libération*, nº 00, 22 de fevereiro de 1973, p. 6), *DE*, II, nº 117, p. 400 / p. 1268 [trad. bras.: "Por uma crônica da memória operária, in *Ditos e escritos*, vol. VI]). Em seu diálogo com Deleuze e, mais tarde, num diálogo com José, operário da Renault em Billancourt, Foucault enfatizava a primazia do saber operário sobre o dos intelectuais ("Les intellectuels et le pouvoir", *loc. cit.*, p. 308 / p. 1176, e "L'intellectuel sert à rationaliser les idées...", *DE*, II, nº 123, pp. 420-1 / pp. 1289-91 [trad. bras.: "O intelectual serve para reunir as ideias, mas seu saber é parcial em relação ao saber operário", in *Ditos e escritos*, vol. VI]). Em seguida a questão do "saber operário" será central principalmente no trabalho de Robert Linhart (*Lénine, les Paysans, Taylor. Essai d'analyse matérialiste historique de la naissance du système productif soviétique*, Paris, Seuil, 1976 [ed. bras.: *Lênin, os camponeses, Taylor: ensaio de análise baseado no materialismo histórico sobre a origem do sistema produtivo soviético*, Rio de Janeiro, Marco Zero, 1983]; *L'Établi*, Paris, Minuit, 1978 [ed. bras.: *Greve na fábrica*, 3ª ed., Rio de Janeiro, Paz e Terra, 1986]). Sobre esse assunto ver P. Saunier, *L'Ouvriérisme universitaire*, Paris, L'Harmattan, 1993.

40. A questão do papel da Universidade é abordada por Foucault em "Par-delà le bien et le mal", *loc. cit.*, e em "Conversation avec Michel Foucault", *loc. cit.* (*DE*, II, nº 89 [trad. bras.: "Conversação com Michel Foucault", in *Ditos e escritos*, vol. X]).

41. Trata-se aqui, evidentemente, de uma verdadeira provocação dirigida à tradição bachelardo-althusseriana, cujo vocabulário Foucault retoma aqui: "corte epistemológico" e "limiar de cientificidade" (sabendo que essa expressão se aplica ao próprio Foucault, que a utiliza em *L'Archéologie du savoir*, *op. cit.*, p. 244). A própria crítica retoma os termos de Althusser ("mascaramento") dando a entender que o conceito de "corte epistemológico" e a oposição ciência/ideologia são, por sua vez, elementos ideológicos que têm a função de ocultar a realidade dos mecanismos de poder que atuam na extração do sobressaber de que depende, *in fine*, o que se apresenta como ciência.

No contexto da época, essa crítica assume um relevo particular: entre 1970 e 1972, Dominique Lecourt, aluno de Canguilhem e próximo de Althusser, publicou uma série de estudos sobre Bachelard, Canguilhem e Foucault (principalmente "Sur l'archéologie et le savoir", *La Pensée*, nº 152, agosto de 1970, pp. 69-87; esses estudos estão reproduzidos em *Pour une critique de l'épistémologie*, Paris, Maspero, col. "Théorie", 1972 [ed. port.: *Para uma crítica da epistemologia*, Lisboa, Assirio e Alvim, 1973]), em que criticava a epistemologia como uma "ilusão" em nome de um materialismo histórico fundamentado na interpretação althusseriana de Marx (que se baseia na famosa tese do "corte epistemológico" pelo qual Marx sai da ideologia para fundar a verdadeira ciência da história). Como Canguilhem observará habilmente um pouco mais tarde, pode-se indagar "como um conceito fundamental de uma epistemologia ilusionista, o conceito de ruptura, majorado em seu poder pela invenção do termo "corte", pode suportar uma reinterpretação do marxismo, em sua constituição como ciência da história, em nome da qual a epistemologia é rejeitada como uma ilusão" (G. Canguilhem, "Le rôle de l'épistémologie dans l'historiographie scientifique contemporaine", em *id.*, *Idéologie et Rationalité dans les sciences de la vie*, Paris, Vrin, 1988, p. 28 [ed. port.: *Ideologia e racionalidade nas ciências da vida*, Lisboa, Edições 70, 1977]). Ao englobar sistematicamente em sua crítica a epistemologia bachelardo-canguilhemiana *e* o marxismo althusseriano, Foucault, por sua vez, evita essa contradição e visa claramente Althusser e seus discípulos.

42. Ver *Leçons sur la volonté de savoir*, principalmente as duas primeiras aulas, de 9 e 16 de dezembro de 1970, pp. 3-22 e 23-30.

43. Cf. *supra*, aula de 23 de fevereiro de 1972, pp. 159-60 [203/8]-[204/9], sobre a ligação entre "mais poder" e "mais lucro" por meio do aparelho judicial. "Do sobreproduto que possibilita a renda feudal é extraído um acréscimo de poder, um 'mais poder' a partir do qual essa mesma renda é demandada, [...]." Trata-se de uma espécie de análise diferencial geral, que será retomada em *A sociedade punitiva* e em "A verdade e as formas jurídicas" para pensar as relações entre "sobrepoder" e "sobrelucro", agora no sistema capitalista. Uma relação diferencial de poder ("sobrepoder") é "condição do sobrelucro", o qual aumenta o diferencial de poder etc. Observar que nesse entretempo Foucault definirá esse "mais poder" como um "subpoder", no sentido de que ele circula "abaixo das grandes estruturas estatais" (*La Société punitive*, pp. 223-4, e "La vérité et les formes juridiques", *loc. cit.*, pp. 621-2 / pp. 1489-90). Mas esse diferencial de poder é também condição de um diferencial de saber ("o mais saber"), que por sua vez é condição de um "mais poder" e de um "mais lucro". São essa imbricação e essa autoimplicação dos diferenciais (de poder, de saber e de lucro) que explicam a posição de Foucault, continuamente repetida desde a aula de 9 de fevereiro e depois em *A sociedade punitiva* e "A verdade e as formas jurídicas", segundo a qual "tanto esses saberes como essas formas de poder não são o que, acima das relações de produção, expressa essas relações ou permite sua renovação. Esses saberes e esses poderes encontram-se enraizados muito mais profundamente, não só na existência dos homens mas também nas relações de produção. [...] Poder e saber [...] não se superpõem às relações de produção, e sim se encontram muito profundamente enraizados no que as constitui" (*loc. cit.*, p. 623 / p. 1491).

44. Em *Leçons sur la volonté de savoir*, p. 5, Foucault destacava a "insuficiência dos instrumentos de análise histórica dados pela epistemologia" para analisar a vontade de saber. A primeira defasagem sugerida aqui, das "ciências ou pretensas ciências" para os grandes tipos de práticas discursivas, prolonga as distinções propostas por Foucault em "Sur l'archéologie des sciences. Réponse au Cercle d'épistémologie" (*Cahiers pour l'analyse*, nº 9: *Généalogie des sciences*, verão de 1968, pp. 9-40; *DE*, I, nº 59, ed. 1994, pp. 724-5 / "Quarto", vol. I, pp. 752-3 [trad. bras.: "Sobre a arqueologia das ciências. Resposta ao círculo de epistemologia", in *Ditos e escritos*, vol. 2]), para diferenciar a abordagem *arqueológica*, que indaga as "condições de possibilidade" das ciências a partir do saber como conjunto de formações discursivas que têm sua regularidade própria e que constituem "o campo da história efetiva" das ciências, de uma abordagem epistemológica que se interessa pelas "condições da ciência como ciência", ou seja, pelo sistema de suas normas *internas* e pelas regras que permitem a um enunciado pertencer ou não a uma ciência. Ver também *L'Archéologie du savoir*, pp. 231-55, em que essas distinções são explicitadas mais longamente. Para uma análise dessa oposição entre epistemologia histórica das ciências e arqueologia dos saberes, cf. A. I. Davidson, "On epistemology and archeology: from Canguilhem to Foucault", em *id.*, *The Emergence of Sexuality. Historical Epistemology and the Formation of Concepts*, Cambridge, Mass., Harvard University Press, 2001, pp. 193-206.

45. Trata-se agora de explicitar a relação entre a arqueologia e o que Foucault então denomina "dinástica", recolocando, como anunciavam as *Leçons sur la volonté de savoir*, pp. 4-6: "o jogo da verdade na rede de coerções e de dominações" reais a fim de manifestar o vínculo constitutivo entre verdade e poder. As grandes "matrizes jurídico-políticas" de que Foucault fala aqui são as três formas fundamentais de "poder-saber" a que ele se refere no Resumo do curso (medida, inquérito, exame) e em "La vérité et les formes juridiques". A ideia de que o modelo do inquérito – do qual o curso reproduz as "condições políticas, econômicas de existência", ligadas particularmente "ao nascimento de um Estado que tende a confiscar de modo cada vez mais estrito a administração da justiça" – é a matriz "dos saberes empíricos e das ciências da natureza" é desenvolvida no Resumo do curso e em "La vérité et les formes juridiques", *loc. cit.*, pp. 586-8 / pp. 1454-6.

46. A noção de "avanço da racionalidade" remete muito provavelmente a Bachelard, segundo o qual a ciência avança por um processo de retificação das evidências iniciais e dos erros, de superação dos obstáculos epistemológicos e de hierarquização de esferas de racionalidade diferentes. A respeito disso ele fala "de uma extensão progressiva da esfera da racionalidade" pela "atividade autônoma" da razão "que tende a completar-se" (G. Bachelard, *La Philosophie du non*, Paris, PUF, 1940, p. 33 [ed. port.: *A filosofia do não*, 5ª ed., Lisboa, Presença, 1991]). O "sobressaber", esse "mais saber" pelo qual as ciências se constituem e se transformam, supõe – como a extração da mais-valia – relações de poder subjacentes que organizam a extração do saber, sua circulação, seu confisco e sua acumulação.

47. O exame, ligado às novas formas de repressão e de penalidade dos séculos XVIII- -XIX e apresentado aqui como matriz das ciências do homem, constituirá um dos fios condutores nos trabalhos posteriores de Foucault. Se, no Resumo do curso, ele ainda o liga "a uma função de seleção e de exclusão" (*infra*, p. 212), ele será apresentado mais como um correlato das "instituições coercitivas" ("La vérité et les formes juridiques") e, depois, do "poder disciplinar" (*La Société punitive*, pp. 200-1 e 222-4; *Le Pouvoir psychiatrique*, pp. 54-60; *Surveiller et Punir*, pp. 186-96 ["L'examen"] e 227-8; também em *Les Anormaux*, pp. 155-215). A temática do exame será retomada em seguida por meio de uma análise da prática do autoexame entre os gregos, os romanos e no cristianismo primitivo.

*Resumo do curso**

---

* Publicado em *Annuaire du Collège de France, 72ᵉ année, Histoire des systèmes de pensée, année 1971-1972*, pp. 283-6. Reproduzido em *Dits et Écrits, 1954-1968*, editado por D. Defert e F. Ewald, com a colaboração de J. Lagrange, Paris, Gallimard ("Bibliothèque des sciences humaines"), 1994, 4 vols.: t. II, nº 115, pp. 389-93 / reed. col. "Quarto", vol. I, pp. 1257-61.

O curso deste ano devia servir de preliminar histórico para o estudo das instituições penais (mais globalmente, dos controles sociais e dos sistemas punitivos) na sociedade francesa do século XIX. Esse estudo, por sua vez, insere-se num projeto mais amplo, esboçado no ano anterior: acompanhar a formação de certos tipos de saber a partir das matrizes jurídico-políticas que lhes deram origem e lhes servem de suporte. A hipótese de trabalho é a seguinte: as relações de poder (com as lutas que as permeiam e as instituições que as mantêm) não desempenham com relação ao saber apenas um papel de facilitação ou de obstáculo; não se atêm a favorecê-lo ou estimulá-lo, falseá-lo ou limitá-lo; poder e saber não estão interligados unicamente pelo jogo de interesses e de ideologias; o problema, portanto, não é somente determinar como o poder subordina o saber e o faz servir a seus fins ou como se superpõe a ele e impõe-lhe conteúdos e limitações ideológicas. Nenhum saber se forma sem um sistema de comunicação, de registro, de acumulação, de deslocamento que é em si mesmo uma forma de poder e que, em sua existência e seu funcionamento, está ligado às outras formas de poder. Em contrapartida, nenhum poder se exerce sem a extração, a apropriação, a distribuição ou a retenção de um saber. Nesse nível, não há o conhecimento de um lado e a sociedade do outro, ou a ciência e o Estado, e sim as formas fundamentais do "poder-saber".

No ano anterior, a *medida* fora analisada como forma de "poder-saber" ligada à constituição da cidade grega. Este ano, o *inquérito* foi estudado do mesmo modo em sua relação com a formação do Estado medieval; no próximo ano, o *exame* será pensado como forma de poder-saber ligada aos sistemas de controle, de exclusão e de punição próprios das sociedades industriais. A *medida*, o *inquérito* e o *exame* foram todos, em sua formação histórica, simultaneamente meios de exercer o poder e regras de estabelecimento do saber. A *medida*: meio de estabelecer ou restabelecer a ordem, e a ordem justa, no combate entre os homens e os elementos;

mas também matriz do saber matemático e físico. O *inquérito*, a investigação: meio de constatar ou de reconstituir os fatos, os acontecimentos, os atos, as propriedades, os direitos; mas também matriz dos saberes empíricos e das ciências da natureza. O *exame*: meio de estabelecer ou de restaurar a norma, a regra, a separação, a qualificação, a exclusão; mas também matriz de todas as psicologias, sociologias, psiquiatrias, psicanálises – em suma, do que chamamos de ciências do homem. É verdade que *medida, investigação, exame* são utilizados simultaneamente em muitas práticas científicas, como métodos puros e simples ou ainda como instrumentos estritamente controlados. É verdade também que nesse nível e nesse papel eles se descolaram de sua relação com as formas de poder. Mas, antes de figurarem juntos e assim decantados dentro de campos epistemológicos definidos, estiveram ligados à implantação de um poder político; eram-lhe ao mesmo tempo o efeito e o instrumento, correspondendo, a *medida*, a uma função de ordem; o *inquérito*, a uma função de centralização; o *exame*, a uma função de seleção e exclusão.

Assim, o curso de 1971-1972 foi dividido em duas partes.

Uma foi dedicada ao estudo do *inquérito* e de seu desenvolvimento [ao longo da] Idade Média. Consideraram-se principalmente as condições de seu surgimento no campo da prática penal. Passagem do sistema da vingança para o da punição; da prática acusatória para a prática inquisitória; do dano que provoca o litígio para a infração que determina a ação judicial; da decisão mediante teste para o julgamento mediante prova; do combate que designa o vencedor e marca o bom direito para o auto que, apoiando-se nos depoimentos, estabelece o fato. Todo esse conjunto de transformações está ligado ao nascimento de um Estado que tende a confiscar de modo cada vez mais estrito a administração da justiça penal; e isso na medida em que as funções de manutenção da ordem se concentram em suas mãos e em que a tributação da justiça pela feudalidade inseriu a prática judicial nos grandes circuitos de transferência de riquezas. A forma judicial do *inquérito* talvez tenha sido extraída do que subsistira das formas da administração carolíngia; porém, muito mais seguramente, dos modelos eclesiásticos de gestão e controle. É desse conjunto de práticas que fazem parte: as perguntas características do inquérito (Quem fez o quê? O fato é de notoriedade pública? Quem o viu e pode prestar depoimento? Quais são os indícios, quais são as provas? Há confissão?); as fases do inquérito (a que estabelece o fato, a que determina o culpado, a que estabelece as circunstâncias do ato); os personagens do inquérito (aquele que processa, aquele que denuncia, aquele que viu, aquele que nega ou que confessa; aquele que deve julgar e decidir). Esse modelo judicial do *inquérito* se baseia em todo um sistema de poder; é esse sistema que define o que deve ser constituído como saber; como, de quem e por quem este é extraído; de que maneira ele se desloca e se transmite; em que ponto se acumula e dá origem a um julgamento ou uma decisão.

Esse modelo "inquisitorial", deslocado e progressivamente transformado, vai constituir, a partir do século XIV, uma das instâncias de formação das ciências empíricas. A investigação, ligada ou não à experimentação ou à viagem, mas fortemente oposta à autoridade da tradição e à decisão do teste simbólico, será utilizada nas práticas científicas (magnetismo, por exemplo, ou história natural), teorizada na reflexão metodológica (Bacon, esse administrador), transposta para tipos discursivos (a Investigação, como forma de análise, por oposição ao Ensaio, à Meditação, ao Tratado). Pertencemos a uma civilização inquisitorial, que agora já há séculos pratica, sob formas cada vez mais complexas mas todas derivadas do mesmo modelo, a extração, o deslocamento, o acúmulo do saber. A inquisição: forma de poder-saber essencial para nossa sociedade. A verdade experimental é filha da inquisição – do poder político, administrativo, judicial de fazer perguntas, extorquir respostas, colher depoimentos, verificar afirmações, estabelecer fatos –, como a verdade das medidas e das proporções era filha de Díke.

Chegou um dia, muito cedo, em que o empirismo esqueceu e encobriu seu começo. *Pudenda origo*. Contrapôs a serenidade da investigação à tirania da inquisição, o conhecimento desinteressado à paixão do sistema inquisitorial: e, em nome das verdades experimentais, censuraram-na por engendrar em seus suplícios os demônios que pretendia expulsar; mas a inquisição foi apenas uma das formas – e durante muito tempo a mais aperfeiçoada – do sistema inquisitorial que é uma das matrizes jurídico-políticas mais importantes de nosso saber.

A outra parte do curso foi dedicada ao aparecimento, na França do século XVI, de novas formas de controles sociais. A prática maciça do enclausuramento, o desenvolvimento do aparelho policial, a vigilância das populações prepararam a constituição de um novo tipo de poder-saber, que ia assumir a forma do *exame*. É o estudo desse tipo novo, das funções e formas que ele assumiu no século XIX, que será empreendido no curso de 1972-1973.

\*

No seminário das *segundas-feiras* estudaram-se as práticas e os conceitos médico-legais no século XIX. Um caso foi escolhido para uma análise detalhada e uma publicação posterior.

Pierre Rivière: assassino pouco conhecido do século XIX, com vinte anos de idade degolou a mãe, o irmão e a irmã; depois de ser preso, redigiu um memorial explicativo que foi entregue a seus juízes e aos médicos encarregados de fazer uma perícia psiquiátrica. Esse memorial, parcialmente publicado em 1836 numa revista médica, foi recuperado integralmente por J.-P. Peter, com a maioria das peças do processo judicial. Foi a publicação desse conjunto que se preparou, com a participação de R. Castel, G. Deleuze, A. Fontana, J.-P. Peter, P. Riot, M[aryvonne] Saison.

Dentre todos os dossiês de psiquiatria penal de que se pode dispor, esse chamou a atenção por diversas razões: evidentemente, a existência do memorial redigido pelo assassino, um jovem camponês normando que os de seu convívio pareciam considerar no limite da imbecilidade; o conteúdo desse memorial (a primeira parte é dedicada ao relato extremamente meticuloso de todos os contratos, conflitos, arranjos, promessas, rupturas que possam ter ligado ou contraposto, já em seus planos de casamento, as famílias de seu pai e de sua mãe – um notável documento de etnologia rural; na segunda parte do texto Pierre Rivière explica as "razões" de seu gesto); o depoimento relativamente detalhado das testemunhas, todas habitantes do lugarejo, dando suas impressões sobre as "esquisitices" de Paul Rivière; uma série de laudos psiquiátricos, cada um deles representando estratos bem definidos de saber médico: um foi redigido por um médico rural, outro por um médico de Caen, outros ainda pelos grandes psiquiatras parisienses da época (Esquirol, Orfila etc.); por fim, a data do acontecimento (início da psiquiatria criminológica, grandes debates públicos entre psiquiatras e juristas a respeito do conceito de monomania, extensão das circunstâncias atenuantes à prática judicial, publicação das *Mémoires* de Lacenaire e aparecimento do grande criminoso na literatura).

# *Cerimônia, teatro e política no século XVII**

---

\* Conferência proferida na universidade de Minnesota em 7 de abril de 1972, resumida por Stephen Davidson (em inglês) e publicada em 1972 em Armand Renaud (org.), *Proceedings of the Fourth Annual Conference on the 17th-Century French Literature*, University of Minnesota, pp. 22-3.

Depois de declarar-se incompetente em literatura do século XVII, Michel Foucault explica brevemente o objeto de sua conferência: o fenômeno da cerimônia política no século XVII.

A cerimônia política do século XVII era um "gênero" extremamente popular e muito bem definido. Nessas cerimônias, cada palavra e cada gesto eram cuidadosamente preparados e regulados de acordo com um procedimento específico: a etiqueta. Tratava-se de rituais que tinham seus próprios códigos, seus jogos de regras e de fórmulas.

O funcionamento dessas cerimônias pode ser analisado em três níveis: em primeiro lugar, no nível de um ritual, no qual tudo está programado. Em seguida, no nível das representações teatrais, em que diferentes discursos são produzidos com algum grau de liberdade. Por fim, no nível de um desafio, de um duelo, de uma justa em que há confronto e enfrentamento entre duas partes ou duas forças.

Antes de entrar no cerne do assunto, Foucault explica que essa análise da cerimônia política no século XVII bem poderia tornar-se um elemento de um estudo mais amplo sobre as manifestações cerimoniais do poder político, desde os debates na ágora grega e depois em Roma até as cerimônias do fim do século XVIII. Seria um estudo do modo como o poder político assume formas visíveis e teatrais e imprime-se no imaginário e nas condutas de um povo. Seria uma verdadeira etnografia das manifestações do poder político, um estudo do sistema de marcas do poder na sociedade.

Foucault optou por iniciar sua análise pelo estudo de uma cerimônia política que se desenrolou no final de 1639 e princípio de 1640 em Rouen, imediatamente após as revoltas rurais e urbanas particularmente violentas ocorridas durante 1639* na Normandia**. A cerimônia representava a retomada do poder pelo aparelho do governo monárquico.

\* A revolta dos *Nu-pieds*. Depois da Fronda, essa foi sem dúvida a revolta mais importante de todo o século.

\*\* Cf. *supra*, aula de 24 de novembro de 1971, pp. 6-7 [8/7] *et passim*. (N. da ed. fr.)

Essa cerimônia apresenta um interesse muito especial porque se situa imediatamente após a derrota militar das facções sediciosas. Portanto, cada detalhe dela é extremamente importante. Cada um tem um valor polêmico e estratégico. Abaixo das formas rituais da etiqueta estavam em ação uma redistribuição total do poder monárquico, uma ampla centralização do poder gerando novas instituições e modificando profundamente as antigas. A cerimônia era como uma prefiguração em pequena escala do que o regime monárquico ia tornar-se sob Luís XIV (o que chamamos *grosso modo* de monarquia absoluta). Estava representada a "mobilização" das teorias fundamentais da autoridade política tais como haviam sido elaboradas um século antes e por fim formuladas por Seyssel. Os historiadores da literatura viram no *Cinna* de Corneille uma evocação da revolta dos *Nu-pieds* (ou "exército do sofrimento", como eles mesmos se designavam). Entretanto, não é nessa peça, e sim muito mais nas cerimônias políticas que aparece o caráter teatral desses acontecimentos.

(Foucault apresenta então sua própria descrição da cerimônia, em forma de atos, como uma peça teatral.)

Ato I. – Repressão militar
  (antes da cerimônia propriamente dita)

Em novembro de 1639 a Normandia está inteiramente nas mãos dos amotinados. Richelieu envia um exército comandado pelo protestante Gassion, que trata os amotinados como se fossem traidores ou inimigos estrangeiros, mas de modo algum como súditos do rei. Os *Nu-pieds* tentam manter a distinção entre os agentes do fisco, a quem atacaram, e o rei, ao qual continuam a declarar respeito. Entretanto, o governo se recusa a aceitar essa distinção, afirmando que, como os agentes fiscais e o exército são prolongamentos do rei, quem os atacar estará se voltando contra o rei; deixa então de ser súdito do rei, perdendo com isso todas as qualidades aferentes. Por exemplo, Gassion manda suas tropas alojarem-se nas propriedades de certos súditos que deveriam ter sido isentados de tal tratamento. Os normandos são massacrados exatamente como inimigos do reino ou traidores. Alguns até mesmo são enforcados, depois esquartejados e expostos nas portas das cidades, de acordo com o ritual medieval reservado para a execução de um traidor.

Ato II. O Juízo Final

No início de dezembro o chanceler Séguier é designado para ir a Rouen e, segundo suas próprias palavras, "fazer reinar a justiça armada". Ele avança o mais lentamente possível para que sua temível presença paire acima dos normandos e as três ordens da sociedade venham prestar-lhe ato de submissão. Aqui começa a cerimônia. Os notáveis apresentam-se perante Séguier – primeiro os parlamentares, em seguida o prefeito de Rouen e por fim o arcebispo, Harlay. Por meio de cada um desses atos de submissão, eles expressam sua recusa em reconhecer em Séguier o agente de um poder ilimitado. A atitude deles, em conformidade com as regras da etiqueta, remete à teoria política tradicional dos três freios do poder monárquico: a religião, o poder judiciário e a administração ou polícia. Séguier responde a esses atos de submissão de tal maneira que sua recusa em aceitar-lhes a premissa ideológica fica evidente.

Em primeiro lugar, ele não aceita a recusa do Parlamento de ratificar os decretos do governo. Em seguida, proíbe Godart, o prefeito de Rouen, de ir a Paris encontrar-se com "o rei em pessoa, visto que o rei, em sua decisão, já se expressou pessoalmente, e isso sem apelação". Por fim, rejeita as pretensões do arcebispo, Harlay, de ser o principal "pastor de suas ovelhas" e, portanto, responsável por elas. Aplicando a teoria de que Deus fala pela boca do rei (teoria esboçada por Budé e Gracián), o chanceler sustenta que o rei é a voz de Deus no âmbito da justiça e que a vontade de Deus se manifesta por intermédio da vontade do rei. Assim, o rei cumpre a função que Deus cumprirá no Juízo Final.

Ato III. A entrada de Séguier em Rouen

Gassion e seu exército entram em Rouen no dia de Natal, o dia da vinda de Cristo à terra. Séguier, por sua vez, entra na cidade no dia de Ano-Novo, e Gassion e seu exército colocam-se sob as ordens de Séguier (por um ato de submissão voluntário). Essa era uma monstruosa incongruência com relação à tradição (*Histoire de la Grande Chancellerie*, 1670-1674\*). Entretanto, isso foi feito da forma devida, de acordo com o código da etiqueta, pela transferência das bandeiras

\* A. Tessereau, *Histoire chronologique de la Grande Chancellerie de France*, Paris, Pierre Le Petit, 1676. (N. da ed. fr.)

brancas do comando de Gassion para Séguier e pela reunião diária dos oficiais com o chanceler Séguier, que, como representante do rei, representava agora na província as duas autoridades, civil e militar. Ele pune os civis de acordo com o procedimento militar, sem ouvir os acusados e sem colher nenhuma outra forma de depoimento escrito ou oral. É assim que, por exemplo, Gorin, um dos líderes do motim em Rouen, é condenado por Séguier. O chanceler recebe também as honras militares que normalmente eram reservadas ao rei.

Surge assim com Séguier um novo personagem na cerimônia política: o corpo visível do Estado. Kantorowicz falou dos dois corpos do rei, o físico e o espiritual\*. No cerimonial de Rouen surge um terceiro corpo, o corpo do aparelho de Estado, com seus funcionários e tendo à frente o primeiro dentre eles. O Estado torna-se a fonte de toda hierarquia, de toda autoridade e de toda regra. O exército e a justiça não são mais que dois membros desse novo corpo.

### Ato IV. Dois atos de Séguier após sua entrada na cidade

Ele começa por suspender todas as autoridades constituídas da cidade, como o Parlamento e o conselho municipal, e substitui-as por outros corpos constituídos, outros "atores". Os parlamentares passam a ser muito mais os agentes do Estado do que uma instância de controle do poder régio.

### Ato V. A estratégia subjacente

O poder político faz uma aliança com os interesses econômicos dos notáveis do reino. Todas as armas são confiscadas e redistribuídas aos notáveis. É imposta à cidade uma contribuição, que será adiantada pelos elementos mais ricos. Eles se tornam credores dos outros componentes da sociedade.

Assim, abaixo da cerimônia, um novo equilíbrio, uma espécie de contrato foi estabelecido entre ricos e pobres. Esse equilíbrio foi ameaçado por ocasião da Fronda, mas a forma do poder, que havia sido estabelecida pela cerimônia, permaneceu a mesma.

---

\* E. H. Kantorowicz, *The King's Two Bodies: A Study on Medieval Political Theology*, Princeton, NJ, Princeton University Press, 1957 [*Les Deux Corps du roi*, traduzido em 1989 por Jean-Philippe & Nicole Genet, Paris, Gallimard]. (N. da ed. fr.)

# Situação do curso
*François Ewald e Bernard E. Harcourt*

*Teorias e instituições penais* é o segundo curso apresentado por Michel Foucault no Collège de France. As treze aulas foram dadas de 24 de novembro de 1971 a 8 de março de 1972. O curso dá prosseguimento à pesquisa sobre a vontade de saber a partir do estudo das instituições jurídicas e judiciais iniciado no ano anterior. Depois da "medida", Foucault introduz aqui, partindo do estudo dessas instituições durante a Idade Média, o "inquérito", tema ao qual dedicará quase exclusivamente o resumo do curso para o *Annuaire du Collège de France*.

Em vez de prosseguir seu trabalho de modo cronológico, Foucault destina as sete primeiras aulas deste curso a um estudo minucioso da repressão à revolta dos *Nu-pieds* (1639-1640) pelo chanceler Séguier. Vê nela o nascimento desse "novo sistema repressivo" que a justiça penal vai tornar-se, essa justiça que fará do enclausuramento a pena principal – e que virá acompanhada da distinção entre prisioneiros políticos e delinquentes de direito comum, cujo questionamento dá origem ao Groupe d'information sur les prisons (GIP – Grupo de Informação sobre as Prisões). As aulas 8 a 12 (2 de fevereiro a 1º de março de 1972) são dedicadas ao estudo das instituições judiciais medievais e dos fatores que vão levar à implantação desse novo sistema repressivo, que nasce por ocasião da repressão à revolta dos *Nu-pieds* e a partir daí irá consolidar-se continuamente. A aula 13 (8 de março de 1972), como que ortogonal com referência às anteriores, extrai os modelos de relações saber-poder que caracterizam as instituições judiciais da Idade Média.

Nesta "Situação" apresentaremos alguns elementos que podem ser úteis ao leitor contemporâneo, referentes, em primeiro lugar, aos documentos utilizados para o estabelecimento do texto e de seu aparato crítico; em segundo lugar, ao contexto em que é dado o curso; e, por fim, ao lugar deste curso no trabalho de Foucault.

# I
## Estado do manuscrito. O dossiê

Para este curso não dispomos de gravações da fala de Foucault. Estamos publicando o manuscrito de Foucault tal como está conservado no departamento de manuscritos da Bibliothèque nationale de France (BnF). Mas, por alguns testemunhos de ouvintes, sabemos que o manuscrito realmente corresponde ao que ele falou.

No entanto, dispomos de um conjunto de elementos, depositados na BnF, que compreende: (a) as notas manuscritas das treze aulas do curso; (b) um conjunto de fichas de leitura; (c) alguns fragmentos de explanações que figuram nos "cadernos". Para a edição do curso foram mobilizados esses três conjuntos de elementos manuscritos.

a. O curso está conservado numa pasta que porta o título "1971-1972", classificada no inventário do Fundo Foucault na BnF sob a cota: "*Cours 1970-1984*". O manuscrito está dividido em treze aulas, numeradas de 1 a 13 por Foucault. Parece completo, exceto por uma página faltante na aula 2 (1º de dezembro de 1971) e várias páginas faltantes na aula 13 (8 de março de 1972)[1].
A transcrição do manuscrito foi feita de modo que lhe seja tão fiel quanto possível, particularmente quanto à apresentação das articulações do raciocínio, sempre muito minuciosas e que procuramos reproduzir. Todas as intervenções nesse manuscrito estão assinaladas por colchetes ou por uma indicação em nota. As regras de estabelecimento do texto encontram-se imediatamente antes da primeira aula.

b. Um conjunto de dossiês, cuidadosamente classificados em pastas cartonadas, contém, separadas por temas, as fichas redigidas por Foucault a partir de suas leituras[2]. Na maioria das vezes essas fichas estão em forma de folhas A4. Portam sistematicamente um título, quase sempre seguido de citações extraídas de livros ou de artigos, cujos títulos são indicados na margem[3]. Essas fichas, que organizam as citações por categorias,

---

1. BnF, NAF 28730. Uma fotocópia da página faltante (aula 2, fº 10) foi depositada na BnF.
2. As pastas portam temas como "Revoltas na Idade Média", "Delinquência na I[dade] M[édia]", "Acusação. Inquisição", "Ordálios e provas", "Direito romano na I[dade] M[édia]", "Organização das instituições na I[dade] M[édia] [direito penal, justiça etc.]", "Os *Nu-pieds*", "Movimentos populares no XVII". Cf. BnF, NAF 28730, caixas nºˢ 1 e 2.
3. Por exemplo, na pasta "Revoltas na Idade Média" as fichas têm como títulos, entre outros: "Exploração dos camponeses no séc. XI-XII. A justiça/fisco", "O direito à resistência armada na I[dade] M[édia]", "Levantes em Suffolk e Norfolk", "Robin Hood e Gamelyn", "A repressão em

atestam um estrato de problematização por Foucault das áreas em que está trabalhando. Portanto, o interesse que apresentam vai muito além das fontes utilizadas. Vale destacar que as citações reproduzidas nessas fichas nunca retomam as explanações gerais dos autores citados. Foucault anota, de acordo com as categorias que intitulam cada ficha, apenas os elementos mais precisos que pode extrair de suas leituras. Uma ilustração marcante de seu "Nietzsche, a genealogia, a história": "A genealogia é cinza; é meticulosa e pacientemente documental."[4]

Esse conjunto de dossiês mostra bem o trabalho de Foucault. As fichas não estão datadas, nem as pastas que as contêm. Portanto, não é possível saber quando foram redigidas, nem mesmo quando foram constituídos os dossiês que as agrupam por temas. Sem dúvida não foram redigidas especificamente para os cursos. Têm sua autonomia. Demonstram o que poderíamos chamar de "investigações" feitas por Foucault e parecem ter coerência própria. São uma espécie de biblioteca pessoal, sempre disponível. Foucault utiliza-as em diferentes ocasiões: cursos, conferências, livros. Os mesmos dossiês podem ser retomados em várias oportunidades. Entre esses "dossiês" figuram duas pastas mais particularmente voltadas para os *Nu-pieds*. A primeira, intitulada pela mão de Foucault "Os *Nu-pieds*", trata essencialmente dos aspectos táticos da sedição (organização da sedição, aspectos militares, atos de justiça popular, operações de repressão executadas sob a égide do chanceler Séguier), correspondentes ao que Foucault denominará "cerimônia política". A segunda, intitulada "Os movimentos populares no século XVII", compreende um conjunto de fichas basicamente redigidas a partir do livro de Boris Porchnev (quanto ao essencial) e do livro de Roland Mousnier. Aqui Foucault se interessa pela economia, pela fiscalidade e pelas relações de classes. Essa divisão marca os dois planos da análise da sedição dos *Nu-pieds*: o plano da "cerimônia política", das manifestações do poder, cuja originalidade Foucault é o primeiro a destacar; e o plano da economia, da fiscalidade e das relações de classes[5].

Esses dossiês foram utilizados para o estabelecimento do aparato crítico por Claude-Olivier Doron, que os assinalou nas notas. Mas com isso

---

Paris após os motins de 1382", "Motim de março de 1382 em Paris: os prisioneiros libertados". Cf. BnF, NAF 28730, caixas nᵒˢ 1 e 2.

    4. "Nietzsche, la généalogie, l'histoire" (*Hommage à Jean Hyppolite*, Paris, PUF, col. "Épiméthée", 1971, pp. 145-72), *Dits et Écrits, 1954-1988* [citado *infra*: *DE*], ed. D. Defert e F. Ewald, colab. J. Lagrange, Paris, Gallimard, 1994, 4 vols.: cf. II, nº 84, p. 136 / reed. em 2 vols., col. "Quarto", vol. I, p. 1004.

    5. BnF, NAF 28730, caixa nº 2. Para uma apresentação detalhada das fontes em que Foucault se baseia em sua análise dos descalços, cf. *supra*, aula de 24 de novembro de 1971, pp. 12-3, nota 2.

não se pode dizer que a documentação de Foucault se limita a essas fichas (indiscutivelmente ele recorreu a outras referências, particularmente aos diálogos sobre as instituições da Idade Média que deve ter mantido com seu colega Georges Duby), assim como não se pode dizer que as fichas foram redigidas para o curso.

c. Por fim, Foucault tomava notas, elaborava argumentos, construía primeiras versões de textos em "cadernos", também conservados na BnF. O Caderno 11 da caixa XCI do Fundo Foucault contém em datas próximas da apresentação oral do curso alguns desdobramentos que lhe dizem respeito[6]. Estão reproduzidos em nota nas aulas correspondentes.

Apesar de não se conhecerem as palavras que Foucault efetivamente disse, encontra-se nos textos contemporâneos (*Dits et Écrits*, n<sup>os</sup> 82, 84, 86, 87, 88, 89, 90, 91, 94, 95, 98, 105, 106, 107, 108, 117, 119, 123, 125, 132, 139) o modo como ele provavelmente formulou alguns dos temas desenvolvidos no curso. Além disso, textos mais tardios ecoam seus trabalhos do mesmo período (*Dits et Écrits*, n<sup>os</sup> 281, 297, por exemplo).

## II
### O CONTEXTO

Outono de 1971-inverno de 1972: a França está em plena sequência dos acontecimentos de Maio de 68. O general de Gaulle demitiu-se no dia seguinte ao referendo derrotado sobre a regionalização e a reforma do Senado (27 de abril de 1969). Georges Pompidou sucedeu-o na presidência da República. Jacques Chaban-Delmas, seu primeiro-ministro, definiu o programa de uma "Nova sociedade": "Sociedade próspera, jovem, generosa e liberada." Ele parte da constatação de uma "sociedade bloqueada", em que o conservadorismo das estruturas sociais alimenta o extremismo das ideologias: "Só conseguimos fazer reformas fingindo fazer revoluções."[7] É preciso fazer com que a sociedade francesa "consiga evoluir de outro modo que não seja por meio de grandes crises". O que está em causa é, por um lado, "fazer reformas" ("modernização", "descentralização", "diálogo social", "participação") e, por outro, controlar e reprimir os atores mais radicais do movimento social, "os partidários da violência e os inimigos da República" (lei contra depredações e distúrbios de

---

6. BnF, NAF 28730, caixa nº 91.
7. Documento disponível em: <http://www.assemblee-nationale.fr/histoire/Chaban1969.asp>.

rua – *loi "anti-casseurs"* de 4 de junho de 1970, a fim de reprimir "certas formas novas de delinquência"). Resumindo, mobilizam-se reformas contra a revolução.

A "repressão" está na ordem do dia[8]. Visa mais particularmente o movimento maoísta da "Gauche prolétarienne" (GP – "Esquerda Proletária"). Dirigentes e militantes são presos; seu jornal – *La Cause du peuple* [A Causa do Povo] – é proibido e os diretores do jornal também são presos. A presença policial é sempre muito forte no Quartier Latin. O acesso aos grandes estabelecimentos universitários é controlado. Foucault sem dúvida faz alusão a isso nas primeiras frases do curso[9]. No momento em que ele está falando ainda é preciso atravessar vários cordões de policiais para entrar no Collège de France.

A repressão gera várias formas de resistência, que envolvem os intelectuais: defesa das liberdades básicas de associação e de expressão (criação da associação "Les Amis de *La Cause du peuple*"; Jean-Paul Sartre assume a direção do jornal), apoio aos prisioneiros políticos, criação do "Secours Rouge" [Socorro Vermelho], organização destinada a "assegurar a defesa política e jurídica das vítimas da repressão"[10]. Daniel Defert, em *Une vie politique*[11] [Uma vida política], reconstituiu com precisão o modo como a mobilização de Foucault para a defesa dos prisioneiros políticos ia permitir a passagem de uma primeira "Organisation des prisonniers politiques" (originária da Esquerda Proletária) para o "Groupe d'information sur les prisons" (GIP, 8 de fevereiro de 1971), com uma estratégia muito diferente da que fora praticada até então. Podem ser citados vários elementos que marcam a visão de Foucault: abandono da perspectiva de um tribunal contra a polícia (inspirado no tribunal popular que o Socorro Vermelho havia organizado em Lens em dezembro de 1970 para defesa dos militantes maoístas presos), desenvolvimento de uma tática de defesa dos prisioneiros políticos que inclui, de um lado, a recusa de aplicar a distinção entre prisioneiro político e de direito comum e, de outro, a organização, por meio de um processo de "enquetes-intolerância", do uso da palavra pelos próprios prisioneiros sem que seja retomada, recodificada num discurso de justiça que viria particularmente dos intelectuais.

É possível, a partir da leitura de *Dits et Écrits* [Ditos e escritos], reconstituir a importância dos movimentos derivados de Maio de 68 para

---

8. Cf. "Tract ronéoté (Manifeste du GIP), 8 février 1971", *DE*, II, nº 86, ed. 1994, p. 174 / "Quarto", vol. I, p. 1042 [trad. bras.: "(Manifesto do GIP)", in *Ditos e escritos*, vol. IV].

9. Ver a primeira página ("A razão de ser deste curso? // – Basta abrir os olhos...").

10. Convocação lançada por Jean-Paul Sartre em 11 de junho de 1970.

11. D. Defert, *Une vie politique*, entrevistas com Philippe Artières e Éric Favereau, com colaboração de Joséphine Gross, Paris, Seuil, 2014, pp. 36-76.

Foucault. Pode-se discernir, em primeiro lugar, uma certa reticência. Em maio de 68 Foucault não está residindo na França (mas passa por Paris durante os acontecimentos e participa da manifestação no estádio de Charléty). Está morando na Tunísia, onde leciona. Desde 1967 Túnis é centro de revoltas estudantis (ligadas à guerra dos Seis Dias) muito duramente reprimidas. Foucault protege os estudantes contra a repressão. Frequentemente fará referência à radicalidade dos movimentos estudantis tunisianos, a sua coragem diante dos riscos assumidos, em contraposição ao relativo conforto da revolta estudantil francesa. Essa desvalorização do movimento estudantil francês de Maio de 68 certamente remete ao mal-estar que ele sente em viver na França, a seu desejo de expatriação (dirá que, mais jovem, teria se expatriado para os Estados Unidos). No mesmo momento, interessa-se por alguns movimentos revolucionários internacionais (leitura de Rosa Luxemburgo, Che Guevara, Panteras Negras).

Entretanto, por assim dizer, Maio de 68 recaptura-o – de vários modos. Primeiramente, porque fica encarregado do departamento de filosofia da universidade experimental de Vincennes (onde lecionará do final de 1968 até sua eleição para o Collège de France). Em alguns textos Foucault aborda o que acontece então na Universidade francesa, analisa o mal-estar estudantil e docente que se expressou nas jornadas de maio. Fala de sua reticência com relação a algumas inovações pedagógicas (a crítica do curso magistral – posteriormente sonha com um trabalho em forma de seminário), ao mesmo tempo que reconhece a importância do movimento estudantil[12].

Em seguida, e principalmente, porque toma consciência e sente que o que está em ato no movimento que se precipita em 1968 atualiza (ou reatualiza) o que estava no centro de seu primeiro trabalho, *História da loucura* e *Nascimento da clínica*, e que no momento dessas publicações não havia encontrado nenhum eco político: "No início ninguém se interessou por meu primeiro livro, exceto literatos como Barthes e Blanchot. Mas nenhum psiquiatra, nenhum sociólogo, nenhum homem de esquerda. Com o *Nascimento da clínica* foi pior ainda: silêncio total. Naquela época, a loucura, a saúde ainda não eram um problema teórico e político nobre. O que era nobre eram a releitura de Marx, a psicanálise, a semiologia. De modo que fiquei muito decepcionado com essa falta de interesse, não faço segredo disso. [...] E depois, em 68, bruscamente, esses problemas de saúde, de loucura, de sexualidade, de corpo entraram diretamente no campo das preocupações políticas. De repente o *status* dos loucos interessava a toda a população. Assim, subitamente aqueles livros foram super-

---

12. M. Foucault "Par-delà le bien et le mal" (entrevista com alunos do *lycée*, *Actuel*, nº 14, nov. 1971, pp. 42-7), *DE*, II, nº 98, pp. 227 ss. / pp. 1095 ss.

consumidos, ao passo que haviam sido subconsumidos no período anterior. Portanto, depois dessa data voltei a trilhar meu caminho, com mais serenidade mental e com mais certeza quanto ao fato de que não havia me enganado."[13] Dirá em outro lugar que a partir desse momento viver na França se tornou mais fácil para ele.

"Voltei a trilhar meu caminho": Foucault vai reinserir seu trabalho no campo de problematização que era o da *História da loucura*: reatualização do tema do enclausuramento, que ele decide retomar, e atualizar, em torno da questão das prisões. Generaliza então a tese das sociedades "enclausurantes" (tendo em conta as que exilam ou massacram), cuja genealogia se propõe a reconstituir. Mas o que sente nesse momento é muito mais profundo que a reatualização de um tema sociológico. Os acontecimentos têm uma dimensão subjetiva decisiva que diz respeito ao *status* do intelectual e ao ato de escrever: "O problema é [...] o seguinte: antes de mais nada, se os intelectuais franceses se encontram numa situação totalmente difícil e são forçados a sentir uma espécie de vertigem, quando não de desespero, é porque, desde a revolução cultural chinesa e particularmente desde que os movimentos revolucionários se desenvolveram não só na Europa mas no mundo inteiro, eles foram levados a fazer-se esta série de perguntas: a função subversiva da escrita ainda subsiste? A época em que o simples ato de escrever, de fazer existir a literatura por sua própria escrita bastava para expressar uma contestação com relação à sociedade moderna já passou? Não terá agora chegado o momento de passar para as ações realmente revolucionárias? Agora que a burguesia, a sociedade capitalista despojaram totalmente a escrita dessas ações, o fato de escrever não servirá apenas para reforçar o sistema repressivo da burguesia? Não será preciso parar de escrever? Quando digo tudo isso, peço-lhes que não pensem que estou brincando. Quem lhes fala é alguém que continua a escrever. Alguns de meus amigos mais próximos e mais jovens desistiram definitivamente de escrever, pelo menos me parece. Honestamente, diante dessa desistência em benefício da atividade política, eu mesmo não só fico admirado mas também sou tomado por uma violenta vertigem. No fim das contas, agora que já não sou muito jovem, limito-me a continuar com essa atividade que talvez tenha perdido algo daquele senso crítico que eu desejara dar-lhe."[14]

13. "Michel Foucault, l'illégalisme et l'art de punir" (entrevista com G. Tarrab, *La Presse*, nº 80, 3 abr. 1976, pp. 2 e 23), *DE*, III, nº 175, pp. 88-9 / pp. 88-9 [trad. bras.: "Michel Foucault, o ilegalismo e a arte de punir", in *Ditos e escritos*, vol. VIII]. Cf. J.-C. Zancarini, "Foucault et les années 68", in "Mai 68 en quarantaine", Boris Gobille, Emmanuel Renault e Anne Sauvagnargues (orgs.), colóquio organizado pela ENS de Lyon, 23-25 maio 2008.

14. M. Foucault, "Folie, littérature, société", *DE*, II, nº 82, ed. 1994, p. 115 / "Quarto", vol. I, p. 983 (entrevista dada em setembro-outubro de 1970, durante sua estadia no Japão) [trad. bras.: "Loucura, literatura, sociedade", in *Ditos e escritos*, vol. I].

Essa entrevista expressa de modo incomparável o que poderíamos chamar de efeito 68 sobre Foucault: se por um lado há o aspecto objetivo e feliz da reatualização de temas que, em meio a uma indiferença praticamente geral, ele colocara na agenda quase dez anos antes, por outro lado e solidariamente há um aspecto que, com o ato de escrever, diz respeito a ele mesmo em sua própria subjetividade. A nova conjuntura priva-o de sua razão de ser (o ato de escrever, do qual reafirma que não pode desprender-se) e força-o a repensar-lhe o significado. A crítica ao tema da escrita subversiva por si mesma não visa apenas Derrida: expressa principalmente a exigência que Foucault sente de repensar seu próprio trabalho, a direção, as perspectivas de seu próprio trabalho de escrita (particularmente *As palavras e as coisas*, que lhe trouxera o sucesso, torna-se para ele um livro, um exercício marginal, realizado por despeito e para sujeitar-se às exigências universitárias francesas em filosofia). Mas ao mesmo tempo diz que, ao contrário de alguns amigos mais próximos, não se tornará um militante revolucionário e permanece ligado ao ato de escrever (mesmo que privado do sentido, da evidência que o motivara até então).

Para descrever esse momento, essa conversão (em sua dupla dimensão simultaneamente objetiva – reatualização do tema do enclausuramento – e subjetiva – o ato de escrever), Foucault utiliza a noção de "experiência", "experiência a fundo", diz a Ducio Trombadori: "Tentei fazer coisas que envolvessem um engajamento pessoal, físico e real, e que colocassem os problemas em termos concretos, precisos, dentro de uma situação dada. // Apenas a partir daí é que poderiam ser propostas as análises que fossem necessárias. Trabalhando no GIP, com o problema dos detentos, tentei efetuar uma experiência a fundo."[15] Essa é em Foucault uma noção essencial, que comporta várias dimensões solidárias:

1/ A experiência tem em primeiro lugar uma dimensão afetiva, pessoal: descreve-se por meio das emoções, dos afetos – "vertigem", "desespero" –, dos tormentos. Tem uma dimensão existencial. Não é de modo algum uma questão psicológica; remete à sua maneira de existir, que está ligada ao ato de escrever (em sua dimensão contestatória), ou seja, a sua relação com os outros e com o mundo. Privado da evidência que o ligava à escrita, e ao mesmo tempo impotente para assumir outra forma de existência, ele precisa, de certo modo, reinventar-lhe as motivações, o significado, a exigência, a necessidade. A experiência é o que requer que mude a si mesmo. Mais

---

15. Cf. "Entretien avec Michel Foucault" (entrevista com D. Trombadori, Paris, final de 1978, *Il Contributo*, 4º ano, nº 1, jan.-mar. 1980, pp. 23-84), *DE*, IV, nº 281, ed. 1994, p. 80 / "Quarto", vol. II, p. 899.

precisamente, esse momento que o priva da evidência da escrita vai fornecer-lhe novas razões para ela – em função do que o movimento social atualiza e do lugar muito especial que ele vai encontrar neste (e que qualificará como sendo o lugar, inédito, do "intelectual específico").

2/ Segunda dimensão da experiência: é intersubjetiva. A experiência passa realmente pela escrita, mas esta muda de referente. Não remete mais a si mesma, na evidência subversiva da qual agora está privada, e sim ao que acontece na rua, na sociedade, nas lutas que a animam: é diretamente política (sem nunca passar por um engajamento partidário), porque a escrita é um ato político. Ela se pensa, se reflexiona numa relação com os outros, com as lutas que são travadas. A escrita torna-se, de certo modo, um ato coletivo. Já não é subversiva por si mesma, mas somente em sua relação com o movimento social – uma relação que vai ser preciso definir (redefinir). Um modo de ser com os outros. Precisamente, um dos componentes dessa experiência é encontrar, definir um novo relacionamento, o bom relacionamento entre ele mesmo como intelectual, filósofo, e os outros (intelectual específico), entre ele mesmo e as lutas (mas já dissera, a propósito de sua decepção com a recepção de *História da loucura* e de *Nascimento da clínica*, que escrevia para os outros, em referência a um movimento social possível, num relacionamento com outros sujeitos que encontrariam em seus textos continuidade, motivação). Dimensão do trabalho filosófico na experiência: como articular o trabalho filosófico (sobre o qual já dissera que no século XX não encontrava mais sua referência em si mesmo, pois os "atos" filosóficos passavam a encontrar seu lugar de nascimento fora da filosofia, principalmente na atividade científica) de um modo que corresponda com o momento? Que não se reduza mais à redação de panfletos (se bem que Foucault irá muito longe em pôr sua pena a serviço das lutas sociais, não hesitará em colocar seu talento de escritor a serviço delas) do que a novas explicações de Marx ou Freud? A resposta será pela genealogia, pela escrita de uma nova história de nossas sociedades, de uma história inédita que vai instalar o movimento social num novo cenário, inseri-lo num novo imaginário.

3/ Mas "experiência" se entende num terceiro sentido: diretamente político. Maio de 68 descreve o momento de possibilidade de uma prática política que já não está indexada a partidos e programas, mas na qual as "transformações" (o termo é de Foucault, que em alguns textos identifica-o com "revolução") procedem de processos coletivos: "Contraporei [...] a experiência à utopia. A sociedade futura talvez se delineie por meio de experiências como as drogas, o sexo, a vida comunitária, outra consciência, outro tipo de individualidade... Se no século XIX o socialismo científico emergiu das utopias, no século XX a socialização real emergirá talvez das experiências."[16] Um tema que ele retomará com frequência e até o fim de sua vida, e que descreve o modo como a experiência de si é indissociavelmente experiência dos outros, experiência com os outros. Em Foucault a experiência tem um sentido unicamente político, unicamente em seu poder de transformação coletiva (o que explica a escolha de seus combates: na multiplicidade de lutas que são travadas a todo momento, qual é a que tem o maior poder de "transformação"?). Ou, como só pode haver experiência de si em função de, em ligação com uma experiência coletiva – experiências de transformação, que por sua vez só são possíveis por um processo de libertação do pensamento, um processo de desapego das evidências (trabalho se não do intelectual, pelo menos do filósofo).

4/ Portanto, experiência passa também pela instauração de dispositivos políticos, de dispositivos coletivos, de formas de organização destinadas a torná-los possíveis. E isso será o GIP em 1971 (que não é o único dispositivo criado por Foucault[17]). Além disso, sabe-se que ele estará sempre desejando encontrar-se, dialogar com os atores de certos movimentos sociais (Sindicato da Magistratura, participação no coletivo de *Faire*), e sempre saudoso do trabalho coletivo em seminário, que, ao contrário do curso magistral, incita ao diálogo.

Qual é então essa experiência coletiva que é a do movimento social, das sociedades permeadas pelo movimento de Maio considerado globalmente, do qual o movimento estudantil ou universitário é apenas um dos componentes? Ela é marcada simultaneamente por novas formas de problematização ou de politização, por novos objetos, por campos políticos que dizem respeito à "vida diária" (em oposição ao que constitui o habitual dos partidos políticos desde o século XIX: programas na perspectiva do poder estatal) e pelo fato de essas lutas, essas experiências, essas transformações dizerem respeito à questão do poder e das relações de poder: "Acaso não é precisamente isto que caracteriza os movimentos políticos atuais: a descoberta de que as coisas mais cotidianas – o modo de comer, de alimentar-se, as relações entre um operário e seu patrão, o modo de amar, a maneira como a sexualidade é reprimida, as imposições familiais, a proibição do aborto – são políticas? Em todo caso, torná-las objeto de

---

16. M. Foucault, "Par-delà le bien et le mal", *loc. cit.* (*DE*, II, nº 98), p. 234 / p. 1102.
17. Ver também, por exemplo, a "Academia Tarnier", dispositivo que ele criara com Médicos do Mundo para responder à crítica de "silêncio dos intelectuais" feita pelo jovem/novo governo socialista em 1982-83.

uma ação política: é nisso que consiste a política hoje."[18] Essas lutas podem ser diversas, dispersas, variadas (polícia, justiça, prisão, loucura, medicina, sexualidade etc.), mas nelas se encontra o mesmo foco de interesse: a questão do poder. Daí a necessidade de uma ontologia do poder.

Por uma espécie de efeito retrospectivo, Foucault estará continuamente voltando a essa experiência, ampliando-lhe as dimensões tanto no espaço como no tempo:

– generalização no espaço, internacionalização: as lutas estudantis são mundiais (Estados Unidos, Tunísia, França, Europa), as revoltas nas prisões acontecem tanto na França como nos Estados Unidos. Em suas conversações no Japão, Foucault discute com seus interlocutores sobre os movimentos na Ásia que são semelhantes aos do Ocidente (ou cuja experiência é semelhante);
– generalização no tempo: essa experiência do poder não é própria dos estudantes de 1968, é própria de uma geração, da que vivenciou essas patologias do poder, essas formas de "excesso" de poder que são o fascismo (nazismo) e o stalinismo.

Evidentemente, esse redimensionamento de Maio de 68 de acordo com essas novas coordenadas espaçotemporais, que o torna uma experiência mundial e inserindo-se no tempo longo dessas práticas do poder no século XX, é essencial para avaliar o fenômeno do poder (no sentido de Foucault), o que está em jogo aqui e agora por intermédio da questão do poder.

Foucault irá muito longe nesse aprofundamento: nos últimos textos, depois de pôr em evidência a dimensão pastoral do poder no Ocidente e sua retomada em forma de Estado-providência, ele afirmará que essas lutas em torno da "vida diária" que estão na atualidade filosófica e política desde pelo menos Maio de 68 são na verdade contestações da dimensão pastoral do poder em nossas sociedades. Isso dá aos movimentos pós-Maio de 68 uma dimensão simultaneamente moral e religiosa (e dá a dimensão política dos últimos volumes de *História da sexualidade*, que, convém lembrar, são ordenados em torno da análise da experiência cristã da carne).

É nesse contexto que Foucault elabora e expõe oralmente *Teorias e instituições penais*. Segundo os testemunhos que ele nos deixou, em novembro de 1971, quando inicia o curso, todos os componentes da expe-

---

18. M. Foucault, "Prisons et révoltes dans les prisons" (entrevista com B. Morawe, trad. fr. J. Chavy, *Dokumente: Zeitschrift für übernationale Zuzammenarbeit*, 29º ano, nº 2, jun. 1972, pp. 133-7), *DE*, II, nº 125, ed. 1994, p. 428 / "Quarto", vol. I, p. 1296.

riência em que agora está engajado já estão dados: inserção de seu trabalho numa relação com as lutas dos novos movimentos sociais, eleição (não exclusiva), na multiplicidade de lutas, daquela que se refere às prisões como atualização de seu projeto primitivo sobre o enclausuramento, criação do GIP e trabalho nele, mas também identificação de que as lutas de Maio e do pós-Maio, na França e no mundo, questionam um real mais profundo do que o fato sociológico do enclausuramento e que ele denomina "o poder". Mais precisamente, todos os componentes da "experiência" já estão dados, exceto um: o componente discursivo, o componente genealógico, aquele em que o trabalho intelectual deve abalar as evidências, recuperar as filiações e as origens encobertas e abrir novas possibilidades de pensamento, a inédita, inaudita encenação da história que está sendo feita, destinada a descentrá-la e a abrir novas possibilidades de pensamento e de ação (emancipadas do esquema da revolução proletária, reatualizado pelos "grupúsculos esquerdistas").

É o que Foucault empreende com *Teorias e instituições penais* – e que lhe tomará vários anos. E é o que faz de *Teorias e instituições penais* um documento excepcional: é a primeira elaboração, a primeira problematização filosófica do projeto no qual daí em diante estará engajado. É fascinante ver como Foucault mobiliza os recursos de que dispõe então e a primeira profundidade histórica que dá às lutas contemporâneas: o século XVII absolutista, o surgimento do aparelho repressivo moderno, mas também as guerras privadas do mundo feudal primitivo.

Sobre essa "experiência a fundo" três testemunhos são tão inevitáveis quanto indispensáveis: o de Daniel Defert[19], o de Gilles Deleuze[20], que compartilhou com Foucault e Daniel Defert a experiência do GIP, e o de Claude Mauriac[21], associado a todos os combates a partir de junho de 1971. Sobre essa "experiência a fundo" que vai permitir a Foucault atravessar "a crosta rígida dos grupúsculos e das infinitas discussões teóri-

---

19. Cujos elementos se encontram na "Chronologie" que abre *Dits et Écrits* [trad. bras.: "Cronologia", in *Ditos e escritos*, vol. I] e mais recentemente no livro de entrevistas *Une vie politique*, já citado.

20. "Creio que o pensamento de Foucault é um pensamento que não evoluiu e sim *procedeu por crises...* a *História da loucura* sem dúvida já era proveniente de uma crise. A partir daí ele desenvolve toda uma concepção do saber, que resulta na *Arqueologia* (1969), ou seja, a teoria dos enunciados, mas levava a uma nova crise, a de 68. Esse foi em Foucault um grande período de força e de júbilo, de alegria, criador: *Vigiar e punir* traz a marca disso e é porque ele passa do saber para o poder" (G. Deleuze, *Pourparlers, 1972-1990*, Paris, Les Éditions de Minuit, 1990, cap. III, 11: "Un portrait de Foucault", p. 142 [trad. bras.: *Conversações: 1972-1990*, 3ª ed., São Paulo, Ed. 34, 2013]).

21. Cf. C. Mauriac, *Le Temps immobile*, especialmente t. 3: *Et comme l'espérance est violente*, Paris, Grasset, 1976, e *Une certaine rage*, Paris, Robert Laffont (col. "Violence et société"), 1979.

cas" dispomos agora de uma peça decisiva que até então faltava: *Teorias e instituições penais*, o curso que ele dá em 1971-1972 e que atesta o caminho filosófico que ele começa a abrir (e cuja forma definitiva só surgirá mais tarde, com *Vigiar e punir*, sobre o qual durante muito tempo ele dirá que era seu "primeiro" livro).

Quando inicia sua fala nesse final de 1971 tão intensamente atual, Foucault já tomou sua decisão, sabe em que está empenhando seu trabalho por vários anos, fez sua opção e coloca-a em cena[22]. O ouvinte que acompanha o curso vive no ritmo dos diversos episódios do movimento da revolta dos *Nu-pieds* reproduzidos por Foucault. Sem dúvida ouve-os como uma espécie de metáfora ou de alegoria do que está acontecendo na atualidade francesa, em torno dos desdobramentos do movimento social, de sua repressão policial e judicial, das revoltas nas prisões que culminam no final de 1971. Sabe das causas em que Foucault está engajado. O que não sabe (e que Foucault sabe) é aonde ele vai levá-lo: não só a ver na repressão dessa sedição popular por Richelieu a origem do Estado judicial cuja atualidade tão fortemente repressiva está presenciando, mas principalmente a aprender a ler o movimento social do qual é contemporâneo, e talvez um ator, como devendo inserir-se na realidade ainda nova do "poder". Se a atualidade pós-1968 de 1971 deve ser buscada na Normandia de 1639, façamos isso! Assim o ouvinte se vê transportado para outro cenário, um cenário reflexivo, cujos diversos episódios Foucault vai construir – no modelo de sua conferência em Minneapolis.

Admitindo a hipótese de que *Teorias e instituições penais* se insere nesse momento em que Foucault decide adentrar o caminho inédito que lhe permite problematizar a questão do poder, resta compreender por que, para fazer isso, ele decide concentrar-se na revolta dos *Nu-pieds* – revolta que, segundo os historiadores dos movimentos populares, não merece preferência, de tão numerosas que são as sedições antifiscais na França desde o final do século XVI[23]. Pode-se pensar que Foucault escolheu o estudo desse movimento popular por três motivos. O primeiro é que sobre esse episódio da história ele dispõe de um material extremamente bem documentado pelos trabalhos de Boris Porchnev, de Roland Mousnier e

---

22. Isso fica muito claro na entrevista que Foucault dá para a revista *Actuel* (publicada em novembro de 1971); cf. "Par-delà le bien et le mal", *loc. cit.* (*DE*, II, n° 98), pp. 224, 226, 231 / pp. 1092, 1094, 1099.

23. Diálogo com Yves-Marie Bercé, grande historiador dos movimentos populares, junho de 2014. A interpretação desses movimentos populares levou a uma célebre querela entre o historiador soviético Boris Porchnev e Roland Mousnier, o historiador francês especialista em instituições. Sobre essa querela cf. *infra* a análise de Claude-Olivier Doron, "Foucault e os historiadores", especialmente pp. 265-80.

dos alunos deste. O segundo é que ele vê na operação de "justiça armada" efetuada pelo chanceler Séguier o momento singular, o acontecimento contingente e necessário em que nasce realmente a justiça como aparelho repressivo de Estado. O terceiro é sua opção de isolar a questão do poder por um confronto com um material histórico que faz parte do *corpus* marxista. Foucault decide isolar a questão do poder por uma espécie de confronto com o marxismo, particularmente com dois eminentes autores marxistas: Boris Porchnev, historiador soviético, autor da grande tese sobre os movimentos populares, e Louis Althusser, seu ex-professor na École Normale Supérieure (ENS), que há quase dez anos procura renovar o marxismo por uma nova leitura de Marx e acaba de publicar um texto importante sobre os "aparelhos ideológicos de Estado".

O modo como Foucault conduz esse confronto é exemplar: nunca é polêmico. Mas, onde Althusser enfoca o Estado e seus aparelhos, Foucault isola a dimensão do poder; onde a análise marxista faz do direito e das instituições judiciárias "superestruturas", Foucault vê instituições econômicas; onde Althusser vê na sedução da ideologia o que assegura a função reprodutora do aparelho repressivo, Foucault encontra a noção de saber-poder. Assim a analítica do poder que Foucault se empenha em isolar apresenta-se em primeiro lugar como um "contramarxismo", um modo de sair do marxismo, de certo discurso marxista, mas que se insere inicialmente em seu campo, em suas categorias. Retomando o vocabulário deleuziano, um modo de "dobrar" o marxismo. Em todo caso, para os que quiserem trabalhar sobre Foucault e o marxismo, *Teorias e instituições penais* constitui um documento de primeira ordem, um elemento decisivo.

Os biógrafos, que não dispunham do texto deste curso, geralmente contrapõem o trabalho teórico de Foucault a sua atividade militante. O período 1971-72 frequentemente é descrito como um período "militante", no qual ele teria praticamente deixado de lado o trabalho filosófico. Além de essas oposições entre o filósofo e o militante serem contestáveis (Foucault pensa a filosofia como ato[24]) e muito particularmente no caso de Foucault, *Teorias e instituições penais* convida a reconsiderar as coisas. Nessa época Foucault não abandona o trabalho teórico; pelo contrário, como atesta este curso de 1972, é um dos períodos mais ricos, mais inovadores, sem dúvida mais intensos.

---

24. "A atualidade é o que interessa a Foucault, é igualmente o que Nietzsche chamava de inatual ou intempestivo, é o que está *in actu*, a filosofia como ato do pensamento" (G. Deleuze, *Pourparlers, op. cit.*, p. 130). Sobre a formação do GIP como ato do pensamento, cf. G. Deleuze, "Foucault et les prisons", in *id., Deux Régimes de fous,* ed. prep. por David Lapoujade, Paris, Les Éditions de Minuit (col. "Paradoxe"), 2003, pp. 254 ss. [trad. bras.: *Dois regimes de loucos*, São Paulo, Ed. 34, 2016].

## III
### O MOMENTO *TEORIAS E INSTITUIÇÕES PENAIS* NO TRABALHO DE FOUCAULT

Os focos de interesse do curso são de vários níveis. Primeiramente aquele que constitui o objeto explícito deste curso: o nascimento da "justiça" como aparelho estatal repressivo, pondo em prática um "sistema de repressão" cuja função já não é assegurar a circulação das riquezas, como na Idade Média, e sim reprimir as sedições populares por meio da segregação dos indivíduos. De modo mais imediato, Foucault adota como objeto recuperar a origem da distinção entre delinquência de direito comum e criminalidade política (retomada sem discernimento pelos maoistas da GP antes da criação do GIP). Define que essa divisão remonta ao estabelecimento da justiça como "aparelho judicial de Estado" (Richelieu), momento em que punir se torna "enclausurar". Mudança na economia da justiça: de um confisco dos bens para uma segregação dos indivíduos.

Foucault faz essa genealogia em dois tempos que não respeitam a ordem cronológica. Há o momento decisivo, o acontecimento singular e aleatório em que tudo se precipita, a batalha crucial em que a nova configuração se impõe: a repressão aos *Nu-pieds* pelo chanceler Séguier, que marca o fim do mundo feudal e o verdadeiro nascimento do Estado, com corpo próprio, independente da pessoa do rei[25]; há o processo mais lento, mais antigo, de longuíssima duração, que explica a formação do aparelho judicial monárquico a partir das formas de justiça do mais primitivo mundo feudal (direitos germânicos) e de suas contradições (que levarão os senhores, os grandes senhores feudais a ter de entregar seus privilégios de aplicadores da justiça para uma instância régia centralizada). Na realidade, essa dupla genealogia, no tempo longo das transformações do direito penal durante toda a Idade Média (vários séculos) e no tempo curto de uma campanha de repressão, dá a visão foucaultiana do surgimento do Estado que tanto o criticaram por não haver apresentado[26].

---

25. Em *Sécurité, Territoire, Population. Cours au Collége de France, 1977-1978* (ed. M. Senellart, Paris, Gallimard-Seuil, col. "Hautes Études", 2004 [trad. bras.: *Segurança, território, população*, São Paulo, Martins Fontes, 2008]), aula de 8 de março de 1978, Foucault indaga sobre o paradoxo da fórmula de Luís XIV: "O Estado sou eu", que ele interpreta como expressão da "razão de Estado" – aliás, sem referir-se ao curso de 1971-1972. Cf. *ibid.*, p. 252.

26. Cf.: M. Walzer, "The Politics of Michel Foucault", in David C. Hoy (org.), *Foucault: A Critical Reader*, Oxford, Basil Blackwell, 1986, p. 66; S.W. Sawyer, "Foucault and the State", a ser publicado em *Tocqueville Review*. Este curso explica por que Foucault não voltará a essa visão, tendo descoberto que o problema não é o Estado, seus aparelhos e/ou suas instituições, e sim os relacionamentos de poder assim mobilizados.

Segundo nível: fazendo essa genealogia, Foucault isola a questão do "poder", dos "relacionamentos de poder" ou das "relações de poder" (em oposição ao vocabulário marxista dos aparelhos de Estado). Questão que, como se sabe, vai tornar-se o próprio objeto de suas pesquisas posteriores, em função da qual reinterpretará todo seu trabalho e que por fim o levará a contestar os instrumentos que terão servido para sua construção (a ênfase na repressão, o uso do material jurídico para compreender o poder, a ligação entre relações de poder e luta de classes)[27] – mais ou menos como a pintura acabada faz desaparecer a tela que entretanto a tornou possível. É preciso reler nessa perspectiva sua famosa entrevista com Gilles Deleuze sobre "os intelectuais e o poder", realizada no momento em que ele dá a última aula de *Teorias e instituições penais* e que soa como o duplo balanço das lutas travadas em torno da prisão (com Deleuze) e da pesquisa feita em seu curso: "Ainda ignoramos o que é o poder."[28] Mas o curso terá permitido definir o problema e avaliar o que estava em jogo nele.

*Teorias e instituições penais* é o lugar onde Foucault isola a questão do "poder" (ainda que o poder estivesse presente nas análises do ano anterior, especialmente na leitura de *Édipo rei*), de um lado mediante a análise da teatralização da repressão à sedição dos *Nu-pieds* pelo chanceler Séguier, de outro na análise da função econômica e epistemológica das instituições jurídicas e judiciais desde os direitos germânicos até o limiar da modernidade[29]. Poder na repressão, poder e guerra, poder e circulação dos bens, poder-saber: este curso dá uma visão certeira das instituições de justiça como lugares de exercício do poder. O que é muito diferente da questão do direito. A justiça está no centro da analítica do poder: no centro das práticas da justiça as relações de poder ramificam-se, articulam-se, de um lado, com as relações econômicas e, do outro, com as formações de saber.

27. Cf. M. Foucault, *Il faut défendre la société. Cours au Collège de France, 1976*, ed. M. Bertani e A. Fontana, Paris, Gallimard-Seuil (col. "Hautes Études"), 1997, especialmente as duas primeiras aulas (7 e 14 de janeiro de 1976); cf. também id., *La Société punitive. Cours au Collège de France, 1972-1973*, ed. B. E. Harcourt, Paris, EHESS-Gallimard-Seuil (col. "Hautes Études"), 2013, pp. 18-9 n. 6 e pp. 290-2.
28. M. Foucault, "Les intellectuels et le pouvoir" (entrevista com G. Deleuze, 4 de março de 1972, *L'Arc*, nº 49: *Gilles Deleuze*, 2º trim. 1972, pp. 3-10), *DE*, II, nº 106, ed. 1994, p. 312 / "Quarto", vol. I, p. 1180.
29. Cf. "Entretien avec Michel Foucault" (entrevista realizada por A. Fontana e P. Pasquino, jun. 1976, trad. fr. C. Lazzeri, in A. Fontana e P. Pasquino (orgs.), *Microfisica del potere: interventi politici*, Turim, Einaudi, 1977, pp. 3-28), *DE*, III, nº 192, ed. 1994, p. 146 / "Quarto", vol. II, p. 146 [trad. bras.: "Verdade e poder", em M. Foucault, *Microfísica do poder*, 4ª ed., Rio de Janeiro, Paz e Terra, 2016].

A. *Foucault, Althusser e o marxismo*

Étienne Balibar, na carta que redigiu para os editores deste curso, escreve: "Minha impressão é de que Foucault procedeu em três tempos a um grande acerto de contas com o marxismo[30] [...]"

"Grande acerto de contas...": essa expressão talvez seja excessiva. Havíamos falado de um "contramarxismo". O contramarxismo de Foucault não é um antimarxismo. Não está em causa refutar o marxismo nem denunciar seus erros (o que não se encontra em parte alguma em Foucault, que, em vez disso, recorrerá a verdadeiras análises marxistas). Foucault não contesta as categorias da análise marxista que retoma de Boris Porchnev ou Louis Althusser: ao contrário, adota-as, ainda que as complique mostrando seus limites quando se trata de descrever certas dimensões da realidade histórica.

Assim, pode-se estabelecer uma lista das diferenças entre a análise foucaultiana e o que a análise marxista propõe:

a. Diferença de objetivo: os marxistas ou fazem análises históricas, que podem ser extremamente precisas e detalhadas, mas frequentemente visam validar um esquema de luta de classes que justifique a grande marcha rumo à revolução proletária (Porchnev), ou se dedicam a uma exegese do que Marx, Engels ou Lênin realmente teriam dito (Althusser[31]). O problema de Foucault não é validar uma construção, marxista ou não; é compreender o que está em ato na atualidade[32]. Cada livro, cada momento de seu trabalho traz consigo seu próprio esquema de

---

30. Carta muito esclarecedora, reproduzida em anexo a esta "Situação", *infra*, pp. 261-4. Cf. também E. Balibar, "L'Anti-Marx de Michel Foucault", conferência de encerramento do colóquio internacional "Foucault & Marx", Université de Paris-Ouest e Collège International de Philosophie, 18-20 dez. 2014.

31. Cf. por exemplo a "Advertência ao leitor" redigida por Louis Althusser como introdução a seu ensaio *Sobre a reprodução*: "Fazer o balanço da filosofia marxista-leninista quer dizer simplesmente o seguinte: compreender claramente e do modo mais profundo possível qual é essa filosofia, como ela age [...] É também [...] lembrar as aquisições fundamentais da ciência nova, fundada por Marx, o Materialismo Histórico, *sem a qual a filosofia marxista-leninista não existiria*" (L. Althusser, *Sur la reproduction*, Paris, PUF, 1995, p. 25; grifo do autor)

32. "Considero-me um jornalista, dado que o que me interessa é a atualidade, o que se passa em nosso redor, o que somos, o que acontece no mundo [...] Nietzsche tinha obsessão pela atualidade. Penso que o futuro somos nós que fazemos. O futuro é a maneira como reagimos ao que acontece, é a maneira como transformamos em verdade um movimento, uma dúvida. Se quisermos ser senhores de nosso futuro, deveremos colocar fundamentalmente a questão do hoje. É por isso que para mim a filosofia é uma espécie de jornalismo radical." (M. Foucault, "Le monde est un grand asile" [fala registrada pelo jornalista R. G. Leite, trad. port.: P. W. Prado Jr., *Revista Manchete*, 16 jun. 1973, pp. 146-7], *DE*, II, nº 126, ed. 1994, p. 434 / "Quarto", vol. I, p. 302 [trad. bras.: "O mundo é um grande hospício", in *Ditos e escritos*, vol. VII]).

inteligibilidade, aquele que permite captar o acontecimento em jogo. Foucault dedica-se a análises históricas precisas, confronta as categorias do marxismo com o real dos fatos históricos[33]. Faz a análise minuciosa de um movimento social (como Marx[34]): nele a análise histórica tem como objeto possibilitar a captura do acontecimento; é preciso deixar-se surpreender pelo inédito[35].

b. Diferença de método: Foucault mobiliza um método de inspiração nietzschiana no campo das lutas sociais. À dialética das contradições (que está também presente em *Teorias e instituições penais*) ele prefere a genealogia do acontecimento[36]. *Teorias e instituições penais* dá exemplo de um casamento improvável: Marx com Nietzsche, um nietzschemarxismo que seria preciso contrapor ao freudmarxismo que reinava na época[37]. As lutas sociais realmente estão no centro da narrativa (Marx), mas a iluminação, o modo como são postas em foco e, portanto, também os centros de interesse mudam: poderíamos dizer que, de certa forma, o psicológico prevalece sobre o sociológico, mas seria errôneo. São dois modos de encarar a política: num deles o fim sempre justifica os meios, no outro os fins (o que vai sair da batalha) dependem dos meios (do estado das forças, do contexto, da conjuntura). De modo que não só o resultado da história é sempre precário, o final fica em suspenso, a vitória é incerta e vulnerável[38], mas o que conta não é

33. "Devo dizer que me incomoda extraordinariamente o modo como alguns marxistas europeus praticam a análise histórica" (M. Foucault, "De l'archéologie à la dynastique", entrevista com S. Hasumi, realizada em Paris em 27 de setembro de 1972, *Umi*, mar. 1973, pp. 182--206), *DE*, II, nº 119, p. 406 / "Quarto", vol. I, p. 1274. "[U]ma característica de muitos marxistas de hoje é a ignorância da história" ("Anti-Rétro", entrevista com P. Bonitzer e S. Toubiana, *Cahiers du cinéma*, nºˢ 251-252, jul.-ago. [1974], *DE*, II, nº 140, ed. 1994, p. 659 / "Quarto", vol. I, p. 1527 [trad. bras.: "Antirretro", in *Ditos e escritos*, vol. III]).
34. Foucault sempre diz que se sente mais próximo de Marx que dos marxistas, principalmente do *18 Brumaire de Louis Bonaparte* [*O 18 de brumário de Luís Bonaparte*], referência citada em *Surveiller et Punir. Naissance de la prison*, Paris, Gallimard ("Bibliothèque des Histoires"), 1975, p. 286, n. 1.
35. "Sob as espécies do que sucessivamente se denominou a verdade, o homem, a cultura, a escrita etc., está sempre em causa conjurar o que se passa: o acontecimento. As famosas continuidades históricas têm a função aparente de explicar; os eternos 'retornos' a Freud, a Marx têm a função aparente de fundamentar; num caso como no outro, está em causa excluir a ruptura do acontecimento" ("Par-delà le bien et le mal", *loc. cit.* [*DE*, II, nº 98], p. 226 / p. 1994).
36. Sobre a "eventualização" cf., além de "Nietzsche, la généalogie, l'histoire", a "Table ronde du 20 mai 1978", *DE*, IV, nº 278, ed. 1994, p. 23 / "Quarto", vol. II, p. 842 [trad. bras.: "Mesa-redonda em 20 de maio de 1978", in *Ditos e escritos*, vol. IV].
37. Na entrevista com Ducio Trombadori, Foucault faz o projeto desse casamento incongruente remontar aos anos 1950: "Ser 'comunista nietzschiano' era realmente insuportável e, pode-se dizer, ridículo. Eu sabia bem disso" (*loc. cit.* [*DE*, IV, nº 281], p. 50 / p. 869).
38. Temos aqui um bom exemplo disso no modo como Foucault descreve a repressão aos *Nu-pieds* (a "cerimônia política") e a precariedade do resultado.

observar de que modo determinado confronto, luta, batalha pode ser situado na lei geral da revolução, é captar precisamente o que emerge de irredutível à sua ocasião. Ao patético do afresco histórico, sempre prestes a cair na arte acadêmica, contrapõe-se a pesquisa do episódio, da anedota em que tudo se decidiu. Uma arte do detalhe. A narrativa foucaultiana é composição de detalhes. A miniatura contra a arte acadêmica[39]. Recuperar a contingência do acontecimento. Tudo poderia ter acontecido de outro modo e, entretanto, tudo devia, só podia acontecer assim. Na realidade, em *Teorias e instituições penais* Foucault utiliza dois planos de análise para explicar o nascimento da justiça penal moderna: uma linha de acontecimento (o momento singular da repressão à revolta dos *Nu-pieds*), uma linha de necessidade lógica ou dialética que explica o processo de estatização da justiça penal a partir da dispersão das justiças privadas do direito germânico (uma necessidade que por sua vez pode ser concebida como encadeamento de uma série de acontecimentos aleatórios).

c. Diferença de objetos: Nesse contexto, é preciso distinguir bem entre a questão do poder e a noção de aparelho de Estado. Podem-se observar principalmente três diferenças:
– Em primeiro lugar, Foucault se interessa pelas instituições não tanto por si mesmas quanto por serem lugar de relações de forças, de confrontos de uma força contra outra, uma das quais vai ter de ceder quando a outra manifestar seu fulgor (seu poder) na própria ferida que ela inflige (o que Foucault chama de "marca"). Não é em absoluto um problema de violência. Como lembra Gilles Deleuze, a concepção foucaultiana das relações de poder é muito próxima da visão nietzschiana da vontade de poder (tal como reinterpretada por Gilles Deleuze)[40]. A análise institucional ou em termos de aparelho de Estado dá uma visão passiva do poder, ao passo que tudo é ativo nas relações de poder. Como Foucault lembrará continuamente, o poder nunca é estático, só é captado "em exercício", em movimento, em suas operações[41]. A visão

---

39. A comparação é do próprio Foucault: "O realismo socialista [...] lembra incrivelmente a pintura acadêmica e pomposa de 1850" ("Michel Foucault. Les réponses du philosophe", *DE*, II, nº 163, ed. 1994, p. 812 / "Quarto", vol. I, p. 1680 [trad. bras.: "Michel Foucault, as respostas do filósofo", in *Ditos e escritos*, vol. VII]).

40. Cf. G. Deleuze, *Pourparlers, op. cit.*, p. 159.

41. Cf.: M. Foucault, *La Société punitive, op. cit.*, pp. 231-7, 300-1; *Le pouvoir psychiatrique. Cours au Collège de France, 1973-1974*, ed. J. Lagrange, Paris, Gallimard-Seuil (col. "Hautes Études"), pp. 34, 42 n. *; *Surveiller et Punir, op. cit.*, pp. 31-3; *La Volonté de savoir*, Paris, Gallimard (col. "Tel"), 1976, p. 117 [trad. bras.: *História da sexualidade 1: A vontade de saber*, 2ª ed., Rio de Janeiro, Paz e Terra, 2015].

por aparelho de Estado é estática, enquanto a análise do poder é a de uma dinâmica, sempre ativa, sempre em movimento. Aparelho de Estado, relações de poder são sem dúvida a mesma realidade, mas vista de dois ângulos diferentes. Isso muda tudo[42].

É o caso da "cerimônia" repressiva cuidadosamente organizada pelo chanceler Séguier e que Foucault analisa com não menos minúcia. Nela o poder se manifesta menos como violência militar, pela selvageria das armas e das sanções, pelo esmagamento rápido e implacável da sedição, e mais por uma gestão refinada do tempo, uma contenção sabiamente dosada, um suspense calculado (o "juízo final"), destinado a dobrar as vontades, a abater a soberba dos poderes estabelecidos. O exército de Gassion esmaga a revolta popular, de modo impiedoso, mas a repressão não se reduz a isso. Quase se poderia dizer que na narrativa foucaultiana a "cerimônia política" começa no momento em que o povo é derrotado[43]. Ela visa os poderes estabelecidos, as autoridades constituídas (o arcebispo, o prefeito, o Parlamento). Ali está em causa, no sentido próprio, humilhar (tornar humilde), mortificar, degradar, aviltar, levar o outro a confessar, numa manifestação pública, sua fraqueza, levá-lo a reconhecer sua dependência e sua inferioridade – e, portanto, sua derrota[44]. A finalidade do poder não é militar; é política (na admissão das relações de obediência). A cerimônia repressiva é inteiramente organizada com base no fato de que as partes presentes, desde a "plebe sediciosa" até os corpos constituídos, deverão sucessivamente confessar-se vencidas, num ato público. Indignidade (indignação) das dignidades. É assim que se produz o processo de subjugação, a "marca" do poder, um processo psicológico que nunca é passivo, que é sempre ativo.

– Em seguida, é preciso distinguir entre as funções políticas encarnadas num aparelho de Estado e o próprio aparelho. Não há coincidência

---

42. "Nietzsche foi quem deu como alvo essencial, digamos, para o discurso filosófico a relação de poder. Ao passo que para Marx era a relação de produção" ("Entretien sur la prison: le livre et sa méthode" [entrevista com J.-J. Brochier, *Magazine littéraire*, nº 101, jun. 1973, pp. 27-33], *DE*, II, nº 156, ed. 1994, p. 753 / "Quarto", vol. I, p. 1621 [trad. bras.: "Entrevista sobre a prisão: o livro e o seu método", in *Ditos e escritos*, vol. IV]).

43. Há uma distribuição seletiva das armas, dos instrumentos da repressão, de acordo com os alvos: populares ou não. O povo é combatido pelas armas, com ferocidade: é contido, aterrorizado, como se o poder considerasse que não tinha um verdadeiro domínio sobre ele. O mesmo não acontece com os representantes dos corpos instituídos, com os quais se assiste ao tipo de provas que sem dúvida Foucault tem em mira exatamente quando fala de "relações" ou de "relacionamentos de poder".

44. Daí a importância do tema do "inimigo", do modo como é objetivado aquele cuja confissão se deseja obter. Cf. *supra*, aula de 22 de dezembro de 1971, pp. 45 [59/15]-8 [60/16].

entre a função (que depende de algo que Foucault designa como "sistema"; por exemplo, "sistema repressivo")[45] e o aparelho de Estado que supostamente a encarna. Uma precede o outro, ou ultrapassa-o. A função repressiva da justiça depende de um "sistema de repressão" irredutível ao aparelho repressivo estatal, mas que vai transformá-lo: existem, antes mesmo dos aparelhos de Estado, funções "pré-estatais"[46]. Mais precisamente, Foucault incita a distinguir entre "forma", "função" e "aparelho"[47]. Falar de aparelho de Estado reduz as coisas unicamente à dimensão da instituição dotada de uma função abstrata e geral (a reprodução do capitalismo). Precisamente, o poder não pode confundir-se com a instituição (o aparelho de Estado) porque ele é a força que está em potência de transformá-la, de subvertê-la, de fazê-la jogar contra si mesma.

– Por fim, a análise em termos de aparelho de Estado fracassa em explicar a dupla função, econômica e epistemológica, das instituições jurídicas e judiciais como lugares de exercício das relações de poder – e o modo como ele as relaciona. Daí a crítica à visão marxista que faz do direito uma superestrutura e do aparelho judicial um instrumento a serviço da reprodução das relações de produção capitalistas. A justiça organiza e institui relações de poder-saber que estão no cerne da organização econômica[48].

Foucault adota assim uma grade de análise própria para as análises históricas dos fenômenos de poder e retoma-a várias vezes[49].

45. O que é "sistema" em *Teorias e instituições penais* se tornará "diagrama" em *Vigiar e punir*.

46. Aula de 16 de fevereiro de 1972, p. 142 [180/7]. Ver também a aula de 1º de dezembro de 1971, a respeito da articulação entre o novo sistema de repressão e os aparelhos da justiça régia.

47. "[De] um ponto de vista metodológico, sem dúvida é preciso distinguir: // – as formas institucionais e regulares de exercício do poder, // – os aparelhos de Estado, // – as funções estatais ou pré-estatais que eles cumprem" (*ibid.*, *supra*, pp. 142-3 [181/8]).

48. Cf. por exemplo a aula de 23 de fevereiro de 1972, p. 164, nota 9 e p. 160, nota 10.

"Temos o sistema penal que merecemos. Há uma análise, dita marxista, um tanto fácil, que consiste em pôr tudo isso na conta das superestruturas. Nesse nível, sempre se podem imaginar ajustes e modificações. Mas na verdade não creio que o sistema penal faça parte das superestruturas. Na realidade, é um sistema de poder que penetra profundamente na vida dos indivíduos e que incide sobre sua relação com o aparelho de produção. Nessa medida, não se trata em absoluto de uma superestrutura" ("Prisons et révoltes dans les prisons", *loc. cit.* [*DE*, II, nº 125], p. 430 / p. 1298). Em *Sur la reproduction* Louis Althusser está bem longe de reduzir "o aparelho ideológico de Estado jurídico" a ser apenas uma superestrutura: "Ele é o aparelho específico que articula a superestrutura sobre a e na infraestrutura" (*op. cit.*, p. 202).

49. Aula de 15 de dezembro de 1971: "Talvez, sejam estes os três níveis nos quais se pode analisar um acontecimento político: // – produção de uma relação de força, // – regularidade estratégica, // – manifestação do poder. // Digamos que se pode compreendê-lo no nível de suas condições de possibilidades; da racionalidade da luta que nele ocorre; // do cenário em que ele

d. Em *Em defesa da sociedade* Foucault aborda a correspondência em que Marx lembra que a ideia da luta de classes remonta à luta de "raças" utilizada pelos historiadores franceses[50]. *Teorias e instituições penais* propõe outra maneira de libertar-se do esquema de uma história cuja trama seria a luta de classes[51]: é a ideia de que, no fundo, o motor da história é a guerra, a guerra civil. Não uma guerra metafórica, como em Hobbes, e sim guerras bem reais cujo rastro Foucault recupera aqui nas instituições jurídicas e judiciárias germânicas. Ao esquema da luta de classes (que já é uma interpretação) Foucault prefere o da guerra civil (mais originário)[52].

Esse estado de guerra, primordial ou primitivo, desempenha dois papéis. De um lado, o papel de uma espécie de invariante histórica: as relações sociais, como relações de poder, podem assumir muitas formas, expressam sempre o estado de uma guerra sendo travada; a única história que há é a de batalhas, de confrontos, de vitórias e derrotas (que sempre existiram e nunca acabarão). O papel do filósofo é recuperar no que é contemporâneo dele a atualidade de uma guerra, o momento, a identidade de uma batalha começada há muito tempo, cujo início foi esquecido, encoberto, travestido.

É por isso que, aqui, ele não pode não ser historiador: sua tarefa é reconstituir-lhe a trama, as etapas, o andamento, elucidar a batalha que está se travando. De acordo com esse aspecto, a guerra é uma pura relação, a forma em si da relação de poder[53].

Mas, de acordo com o outro eixo – o da história tal como a observamos, com suas singularidades, suas contingências, suas cores variadas –, a guerra não cessa de mudar de forma, de escapar de sua estrutura, de

---

ocorre" (*supra*, pp. 43-4 [57/13]). Foucault retoma esse esquema de análise na aula de 22 de dezembro: "nível das relações de força", "nível dos cálculos estratégicos", "nível das manifestações [do] poder" (*supra*, p. 57 [70/4]).

50. Cf. M. Foucault, *Il faut défendre la société*, op. cit., p. 69, p. 74 n. 6 (carta de K. Marx para J. Weydemeyer em 5 de março de 1852).

51. "A história de toda sociedade até nossos dias é a história da luta de classes" (K. Marx e F. Engels, *Manifeste du Parti communiste* [*Manifesto do Partido Comunista*], ed. Émile Bottigelli/Gérard Raulet, GF, 1998, p. 73).

52. Cf. *La Société punitive*, pp. 14-33, 281 *et passim*. A respeito da relação entre poder, guerra e batalha segundo Foucault, cf. P. Chevalier, *Michel Foucault. Le pouvoir et la bataille*, Paris, PUF, 2014.

53. Mais tarde, Foucault, depois de dar preferência a esse esquema da guerra civil, indagará sobre o papel que, em sua analítica do poder, o modelo da guerra desempenha. Cf. *Em defesa da sociedade*, [aula] de 21 de janeiro de 1976. Pode-se pensar que o modelo "poder/resistência", proposto em *A vontade de saber*, será uma primeira maneira de sair do esquema da guerra – antes do esquema da governamentalidade (que já não é guerreiro).

driblar sua identidade estrutural. Em *Teorias e instituições penais* há primeiramente as guerras privadas dos germanos, essas guerras que são também relações de direito[54]. E depois há um momento em que, devido às transformações nas relações sociais, às primeiras concentrações de poder, às primeiras estatizações, a guerra torna-se guerra social (essencialmente voltada para a repressão dos motins e das sedições no final da Idade Média). É o estado de guerra moderno, ordenado sobre uma função repressiva; ele vai mobilizar o direito penal e as instituições judiciais (e policiais). Em *Teorias e instituições penais* só se fala de guerras (desde a "guerra primitiva" dos germanos) e de batalhas (por exemplo, a repressão à sedição dos *Nu-pieds* pelo chanceler Séguier).

*Teorias e instituições penais* dá uma visão totalmente original da guerra[55]. Aqui a guerra não deve ser entendida como uma forma de confronto entre exércitos. A guerra é a "luta". Ao mesmo tempo que dá uma espécie de onipresença às relações guerreiras, Foucault emancipa a guerra do modelo militar (que surge apenas no século XVII): a guerra é o direito, é a forma em si das relações de justiça no antigo direito germânico. Essa guerra não tem um caráter de selvageria, não é a guerra antes da guerra; aqui a guerra é uma relação civil (guerras privadas). A guerra não precede o direito. A guerra não se contrapõe ao direito. O direito é um modo de guerrear. A paz é apenas um estado de dominação (precário) de um protagonista sobre os outros (um modo de o poder régio apropriar-se do monopólio da justiça). Não há um estado de guerra que preceda a instituição das sociedades (daí a crítica às teorias do direito natural – Hobbes/Rousseau). Grande diferença com relação à filosofia política clássica: aqui Foucault não vê nossa origem nas instituições da Grécia antiga, e sim nas guerras privadas que constituem a vida dos germanos. O problema não é recuperar as belas formas, as formas puras da democracia ateniense, pois se havia algo a recuperar seriam os restos ainda fumegantes de batalhas[56] primitivas (e primordiais).

Esse modelo da guerra vai desempenhar durante muito tempo um papel decisivo no pensamento de Foucault[57]. Não se pode deixar de pen-

54. Em "La scène de la philosophie" Foucault mostra como o estado de guerra na Idade Média não é o de uma sociedade militarizada – que só surge no século XVII; cf. *DE*, III, nº 234 (entrevista com M. Watanabe, 27 de abril de 1978, *Sekai*, jul. 1978, pp. 312-32), ed. 1994, pp. 581-2 / "Quarto", vol. II, pp. 581-2 [trad. bras.: "A cena da filosofia", in *Ditos e escritos*, vol. VII].

55. Como se sabe, o tema da guerra é recorrente em Foucault: permeia *A sociedade punitiva* e *Em defesa da sociedade*; reaparece no final de *Vigiar e punir* ("ouvir o rugido da batalha"), e Foucault indica numa de suas últimas entrevistas seu objetivo de retornar ao tema guerra/exército. Cf. *infra*, nota 57.

56. No primeiro curso não é abordada a questão clássica da democracia ateniense, e sim a do combate agonístico e do estado de guerra.

57. Ainda em 1981 Foucault dirá que seu próximo projeto (após o término da *História da*

sar que ele encontra nas instituições da guerra privada germânica uma espécie de ponto de origem histórico, um princípio de confronto primitivo que não cessaria de desenvolver suas consequências e que se repetiria nas lutas ao longo da história e seria como que sua verdade última. O modelo da guerra serve-lhe não só para pensar as relações de poder, para emancipar-se, distinguir-se do esquema marxista da luta de classes, para ter sua própria visão, mas também lhe servirá para analisar a conjuntura, o contexto político (contexto que, por outro lado, dá grande atualidade ao tema da guerra).

e. A última diferença com relação à análise marxista é bem conhecida: a crítica à ideologia, a crítica à noção de ideologia. O direito, as instituições jurídicas e judiciais não são superestruturas, instrumentos de reprodução (do capitalismo), e sim relações de produção (em *toda* forma de economia). Crítica à oposição entre infra e superestrutura: o direito institui certos tipos de relações econômicas[58]. Direito como lugar onde relações de poder instituem realidades econômicas, organizam a economia e, inversamente, lugar onde as relações econômicas, as formas de luta no campo da economia se consolidam em relações de poder. Crítica à noção de ideologia porque não há um além-mundo, um mundo aparente (o do direito) e um mundo real (o da economia).

Todas essas diferenças entre as formas da análise marxista e da análise foucaultiana do poder traduzem-se em conflitos, antagonismos, lutas, tanto no campo filosófico e teórico quanto no das estratégias políticas. É assim que, no campo teórico, Foucault poderá dizer que os freios ao avanço da antipsiquiatria (como questionamento das práticas de poder no hospital psiquiátrico), a não receptividade ao *História da loucura* no momento de sua publicação (1961) são produto, resultado e expressão da doutrina marxista e do uso que o Partido Comunista podia fazer dela[59]. É assim que, se não Marx, pelo menos o marxismo (e Freud) é obstáculo nas lutas contemporâneas, e que convém "libertar-se de Marx e de Freud como pontos de referência para a resolução dos problemas tais como se apresentam hoje"[60].

*sexualidade*) enfocará o exército. Mesmo que não se deva confundir guerra e exército, não se pode deixar de ver aí a insistência numa antiga questão (relações entre poder/luta/guerra).

58. Em Louis Althusser há ao mesmo tempo uma crítica aos limites da "tópica" marxista infra/superestrutura e uma situação do direito como não pertencente à superestrutura: "O aparelho ideológico de Estado jurídico é o aparelho específico que articula a superestrutura sobre a e na infraestrutura" (*Sur la reproduction, op. cit.*, pp. 83 ss., 202).

59. Cf. "Entretien avec Michel Foucault", *loc. cit.* (*DE*, III, nº 192), p. 142 / p. 142.

60. M. Foucault, "Asiles, Sexualité, Prisons" (entrevista em São Paulo, trad. port.: W. Prado Jr., *Revista Versus*, nº 1, out. 1975, pp. 30-5), *DE*, II, nº 160, ed. 1994, p. 779 / "Quarto", vol. I, p. 1647 [trad. bras.: "Hospícios. Sexualidade. Prisões", in *Ditos e escritos*, vol. VII].

É também assim que a visão marxista em termos de aparelho de Estado e de tomada do aparelho de Estado conduz a grandes erros políticos uma vez que reforçam a persistência das relações e dos relacionamentos de poder que as lutas precisamente questionam[61]. Assim, a União Soviética pode acabar sendo o lugar onde são exacerbados os mecanismos de poder que o mundo capitalista e burguês forjara para lutar contra as sedições (sua própria contestação): processos[62], campos de concentração[63] etc. Também é assim que o humanismo marxista, centrado na questão da alienação, na realidade prorroga a visão do homem "normal e sadio" da qual as lutas procuram emancipar-se. Por fim, é assim que, impotente para pensar as lutas derivadas de Maio de 68, essas lutas que giram em torno do poder, o marxismo (com o freudismo) será afinal o grande derrotado de 68: "Se os dois grandes vencidos destes últimos quinze anos são o marxismo e a psicanálise, é porque estavam ligados demais não com a classe no poder e sim com os mecanismos do poder. Foi precisamente sobre esses mecanismos que as agitações populares incidiram: por não terem se separado daqueles, ambos não tiveram participação alguma nestas."[64]

### B. *Poder, direito, guerra*

*Teorias e instituições penais* é, se não o grande curso de Foucault sobre o direito – junto com "A verdade e as formas jurídicas" e *Malfazer, dizer verdadeiro* –, pelo menos o curso em que a análise terá mobilizado um material quase exclusivamente jurídico. Mas sabemos agora, graças à consulta ao fundo depositado na BnF, que Foucault fez uma investigação sistemática sobre a história das instituições jurídico-judiciais desde a queda do Império Romano até o século XIX, abrangendo em cada período

---

61. "Sob esse aspecto o exemplo da União Soviética é decisivo. Podemos dizer que a União Soviética é um país no qual as relações de produção mudaram a partir da revolução. O sistema legal referente à propriedade também mudou. Do mesmo modo, as instituições políticas transformaram-se a partir da revolução. Mas todas as pequenas relações de poder na família, na sexualidade, na fábrica, entre os trabalhadores etc. permaneceram, na União Soviética, o que são nos outros países ocidentais. Nada mudou realmente" (M. Foucault, "Dialogue sur le pouvoir" [entrevista com estudantes de Los Angeles, trad. fr. F. Durand-Bogaert, in S. Wade (org.), *Chez Foucault*, Los Angeles, Circabook, 1978, pp. 4-22], *DE*, III, nº 221, ed. 1994, p. 473 / "Quarto", vol. II, p. 473 [trad. bras.: "Diálogo sobre o poder", in *Ditos e escritos*, vol. IV]).

62. Cf. "Michel Foucault. Les réponses du philosophe", *loc. cit.* (*DE*, II, nº 163), p. 812 / p. 1680.

63. Cf. "Foucault étudie la raison d'État" (entrevista com M. Dillon, trad. fr. F. Durand--Bogaert, *Campus Report*, 12º ano, nº 6, 24 out. 1979, pp. 5-6), *DE*, III, nº 272, ed. 1994, p. 801 / "Quarto", vol. II, p. 801 [trad. bras.: "Foucault estuda a razão de Estado", in *Ditos e escritos*, vol. IV].

64. "Sur la sellette" (entrevista com J.-L. Ezine, *Les Nouvelles littéraires*, nº 2477, 17-23 mar. 1975, p. 3), *DE*, II, nº 152, ed. 1994, p. 724 / "Quarto", vol. I, p. 1592.

(a) as instituições jurídicas e judiciais, (b) o inventário das penas e das infrações, (c) as provas e os procedimentos. Desse ponto de vista, *Teorias e instituições penais* vai levar a retomar integralmente a questão das relações de Foucault com o direito.

Estamos lembrados do famoso texto de Paul Veyne *Como se escreve a história*, seguido de *Foucault revoluciona a história*, em que ele se empenhava em destacar a originalidade da prática foucaultiana da história. Depois de *Teorias e instituições penais*, podemos indagar: "Como Foucault revoluciona o direito." Ou o estudo do direito. Aqui estão algumas indicações.

– Em primeiro lugar, Foucault fala pouco do "direito". Não é do direito que se devem derivar as características das instituições jurídicas e judiciais. Ao contrário, deve-se partir das instituições, dos "atos de justiça". Foucault faz uma distinção muito precisa entre justiça (a/s justiça/s), o jurídico, o judicial, e o direito[65].

– Num primeiro nível, há *a justiça*: mais exatamente, os "atos de justiça". São atos de defesa ou de ataque ritualizados que caracterizam o estado de guerras privadas. Estamos no elemento do litígio, da reivindicação, do que se tornará o processo. A justiça antes do judicial é a guerra privada; é uma forma ritualizada das relações civis ou sociais. O litígio serve para fazer a guerra. Mas, precisamente por isso, não se pode obter justiça fora desse tipo de relacionamento. A justiça, as instituições de justiça são primitivas. Elas esposam as relações sociais. Nada antes delas, nada fora delas. Na Idade Média esses atos de justiça serão progressivamente enquadrados e apropriados pelos grandes (senhores, Igreja, realeza), que se reservarão o direito de ministrar justiça (porque é altamente lucrativo). Mais tarde ainda, na época moderna (no momento analisado na primeira parte de *Teorias e instituições penais*), os atos de justiça, "ministrar justiça" será monopolizado por um aparelho de Estado (uma administração dedicada): o aparelho judicial, que ainda é chamado de "a justiça". Mas originariamente há apenas justiça privada. E a justiça não se contrapõe à guerra: é uma maneira de fazê-la.

65. "Em sociedades como a nossa [...], o aparelho de justiça foi um aparelho de Estado extremamente importante, cuja história sempre foi mascarada. Faz-se a história do direito, faz-se a história da economia, mas a história da justiça, da prática judicial, do que foi efetivamente um sistema penal, do que foram os sistemas de repressão, disso raramente se fala" ("Sur la justice populaire. Débat avec les maos", entrevista com Gilles e Victor, 5 de fevereiro de 1972, *Les Temps Modernes*, nº 310 bis: *Nouveau Fascisme, Nouvelle Démocratie*, jun. 1972, pp. 365-6; *DE*, II, nº 108, ed. 1994, p. 350 / "Quarto", vol. I, p. 1218).

– Mais primitivo que o judicial, há *o jurídico*. O jurídico designa as formas ritualizadas a que os atos de justiça obedecem, aquelas por meio das quais são travadas as guerras privadas: "A regra e a luta, a regra na luta: isso é o jurídico."[66] Com as primeiras formas de judicialização, essa ritualização muda de forma: surgem assim as formas de procedimento que ligam o resultado do litígio a formas de verdade.

– *O judicial* descreve a institucionalização, a moldagem dos atos de justiça em instituições. Uma "primeira" forma dessa institucionalização é o recurso ao tribunal[67]. É essencial compreender que a justiça pode existir sem ser judicializada, sem ser instituída, captada, apropriada em aparelhos específicos[68]. O judicial começa com o tribunal, mas o tribunal não é a única forma de instituição judicial: outras se edificarão em torno da função régia (que reivindicará seu monopólio): Parlamento, procurador na Idade Média, depois a distinção, dentro da administração estatal, de um aparelho dedicado à "justiça", o aparelho judicial tal como ainda o conhecemos (e cujo aparecimento caracteriza o absolutismo). A judicialização é sempre uma apropriação, ou seja, uma expropriação: a centralização da justiça nas mãos do rei sempre é apenas o resultado de um processo de expropriação ou de cessão das antigas justiças privadas. Ela pode pretender expressar o interesse geral, reivindicar dizer *o* direito, mas nunca é mais que um modo de dizer *seu* direito, de praticar essa guerra ritualizada que caracteriza a justiça.

– Quanto a sua atenção às práticas jurídicas e judiciais, Foucault se interessa pouco pelo direito, aqui pelas teorias penais. O *direito* é tardio, é um discurso posterior. Serve para recodificar instituições, legitimar golpes de Estado. É um instrumento de poder, um instrumento em relações de força. Aqui, Foucault mostra como nossa visão dos direitos naturais, nossa visão moralizante do direito, está ligada à justiça de Estado. Ao contrário do jurídico, o direito (como teoria)

---

66. Aula de 2 de fevereiro de 1972, *supra*, pp. 109-10 [143/10]. "Tudo o que até então fora chamado de direito penal é a ritualização de um litígio e de uma luta entre dois indivíduos" (aula de 1º de março de 1972, *supra*, p. 173 [219/8]). Cf. também "La vérité et les formes juridiques" (*DE*, II, nº 139).

67. Cf. "La vérité et les formes juridiques", *loc. cit.*; *Mal faire, dire vrai. Fonction de l'aveu en justice*, ed. F. Brion e B. E. Harcourt, Chicago/Louvain, University of Chicago Press/ Presses universitaires de Louvain, 2012.

68. Cf.: "Sur la justice populaire. Débat avec les maos", *loc. cit.* (*DE*, II, nº 108); "De la nature humaine. Justice contre pouvoir" (entrevista com N. Chomsky e F. Elders, nov. 1971, trad. fr. A. Rabinovitch, in F. Elders [org.], *Reflexive Water: The Basic Concerns of Mankind*, Londres, Souvenir Press, 1974, pp. 135-97), *DE*, II, nº 132 [trad. bras.: "Da natureza humana: justiça contra poder", in *Ditos e escritos*, vol. IV].

não descreve procedimentos ou instituições, e sim justifica-os (função ideológica do direito[69]).

A abordagem proposta por Foucault em *Teorias e instituições penais* revoluciona nossa maneira de considerar o direito, o qual veicula as representações que acompanharam a monopolização das funções jurídicas e judiciais pelo Estado. Foucault incita-nos e ajuda-nos a nos desprendermos dela. Estabelece equações que para nós são impossíveis, proibidas ou contraditórias: *continuum* entre justiça e guerra; jurídico sem judicial; desligamento da justiça de toda concepção do direito e particularmente do direito natural etc. Com isso a análise das instituições jurídicas e judiciais por Foucault vale como uma "crítica do direito", que seria preciso analisar com respeito à tradição de "crítica marxista do direito" (na França[70]) e, nos Estados Unidos, à do American Legal Realism[71], do movimento Critical Legal Studies[72] e, mais amplamente, do pensamento crítico jurídico contemporâneo[73]. Grande diferença com relação à crítica marxista, Foucault leva o direito a sério: o fenômeno jurídico não é reduzido a ser apenas o cenário ilusório em que batalhas de interesses, já decididas, encontrariam um modo de justificar-se. O jurídico e o judicial são (pelo menos em *Teorias e instituições penais*) o lugar eminente em que o direito se exerce como tal[74].

69. Concepção a que Foucault voltará depois, a respeito do direito como instrumento de legitimação do poder monárquico. Cf. *Em defesa da sociedade* e *A vontade de saber*.

70. Cf.: M. Miaille, *Une introduction critique au droit*, Paris, Maspero, 1976 [ed. port.: *Uma introdução crítica ao direito*, 3ª ed., Lisboa, Estampa, 2005]; N. Poulantzas, *L'État, le Pouvoir, le Socialisme*, Paris, PUF, 1978 [trad. bras.: *O Estado, o poder, o socialismo*, 4ª ed., Rio de Janeiro, Graal, 2000]; M. Jeantin, M. Miaille e J. Michel, *Pour une critique du Droit*, Paris, Maspero, 1978; F. Collin, A. Jeammaud *et al.*, *Le Droit capitaliste du travail*, Grenoble, PUG, 1980; M. Miaille, "La critique du droit", *Droit & Société*, nº 20-21, 1992, pp. 75-92. Outra obra importante na tradição marxista da crítica do direito: E. Pasukanis, *La Théorie générale du droit et le marxisme* [1924], Paris, Éditions de l'Atelier, 1990 [trad. bras.: *A teoria geral do direito e o marxismo*, Rio de Janeiro, Renovar, 1989].

71. Cf.: R. Hale, "Coercion and Distribution in a Supposedly Noncoercive State", *Political Science Quarterly*, vol. 38, 1923, pp. 470-94; *id.*, "Force and the State", *Columbia Law Review*, vol. 35, 1935, pp. 149-201; *id.*, "Bargaining, Duress, and Economic Liberty", *Columbia Law Review*, vol. 43, 1943, pp. 603-28.

72. Cf.: R. Mangabeira Unger, *The Critical Legal Studies Movement*, Cambridge, Mass., Harvard University Press, 1983; M. Kelman, *A Guide to Critical Legal Studies*, Cambridge, Mass., Harvard University Press, 1987; D. Kennedy, *A Critique of Adjudication*, Cambridge, Mass., Harvard University Press, 1997.

73. Cf.: A. Hunt e G. Wickham, *Foucault and Law: Towards a Sociology of Law as Governance*, Londres, Pluto Press, 1994; W. Brown e J. Halley, *Left Legalism/Left Critique*, Durham, NC, Duke University Press, 2002; B. Golder e P. Fitzpatrick, eds., *Foucault's Law*, Aldershot, Ashgate, 2009.

74. O método proposto por Foucault continua muito atual: a privatização dos atos de justiça é um dos grandes fenômenos contemporâneos (arbitragem, atração dos Estados pelas jurisdições civis); na visão de quem conhece os focos de interesse e as regras dos processos, a

Algumas características merecem ser destacadas:
– Em sua função, a justiça é uma instituição da economia e epistemológica. Foucault insistirá muito na dimensão poder-saber (epistemologia; Resumo do curso; "A verdade e as formas jurídicas"), que corresponde a seu projeto de uma história da verdade. Em *Teorias e instituições penais* esse aspecto só é tratado na última aula, ao passo que Foucault destina longas explanações ao estudo da função econômica da justiça e das instituições jurídicas e judiciais, em que a justiça representa muito mais um modo de tomar ou de defender-se contra uma tomada[75]. Neste curso a justiça é uma instituição econômica antes de ser uma instituição epistemológica, ainda que a função econômica da justiça se transforme: nos direitos germânicos, nos direitos da Idade Média, a justiça, particularmente a justiça penal, assegura a circulação das riquezas. Na época moderna ela muda de função: torna-se repressiva. A ela compete afastar e assegurar a ordem produtiva. As instituições jurídicas e judiciais são essa forma de poder em que se articulam uma sobre a outra as dimensões econômica e epistemológica[76].
– Em sua forma, a justiça é sempre "armada". "Justiça armada" deve ser entendido em vários sentidos. Primeiramente, há o fato de "na origem" (direito germânico) os atos de justiça serem atos de guerra. Alguém fazer valer seu direito é ao mesmo tempo manifestar sua própria força. Em seguida, há o fato de uma força militar ser sempre necessária para aplicar as decisões de justiça. A expressão "justiça armada" (de que Foucault faz uso) só é paradoxal na aparência. Mas as forças mobilizadas pela justiça não são as mesmas de um sistema judicial para outro. Um dos grandes problemas é que durante muito tempo essa força foi o exército e que os exércitos eram constituídos pela reunião armada daqueles sobre quem o poder ia ter de exercer-se. Daí, no momento da apropriação da justiça pelo Estado, a instituição de uma força armada funcionarizada, dedicada: a polícia.

proximidade da guerra é evidente (e frequentemente expressa pelas próprias partes); o que são os "direitos sociais" senão formas de bens apropriados no final de atos de justiça?

75. Cf. aula de 23 de fevereiro de 1972: "As relações de poder não se superpõem às relações econômicas. Formam com elas uma trama única. // As relações de poder são tão profundas quanto as relações de produção. Elas não se deduzem umas das outras. Prolongam umas às outras" (*supra*, p. 160 n. a [204/9]).

76. *Teorias e instituições penais* deverá complementar a visão que Foucault dá do direito na Idade Média em *Em defesa da sociedade"* (e *A vontade de saber*), em que ele enfatiza a dimensão política do direito (construção da soberania). Isso caracteriza o direito como teoria. Não se deve reduzir unicamente a essa dimensão o jogo das instituições jurídicas e judiciais na Idade Média.

Mas em Foucault a justiça é armada também em outro sentido: as instituições jurídicas e judiciais são os lugares eminentes em que o poder é exercido, em que são postos em prática relacionamentos e relações de poder. Pode-se observar que é primeiramente no estudo das instituições jurídicas e judiciais que Foucault desenvolve sua analítica do poder (que em seguida ampliará muito além). "A justiça é um elemento de poder capital."[77]

O curso de 1972 representa também uma etapa importante na evolução do pensamento de Foucault sobre o direito penal. Neste curso ele desenvolve uma teoria *política* do direito penal. Como dirá em 1º de março de 1972, "A penalidade é política, de alto a baixo."[78]

Essa teoria do penal consiste em vários elementos. Primeiramente, numa rígida distinção entre direito e criminalidade. O direito penal não é uma *consequência* da criminalidade. O direito penal não é uma reação à delinquência ou à criminalidade, que em vez disso são fabricadas pelo direito penal como efeito de uma luta social. Em contrapartida, em segundo lugar, o direito penal constitui uma *resposta* ou uma reação à revolta política. Essa tese, que será modificada em 1973 por ocasião da passagem do repressivo para o produtivo, entretanto está em pleno vigor em 1972, como se vê na aula de 26 de janeiro: "todas as grandes fases de evolução do sistema penal, do sistema repressivo, são modos de reagir a formas de lutas populares"[79]. Ou mais precisamente: "O par sistema penal-delinquência é um efeito do par sistema repressivo-sedicioso. Um efeito, no sentido de que é dele um produto, uma condição de manutenção, um deslocamento e uma ocultação."[80] Desse ponto de vista, o crime é entendido como um ataque contra o poder: "se o poder se acha lesado pelo crime, o crime é sempre, pelo menos numa de suas dimensões, ataque contra o poder, luta contra ele, suspensão provisória de suas leis."[81] Isso faz com que, em terceiro lugar, o direito só possa ser compreendido como arma nessa luta social. Como Foucault explica em seu debate com os maoistas em 5 de fevereiro de 1972: "A justiça penal não foi produzida nem pela

---

77. Aula de 9 de fevereiro de 1972, *supra*, pp. 124-5 [161/12]. Esse intrincamento entre justiça (ato de justiça) e relações de poder pode explicar não só a importância dos combates judiciais segundo Foucault, mas também o modo como são travados: em termos militares, estratégia e tática (cf. Vergès).
78. Cf. *supra*, pp. 175-6 [224/13].
79. Cf. *supra*, p. 96 [123/2].
80. Cf. *ibid.* [124/3].
81. Aula de 1º de março de 1972, *supra*, p. 176 [225/14].

plebe, nem pelo campesinato, nem pelo proletariado, e sim pura e simplesmente pela burguesia, como um importante instrumento tático no jogo de divisões que ela queria introduzir."[82] Poderíamos acrescentar a essa teoria política do direito penal uma mudança importante no século XIX, "uma cesura e um deslocamento" por meio dos quais "o que o crime presumivelmente ataca não é o poder, é a natureza, a moral, a lei natural, é o interesse geral"[83].

Portanto, o que predomina é uma teoria do direito penal como arma, como tática ou estratégia numa guerra civil que se opera na sociedade. Isso está ligado com a análise das relações entre as formas jurídicas e a verdade, que Foucault desenvolverá no Rio de Janeiro em 1973 e em Louvain em 1981. Encontramos já aqui, na aula de 2 de fevereiro de 1972, a visão de Foucault sobre as ligações entre inquisição, confissão, tortura e verdade. As implicações práticas são importantes e reaparecem explicitadas no debate com os maoistas, particularmente sobre a questão estratégica dos meios de fazer justiça: "É por isso que o tribunal como forma perfeitamente exemplar dessa justiça me parece ser para a ideologia do sistema penal uma oportunidade de reintroduzir-se na prática popular. É por isso que penso que não devemos nos basear num modelo como esse."[84] Ou mesmo mais explicitamente, sobre a questão do político: "Aí está por que a revolução só pode passar pela eliminação radical do aparelho de justiça."[85]

C. *E depois...*

4 de março de 1972: Michel Foucault e Gilles Deleuze fazem o balanço das lutas que vêm travando juntos há dois anos, esboçam o quadro da nova configuração filosófica e política[86]. Esse diálogo, muito conhecido porque nele Foucault descreve pela primeira vez a figura do "intelectual específico", assume novo relevo hoje, quando dispomos do manuscrito de *Teorias e instituições penais* (cuja última aula é dada em 8 de março). O que Foucault diz nesse diálogo pode de fato ser lido como uma espécie de resumo do curso. Concentra nele a visão que é então a sua dessa "experiência a fundo" em que se engajou e da qual o curso constitui uma forma de problematização. Lembra que a "luta antijudiciária" – ou

---

82. "Sur la justice populaire", *loc. cit.* (*DE*, II, nº 108), p. 357 / p. 1225.
83. Aula de 1º de março de 1972, *supra*, p. 176 [225/14].
84. "Sur la justice populaire", *loc. cit.* (*DE*, II, nº 108), p. 352 / p. 1220.
85. *Ibid.*
86. Cf. "Les intellectuels et le pouvoir", *loc. cit.* (*DE*, II, nº 106), pp. 306 ss., p. 311 / pp. 1174 ss., 1179.

seja, as que eles travam juntos particularmente dentro do GIP – "é uma luta contra o poder" (e não "contra as injustiças da justiça") e principalmente: "Será que essa dificuldade, nosso problema para encontrar as formas de luta adequadas não vêm de ainda ignorarmos o que é o poder?"[87] Faz com Deleuze o balanço da "experiência a fundo" que realizou, em seus três planos: no plano do GIP, no plano da problematização da questão do poder (que daí em diante o ocupará durante vários anos), no plano de seu posicionamento pessoal nas lutas (como intelectual).

Há uma configuração que articula: (a) um programa filosófico: compreender "o que é o poder", a respeito do qual Marx e Freud são de pouco recurso; esse poder do qual Foucault isolou a dimensão específica, do qual propôs, de maneira inaugural, uma primeira problematização; (b) a abertura de um novo campo político – o das lutas contra o poder (que não são as do proletariado contra a exploração), que convocam cada indivíduo, em igualdade, em torno de sua própria experiência, de sua própria intolerância, que são lutas dispersas, sem hierarquia, que não têm de ser centradas e que (c) dão ao intelectual uma posição específica, aquele que revelando os segredos fornece armas. O programa filosófico será realizado por Foucault nos anos seguintes, até a publicação de *Vigiar e punir* em 9 de fevereiro de 1975. *Teorias e instituições penais* é como que sua primeira versão.

7 e 14 de janeiro de 1976 – quatro anos depois –, Foucault dá as duas primeiras aulas de seu novo curso no Collège de France ("Em defesa da sociedade"). Longe de comprazer-se na satisfação do trabalho realizado, de anunciar o prosseguimento do programa empreendido, ele avisa que não vai continuar. Foucault volta de modo crítico a esse ciclo de seu trabalho iniciado em 1971: (a) crítica do uso das categorias marxistas da luta de classes (burguesia); (b) crítica da noção de repressão[88] ou, mais exatamente, crítica da visão jurídica do poder (crítica do uso do direito para pensar o poder); mas também (c) crítica do modelo da guerra para analisar as relações de poder (melhor, genealogia do uso da noção de guerra civil, que, por sua vez, tem origem em alguns historiadores da monarquia). Como compreender esse olhar retrospectivo desencantado? A analítica do poder a que ele agora chegou permite-lhe emancipar-se das categorias, das estruturas, dos andaimes que teve de utilizar para edificá-la. Afinal, a guerra não explica o poder: é um modo – interessado – de pôr

---

87. *Ibid.*, pp. 311 e 312 / pp. 1179 e 1180.
88. O próprio Althusser emite uma crítica da visão repressiva do poder (como expressão de uma visão anárquica). Cf. *Sur la reproduction, op. cit.*, p. 213.

em cena certos relacionamentos de poder. Os relacionamentos de poder existem como tais. Exigem ser repensados.

Durante o mesmo período, Foucault vê com morosidade a situação política com relação às expectativas que pudera ter. Fala de uma mudança de conjuntura. Segundo Claude Mauriac, Foucault esperara ou acreditara que o período que se iniciava em 1971 iria ser, se não da revolução, pelo menos de uma transformação profunda, rápida, irreversível; ao contrário, ele constata a triste persistência do giscardismo, de um lado, e, do outro, a dificuldade para a esquerda de tomar o poder, sua resistência em levar para o campo político os combates do movimento social[89].

Como compreender o olhar retrospectivo de Foucault, essa relação crítica a respeito de si mesmo, enfim, esse desgosto, se pensarmos na "experiência" em que se engajara?[90] Alguns verão aí o momento de uma desistência, de um abandono da problemática do poder, que prenuncia o longo silêncio que será o seu e a longa gestação do "último" Foucault, o das artes de viver e da estética da existência. Entretanto, é justamente o contrário de um abandono: é o momento simultaneamente de um aprofundamento e de uma reestruturação. Não só do programa filosófico, mas também do programa político, da "experiência". Aliviado do modelo da guerra, Foucault vai poder repensar a questão do poder; será a problematização do "governo" (da governamentalidade). O governo, por assim dizer, é o inverso da guerra[91]. Ou, mais precisamente, a visão que obtemos do poder quando nos libertamos do modelo da guerra.

E, por outro lado, Foucault não abandona os combates políticos. Reestrutura-os e aprofunda-os em várias direções: reestruturação em torno da questão dos nacionalismos[92], de um lado, fortalecimento das lutas

---

89. "Nossa ação só tinha sentido na expectativa de uma aceleração da história tal como se podia prever logicamente, num prazo próximo, uma transformação em profundidade, uma revolução. Em vez disso, o que vemos? Eleições cantonais que decerto prenunciam uma provável vitória futura da esquerda, mas das quais o melhor que se pode esperar é um governo social-democrata" (Claude Mauriac, terça-feira, 3 de março de 1976, *Une certaine rage*, op. cit., p. 83). Já em 1973 ele declarava: "Estou farto. Tenho a impressão de ser uma formiga escalando uma encosta de areia e escorregando indefinidamente, vendo-me de novo indefinidamente no mesmo ponto..." (quarta-feira, 21 de março de 1973, *Le Temps immobile*, t. 3, op. cit., p. 463).

90. Claude Mauriac: "Vejo-o reinventando tudo, na angústia e na solidão" (12 de março de 1976, *Une certaine rage*, p. 78).

91. É singular, digno de nota que Foucault nunca mencione *Teorias e instituições penais* no curso de 1978, apesar de grande parte dele tratar da "razão de Estado".

92. Questão que é manifestamente central em "Em defesa da sociedade" e muito presente no último capítulo de *La Volonté de savoir*, cap. V: "Droit de mort et pouvoir sur la vie" [Direito de morte e poder sobre a vida], op. cit., pp. 175-211.

em torno da ameaça soviética[93], e na crítica ao marxismo[94]. Aprofunda-os uma vez que enfatiza a dimensão propriamente moral das lutas contra o poder. A luta política não é finalizada por Foucault nas instituições (é apenas um meio), e sim nas transformações de si que ela possibilita. Mas, por outro lado, tampouco abandona a visão coletiva da experiência. Vai encontrar-lhe outras formas, outras conexões, por exemplo em torno da questão da amizade. Afasta da noção de revolução (no duplo sentido da Revolução Francesa e marxista), mas a substitui por um programa de "transformação" (que já se encontrava formulado no início dos anos 1970), que amplia para o âmbito das transformações de si. O programa ético não é reduzido; ao contrário, aprofunda-se, torna-se mais exigente. Isso o leva a mudar de visão sobre o período decorrido. Não houve revolução, mas isso não significa que não houve "transformações" nas vidas, nas vidas diárias. As pessoas estão num processo de transformações, de mudanças permanentes, que não dependem da tomada do poder de Estado (ao contrário da experiência das revoluções proletárias). Não há nada a esperar dos programas, mas tudo das experimentações. A política desenrolar-se no campo da ética era o programa, visto que o poder não deve ser tomado, mas mudado. Quanto a sua posição pessoal, não é a de um retorno à escrita, e sim de um aprofundamento do campo das problematizações. E, portanto, também nova relação com a escrita (retomada da noção de ensaio, mudança em seu estilo, mas principalmente a ideia da escrita como ascese).

Foucault frequentemente descreveu sua própria ética em torno da palavra de ordem "desapegar-se de si mesmo", mudar-se, transformar-se[95].

---

93. Claude Mauriac: "É verdade que dou destaque inteiramente ao anticomunismo, neste momento. Talvez um pouco demais. Mas não sem razão. Está provado que os USA desistiram. Que há o risco de a URSS levar a melhor. Que o perigo é extremo. E que não perdoo aos homens de minha geração não haverem encontrado nada para contrapor ao marxismo. Não haverem tentado construir outra coisa... O marxismo talvez portasse em si mesmo... Vocês leram Glucksmann? É bastante convincente. Eu não me perdoo isso..." (sábado, 14 de fevereiro de 1976, *Une certaine rage*, pp. 70 ss.). Organização da reunião dos dissidentes soviéticos no teatro Récamier, na ocasião em que Valéry Giscard d'Estaing recebeu Leonid Brejnev em Paris.

94. Cf. M. Foucault, "La grande colère des faits" (*Le Nouvel Observateur*, nº 652, 9-15 maio 1977, pp. 84-6), *DE*, III, nº 204, ed. 1994, pp. 277 ss. / "Quarto", vol. II, pp. 277 ss. [trad. bras.: "A grande cólera dos fatos", in *Ditos e escritos*, vol. VIII].

95. "Essa é a ironia desses esforços que fazemos para mudar nosso modo de ver, para modificar o horizonte do que conhecemos e para tentar nos afastarmos um pouco. Terão eles efetivamente nos levado a pensar de outro modo? Talvez tenham permitido pensarmos diferentemente o que já pensávamos e vermos o que fizemos por um ângulo diferente e sob uma luz mais clara. Julgávamos que nos afastávamos e nos encontrávamos na vertical de nós mesmos" (M. Foucault, *L'Usage des plaisirs*, Paris, Gallimard, "Bibliothèque des Histoires", 1984, p. 17 [trad. bras.: *História da sexualidade 2: O uso dos prazeres*, Rio de Janeiro, Paz e Terra, 2014]). Cf. *Mal faire, dire vrai, op. cit.*, pp. vii-viii, 304-5.

Ao mesmo tempo, sempre esteve ciente de que muito frequentemente a ascese do desapego não faz mais que nos levar de volta a nós mesmos. Talvez seja assim que se deva ler o manuscrito de *Teorias e instituições penais*: compreender que, mesmo que Foucault tenha conseguido emancipar-se deste, nunca se separou dele.

F. E. e B. E. H.

*Anexos*

# Carta de Étienne Balibar
## ao editor do curso

4 de dezembro de 2014

Caro Bernard

Agradeço-lhe pelo favor extraordinário que você me prestou transmitindo-me esta versão preliminar do curso de 1971-72 e das anotações. Li tudo com paixão, e isso faz germinar em minha mente uma montanha de reflexões sobre as quais espero que tenhamos oportunidade de falar com vagar. De momento e levando em conta que o tempo urge, vou limitar-me a algumas observações sobre o "rastro" de Althusser neste curso. Naturalmente, para mim está fora de questão pretender a objetividade absoluta ou a fidelidade da memória, mas sei que você receberá tudo isto com benevolência e discernimento ao mesmo tempo.

À guisa de preliminar, direi – mas reconheço que se trata de uma hipótese bastante impressionista – que a publicação sucessiva, em ordem cronológica inversa, dos cursos sobre "Em defesa da sociedade", depois sobre "A sociedade punitiva" e por fim sobre "Teorias e instituições penais" (este primeiro infelizmente em estado apenas de notas preparatórias – tenho certeza de que oralmente ele disse muito mais, pois as notas contêm "teses" secas e documentos de apoio, e basta ver os outros cursos para compreender que havia uma grande parcela de elaboração oral), minha impressão, portanto, é que Foucault procedeu em três tempos a um grande acerto de contas com o marxismo (sustentado, é claro, pelos debates da época e "arbitrado", de certo modo, pelos jovens de minha geração, maoistas com que ele convivia principalmente no GIP, e também outros): num primeiro momento (1971-72), temos uma crítica à teoria "marxista" do Estado que, não por acaso, se concentra na questão da invenção do Estado "de classe" moderno pela monarquia absoluta (francesa), ponto de honra do marxismo histórico e filosófico (incluindo Althusser, vou voltar a isso); num segundo momento (1972-73), temos uma teoria alternativa da "reprodução" das condições do capitalismo (e particularmente do proletariado); é o mais impressionante para um "marxista" (ou um pós-marxista como eu); é também, sob certos aspectos, uma retificação do modo como, no ano anterior, Foucault havia afastado a ideia de "reprodução": encontra outro uso para ela; por fim, num terceiro momento – longamente adiado, para além da investigação completamente diferente sobre o poder psiquiátrico e os anormais, que, penso eu, modifica em profundidade sua metodologia –, temos em 1975-76 uma refutação devastadora da própria ideia da "primazia da luta de classes" na forma da genealogia (muito brilhante, mas que de minha parte acho contestável) da noção de "luta de classes" a partir da "contra-história" da "guerra das raças", que leva a outro conceito da política, concorrente do marxismo (e sob certos aspectos próximo de Schmitt, mas isso é outra questão). Reencontramos então a "desqualificação" do marxismo que *As palavras e as coisas* haviam operado em 1966, mas sobre uma base muito diferente, não "epistemológica", e sim político-histórica.

Ao longo dessa trajetória, porém mais particularmente nos dois primeiros momentos (portanto, nos cursos de 1971-72 e de 1972-73), o confronto com o marxismo é constantemente acompanhado de um confronto com Althusser. Isso se vê nos temas que Foucault escolhe e até mesmo nas fontes que consulta, tanto quanto nas referências diretas. Esse ponto é delicado, mas muito importante em meu modo de ver, e funciona em vários sentidos. De um lado, há o fato de Foucault atribuir quase sistematicamente a Althusser a teoria da ideologia que Althusser procurou retificar e substituir no marxismo. É o grande ponto de fricção e de incompatibilidade entre eles (certamente aguçado pelas discussões com os "discípulos", dos quais eu fazia parte na época anterior, até a fundação de Vincennes, ou com os ex-discípulos, como a maioria dos maoistas, mas a questão da hegemonia intelectual não estava inteiramente resolvida em 1971-72). É preciso dizer que então Althusser já havia publicado textos que se afastavam singularmente da ideia de "corte epistemológico", "politizando" a relação da ideologia com a história, mas é preciso dizer também que esses textos eram fragmentários e contraditórios e que Foucault, por sua vez, se aproveita disso para escolher sistematicamente a interpretação mais cientificista e atribuí-la a Althusser. De outro lado, e é o que de minha parte considero o mais interessante hoje, há o fato de Foucault concentrar-se na questão da constituição do "aparelho repressivo de Estado", terminologia totalmente marxista e até mesmo althusseriana, mas já para propor uma alternativa a Althusser: ao passo que este, no artigo sobre os aparelhos ideológicos de Estado, havia dito que o aparelho repressivo de Estado é uma coisa simples e bem conhecida, e que é preciso concentrar os esforços na "peça que falta", que seriam os aparelhos ideológicos, Foucault mostra, ao contrário, que o aparelho "repressivo" é uma coisa complexa, que ele tem uma estrutura diferencial, que ele é o centro de lutas internas e externas (o que frequentemente lembra muito Poulantzas*, que ele seguramente lera e que justamente estava em desacordo com o "leninismo" rígido de Althusser sobre esse ponto), e que é preciso fazer dele uma genealogia histórica precisa (ao mesmo tempo utilizando-o para interpretar fenômenos contemporâneos, como você observa com razão: a "repressão" estava então na ordem do dia) (evidentemente é também o que mais tarde Foucault abandonará, ao mesmo tempo que o "esquerdismo", criticando a "hipótese repressiva" e desenvolvendo completamente a ideia de que o poder não é "repressivo" e sim "produtivo", como aliás você destaca).

No meio de tudo isso há algo importantíssimo, penso eu, que é o uso que Foucault faz de Porchnev. O grande "debate" da época sobre a gênese do Estado burguês na forma da monarquia absoluta era entre os marxistas e Mousnier. Os marxistas utilizavam Porchnev, mas com algumas reticências, pois ele não era totalmente ortodoxo e principalmente concorria com os historiadores franceses, mesmo marxistas, no próprio campo destes. Althusser, ao contrário, admirava-o enormemente e recorria a ele, particularmente em seu livrinho sobre Montesquieu**. Na época, só a parte introdutória do livro de Porchnev estava traduzida em francês. Entretanto, existia uma tradução alemã da qual Althusser utilizou a edição que se encontra na biblioteca da ENS (aliás, penso que foi ele que mandou comprá-la); era sua grande referência, e Foucault não podia não saber disso. Foucault, por sua vez, utilizou a tradução francesa dessa obra (publicada pelo SEVPEN), justamente feita sob supervisão de Mousnier. Portanto, Foucault adota a mesma fonte principal que Althusser e a "vira" parcialmente contra ele...

Algumas outras reações rápidas. Em primeiro lugar, nas notas da aula 11, a referência a Bourdieu e Passeron sobre *A reprodução* é importante***: na verdade, o relacionamento ideológico é triangular (Foucault,

---

\* N. Poulantzas, "À propos de la théorie marxiste du droit", *Archives de Philosophie du Droit*, 1967, pp. 145-7; *id.*, *Pouvoir politique et Classe sociale*, Paris, Maspero, 1968. (N. da ed. fr.)

\*\* L. Althusser, *Montesquieu, la politique et l'histoire*, Paris, PUF, 1956. (N. da ed. fr.) [trad. port.: *Montesquieu, a política e a história*, Lisboa, Presença, 1972.]

\*\*\* P. Bourdieu e J.-C. Passeron, *La Reproduction. Éléments pour une théorie du système d'enseignement*, Paris, Minuit, 1970. (N. da ed. fr.)

Althusser e os althusserianos, Bourdieu e Passeron). Seria preciso examinar minuciosamente as datas, mas o livro de Baudelot e Establet, *L'école capitaliste en France*, é publicado em 1972\*. Não sei em que medida Foucault sabia que se tratava do produto parcial (depois de cisão entre nós...) de um projeto mais amplo de teoria marxista da Escola como "aparelho ideológico", no qual eu trabalhava desde 1969 com Macherey, Tort, Baudelot e Establet, e que não chegou a sua forma completa. Mas em minha opinião ele devia saber. É bem possível que Tort ou eu tivéssemos lhe falado dele.

Em seguida, na aula 13, sobre o "sobressaber" e sua "extração" (questão que volta mais adiante). É muito interessante: ali a emulação não é só com os marxistas (inclusive os althusserianos, mas não particularmente: é só no início dos anos 1980 que Lefebvre e seus colaboradores proporão o "sobrevalor"), mas principalmente penso que se trata de uma concorrência com Lacan (também aqui há "discípulos" a ser partilhados...), que em seu seminário de 1968-69 "D'un Autre à l'autre" (De um outro ao outro) havia introduzido o "mais-de-gozar" com base no modelo marxista. Foucault acrescenta-lhe ainda mais... Também, nessa aula 13, sobre a relação triangular entre Althusser-Foucault-Canguilhem, toca-se em questões realmente delicadas. Pois essa relação não é uma coisa simples. Canguilhem seguramente não teria sido gentil com as proposições de Foucault, que são de um "esquerdismo" absoluto (não creio que essa seja sua última palavra...). Seria bom citar o grande texto de Foucault sobre Cuvier\*\* (para as "Jornadas Cuvier" organizadas por Canguilhem no Instituto de História das Ciências em 1969): ali, ao contrário, Foucault é muito epistemólogo, desenvolve a fundo o "limiar de cientificidade", mas não realmente o "corte epistemológico".

Peço-lhe desculpas por estas reações um tanto desordenadas. Espero que elas possam ser-lhe úteis.

Com toda minha amizade e, novamente, meus agradecimentos.

Étienne

---

\* C. Baudelot e R. Establet, *L'École capitaliste en France*, Paris, Maspero, 1972. (N. da ed. fr.)

\*\* M. Foucault, "La situation de Cuvier dans l'histoire de la biologie" (*Revue d'histoire des sciences et de leurs applications*, t. XXIII, nº 1, jan.-mar. 1971, pp. 63-92), *Dits et Écrits*, II, nº 77, ed. 1994, pp. 30-66 / "Quarto", vol. I, pp. 898-934. (N. da ed. fr.) [trad. bras.: "A posição de Cuvier na história da biologia", in *Ditos e escritos*, vol. II.]

CLAUDE-OLIVIER DORON

# FOUCAULT E OS HISTORIADORES
## O DEBATE SOBRE OS "LEVANTES POPULARES"[1]

No momento em que Michel Foucault apresenta sua análise sobre a sedição dos *Nu-pieds* e sua repressão, na qual identifica um momento--chave na constituição de um "novo sistema repressivo" no século XVII, o mundo dos historiadores modernistas ainda está ecoando os últimos sobressaltos de uma querela que desde 1958 contrapôs Roland Mousnier, grande historiador das instituições monárquicas na época moderna, ao historiador e filósofo soviético Boris Porchnev, autor em 1948 de uma tese sobre "os levantes populares na França de 1623 a 1648"[2]. Não se pretende aqui voltar aos detalhes, agora bem conhecidos, das controvérsias que o trabalho de Porchnev suscitou na França (e, aliás, também na União Soviética, onde Porchnev estava longe de ser unanimemente aceito)[3]. O que im-

---

1. Este anexo não tem pretensão alguma de oferecer uma análise exaustiva das relações entre o curso de Foucault e os debates históricos e filosóficos que lhe são contemporâneos. Trata-se unicamente de proporcionar aos leitores alguns elementos sobre o debate que permeava então a comunidade historiadora a respeito dos *Nu-pieds* e sobre o modo como Foucault se posiciona com relação a ele. Além disso, conviria cotejar esse debate com as discussões que, nos anos 1969-1972, contrapõem Nikos Poulantzas a Ralph Miliband sobre o lugar do Estado na sociedade capitalista e que, num nível mais teórico, coincidem com numerosos problemas tratados aqui de um ponto de vista histórico. Ver especialmente: N. Poulantzas, *Pouvoir politique et Classes sociales*, Paris, Maspero, 1968; R. Miliband, *The State in Capitalist Society*, Londres, Weidenfeld & Nicolson, 1969 [ed. bras.: *O Estado na sociedade capitalista*, 2ª ed., Rio de Janeiro, Zahar, 1982], bem como a reedição do debate que os contrapõe na *New Left Review*, in Robin Blackburn (org.), *Ideology and the Social Sciences. Readings in Critical Social Theory*, Londres, Fontana, 1972 [ed. bras.: *Ideologia na ciência social: ensaios críticos sobre a teoria social*, Rio de Janeiro, Paz e Terra, 1982]. Sobre esse debate cf., por exemplo, C. W. Barrow, "The Miliband-Poulantzas Debate. An Intellectual History", in Stanley Aronowitz e Peter Bratsis (orgs.), *Paradigm Lost. State Theory Reconsidered*, Minneapolis, University of Minnesota Press, 2002, pp. 3-52. Para alguns elementos de discussão relacionados com este curso, ver a carta de Étienne Balibar (*supra*, pp. 261-4).
2. B. Porchnev, *Les Soulèvements populaires en France de 1623 à 1648*, Paris, SEVPEN, 1963.
3. Além do livro de Porchnev, elementos desse debate podem ser encontrados nos seguintes textos: R. Mousnier, "Recherches sur les soulèvements populaires en France avant la Fronde", *Revue d'histoire moderne et contemporaine*, 1958, pp. 81-113 (reproduzido em *id.*, *La*

porta é lembrar as linhas gerais de um debate que implica que enfrentar, como faz Foucault em 1971-72, a questão das sedições populares no início do século XVII, e particularmente dos *Nu-pieds*, é tomar posição numa discussão mais ampla sobre a interpretação marxista desses movimentos populares, sobre o papel dos camponeses, da burguesia e da nobreza no desenvolvimento da luta de classes e sobre as relações entre Estado monárquico, feudalidade e desenvolvimento do capitalismo. Deve-se destacar que nesse tema o início dos anos 1970 constitui uma guinada. É em 1970 que Madeleine Foisil, aluna de Mousnier, publica sua tese sobre os *Nu-pieds* (*La Révolte des Nu-pieds et les révoltes normandes de 1639*), que Foucault utiliza regularmente. Essa monografia marcará época e até hoje é considerada a fonte mais completa sobre o assunto. Além disso, é em 1972 que Yves-Marie Bercé (outro aluno de Mousnier) defende sua tese sobre os levantes populares no sudoeste da França no século XVII, tese que sobre muitos pontos renovará a interpretação das sedições na época moderna. Portanto, o debate Mousnier/Porchnev ainda está em carne viva, mas já voltando a fechar-se, no momento em que Foucault vai inserir-se nele. É importante ver que posição Foucault assume com relação aos principais argumentos em confronto.

I

A PENA, A FOICE E O MARTELO: O DEBATE
MOUSNIER/PORCHNEV

A. *Uma burguesia enfeudada: a tese de Porchnev*

Resumida em linhas gerais, a posição de Porchnev é a seguinte.

1/ Os movimentos populares do início do século XVII dizem respeito acima de tudo à *fiscalidade* ("elo frágil do qual dependia todo o regime feudal e absolutista"[4]); são espontâneos (não guiados pelos nobres ou pe-

---

*Plume, la Faucille et le Marteau*, Paris, PUF, 1970, pp. 335-68); id., *Fureurs paysannes. Les paysans dans les révoltes du XVIIe siècle*, Paris, Calmann-Lévy, 1967; uma recensão por Mousnier da edição francesa de Porchnev na *Revue belge de philologie et d'histoire*, 1965, 43-1, pp. 166-71; R. Mandrou, "Les soulèvements populaires et la société française du XVIIe siècle", *Annales, ESC*, 1959, 14-4, pp. 756-65; Y.-M. Bercé, recensão da edição francesa de Porchnev em *Bibliothèque de l'École des Chartes*, 122, 1964, pp. 354-8; P. Gouhier, "Les 'Nu-pieds': Boris Porchnev, *Les soulèvements populaires en France de 1623 à 1648*", *Annales de Normandie*, 14-4, 1964, pp. 501-4. Para um estudo muito proveitoso do contexto em que se desenrolam esses debates, ver a obra organizada por S. Aberdam e A. Tchoudinov, *Écrire l'histoire par temps de guerre froide. Soviétiques et Français autour de la crise de l'Ancien Régime*, Paris, Société des études robespierristes (col. "Études révolutionnaires" 15), 2014, que reúne várias contribuições explicando todos os seus pormenores na França e na União Soviética.

4. B. Porchnev, *Les soulèvements populaires en France*, op. cit., p. 347.

los burgueses) e próprios de uma parte do povo (camponeses; "plebe sediciosa"[5]) que os aumentos da fiscalidade colocam em condições de miséria insuportáveis.

2/ Esses movimentos não visam o rei e sim *o conjunto de beneficiários da "renda feudal"*: os nobres, mas também uma parte importante da burguesia. A característica "fundamental" do feudalismo, segundo Porchnev, é que ele constitui "um sistema de exploração dos servos pelos proprietários feudais de terras" e que toda sua organização gira em torno do problema da extração e manutenção da *renda feudal*[6]. A partir do século XVI (segundo Porchnev) é o Estado monárquico que se encarrega de assegurar o recolhimento e a manutenção dessa renda feudal, agora *centralizada*, constituída pelos diversos impostos, e que ele redistribui em seguida para a nobreza e, em parte, para uma burguesia que assim se vê integrada no sistema feudal. Portanto, o Estado monárquico não rompe com o sistema feudal: é seu agente, no sentido de ser ele que passa a realizar o recolhimento, a centralização mas principalmente a redistribuição da renda para as classes dominantes.

3/ No século XVII, portanto, a França continua fundamentalmente caracterizada por um sistema feudal: os desdobramentos do capitalismo

5. B. Porchnev (*ibid.*, pp. 268-75) constrói de modo preciso a categoria dos "plebeus das cidades", que, segundo ele, é "a força motriz dos levantes urbanos", como o são os camponeses nos campos. Esse conceito, como se viu (cf. *supra*, aula de 24 de novembro de 1971, pp. 15-6, nota 16), é extraído de Engels. Para Porchnev, esses plebeus abrangem três elementos: os operários, ou seja, um pré-proletariado de artesãos e de trabalhadores das manufaturas; um conjunto de pequenos artesãos (serralheiros, taberneiros, tecelões etc.); um "lumpemproletariado" composto de camponeses desclassificados, de vadios e de mendigos. Convém cotejar essa noção de "plebeus das cidades" ou de "plebe sediciosa", que Foucault adotará em vários textos da época para criticar o corte entre "plebe não proletarizada" e proletariado, com as análises de Mollat e Wolff sobre os "elementos populares" ("os pequenos", "os magros", "a gente mecânica") e seu papel nas revoltas dos séculos XIV-XV (M. Mollat e P. Wolff, *Ongles bleus, Jacques et Ciompi. Les révolutions populaires en Europe aux XIV$^e$ et XV$^e$ siècles*, Paris, Calmann-Lévy, 1970, col. "Les Grandes Vagues révolutionnaires"). Em todos esses trabalhos e na leitura que Foucault faz deles há um esforço para pensar o papel do "povo" ou da "plebe" saindo das categorias marxistas tradicionais (proletariado/*Lumpenproletariat*) e também enfatizando frequentemente sua ligação com o campesinato. No caso de Foucault, esse esforço é inseparável de uma distância manifesta com relação ao Partido Comunista, aos modos tradicionais de enquadramento do "proletariado" e ao caráter depreciativo da categoria de "*Lumpenproletariat*".
6. Além de sua obra sobre as revoltas populares do século XVII, Porchnev é autor de vários textos sobre a economia política do feudalismo, especialmente: "À propos de la loi économique du féodalisme" (1953), *Essai sur l'économie politique du féodalisme* (1956) e *Féodalisme et Masses populaires* (1964). Cf. sobre esse assunto I. Filippov, "Boris Porchnev et l'économie politique du féodalisme", in *Écrire l'histoire par temps de guerre froide, op. cit.*, pp. 149-76. A atenção às evoluções da "renda feudal" aparece regularmente no curso de Foucault, em particular quando se trata de analisar as condições materiais da crise do século XIV (ver principalmente a aula de 23 de fevereiro de 1972).

são marginais, localizados, e principalmente a burguesia está integrada nesse sistema, ligada a ele por seus interesses, por intermédio do sistema de ofícios, dos enobrecimentos, os quais, por outro lado, bloqueiam o desenvolvimento do capitalismo ao atraírem os capitais da burguesia para investimentos *não produtivos* (ofícios, dívidas, rendas) e isentos de grande número de recolhimentos fiscais.

Porchnev realmente reconhece que existem tensões possíveis entre a "renda feudal centralizada" (que pressupõe o desenvolvimento de um aparelho estatal específico e de uma fiscalidade régia) e as rendas e interesses dos senhores e burgueses locais; mas – ao contrário de Foucault – não considera que haja uma *verdadeira contradição entre renda e imposto* (rendas feudais e fiscalidade estatal), não mais do que entre um aparelho estatal que tivesse sua própria lógica e seus próprios objetivos, e as classes dominantes (nobreza e, muito amplamente, burguesia) que ele deve servir. Daí a afirmação recorrente de Porchnev segundo a qual uma das características das revoltas populares até a Fronda é que, ainda que os burgueses possam deixar as sedições populares atuarem por um momento, o reflexo de proteger seus interesses e seus bens volta logo, e uma "frente de classes" forma-se naturalmente para no fim reprimir esses movimentos. A tese subjacente é a seguinte: no início do período monárquico a burguesia não desempenhou seu papel no desenvolvimento da luta de classes. Ela não cessou de "renegar sua classe" para transformar-se em "burguesia feudal"[7]. De fato, boa parte da burguesia empenhava-se bem mais em tornar-se nobre e integrar a feudalidade do que em destruí-la, e o sistema feudal estava organizado de tal modo que podia assimilá-la amplamente em seu seio. Inversamente, Porchnev atribui ao campesinato um lugar mais importante no desenvolvimento da luta de classes do que a historiografia soviética lhe atribui tradicionalmente. Segundo ele, os camponeses (e particularmente os *Nu-pieds*) são capazes de verdadeiras lutas políticas. Ainda que deplore a "cegueira social" de um movimento fundamentalmente antifiscal que não pode "desenvolver-se como um movimento revolucionário antifeudal e antiabsolutista"[8], ele entretanto assinala dimensões mais revolucionárias, até mesmo o aspecto de *quase contrapoder* (organização, programa etc.) que os *Nu-pieds* assumem. Em outras palavras, não apresenta os camponeses como um elemento passivo, submisso e guiado necessariamente por forças "reacionárias", nem como um elemento puramente "impulsivo", incapaz de alcançar certo nível de consciência revolucionária. No contexto dos movimentos maoistas dos

---

7. B. Porchnev, *Le Soulèvements populaires en France*, p. 545.
8. *Ibid.*, p. 327.

anos 1960-70, prontos a revalorizar o papel revolucionário do campesinato e a insistir na necessidade de aliança entre operários e camponeses, esse tipo de ênfase na força revolucionária dos camponeses tem sua sedução: não é de espantar que se encontre em Foucault um aprofundamento dessas análises[9].

B. *O pó e a nuvem: a análise de Mousnier*

O posicionamento de Mousnier contrapõe-se quase ponto por ponto à análise de Porchnev. Suas observações integram-se numa série de críticas mais amplas que visam a historiografia marxista em geral (que pretende identificar relações horizontais de "classes" numa sociedade estruturada por vínculos de fidelidade verticais e "ordens" e reduz tudo à infraestrutura econômica dos modos de produção) e Porchnev em particular. Mousnier e Porchnev trabalharam com base numa mesma fonte (os arquivos do chanceler Séguier), o que não deixa de suscitar ciúme e tensões pessoais entre os dois homens[10]. Mas, principalmente, Mousnier acusa Porchnev de tratar a história do alto, de zombar da complexidade dos fatos em proveito da aplicação de uma grade de leitura marxista da história elaborada *a priori*. Por fim, Mousnier não aborda de modo algum o pro-

---

9. O debate sobre o papel do campesinato como força revolucionária remonta a Marx e Engels, para os quais o proletariado industrial constitui a única classe realmente revolucionária. Esse posicionamento, que será objeto de debates entre Trotski e Lênin (inicialmente hesitante sobre a questão), por fim será reafirmado por Lênin em *O Estado e a revolução* e depois se intensificará no decorrer da guerra civil russa e dos diversos empreendimentos de coletivização nos campos nos anos 1920-1930, que desenham uma imagem bastante sombria do mujique. Como se sabe, é principalmente por meio de Mao Tsé-tung e da revolução chinesa que se efetua uma revalorização do papel do campesinato como classe revolucionária (sobre esse assunto, ver L. Bianco, *Les Origines de la révolution chinoise, 1915-1949*, Paris, Gallimard, 1967). Essa revalorização será acentuada pelos diversos movimentos independentistas de inspiração marxista dos anos 1950-1970 (de Castro e Guevara a Ho Chi Minh, passando pelos khmers vermelhos e por Omar Oussedik); e, no Ocidente, pelos grupúsculos maoistas, alguns deles sonhando (inclusive na França) com a realização de uma junção entre camponeses pobres e proletários, tanto que nesses anos se chegou a falar de certo "messianismo camponês", como anteriormente de um "messianismo proletário". Ainda que Foucault não compartilhe desse sonho da junção entre proletariado e campesinato na França dos anos 1970, preferindo enfatizar o desvanecimento do corte entre plebe não proletarizada e proletariado (cf. *supra*, aula de 15 de dezembro de 1971, pp. 49-50, nota 15), em sua análise histórica das sedições ele parece mais atento aos movimentos camponeses (e plebeus) como elementos essenciais nas diversas fases de constituição do Estado monárquico e do aparelho repressivo. Isso pode ser constatado tanto em sua análise das revoltas do século XIV (que combinam geralmente sedições urbanas e revoltas rurais) como na que propõe das sedições no século XVII.

10. Sobre os arquivos do chanceler Séguier, a história destes e a rivalidade Porchnev--Mousnier acerca desse assunto, cf. por exemplo F. Hildesheimer, "Les archives du chancelier Séguier entre Paris et Saint-Pétersbourg", in *Écrire l'histoire par temps de guerre froide*, pp. 53-67.

blema das sedições do mesmo ponto de vista que Porchnev: este as integrava numa reflexão geral sobre as lutas populares até a Fronda (e mais além, até a Revolução Francesa) e numa análise econômico-política das relações entre Estado monárquico, burguesia e feudalismo. Mousnier olha-as mais como historiador do absolutismo no século XVII e "especialista" na venda de ofícios – sistema que, segundo ele, tem o efeito de temperar o caráter absoluto da monarquia e formar um grupo social de "oficiais", mistura de nobres e burgueses enriquecidos, compartilhando do poder do Soberano e, ao mesmo tempo, ligados aos interesses deste. Para Mousnier, as sedições populares são *relativamente insignificantes*: nunca puseram em risco o poder monárquico, exceto nos casos em que nelas se juntavam os interesses dos "Grandes", de nobres locais ou objetivos religiosos. Portanto, sua primeira crítica a Porchnev é que este supervaloriza sedições, que, no fundo, eram o cotidiano do Antigo Regime e praticamente não afetavam o poder monárquico. Enquanto Porchnev vê nesses levantes "o motor de todo o restante" e principalmente uma chave interpretativa para compreender a Fronda, Mousnier vê-os apenas como "episódios locais" aos quais não se deve atribuir peso excessivo[11]. Ademais, enquanto Porchnev enxerga neles a espontaneidade do "povo", exasperado com as cobranças fiscais e com a exploração pelas classes dominantes, Mousnier reitera uma leitura mais clássica segundo a qual esses movimentos frequentemente foram secretamente comandados por nobres, burgueses e às vezes até mesmo príncipes. Enfatiza que a sociedade então era organizada de acordo com uma rede de vínculos verticais (vínculos de fidelidade, vínculos de parentesco etc.) que permeavam as pretensas divisões de "classes" e ligavam, por exemplo, senhores locais a seus camponeses. Além disso, ele marca bem as profundas tensões que existem entre o desenvolvimento das instituições monárquicas centralizadas e a nobreza ou a burguesia locais (inclusive os oficiais de justiça), que frequentemente são as primeiras a se opor à fiscalidade régia. Com isso, contesta que tenha havido uma "frente de classes" no momento da repressão às sedições.

Num nível mais geral, Mousnier contesta vivamente várias teses centrais de Porchnev que, na verdade, colocavam-no diretamente em causa. Para Porchnev a venda dos ofícios "não contribuiu para a subjugação da monarquia sob a burguesia, e sim para uma progressiva submissão da burguesia pela monarquia aristocrática". Foi "um meio de afastar a burguesia

---

11. R. Mousnier, "Recherches sur les soulèvements populaires en France avant la Fronde", art. cit., pp. 83-4.

do combate revolucionário contra o feudalismo"[12]. Para Mousnier, ao contrário, é errôneo afirmar que no século XVII o Estado é um "Estado de nobreza" que assegura a manutenção da ordem "feudal", o recolhimento da "renda feudal" e sua redistribuição para a nobreza. O Estado monárquico contrapõe-se à maioria dos elementos do regime feudal e construiu-se desfazendo os vínculos feudais. Para isso apoiou-se na burguesia, que integrou no aparelho de Estado. "Nada vejo a mudar na teoria segundo a qual os avanços do Estado monárquico absoluto foram facilitados pela possibilidade de opor burgueses a fidalgos, de utilizar os burgueses no aparelho de Estado [...]. Foi a monarquia que sujeitou todas as classes ao reconstituir o Estado. Mas nessa obra ela se valeu da burguesia, e sustento que lhe cedeu uma participação no poder político e administrativo."[13] Quanto à tese de Porchnev segundo a qual no século XVII a França continua caracterizada por um sistema feudal e o Estado monárquico é um freio para o desenvolvimento do capitalismo, Mousnier liquida-a criticando primeiramente o uso extensivo e vago do termo "feudalismo" em Porchnev[14] e destacando principalmente que a renda fundiária, tal como é recolhida no século XVII (arrendamentos, fiscalidade régia etc.), nada mais tem a ver com a "renda fundiária feudal". Quanto ao fato de o regime econômico e político em vigor ter sido um freio para o desenvolvimento do capitalismo, Mousnier considera, ao contrário, que "os monopólios e privilégios outorgados aos grandes mercadores fabricantes [...] são" em vez disso "uma condição de seu desenvolvimento, nesse estágio, e sem a qual os preços seriam baixos demais para ser compensadores"[15].

12. B. Porchnev, *Les Soulèvements populaires en France*, p. 577. Ele especifica que essa venda não provocava "o 'emburguesamento' do poder, e sim a 'feudalização' de uma parte da burguesia".
13. R. Mousnier, "Recherches sur les soulèvements populaires...", p. 110.
14. Os anos 1960-1970 constituem um momento de intenso debate sobre a pertinência da caracterização de um "modo de produção feudal", aplicado pelos marxistas a uma multiplicidade de situações históricas desde a Europa medieval até a Rússia do século XIX e a China do primeiro século XX. "Feudalismo" designa então um conceito mais amplo que o de "feudalidade", limitado aos vínculos entre senhor e vassalo e ao sistema de benefícios, que parece válido principalmente até o século XIV. "Feudalismo" remete a uma organização social baseada no recolhimento da renda fundiária por uma aristocracia dotada de direitos de justiça e de privilégios políticos. Alguns textos marcantes nesses debates são publicados precisamente no início dos anos 1970: as atas do colóquio do CERM realizado em abril de 1968 (*Sur le féodalisme*, Paris, 1971) e as atas do colóquio de Toulouse sobre a feudalidade, organizado por J. Godechot (*L'Abolition de la féodalité dans le monde occidental*, Paris, CHTS, 1971), bem como a obra clássica de W. Kula, *Théorie économique du système féodal*, Paris, Mouton, 1970 [trad. port.: *Teoria econômica do sistema feudal*, Lisboa, Presença, 1962]. Para mais detalhes, cf. G. Lemarchand, "Féodalité, féodalisme et classes sociales en France au XVIIe siècle. Le débat dans l'historiographie, 1960-2006", in *Écrire l'histoire par temps de guerre froide*, pp. 133-48.
15. R. Mousnier, "Recherches sur les soulèvements populaires...", p. 108.

## II
### O ACONTECIMENTO E A MUDANÇA:
### A LEITURA FOUCAULTIANA DOS *NU-PIEDS*

Ante esses posicionamentos contraditórios, que conhece bem e analisou detalhadamente em suas fichas preparatórias[16], Foucault opera uma série de deslocamentos que lhe permitem não ficar prisioneiro nem de um nem do outro. Acima de tudo, enfatiza um aspecto que nem Mousnier nem Porchnev haviam realmente destacado: a especificidade da repressão aos *Nu-pieds* e o modo como ela marca a entrada em cena de uma *nova função repressiva de Estado*, ainda não dotada de seus "aparelhos" (intendentes de justiça, polícia, enclausuramento etc.), o que ela fará na sequência do século XVII[17]. O sentido desse deslocamento pode ser lido na continuidade das reflexões sobre o papel da história que Foucault expusera em sua conferência de outubro de 1970 intitulada: "Voltar à história": "A história era uma disciplina graças à qual a burguesia mostrava primeiramente que seu reinado era apenas o resultado [...] de uma lenta maturação e que, nessa medida, era perfeitamente fundamentado [...] Agora essa vocação e esse papel da história precisam ser revisados [...] *Em vez disso, ela deve ser compreendida como a análise das transformações de que as sociedades são efetivamente passíveis. As duas noções fundamentais da história tal como é feita hoje não são mais o tempo e o passado, e sim a mudança e o acontecimento.*"[18] O *tempo*, ou seja, o esforço para recuperar as fases do desenvolvimento contínuo desta ou daquela grande unidade histórica posta *a priori* (o "feudalismo", o "capitalismo", a "monarquia", o "Estado" etc.); o *passado*, ou seja, o esforço para fundamentar (ou refutar) a legitimidade da situação atual (a dominação da burguesia ou a necessidade da revolução proletária, por exemplo) mediante a evocação do passado: essas eram as categorias constitutivas da história que neste curso Foucault procura substituir pelo *acontecimento* e pela *mudança*.

16. Dos dois dossiês de fichas preparatórias do fundo da BnF a respeito dos *Nu-pieds*, o segundo, intitulado "Mouvements populaires au XVIIᵉ siècle", contém um resumo extremamente detalhado da obra de Porchnev, bem como uma análise precisa dos argumentos de Mousnier, que Foucault leu na reedição do artigo de 1958 em *La Plume, la Faucille et le Marteau, op. cit.*

17. Os historiadores mais recentes preferem dar razão a Foucault sobre alguns pontos fortes de sua análise: o caráter inédito da repressão contra os *Nu-pieds* realizada pelo chanceler Séguier, que acumula as funções de justiça e militar; a ideia de que aqui se vê aparecer claramente "o corpo visível do Estado" e de que esse corpo assume formas rituais, quase teatrais, com acentuadas conotações religiosas (separação entre os maus e os inocentes). Agradecemos a Y.-M. Bercé e A. Teyssier por suas estimulantes observações sobre esse assunto.

18. "Revenir à l'histoire" (*Paideia*, nº 11: *Michel Foucault*, pp. 40-60; conferência apresentada na universidade de Keio em 9 de outubro de 1970), *DE*, II, nº 103, pp. 272-3 / "Quarto", vol. I, pp. 1140-1 [trad. bras.: "Retornar à história", in *Ditos e escritos*, vol. II]. Grifo nosso.

Essas categorias esclarecem como se situa a leitura foucaultiana dos *Nu-pieds* com relação a Porchnev e Mousnier. Em certo sentido, ela desautoriza as análises de ambos: a leitura de Porchnev, especialmente, é apenas a *leitura burguesa invertida*. Ela visa mostrar que a burguesia não teve um papel no desenvolvimento da luta de classes; que esse papel foi assumido, no século XVII, pelas sedições populares. Mousnier e Porchnev situam-se, enfim, numa perspectiva que põe o foco no tempo (descrever o desenvolvimento do capitalismo, da luta de classes ou das instituições monárquicas) e no passado.

A. *O acontecimento Nu-pieds*

Foucault a substitui por uma leitura baseada primeiramente no *acontecimento*.

1/ Isso significa, por um lado, inserir o acontecimento *Nu-pieds* numa série de acontecimentos similares (*dimensão serial do acontecimento*) que se apresentam, fundamentalmente, como "uma série contínua de rejeições à lei e de lutas contra o poder"[19]. Sobre esse ponto, à maneira de Porchnev, Foucault leva a sério a série de sedições, por mais ínfimas que sejam, que existem no século XVII. Mas não para integrá-las imediatamente, como episódios, na grande narrativa do desenvolvimento da luta de classes: é para ver nelas uma *série de desafios pontuais, heterogêneos, perante o poder e seus agentes*[20].

2/ Por outro lado, procura examinar minuciosamente as propriedades e principalmente as singularidades do acontecimento *Nu-pieds* nessa série, para marcar-lhe bem níveis de descontinuidades (*caráter diferencial do acontecimento*). Identifica vários: esquiva das instâncias tradicionais

19. Aula de 24 de novembro de 1971, *supra*, pp. 5-6 [5/4].
20. "A grande série de motins populares do início do século XVII"; "uma série de motins, de sedições, de agitações que ocorreram na Normandia" etc. (*ibid.*, p. 4 [2/1]). Como observava Foucault, um dos interesses da abordagem serial deve-se a que ela "não adota objetos gerais e previamente constituídos, como a feudalidade" e não procura decifrá-los imediatamente em "categorização [categorizações] prévia[s]" ("Revenir à l'histoire", *loc. cit.*). No caso presente, isso o exime de codificar imediatamente tais sedições como episódios da luta de classes ou motins antifiscais. Ademais, ele enfatiza a "comunicação" que existe com uma multiplicidade de assaltos e de ilegalismos, sem aceitar *a priori* uma separação entre lutas populares e criminalidade, por exemplo. Recupera-se aqui a ideia que Foucault desenvolverá em *A sociedade punitiva* e em *Vigiar e punir*, segundo a qual há nos séculos XVII-XVIII uma grande comunicação e continuidade entre ilegalismos diversos, lutas políticas, assaltos e criminalidade. O papel do sistema repressivo consistirá precisamente em romper essa continuidade, operando separações entre crimes políticos e delitos de direito comum, entre plebe delinquente e burguesia/proletariado enquadrado etc. (ver sobre esse assunto já a aula de 24 de novembro de 1971).

de manutenção da ordem (Parlamento, milícia burguesa, senhores locais); mas principalmente "há uma característica bem específica da sedição dos *Nu-pieds*: é o modo como o poder régio foi atacado"[21] e sobretudo o caráter singular da repressão, o modo como o poder reagiu a ela (suas estratégias, suas formas rituais). Vê-se que, ao levar a sério o acontecimento *Nu-pieds* em suas dimensões serial e singular, o que Foucault põe à mostra em primeiro lugar são as lutas em torno do poder que entram em jogo.

Foucault de fato concorda que os *Nu-pieds* constituem primeiramente um motim antifiscal, mas aumenta fortemente sua dimensão de *contrapoder*. Os *Nu-pieds* imitam os atos e as insígnias do poder: "apresentaram-se como sendo eles mesmos um poder (militar, político, judicial, financeiro)"[22]. Portanto, segundo ele, o que dá especificidade aos *Nu-pieds* é terem procurado constituir-se (pelo menos simbolicamente) como um *poder político* e com isso irem além de uma simples revolta antifiscal. Foucault acentua aqui uma característica já apontada por Porchnev. Mas principalmente é preciso comparar essa análise com o que o próprio Foucault dizia na mesma época, numa entrevista: "O saber oficial sempre representou o poder político como foco de interesse de uma luta dentro de uma classe [...] ou ainda como o foco de interesse de uma luta entre a aristocracia e a burguesia. Quanto aos movimentos populares, foram apresentados como motivados pela fome, pelo imposto, pelo desemprego; *nunca como uma luta pelo poder*, como se as massas pudessem sonhar em comer bem, mas seguramente não em exercer o poder. *A história das lutas pelo poder e, portanto, das condições reais de seu exercício e de sua conservação permanece quase inteiramente imersa.*"[23] O cerne do acontecimento *Nu-pieds*, portanto, é que ele traz à tona essa história imersa: a das "lutas pelo poder" e principalmente "das condições reais de seu exercício e de sua conservação". Essa história se revela em todo um conjunto de formas, sinais e estratégias aos quais Foucault dedica uma atenção minuciosa.

Sua análise *estratégica* permite que Foucault se posicione em desacordo com Mousnier e com Porchnev. Com Mousnier, ele considera que os interesses dos diversos grupos sociais locais (parlamentares, nobres, burgueses, camponeses e plebeus etc.) às vezes vêm aglomerar-se contra o aparelho fiscal de Estado e seus agentes. O que caracteriza a sedição dos *Nu-pieds* (como outras revoltas) é "a debilidade do Parlamento, da

---

21. Aula de 1º de dezembro de 1971, *supra*, p. 26 [33/12]. Grifo nosso.
22. *Ibid.*, pp. 26-7 [34/13].
23. "Par-delà le bien et le mal" (entrevista com alunos de *lycée*, publicada em *Actuel*, nº 14, novembro de 1971), *DE*, II, nº 98, ed. 1994, pp. 224-5 / "Quarto", vol. I, pp. 1092-3. Grifo nosso.

burguesia e da nobreza locais"²⁴. Se, mesmo assim, afinal houve "frente de classes" para reprimir a sedição, toda a análise de Foucault visa mostrar que essa frente não decorre (como pretendia Porchnev) da comunidade objetiva de interesses compartilhados por todas as "classes dominantes" da ordem feudal; pelo contrário, ocorreu um *jogo de estratégias deliberadas, de operações de separação, de pressões hábeis, efetuadas pelos agentes da repressão* (Séguier e Gassion). Jogo de estratégias que, aliás, se mostra muito precário e afinal pressuporá a instauração de um novo aparelho repressivo para funcionar plenamente. Todos esses elementos são essenciais para explicar "as condições reais [do] exercício e [da] conservação" do poder: este supõe um trabalho ativo de divisão, separação e isolamento de certas partes do povo à custa de certas outras: "linhas divisórias [...] entre os campos e as cidades" e "entre os mais pobres (a ralé) e as classes mais abastadas"²⁵. Operar essas separações e marcar bem esses cortes será um dos papéis do novo sistema repressivo que se instaura na segunda metade do século XVII.

Mas essa análise estratégica também é essencial para fazer uma história pensada como "análise das transformações de que são efetivamente passíveis as sociedades". Ao manifestar as operações do sistema repressivo, ao mostrar que este "pôs em jogo algumas estratégias, alguns tipos de funcionamento e relações de poder que [...] persistiram e permaneceram constantes", para afinal ser "reaproveitados em grande parte [...] pelo aparelho estatal da sociedade burguesa"²⁶, obtêm-se os meios de isolar as operações e as funções desse sistema e atacá-las melhor para operar transformações na *atualidade*. Aqui, o estudo histórico do acontecimento condiciona a possibilidade de mudanças futuras. De fato, está claro que a análise das separações que atuam no sistema repressivo da segunda metade do século XVII visa ser prolongada na atualidade dos anos 1970: as separações entre delinquentes de direito comum e políticos, entre "plebe não proletarizada" e proletariado, efetuadas pela instituição judicial e pela prisão, são prolongamentos dessa função repressiva que opera a partir do século XVII e que o acontecimento *Nu-pieds* manifesta abertamente. São questões que, de outro lado, preocupam então Foucault no âmbito do Grupo de Informação sobre as Prisões²⁷.

A essa análise estratégica do acontecimento *Nu-pieds* vem associar-se em Foucault uma leitura "*dinástica*", atenta para as formas rituais, os sinais e os símbolos pelos quais se manifestam as relações de força sub-

---

24. Aula de 1º de dezembro de 1971, *supra*, p. 26 [33/12].
25. Aula de 15 de dezembro de 1971, *supra*, pp. 42-3 [55/11].
26. *Ibid.* [56/12].
27. Sobre esse assunto ver as notas do curso e o contexto em "Situação do curso", *supra*, pp. 221 ss.

jacentes. Como ele observa em sua conferência na universidade de Minnesota, seu objetivo é inserir o acontecimento *Nu-pieds* (e principalmente sua repressão) numa análise das "manifestações cerimoniais do poder político", "do modo como o poder político assume formas visíveis e teatrais", particularmente no século XVII[28]. Daí essa atenção para o modo como os diferentes corpos de notáveis vêm suplicar a Séguier, para as fórmulas e rituais que utilizam e para o modo como Séguier lhes responde, para as formas que a repressão assume em todas as suas etapas. Essas formas, de fato, são lidas como "marcas" que indicam o modo como se distribuem as forças subjacentes (os rebeldes rejeitados como "inimigos"; a recusa em aceitar o papel de "freios" reivindicado pelos notáveis). Com isso Foucault põe à mostra o que, segundo ele, constitui a grande singularidade do acontecimento *Nu-pieds*: nele aparece, pela primeira vez no teatro do poder, "o corpo visível do Estado", um corpo de funcionários (e de financiadores) dotados de todas as prerrogativas, ocupando o lugar vago deixado pelo rei e reunindo o duplo poder da justiça e do exército numa *função repressiva de Estado*. Isso lhe permite evitar uma perspectiva que seria a da história das instituições monárquicas e/ou dos aparelhos de Estado[29]. Aqui, como observa Foucault, a função repressiva do Estado aparece em estado puro; mas ainda não está dotada das instituições ou dos aparelhos (intendentes de justiça, polícia, enclausuramento administrativo etc.) que vão realizá-la a partir do final do século XVII. Portanto, o que o acontecimento *Nu-pieds* revela não é só a existência dessa função e do "corpo" que a porta, mas também a necessidade de inventar instituições novas para cumpri-la. Enquanto Mousnier praticamente não via a importância dessas sedições populares do início do século XVII na constituição do Estado monárquico, Foucault enfatiza o fato de as instituições repressivas que vão se implantar serem "todas comandadas pelas demandas de uma repressão antissediciosa" e pela obrigação de encontrar um modo de repressão diferente do que prevalecia até então[30].

Portanto, as sedições populares são realmente um motor essencial na história do Estado. Mas seguramente não no sentido em que as entendia Porchnev, que não via a especificidade – a verdadeira *descontinuidade* –

---

28. Cf. *supra*, "Cerimônia, teatro e política no século XVII", pp. 215 ss.
29. Esse posicionamento, aliás, é constante ao longo do curso. Ver, por exemplo, a aula de 16 de fevereiro de 1972, na qual Foucault reafirma a existência de "funções pré-estatais" anteriores e independentes dos aparelhos de Estado, que permitem pensar a imbricação entre o econômico e o político independentemente das instituições estatais apenas. Esse posicionamento deve ser situado no debate que então contrapõe Foucault aos althusserianos.
30. Aula de 26 de janeiro de 1972, *supra*, p. 96 [123/2].

introduzida aqui com relação ao sistema feudal, com a gênese de um sistema repressivo radicalmente distinto do sistema feudal de repressão. O que o foco no acontecimento *Nu-pieds* evidencia é um nível de descontinuidade que não era percebido nem por Porchnev (entregue à sua demonstração segundo a qual a burguesia e o Estado monárquico eram partes interessadas de um modo de produção feudal dominado pela questão da "renda feudal") nem por Mousnier (ocupado em descrever as fases de construção do Estado monárquico e a integração da burguesia nesse sistema político, e para quem as sedições são infinitamente insignificantes). É esse nível de descontinuidade que Foucault caracteriza por meio da oposição estrutural entre *dois sistemas de repressão heterogêneos*: "o sistema repressivo feudal" e "o sistema repressivo estatal". O acontecimento *Nu-pieds* (como outras sedições no século XVII) situa-se "no ponto divisor" entre esses dois sistemas[31].

B. *"Dar uma forma rigorosa à análise das mudanças"*

Segundo Foucault, "dar uma forma rigorosa à análise das mudanças" é a característica principal de uma análise estrutural como a de Dumézil. Uma análise estrutural, acrescenta, é "a análise não de uma semelhança, e sim de uma diferença e de um *jogo de diferenças*": ela estabelece entre um conjunto de elementos "o *sistema das diferenças*, com sua hierarquia e sua subordinação", mas também seu encadeamento, ou seja, "quais são as condições de uma [...] transformação" entre dois sistemas. Uma análise é estrutural, conclui, "quando estuda um sistema transformável *e as condições em que essas transformações se efetuam*"[32]. Está claro que é assim que Foucault concebe o jogo de diferenças que ele constrói entre "sistema repressivo feudal" e "sistema repressivo de Estado". O problema, que permeia o curso todo, é o seguinte: o que diferencia o sistema repressivo feudal (cuja história ocupará toda a segunda parte do curso) do sistema repressivo de Estado que vemos despontar no século XVII? E – mais precisamente, permanecendo no século XVII – quais são as condições de transformação de ambos? Não se pretende aqui responder a essa pergunta, e sim destacar em que ela permite que Foucault repense de modo diferente alguns dos problemas colocados por Porchnev e Mousnier: tensões entre impostos e renda, lugar da burguesia, relações dessas questões com o desenvolvimento do capitalismo.

---

31. Aula de 1º de dezembro de 1971, *supra*, pp. 23-4 [29/9].
32. "Revenir à l'histoire", *loc. cit.* (*DE*, II, nº 103), pp. 274-6 / pp. 1142-4. Grifos nossos.

1/ Em primeiro lugar, Foucault estabelece uma distinção entre dois aspectos desse "sistema repressivo de Estado" que nasce no século XVII: (a) seu caráter *formal* (aparelho repressivo de Estado centralizado, de forma administrativa, em estrita oposição às instâncias e modalidades repressivas feudais: parlamentos, justiças senhoriais etc.); (b) sua *finalidade* (arrecadação da "renda feudal centralizada"). É o que lhe permite complexar o papel simultaneamente dos parlamentares e da burguesia: os parlamentares (e as outras instâncias feudais) são hostis à *forma* desse sistema, ou seja, a seu caráter centralizado e administrativo, subordinado ao "corpo visível do Estado", a sua dimensão policial. Mas não são hostis a sua *finalidade*, ou seja, ao sistema de arrecadação, de taxas e de isenções para o qual ele deve agir, possibilitando a arrecadação da "renda feudal centralizada". Inversamente, os "burgueses" bem podiam ser hostis a sua finalidade, mas não o eram a sua *forma*, o que explica que esse "sistema repressivo de Estado" por fim vá ser amplamente retomado e validado após a Revolução Francesa. A ideia central de Foucault é realmente estabelecer uma continuidade importante entre o sistema repressivo de Estado que se impõe sob a monarquia absoluta e aquele que será retomado pela burguesia no final do século XVIII.

2/ Foucault faz uma clara distinção entre diferentes dimensões do "feudalismo" que Porchnev confundia. Embora pareça, em certa medida, admitir que o Estado monárquico assegura a manutenção da dimensão *econômica* do "feudalismo", ou seja, a renda feudal (mas em forma de uma "renda centralizada" que entra em concorrência e em contradição com as rendas senhoriais), considera claramente que o sistema repressivo que se instaura a partir da segunda metade do século XVII rompe totalmente com o "feudalismo". O jogo de compromissos, de garantias e privilégios, que a repressão de Séguier procura ainda manter, tornou-se insustentável e implica a irrupção de um sistema radicalmente distinto para resolver suas contradições. Essas contradições são de ordem econômico-política; referem-se aos dois pontos que orientam toda a sequência do curso de Foucault: 1. Onde se situam as armas e o poder armado? (questão do poder) – 2. Onde se situam as riquezas: como se operam os recolhimentos fiscais e a circulação dos bens? (questão econômica).

Se o sistema repressivo feudal é abandonado, é por ser contraditório nesses dois aspectos: contradição entre a fiscalidade de Estado e as rendas dos privilegiados, que claramente faz explodir o sistema porchneviano de um Estado monárquico encarregado de redistribuir a "renda feudal centralizada"; contradição no sistema de repressão (força armada e armamento dos privilegiados), excessivamente oneroso e arriscado. É preciso encontrar uma modalidade de repressão que se exerça também (de determinada forma) sobre os privilegiados e que principalmente seja menos onerosa que o uso do exército. Essas análises tornam mais complexos tanto o esquema de Porchnev como as análises de Mousnier: permitem repensar de modo diferente a relação entre feudalismo, capitalismo e Estado monárquico. Observe-se principalmente que elas amplificam os níveis de "contradições", esboçando uma espécie de materialismo dialético muito particular, que articula a questão marxista das relações e dos modos de produção com a questão (mais nietzschiana) das relações de força e das modalidades do poder[33].

3/ De fato, a tese de Foucault é que esse novo sistema de Estado repressivo que se instala a partir de meados do século XVII, ainda que tenha como função inicial "proteger os restos de um regime de rendas feudais" (em cujo seio se integra, por meio do sistema de vendas de ofícios, o antigo sistema repressivo feudal reduzido cada vez mais a suas dimensões econômicas de rendas e de lucros), "pouco a pouco reduz a nada aquilo que está encarregado de proteger". Em outras palavras, ele "propicia o desenvolvimento da economia capitalista"... As razões que Foucault apresenta para isso merecem ser destacadas. Em primeiro lugar, ele reduz o interesse político e econômico das "justiças tributadas", ou seja, das compras de ofícios de justiça, permitindo "que a fortuna burguesa se direcione para novas formas de investimento". Portanto, o desenvolvimento do aparelho de Estado monárquico, em sua forma administrativa, não é contraditório nesse nível com o desenvolvimento do capitalismo, pelo contrário. Ainda mais porque ele desempenha um papel de proteção contra as sedições, menos oneroso e mais eficiente do que a repressão direta proporcionada pelo exército; e porque ao mesmo tempo exerce (por meio dos enclausuramentos e das obras públicas) uma pressão sobre os salários. Compreende-se a conclusão de Foucault: "apesar de estruturalmente ligado à feudalidade (e a sua forma centralizada), ele esteve funcionalmente ligado ao desenvolvimento do capitalismo. As necessidades da formação do capital, a desapropriação dos poderes de justiça, a separação entre exercício da justiça e recolhimento fiscal, a transferência da justiça para o poder administrativo do Estado, esses quatro processos estão interligados"[34].

---

33. Essa vontade de pensar o modo como se articulam, se reforçam ou se chocam as relações econômicas (relações de produção, circulação e acumulação de riquezas) e relações políticas que não são redutíveis unicamente aos aparelhos de Estado orienta todas as aulas seguintes sobre a implantação do sistema repressivo medieval.

34. Aula de 26 de janeiro de 1972, *supra*, pp. 99-100 [129/8].

Com isso, mais uma vez ele desacredita Mousnier e Porchnev: é certo que a venda de ofícios foi um elemento importante na história das instituições monárquicas, mas a verdadeira ruptura introduzida pela monarquia absoluta será justamente reduzir-lhe o alcance político e econômico em proveito de uma nova forma de repressão ligada à administração estatal (com uma justiça centralizada e um dispositivo policial). À primeira vista, o aparelho de Estado monárquico decerto pode parecer estruturalmente ligado a um modo de produção feudal, mas, na verdade, seu funcionamento fez dele um elemento essencial no desenvolvimento do capitalismo.

C.-O. D.*

* Claude-Olivier Doron é professor de história e filosofia das ciências na Universidade Paris-Diderot (laboratório SPHERE/Centre Canguilhem).

# Índices

# Índice das noções

absolutismo: 34 n. 17, 49 n. 7, 60, 114 n. 8, 162 & n. b, 249
 (– régio, como instância de separação entre o bem e o mal): 61-2; v. manifestação do poder, juízo final/ Juízo Final; v. Carlos VI
acontecimento/s: 26, 39, 76, 185, 229, 237, 240-1, 240 n. 35, 243-4 n. 49, 273-4
 (– de 1639 e acontecimentos de Maio de 68): 4 ss. e 225-6 ss.
 (acontecimento-teste): 185 n. a, 187, 190, 202 n. 12, 212
 (o – *Nu-pieds*): 273-80
acusação: 120, 131 n. 2, 132 n. 3-4, 174
acusado (o): 66, 77 n. 5, 121, 135, 189 n. b, 190-1; v. também confissão, inquérito
acusador: 120-1, 173-5; v. também procurador
acusatório/a: 120; v. procedimento, processo
agente/s
 (– de transmissão das revoltas: desempregados, vadios): 89
 (– parlamentares): 73
 (– régios): 33 n. 9, 52 n. 19, 78 n. 16, 125, 164 n. 3, 166 n. 15
 (– senhoriais: administração, fisco, justiça): 21, 32 n. 4, 33 n. 9, 36 n. 33, 102 n. 5, 151 n. 9, 161
ato/s: 5, 14 n. 6, 28-9, 36 n. 30 & n. 33, 57, 67, 116 n. 22, 117 n. 33, 134 n. 17, 212, 228, 242, 274

(– de conhecimento): 197
(– de escrever): 229-31
(– de pensamento [a filosofia como –]): 236 & n. 24; v. Deleuze
(– de poder): 28-9
(– filosóficos): 231, 236
(– proibido por lei): 177 n. a, 178 n. 10; v. Muyart de Vouglans
(– público): 242
(– punível): 173
(–/s de justiça): 29, 109-10, 119-20, 125, 127, 136 n. 35, 146-7, 225, 248-9, 250-1 n. 74, 251, 252 n. 77
(–/s judicial/ judiciais): 115 n. 13, 122; v. judicialização
"ajudas": 16 n. 25
aliança/s: 141, 167 n. 18, 220
 (– contra a fiscalidade de Estado): 94 n. 20
 (– de classe/s e necessidade estratégica): 84, 269
 (– e ruptura/s entre grupos sociais): 49-50 n. 15, 55, 57, 81-2
 (sistema de – e de apoios): 26 n. c, 39 n. b, 109
"*altercatio*" e jurisdição do príncipe: 146 (concílio de Poitiers), 153 n. 30
 (escritórios das Ajudas): 9, 16 n. 25
 (Tribunal de Ajudas, instância fiscal): 5, 20-1, 31 n. 1, 31-2 n. 2, 32 n. 3 & n. 6, 42, 49 n. 14, 87, 151 n. 9
aparelho de Estado: 20-2, 24-5, 33-4 n. 12, 41-3, 55, 57, 62 n. a, 70, 72, 76-7, 82, 84-5, 89, 92-3 n. 11, 97 &

n. a, 98-100, 105-7, 122, 130-1 n. c,
    133-4 n. 12, 136 n. 35, 160, 179
    n. 21, 181-2, 195, 205-6 n. 38, 207
    n. 43, 241-3, 247-9, 248 n. 65, 268,
    271, 275, 279-80 & n. 33
  (aparelho de Estado judicial): 149
  ("aparelho ideológico de Estado
    jurídico"): 243 n. 48, 246 n. 58;
    v. Althusser
  (aparelho judicial de Estado): 106,
    113 n. a, 205-6 n. 38, 237
aplicador/aplicadores da justiça: 112
    n. a, 127, 140
  (aplicador da justiça/ jurisdicionado
    [relação]): 170
*aprise*: 174, 178 n.16
apropriação/ apropriações: 30, 92-3
    n. 11, 94 n. 20, 97, 105-6, 108, 109
    n. b, 113 n. 2, 124-5, 124 n. c,
    128-30, 135 n. 23-4, 136 n. 35, 136-7
    n. 43, 140-1, 143-4, 167 n. 18, 179
    n. 19, 206 n. 39, 211, 249, 251
árbitro/s: 69, 90, 109
  (– de conflitos entre aplicadores da
    justiça): 129, 144
  (o Parlamento, – de todas as justiças):
    163, 168 n. 24
  (o rei, – supremo): 146
arqueologia: 50-2 n.16, 198, 207 n. 41,
    208 n. 44-5, 234 n. 20, 240 n. 33
  (– das ciências): 208 n. 44
  (– das ciências humanas): 93 n. 12
assaltos: 30, 115 n. 15, 126, 153 n. 27,
    273 n. 20; v. Juillard, Maurel
"asseguramento/s" ("*asseurement/s*"):
    170, 178 n. 4 & n. 12; v. casos régios
atualidade (acontecimento e repressão:
    *Nu-pieds* e Maio de 68): 233-6 &
    n. 24, 244, 246, 250-1 n. 74
  (a – em ato): 239 & n. 32
  (transferências de –: depoimento e
    escrita): 186-7
ausência: 26, 46, 50-2 n. 16, 201 n. 8,
    201-2 n.10
  (– do rei): 68-71
autoridade: 11, 35 n. 27, 142

  (– de Jean Nu-pieds): 29, 34 n. 15
  (– e autoridades locais): 37-8, 70
    n. a, 71-2, 113 n. 2, (públicas): 134
    n. 21
  (– judicial): 117 n. 32
  (– pública): 116 n. 19
  (– régia, do rei): 14 n. 4, 72, 78 n. 22,
    178 n. 9
  (função de –): 72
"avanço" da racionalidade: 198, 208
    n. 46; v. Bachelard
"*avoueries*": 157, 164 n. 3; v. Filipe, o
    Ousado

bailio/s, bailiado/s: 33 n. 9-10, 38, 49
    n. 6, 73, 78 n. 27, 102 n. 6, 106,
    113-4 n. 3, 136 n. 34, 150 n. 1, 157;
    v. prebostes, senescais; v. Bongert,
    Tixier, Zeller
bandidos, banditismo: 5, 30, 107
banimento: 100, 126, 128, 141
benefício/s: 82, 90, 114 n. 10, 127,
    134-5 n. 22, 156
  ("– de guerra"): 161
  (sistema de benefícios): 271 n. 14
bons (os)/ os maus: 48, 60-2; v. juízo
    final/ Juízo Final; v. Séguier
burgueses, burguesia (parlamentar,
    mercantil): 30, 34 n. 13, 49-50 n. 15,
    74-6, 84, 90, 92 n. 9, 92-3 n. 11, 107,
    195, 229
  (burgueses do rei): 157, 164 n. 3
  (– e camponeses): 49-50 n. 15;
    v. Glucksmann *vs* Foucault
  (– proprietários de terras): 8, 11-2, 17
    n. 37, 40, 42-3, 70, 74, 77 n. 3, 79
    n. 30 & n. 32, 86-7, 166 n. 15
  (– e capital): 34 n. 13, 43, 92-3 n. 11,
    98-9, 102 n. 8
  (burguesia feudal): 268; v. Porchnev,
    (e renda feudal): 192
  (milícias burguesas): 21-2, 32 n. 5, 86
    & n. a, 90

capital: 34 n. 13, 92-3 n. 11, 99, 102
    n. 8, 125

capitalismo: 43, 88, 90, 94 n. 21, 97
n. a, 98-100, 102 n. 8, 205 n. 36, 207
n. 43, 243, 246
(– e criminalidade): 100, 101-2 n. 2,
102 n. 10, 179 n. 19
caso/s; causa/s judicial/ judiciais
(– criminal e recolhimento fiscal):
126, 140
(– dos alojamentos): 45, 56
(– Law): 107, 114 n.10
(– penais e turbilhão de dinheiro, de
bens): 140; v. Tanon
casos régios: 117 n. 29, 153 n. 32,
163-4 n. 2, 164 n. 3, 170-6, 178
n. 3-9 & n. 12
castigo/s: 28, 48, 124, 126, 177 n. a
cerimônia/s: 44 & n. c, 50-2 n. 16, 60,
217-20; v. poder (representação do –)
("cerimonial penitenciário"): 7, 220
ciência/s: 196-9, 196 n. a, 199 n. 1, 205
n. 35, 207 n. 41, 208 n. 44-6, 211-3,
239 n. 31
(– humanas, – do homem): 198, 208
n. 47, 212
classes: v. aliança, luta
(– "de um mesmo corpo"): 73
(– ditas "inferiores"): 179 n. 19
(– "laboriosas e – perigosas"): 101-2
n. 2
(– pobres): 8, 47, 62-3 n. 2
(– populares): 148, 153 n. 38
(– privilegiadas): 10, 21, 62, 90
(– sociais): 25, 43, 57
colonização (movimento de –): 128,
136 n. 38
"*commise*" (pena de –): 126, 135-6
n. 33; v. Timbal
*Committimus* (cartas de –): 162, 168
n. 25
composição/ composições: 110-1 &
n. a, 116 n. 24, 116-7 n. 27, 117
n. 32, 120-1, 125, 127, 131-2 n. 2,
139-40, 156
comunidade/s
(– objetiva de interesses
compartilhados): 275

(– urbanas, alta Idade Média): 157
n. a, 158
condenação: 36 n. 34, 66, 77 n. 4-5,
141, 148, 191
conduta/s
(– de delinquência): 96 n. b
(– de um povo): 217
(prescrever uma –): 47
confisco/s: 28, 84, 109-10, 126-8,
130-1 n. c, 135 n. 24 & n. 32, 139,
141, 151 n. 5-7, 156, 179 n. 21, 205
n. 36; v. também multa, banimento,
ressarcimento; v. Clamageran,
Timbal
confissão: 110 n. c, 130, 137 n. 44, 186,
188-91, 201 n. 9, 202 n. 12 & n. 17,
249 n. 67
conflitos: 20, 22, 33 n. 10, 84, 97, 113
n. 2, 122, 127, 129, 132-3 n. 8, 136
n. 35, 153 n. 38
(– de atribuições e de funcionamento
dentro do novo aparelho repressivo:
série de oposições): 107, 108 n. a,
114 n. 9
(– entre vendedores de paz, antigo
aparelho): 156; v. paz
confronto: 46, 50-2 n. 16, 100, 103
n. 12, 167 n. 18, 185, 217, 236
(– primitivo: guerra privada
germânica): 244-6
"contramarxismo": 236, 239
contrato/s: 50-2 n. 16, 125, 140-1, 144,
220
("de *concordia*"): 123; v. guerra
privada
(– de pacificação): 123;
v. "pazeadores"
controle: 14-5 n. 10, 15 n. 14, 20, 22,
25, 41, 47, 50-2 n. 16, 55, 66, 70-1,
73, 75, 77, 89-90, 96, 101-2 n. 2, 110,
111 n. a, 114 n. 10, 125, 140, 146-8,
169, 171, 173, 192, 198, 211-3, 220;
v. asseguramento, exame
corpo
(– administrativo do Estado, instância
organizadora da repressão): 82

(– do Estado): 65-71, 84, 272 n. 17,
    276, 278
("– político" do rei): 29, 35 n. 27, 69
(– social): 87
corte/ linha divisória: 43
    (– entre cidades e campos): 49-50
    n. 15
    (– entre civil e penal): 175
    (– entre delinquência de direito
    comum e luta política): 101-2 n. 2,
    133-4 n. 12, 151 n. 8
    (– entre "plebe não proletarizada" e
    "proletariado"): 15-6 n. 16, 101-2
    n. 2, 267 n. 5, 269 n. 9
    (– entre plebeus das cidades e
    burgueses): 17 n. 37, 55, 57, 267
    n. 5
    (– no interior das instituições do
    âmbito da justiça): 23-4
"corte epistemológico" como limiar de
cientificidade: 196, 205 n. 35, 207
n. 41, 262, 264; v. Althusser
costume: 116 n. 23, 132 n. 3, 140, 145
    (– da guerra): 37, 45
    (papel do – na forma jurídico-militar
    do Estado): 83
créditos, credor: 69, 86-7, 141, 151 n. 6
crime: 45, 107, 112, 117 n. 32, 122-4,
    130, 132 n. 3-4, 172-7, 178 n. 10-1,
    201 n. 6, 203 n. 24, 204 n. 27, 252-3;
    v. casos régios, dano, provas
    (– e interesse geral): 172, 253;
    v. Muyart de Vouglans
    (– individual vs – político): 122
criminoso: 36 n. 34, 110, 149, 150-1
    n. 3, 173
    (aparecimento do grande – na
    literatura): 214
crise da feudalidade: 169; v. Lot &
Fawtier
cristianismo (influência do –): 124

dano: 31 n. a, 47, 52 n. 23, 110-1, 116
    n. 24, 119-20, 147-8, 170-5, 177 n. a
    (sistema dano-revide-guerra): 123-4

delinquência: 96, 100, 101 n. a, 122,
    133-4 n. 12, 149, 153-4 n. 39, 227
    (– de direito comum e luta política):
    101-2 n. 2, 220, 237
    ("toda delinquência é política"): 4,
    15-6 n. 16, 101-2 n. 2, 133-4 n. 12
delito: 143, 147-8, 185-7, 188-9
    (– e sentença): 188; v. também
    confissão
    (–: infração às leis, contravenção):
    178 n. 11
    (– político e delito de direito
    comum): 3, 6, 15-6 n. 16
    (– político: genealogia do): 133-4
    n. 12; v. Dreyfus
    (flagrante –): 185, 187-9, 201 n. 9,
    202 n. 11 & n. 15
denúncia (*denunciatio*) e difamação
    (*diffamatio*): 120, 132 n. 4
desordem/ desordens: 48, 53 n. 29, 61,
    74, 78 n. 21, 79 n. 30, 89, 93-4 n. 17,
    172-3, 185-6, 188; v. sedição
    "dinástica": 44, 50-2 n. 16, 200 n. 3 &
    n. 5, 208 n. 45, 240 n. 33, 275
    (– do saber): 198
dinheiro: 78 n. 15, 87, 92-3 n. 11
    (causas penais e turbilhão de –): 140,
    150 n. 1, 151 n. 5
    (– de expiação): 134 n. 18
    (– e venda de ofícios): 93 n. 12, 98,
    108, 126
direito: 224 n. 2, 236, 243, 245-50, 250
    n. 69-74
    ("– comum"): 227, 237
    (– criminal): 6, 36 n. 34, 102-3 n. 10,
    108, 117 n. 28, 178 n. 10, 201 n. 8
    (– de feudo livre): 102 n. 5; v. Justiça
    senhorial
    (– de mover ação judicial): 181
    (– e criminalidade [distinção entre]):
    252
    (– feudal): 126, 164 n. 3, 173, 175,
    199-200 n. 2
    (– germânico antigo): 108-13, 115
    n. 16, 119-22, 124, 132 n. 5, 147,
    186, 237-8, 241, 245

(– medieval): 115-6 n. 17, 251 n. 76
(– penal): 108-9, 115 n. 16-7, 116
   n. 23, 131-2 n. 2, 147, 173, 176,
   179 n. 20, 237, 245, 249 n. 66,
   252-3
(– privado): 108, 115-6 n. 17;
   v. Gouron, Ourliac
(– romano): 115-6 n. 17
"direitos sociais": 250-1 n. 74
discurso: 50-2 n. 16, 52 n. 21, 84, 205
   n. 35, 227; v. direito, intelectual
(– e exercício do poder): 7, 44
(– e teatro do poder): 46-7
(– filosófico): 242 n. 42
(– penal como lugar da verdade):
   190; v. acusado
(funções do – no processo): 176, 189;
   v. procurador
dívida (financiamento da –): 114 n. 10;
   v. Law
(– e recolhimento fiscal): 141
(– e usura): 108, 141
duelo judicial: 121, 126, 132-3 n. 8, 133
   n. 9-10, 153 n. 34, 183-4 n. c

"erro": 47-8, 52 n. 23
escrita: 50-2 n. 16
   (a – como ascese): 256
   (a – como ato político): 231
   (a – como técnica de atualização ou
      reatualização do delito): 188, 189
      n. b, 202 n. 14
   (– subversiva): 229-31, 240 n. 35, 256
Estado
   (– administrativo): 89
   (– burguês e capitalista): 99
   (– judicial): 235
estados (cadernos dos –): 86
estatais (tentativas): 125
ética: 141, 191, 256
"eventualização": 240 n. 36
evidência: 188-9, 201 n. 9, 202 n. 15,
   230-4
exame: 198, 200 n. 3, 201 n. 7, 204
   n. 32, 208 n. 45 & n. 47, 211-3
exército/s: 10, 21-2, 37-42, 45-6, 55-8;
   v. força armada, justiça armada
(– centralizado): 128-9
("– do sofrimento" [*Nu-pieds*]): 35
   n. 20, 218
(– e justiça): 39 & n. b, 45-6 ss.
(– e poder civil): 45
(– permanente/s): 86 n. a, 136 n. 40
(– profissional): 88, 129, 136 n. 40,
   159, 161, 169
"experiência": 230-4, 253-6

falsos salineiros: 5, 14 n. 7, 30
"fasto repressivo": 7
"feudalismo" e "feudalidade" (uso dos
   conceitos): 271 n. 14
financiadores: 12-3 n. 2, 16 n. 24, 17
   n. 39, 31-2 n. 2, 41, 43, 69, 76, 114
   n. 10, 276
fiscalidade
   (– feudal): 25, 41
   (– régia): 115 n. 13, 268, 270-1
   (– régia e senhorial): 8, 70
   (nova –): 69-70, 69 n. a, 92-3 n. 11
força armada: 25, 40-1
forma/s
   (– de revoltas): 109
   (– jurídicas): 159
   (– jurídico-militar do Estado): 83
   (– visíveis do poder): 44 n. c
   (– visíveis e teatrais do poder
      político): 50-2 n. 16
função/ funções: 32 n. 4, 32-3 n. 6, 33
   n. 9 & n. 11, 34 n. 13, 38-41, 45,
   49-50 n. 15, 60, 62, 62-3 n. 2, 95, 97,
   100, 101-2 n. 2, 130, 142-4
   (– do discurso): 189

gabela: 5, 14 n. 7, 15 n. 12, 16 n. 19, 31
   n. 1, 31-2 n. 2, 177 n. 1
genealogia: 15-6 n. 16, 50-2 n. 16,
   133-4 n. 12, 136 n. 35, 225, 229, 231,
   237-8, 262-3; v. Dreyfus
   (– do acontecimento): 240
gestos: 44, 46-7, 50-2 n. 16, 66, 76, 182
grupos sociais: 5, 20, 59, 65, 81, 274;
   v. alianças

guerra
   (– civil): 166 n. 15, 167 n. 18, 244 &
      n. 53, 253-4, 269 n. 9
   (– privada): 112-3, 122-4, 126, 144-9,
      155-6, 159, 179 n. 21, 183, 234,
      245-6, 248-9

homicídio: 36 n. 30, 116 n. 22-3, 126,
   191; v. Sohm

ideologia/s: 165-6 n. 10, 179 n. 21, 199
   n. 1, 203 n. 22, 211, 226, 236, 246, 262
   ("esquema da –"): 199 n. 1, 205
      n. 36; v. Althusser
   (– burguesa): 101-2 n. 2
   (– científica): 199 n. 1, 205 n. 35, 207
      n. 41, 211
   (– régia): 164 n. 6; v. Krynen,
      Panofsky
   (– religiosa): 107, 203 n. 22
Igreja, igrejas: 28, 124, 128, 145-6,
   148, 152-3 n. 6, 157 n. a, 158, 164
   n. 6, 186, 189, 192, 248; v. inquérito,
   *inquisitio*, pacto
imposto: 27, 75-6, 78 n. 16, 82, 87-91,
   93 n. 12
   (focos de resistência ao –): 5-17, 27,
      34 n. 15, 69, 166 n. 15
   (– e renda [antinomia entre]): 87-91,
      92-3 n.11, 93 n. 13
inquérito, investigação, enquete: 132
   n. 4, 178 n. 16, 185 n. a, 186, 191,
   193-4, 198, 200 n. 3, 201 n. 7-8,
   201-2 n. 10, 202-3 n. 19, 203 n. 23-4,
   203-4 n. 25, 204 n. 30 & n. 32, 205
   n. 34 & n. 36, 205-6 n. 38, 208 n. 45,
   211-3, 223
   (– e confissão): 189 n. b, 190, 200
      n. 4, 202 n. 12, 212
   (– e medida): 192-6
   ("enquetes-intolerância"): 205-6
      n. 36, 227, (enquetes operárias):
      205-6 n. 38, 206 n. 39;
      v. Rigaudias-Weiss
   (–, escrita e atualidade): 186-7
   (investigação-inquisição): 110 n. c

*inquisitio* (controle exercido pela Igreja
   sobre a população): 192, 201 n. 8,
   201-2 n. 10, 202-3 n. 19
inquisição: 110 n. c, 205 n. 36, 213, 224
   n. 2, 253
instituições
   (– de paz): 144-50, 155-63, (– e
      distribuição das armas): 157-9;
      v. penalidade feudal; v. Bonnaud-
      -Delamare, Espinas, Petit-Dutaillis
   (– judiciais e direito penal): 245
   (– jurídicas e judiciais desde os
      direitos germânicos até o limiar da
      modernidade): 223, 238, 243-53
   (– jurídicas e judiciais germânicas
      [antigo direito]): 244-6; v. guerra
      civil
   (– jurídico-fiscais): 150
   (– militares): 136 n. 40, 150, 153-4
      n. 39, 164 n. 8; v. Boutaric
   (– penais): 182, 211, 233-8, 241-53
   (– régias): 32 n.3, 33 n. 9, 113-4 n. 3,
      164 n. 8
   (– repressivas): v. polícia, força
      armada
   (– senhoriais): 32 n. 4
intelectual (o)
   ("intelectuais (os) e o poder"): 101-2
      n. 2, 238, 205-6 n. 38
   (– como extrator de sobressaber): 195
   ("– específico"): 231, 253
intendentes (justiça, polícia, finanças):
   89-90, 93 n. 16-7, 94 n. 18 & n. 20,
   96, 98, 100, 107, 272, 276
"interpelação" e "interrogação": 190,
   203 n. 22; v. Althusser, Foucault
interrogatório e interrogação como
   forma de exercício do poder: 190

*jacquerie*: 136 n. 42, 165 n. 42
jansenismo: 25
   (– político, – e política): 114-5 n. 11;
      v. Parquez, Taveneaux
jansenistas: 114-5 n. 11; v. Préclin
   (tradição jansenista dos parlamentos):
      107

jogo: 7, 27, 65, 122, 124, 141, 144, 160, 167 n. 18, 177, 184, 197, 251 n. 76, 253
 (– da dívida/ falta e da reparação/ obrigação): 137 n. 44
 (– da intercessão, da mediação): 59
 (– da marca e do querer): 203 n. 20
 (– das proibições, das infrações, das penas): 141
 (– das relações de apropriação e das relações de força): 124
 (– das relações de poder e das relações de produção): 160
 (– da verdade): 205-6 n. 38, 208 n. 45
 (– de atribuição da pena): 183-4 n. c
 (– de compromissos e fianças, das garantias e dos compromissos): 61, 71, 95 n. b, 278
 (– de/ das forças): 11, 46, 50-2 n. 16, 59
 (– de defasagens, de ameaças, de chantagens, de sanções temporárias): 82
 (– de diferenças entre sistema repressivo feudal e sistema repressivo de Estado): 277
 (– de estratégias): 46, 275
 (– de interesses e de ideologias): 199, 211
 (– de regras e de fórmulas): 217
 (– de revides): 148
 (– de sanções diferenciadas): 82
 (– dos significantes): 200-1 n. 5
 (– de signos do poder): 28, 84
 (– de transferências de propriedades, de riquezas, de bens): 141
 (– do notável e do notório): 201-2 n. 10
 (– entre as independências e as fidelidades feudais): 88
judicial/ judiciais, judiciário/a/s
 (ação –): 66, 121, 132 n. 6, 179 n. 17, 181, 184, 212
 (aparelho –): 106-7, 119, 136 n. 35, 159-60, 164-5 n. 9, 205-6 n. 38, 207 n. 43, 243, 248-9

(aparelho de Estado –, aparelho – de Estado): v. aparelho
(aparelho – monárquico): 237
(aparelho parajudiciário): 94 n. 20
(assembleia/s –): 116 n. 23, 117 n. 30, 135 n. 26
(atividade e prática –): 163
(ato/s –): 115 n. 13, 122
(autoridade –): 117 n. 32
(combates –): 252 n. 77
(controle –): 100, 163
(duelo –): v. duelo
(espaço – moderno): 183-4 n. c
(Estado –): 235
(função/ funções –): 62, 68-9, 106
(inquérito –): 212-3
(instância/s –): 21, 109, 111, 147, 155
(instituições –): 32 n. 4, 33 n. 10, 113 n. 2, 115 n. 16, 132 n. 7, 135 n. 23 & n. 29, 136 n. 34 & n. 37, 151-2 n. 10, 164 n. 7, 236
(intervenção –): 120
(liquidação –): 201 n. 6
(organização –): 115 n. 16, 116 n. 23, n. 25 & n. 27, 117 n. 31, 131 n. 2, 132 n. 5; v. Thonissen
(poder –): 219
(prática/s –): 101, 106-7, 212, 214
(procedimento/s –): 156
(processo –): 183-4
(provas –): 132 n. 4, 200 n. 4
(recolhimento fiscal –): 156
(revolução –): 62-3 n. 2
(rituais –): 50-2 n. 16, 97
(sistema –): 150 n. a
(sistema – germânico e medieval): 200 n. 3
judiciário (o): 98, 113 n. a, 123, 126, 127, 248-9
(o não judiciário): 146
juiz: 189-91, 201 n. 7, 202 n. 13, 204 n. 28, 214; v. inquérito-confissão e acontecimento-teste
juízo final/ Juízo Final: 58-62, 219, 242
julgamento: 117 n. 31 & n. 33, 121-2, 125, 135 n. 28, 146

jurídico/a: 7, 50-2 n. 16, 67, 82, 84, 89, 109 & n. a, 116 n. 22, 124, 127, 145, 227, 243, 250, 254
jurisdicionado/s: 83, 98, 112-3 n. a, 127, 148, 157, 170; v. tribunal
justiça/s: 123, 127-9, 135 n. 24, 158, 249, 278
("falta de –", julgamento falso): 146
(– armada): 22, 33 n. 7, 38-9, 49 n. 4, 55
(– espontâneas): 14-5 n.10, 127
(– feudal): 32 n. 4
(– funcionarizada): 96, 99-100, 105, 149, 171, 179 n. 21, 181-2, 251
(– prebostal): 23
(– régia): 22-5, 97, 149, 169, 243 n. 46; v. rei
(– senhoriais): 22, 32 n. 4, 97, 102 n. 5 & n.7, 149, 278
*justitia*: 155-6; v. *pax*
(*fons justitiae*: o rei): 163, 175, 182, 185

lei/s: 6, 30, 45, 60-1, 83-4, 111, 124, 152 n. 20, 172, 176-7, 193, 241
(– contra depredações e distúrbios de rua – *loi anticasseurs*): 226-7
(– cristã da Igreja): 63 n. 9, 186
(– divina): 83
("– econômica do feudalismo"): 267 n. 6
(– Gombeta): 121, 133 n. 10
(– natural): 83, 176, 179 n. 20, 253
(– rejeição à – e lutas contra o poder): 5-6, 19, 30
(– sálica [*Lex Salica*]): 115 n. 16, 116 n. 22-3, 121, 131-2 n. 2, 132-3 n. 8
litígio: 109, 111-2 & n. a, 116 n. 26, 119-20, 123-4, 140, 146-8, 153 n. 30, 155, 162, 173, 183, 199-200 n. 2, 212, 248-9 & n. 66; v. ato de justiça
luta/s
(– antijudiciária): 101 n. 2, 253
(– entre as "pazes"): 148
(– pelo poder): 34 n. 15, 57, 101-2 n. 2

(– pelo poder e contra o poder): 107
(– política): 101-2 n. 2, 107, 148, 179 n. 19, 256
(– popular/es): 96-7, 101-2 n. 2, 107, 252, 270, 273 n. 20
(– sociais: urbanas e rurais): 161-2, 169, 192, 231, 240, 265 n. 1

magistrados municipais (*échevins*): 46, 58, 70 n. a, 72, 74, 78 n. 22, 123, 134 n. 16, 145, 152 n. 18
*mallus publicus* carolíngio: 113 n. 2
marcas: 44, 49 n. 6, 50-2 n. 16, 52 n. 21, 71, 78 n. 19, 276
(– do poder [sistema de]): 30, 50-2 n. 16, 217
marxismo e marxistas: 239-44
(análise foucaultiana e análise marxista): 239-47
matrizes
(– epistemológicas): 197-8; v. "arqueologia" das ciências
(– jurídico-políticas do saber): 198-9, 208 n. 45, 211, 213
miserabilidade: 28, 35 n. 22
motim/ motins: 4, 6 & n. b, 7-8, 11-2, 13-4 n. 3, 31 n. 1, 32 n. 5, 67, 74, 77 n. 8, 149, 224-5 n. 3, 245
multa/s: 12 n. a, 36 n. 33, 71, 79 n. 34, 125 & n. a; 134, 126-8
(– e endividamento): 95 n. b
(sistema de –): 75-6, 85, 87

ofícios: 41, 61, 69-70, 92, 92-3 n. 11, 93 n. 12, 94 n. 22, 102 n. 6-8, 103 n. 11, 114 n. 10, 268, 270, 279-80
(venalidade dos –): 94 n. 20 & n. 22
oposição política/ direito comum: 176-7, 223, 227; v. delinquência, delito
ordálio/s: 121, 132 n. 6, 190

pacto/s (*foedus*): 145
(– de paz): 110-1, 144-6, 152 n. 25, 245; v. instituições de paz
palco/ cenário do poder: v. poder

*Índice das noções* 291

(manifestação do –, representação do –)
par sistema penal-delinquência como efeito do par sistema repressivo-
-sedicioso: 96, 101-2 n. 2, 252
Parlamento, parlamento/s: 11-2 & n. a, 12-3 n. 2, 14 n. 5, 15 n. 11, 17 n. 27-9, n. 31, n. 35, n. 38 & n. 40-1, 20-6, 31 n. 1, 32-3 n. 6, 33 n. 8, n. 10 & n. 12, 34 n. 18, 35 n. 19-20, n. 22, n. 24-6 & n. 28-9, 36 n. 30, 59 & n. a, 60-1, 62 n. 1, 63 n. 6 & n. 10, 71, 73, 77 n. 3 & n. 10, 78 n. 14, n. 18-9, n. 22 & n. 24, 101 n. 2, 103 n. 11, 106-7, 114 n. 4 & n. 11, 129, 136 n. 40, 151 n. 9, 162-3, 167 n. 20-1 & n. 23, 168 n. 24, 169-1, 173, 178 n. 9 & n. 13, 181, 201 n. 7, 219-20, 242, 249, 274, 278
paz: 110 n. b, 116 n. 25, 117 n. 30 & n. 32, 121, 123, 134 n. 13 & n. 16, 144-50, 150 n. a, 151 n. 10, 152 n. 11, n. 17-8 & n. 25-6, 153 n. 29, n. 31-2 & n. 38, 155-9, 164 n. 4-7; v. instituições de paz, pacto/s (*pax justitia/ bellum et injuria, pax romana*): 139, 147, 153 n. 36, 157-8, 182
"pazeadores": 123, 134 n. 16
penal (o), definido pelo poder político: 176-7 & n. a
penalidade: 4, 43, 100, 107, 122, 130, 130-1 n. c, 139-40, 147-9, 171-3, 178 n. 10, 186, 189, 191, 198, 208 n. 47
(teoria da –: distinção entre direito e criminalidade): 252
plebe: 8, 15-6 n. 16, 34 n. 13, 101-2 n. 2
poder: 4-8, 25-6, 30, 39 n. b, 40-2, 43-8, 56, 61-2, 82-4, 96, 172-7, 181-2, 184-5, 188, 190-5, 211, 232-6, 238, 241-3, 251-5, 263, 273-4, 278-9; v. também atos de –; v. também luta pelo –; v. sobrepoder
(concentração do –): 128, 130 n. c, 142
(dispositivos de –): 205-6 n. 38

(exercício do –): 7, 22, 27-8, 31, 57, 88, 98, 142-3, 177, 190, 193, 198, 238, 243 n. 47, 250-2
(formas de –): 197, 205-6 n. 38, 207 n. 43, 211-2
(manifestação/ manifestações do –; formas visíveis e teatrais do –): 7, 43-7, 50-2 n. 16, 56-7, 60, 66, 68-9, 84, 225, 243-4 n. 49; v. também teatro
(outro –; v. revolta dos *Nu-pieds*): 11, 21, 26-8, 31, 34 n. 15 & n. 17, 56, 61
(– administrativo): 84, 99, 271, 279
(– central): 21, 41, 88, 128-9, 179 n. 21
(– civil): 41, 45-6, 55, 58, 65-6
(– de Estado): 27, 68, 83-4, 88, 179 n. 21, 232, 256
(– epistemológico): 205 n. 36
(– feudal): 162
(– jurídico-militar): 84
(– monárquico): 78 n. 16, 218-9, 250 n. 69, 270
(– político): 50-2 n. 16, 98, 105-7, 125, 128-9, 133-4 n. 12, 141-2, 164-5 n. 9, 177, 212-3, 217, 220, 271, 274, 276
(– público): 110, 120, 124, 147
(– régio): 12, 16 n. 17, 22, 26-7, 30, 58-9, 60-1, 68, 71, 106-7, 124, 129, 130 n. c, 149, 150 n. b & n. 1, 158, 161, 163-4 n. 2, 167 n. 18, 169, 192, 220, 245, 274
(– repressivo): 67, 70
(relacionamentos de –): 237 n. 26, 238, 243, 247, 255
(relações de –): 38-9, 43-4, 50-2 n. 16, 71, 92-3 n. 11, 159-60, 164-5 n. 9, 165-6 n. 10, 181, 197, 199 n. 1, 205-6 n. 38, 208 n. 46, 211, 232, 238, 241-4, 246, 247 n. 61, 251 n. 75, 252 & n. 77, 254, 275
(representação do –): 44, 50-2 n. 16, 52 n. 21, 83, 276
(signos do –): 11, 22, 26-30

(teoria do – do príncipe): 108, 115-6 n. 17; v. Krynen
poder-saber: 192-4, 197-8, 201 n. 7, 204 n. 32, 208 n. 45, 211, 213, 238, 243, 251; v. também saber-poder (poder e saber): 199 n. 1, 205 n. 36, 207 n. 43, 211
polícia: 23-5, 33 n. 9 & n. 11, 34 n. 13, 40, 57, 59, 61, 63 n. 11, 86 n. a, 89-92, 93 n. 16, 94 n. 19-20, 96, 100, 101-2 n. 2, 178 n. 11, 219, 227, 233, 251
política: 7, 15-6 n. 16, 21, 25, 27, 29, 35 n. 27, 38, 40, 43-4, 46, 50-2 n. 16, 59-62, 69, 70 n. a, 71-2, 83, 87-8, 93 n. 12, 159; v. delito, delinquência, repressão
população/ populações: 4, 8, 16 n. 17, 19-20, 56, 58, 129, 149, 150 n. a, 192, 228, 237 n. 25; v. recolhimento
povo: 36 n. 33, 47, 49-50 n. 15, 50-2 n. 16, 52-3 n. 26, 59-61, 63 n. 14, 64 n. 17, 115 n. 16, 149, 154 n. 41, 158, 166 n. 15, 166-7 n. 18, 204 n. 30, 205-6 n. 38, 227, 242, 267, 270, 275
práticas discursivas: 196 n. 1, 198
prebostes: 32 n. 4, 33 n. 9, 57, 62-3 n. 2, 97
*présidial, présidiaux*: 5, 16 n. 19, 21, 23-4, 33 n. 10, 49 n. 14, 52 n. 19, 73, 78 n. 27, 97, 106
prisão, prisioneiro/s, aprisionamento: 12 n. a, 15-6 n. 16, 45, 48 n. 1, 91, 94 n. 21, 100, 101-2 n. 2, 103 n. 12, 126, 130, 130-1 n. c, 133-4 n. 12, 137 n. 44, 145, 150-1 n. 3, 151 n. 8, 179 n. 19, 190, 203 n. 24, 205-6 n. 38, 224-5 n. 3, 227, 229, 233-5, 236 n. 24, 238, 240 n. 34, 242 n. 42, 243 n. 48, 246 n. 60, 275
(prisioneiros políticos e prisioneiros de direito comum): 223, 275; v. delito, delinquência
privilégio/s: 7, 15 n. 12, 30, 31 n. 1, 32 n. 3, 45, 59-62, 63 n. 11, 66, 72, 93 n. 12, 93-4 n. 17, 102 n. 8, 149, 151 n. 5, 170, 237, 271, 278

procedimento, processo
(– acusatório): 120, 131 n. 1 & n. 2, 184; v. direito germânico
(– inquisitório): 132 n. 4, 201 n. 7-8
(– judicial): 183-4
(– penal): 123, 189 n. b, 192
"processo após a morte": 67, 77 n. 7; v. também Verthamont, Gorin
procurador do rei: 101-2 n. 2, 184
(procuradores régios [instauração dos]): 173-4, 176, 178 n. 13, 181
produção
(modos de –): 92-3 n. 11, 165-6 n. 10, 269, 279 (modos de – capitalista): 102-3 n. 10, (modos de – feudal): 271 n.14, 277, 280
(– capitalista): 88, 91, 97 n. a, 99--100, 105-6
(relações de –): 142, 159-60, 164-5 n. 9, 165-6 n. 10, 207 n. 43, 243, 246, 247 n. 61, 251 n. 75, 279 & n. 33
propriedade: 70, 97-8, 102 n. 5, 105, 107, 125, 128, 10, 170, 175, 178 n. 11, 192-3, 201-2 n. 10, 202-3 n. 19, 204-5 n. 33, 212, 247 n. 61
proprietários de terras, fundiários: 8, 11, 20-1, 69-70, 141, 192, 267
prova/s: 174, 184, 201 n. 8-9, 202 n. 16, 203 n. 20, 212, 248
(sistema da/s –): 120-2, 191, 200 n. 3-4, 204 n. 26-9
publicidade do ato, do gesto: 110, 116 n. 22-23; v. Sohm, Thonissen
punição: 31 n. a, 42, 58, 60, 61-2, 63 n. 7, 67, 91, 96, 111-2, 130-1 & n. c, 149, 173, 176, 211-2
(– da grade): 29, 36 n. 34

razão de Estado: 83, 237 n. 25, 247 n. 63, 255 n. 91
recolhimento
(– da justiça): 125-7, 129
(– da renda feudal): v. renda
(– de indivíduos, de população): 91, 94 n. 20, 96, 136-7 n. 43

(– do/ de saber): 193-4; v. também
   extração do saber, interrogatório,
   procedimento/ processo
(– fiscal): 20, 41, 43, 77 n. 8, 88-9,
   92-3 n. 11, 99, 108, 141, 148, 156,
   179 n. 21, 279
relacionamentos de poder: v. poder
relações de força/s: 4, 30, 40-1, 43-4 &
   n. c, 50-2 n. 16, 52 n. 21, 55-7, 124 &
   n. b, 167 n. c, 159, 177, 183, 203
   n. 20, 241, 243-4 n. 49, 249, 275, 279
relações de poder: v. poder
relações de produção: v. produção;
   v. Althusser
religião: 59 & n. a, 60-1, 219
renda/s: 8, 11, 20-2, 69-70, 87, 114
   n. 10, 127-9, 130 n. c, 149, 267-8,
   271 & n. 14, 278-9
   (– e imposto [contradição entre]): 87-
   -91, 92-3 n. 11, 268, 277;
   v. fiscalidade
   (– feudal): 8, 16 n. 17, 21, 24-5, 40,
   43, 55, 69-70, 76, 89-90, 92-3
   n. 11, 93 n. 13, 97, 105, 108, 128-9,
   135 n. 24, 160-1, 207 n. 43, 267-8,
   267 n. 6, 271, 277-8
representação do poder: v. poder
repressão
   (aparelho de –): 44-5, 70-1, 84-5, 100
   (função de –, poder de –): 67, 69-71,
   83, 89, 105, 179 n. 21
   (práticas de –): 6, 57
   (– policial e judicial): 228, 235
   (– política): 133-4 n. 12, 227, 263
   (sistema/s de –): 3-4, 22-4, 34 n. 13,
   43, 81, 85 n. a, 92 n. 1, 98 n. a,
   237, 243, 248 n. 65, 265, 277-80;
   v. também sistema repressivo
reprodução: 159-60, 164-5 n. 9, 165-6
   n. 10, 243, 246, 261-2; v. Althusser,
   Bourdieu, Passeron
ressarcimento (regra do –, possibilidade
   de –): 110, 116 n. 24, 117 n. 32,
   124-5, 127, 130-1 & n. c, 137 n. 44,
   139; v. direito germânico
   (moral do –): 130, 137 n. 44

réu, demandado: 120-1, 131-2 n. 2,
   185-6; v. duelo judicial
revolta dos *Nu-pieds*: 6-37
revoltas populares: v. também sedições;
   v. também revolta dos *Nu-pieds*
   ("da *Harelle*"): 77 n. 8
   (de Quercy ou dos *Croquants*): 67, 77
   n. 8
   ("do papel timbrado" ou dos
   "*bonnets-rouges*"): 115 n. 13;
   v. Lemoine
   (dos *Cabochiens*): 161, 166 n. 15
   (dos *Camisards*): v. Joutard
   (dos Jacques): 129; v. *jacquerie*
   (dos *Maillotins*): 161, 166 n. 15
riqueza/s (circulação de –, transferência
   de –): 87, 93 n. 12, 108, 125, 127-8,
   130-1 n. c, 135 n. 24, 144, 164-5 n. 9,
   165-6 n. 10, 181, 212, 237, 251, 279
   n. 33
ritos: v. signos do poder

saber: 165-6 n. 10, 186, 192-8, 199 n. 1,
   201 n. 7, 205 n. 36, 205-6 n. 38, 206
   n. 39, 207 n. 41 & n. 43, 208 n. 44,
   211-4, 223, 234 n. 20, 238, 274;
   v. também sobressaber
   (efeitos de –): 182, 188, 192
   (extração de –): 185, 201-2 n. 10, 203
   n. 21, 205 n. 35-6, 205-6 n. 38, 207
   n. 41, 208 n. 46
   (saber-poder): 196 n. a, 223, 236;
   v. também poder-saber
sedições: 4-6, 8, 14-5 n. 10, 19-20, 70,
   90-1, 96, 99, 128, 136 n. 40, 235,
   237, 245, 247, 266, 268, 269 n. 9,
   270, 273 & n. 20, 276-7, 279;
   v. também revoltas populares;
   v. também revolta dos *Nu-pieds*
semiologia, semiótica: 44, 50-2 n. 16,
   183, 200 n. 3, 200-1 n. 5, 228;
   v. também dinástica
senescais: 33 n. 9-10, 106, 113-4 n. 3;
   v. Bongert, Tixier, Zeller
sistema
   (– capitalista): v. capitalismo

(– da prova, das provas): v. prova/s
(– de multas): v. multas
(– de poder): v. poder
(– feudal): 24, 62, 82, 92, 92-3 n. 11, 97, 205 n. 36, 267-8, 271, 277
(– penal): 6, 15-6 n. 16, 43, 49-50 n. 15, 91, 96, 101 n. a, 101-2 n. 2, 103 n. 12, 122, 128-30, 130-1 n. c, 135 n. 24 & n. 32, 136-7 n. 43, 137 n. 44, 142-4, 151 n. 8, 164-5 n. 9, 174-7, 179 n. 19, 185-6, 188-99, 243 n. 48, 248 n. 65, 252
(– repressivo): 24-5, 34 n. 13, 62 n. a, 88, 95-101 & n. a, 101-2 n. 2, 105, 114 n. 9, 143, 245, 223, 243, 252, 265, 273 n. 20, 275, ("– repressivo de Estado"): 39 & n. a, 277-9 ("– repressivo estatal"): 23-4, 277 (– repressivo feudal): 23-4, 277-9; v. também repressão (sistema de –)
("–s complexos de restrição"): 50-2 n. 16, 52 n. 21; v. também poder (representação do –, manifestação do –)
sobrelucro: 207 n. 43
sobrepoder ("mais poder", acréscimo de poder): 160, 184-5, 193, 197-8, 200-1 n. 5, 201-2 n. 10, 207 n. 43
sobressaber ("mais saber"): 195-8, 200-1 n. 5, 205 n. 35-6, 205-6 n. 38, 207 n. 41 & n. 43, 208 n. 46, 264
subjugação: 7, 242, 270

"táticas punitivas": 137 n. 44
teatro, teatralização (do poder): 7, 44, 46, 50-2 n. 16, 52 n. 21, 61-2, 122, 217-20, 238, 272 n. 17, 276;

v. também poder (manifestação do –, representação do –)
técnicas de atualização ou de reatualização do delito: 188, 189 n. b
teoria
(– do poder do príncipe): v. poder
(– do rei guardião da ordem e *fons justitiae*): 163, 171, 173-5, 182, 184-5
(– dos três freios [religião, justiça, polícia]): 59-60, 63 n. 8, 219; v. Seyssel
teste: 120-2, 132 n. 6, 153 n. 34, 182-4, 182 n. d, 183-4 n. c, 190-1, 199-200 n. 2, 200 n. 3
testemunho, depoimento, testemunhas: 186-7, 189 n. b, 191, 199-200 n. 2, 200 n. 3-4, 203-4 n. 25, 205-6 n. 38, 212-3, 220
tortura: 110 n. c, 190-1, 203-4 n. 25, 253

usura (prática e condenação da): 141, 151 n. 6

verdade: 109-10, 121-3, 182-92, 195, 199 n. 1, 199-200 n. 2, 201-2 n. 10, 203 n. 21, 203-4 n. 25, 204 n. 30, 205 n. 35, 205-6 n. 38, 208 n. 45, 213, 240 n. 35, 249, 253
(inquérito-verdade): 185
verdade-teste: 191-2, 200 n. 3, 202 n. 12
vigilância: 34 n. 13, 96, 134-5 n. 22, 213
vontade de saber: 196

# Índice onomástico

Aberdam, Serge: 265-6 n. 3
Agulhon, Maurice: 115 n. 15
Aimon de Bourbon, arcebispo de Bourges (m. 1071): 153 n. 38, 158, 164 n. 5
Allard, Albéric: 32 n.4
Althusser, Louis (1916-1990): 164-5 n. 9, 165-6 n. 10, 199 n. 1, 203 n. 22, 207 n. 41, 236, 239-44, 239 n. 31, 243-4 n. 48, 246 n. 58, 254 n. 88, 261-4
Antoine, Michel: 93 n. 16
Armagnacs (casa dos): 166 n. 15, 167 n. 18
Artières, Philippe: 206 n. 38, 227 n. 11
Aubert, Félix: 167 n. 20
Autrand, Françoise: 167 n. 20
Ayrault, Pierre (1536-1601): 66, 77 n. 6

Babeau, Albert (1835-1914): 32 n. 5
Bachelard, Gaston (1884-1962): 207 n. 41, 208 n. 46
Balibar, Étienne: 239 & n. 30, 261-4
Ball, John (c. 1338-1381): 166-7 n. 16; v. Réville
Balon, Joseph: 116 n. 24; v. composição
Barrow, Clyde W.: 265 n. 1
Barthélemy, Dominique: 114 n. 6
Barthes, Roland (1915-1980): 50-2 n. 16, 228
Bartlett, Robert: 132 n. 7
*Basilière/Baril de La Barillière, Jean (sobrinho de Ponthébert, "tenente--coronel de Jean Nu-pieds"): 10

Baudelot, Christian: 264 & n. *
Beaumanoir, Philippe de (ca. 1250--1296), bailio e autor de *Coutumes du Beauvaisis* (1283): 163, 168 n. 27
*Beaupré: 11, 20, 31-2 n. 2; v. Fortin
Beaurepaire, Charles Marie de Robillard de (1828-1908): 92 n. 10
Beccaria Bonasana, Cesare (1738--1794): 25, 179 n. 20
*Bercé, Yves-Marie: 12-3 n. 2, 15 n. 11, 235 n. 23, 265-6 n. 3, 266, 272 n. 17
*Bergmann, Werner: 115 n. 16
Bernard, Charles (m. 1640), conselheiro do rei: 28, 35 n. 22
Bertani, Mauro: 205 n. 36, 238 n. 27
Bexon, Scipion Jérome (1750-1825): 178 n. 11
Bianco, Lucien: 49-50 n. 15, 269 n. 9
*Bigot de Monville, Alexandre (1607-1675), parlamentar, depois presidente no Parlamento de Rouen, autor de *Mémoires* sobre a revolta dos *Nu-pieds*: 12-3 n. 2, 27, 34 n. 18, 45, 49 n. 5 & n. 11, 52 n. 17 & n. 19, 52 n. 23 & n. 25, 53 n. 28-9, 66, 77 n. 3, 79 n. 35, 92 n. 9
Blanquie, Christophe: 33 n. 10; v. *présidiaux*
Bloch, Marc (1886-1944): 134 n. 20
Bonger, Willem Adriaan (1876-1940): 102-3 n. 10

* Todos os nomes precedidos de asterisco remetem ao episódio dos *Nu-pieds*.

Bongert, Yvonne: 33 n. 9, 113-4 n. 3, 117 n. 30 & n. 33, 134 n. 17, 135 n. 24-7 & n. 29, 136 n. 34, 201 n. 7, 201-2 n. 10, 202 n. 13, 204 n. 31

Bonnaud-Delamare, Roger (1908--1980): 151-2 n. 10, 152-3 n. 26, 153 n. 28-30, n. 35 & n. 38, 164 n. 4-5; v. instituições de paz

Bordes, Maurice: 93 n. 16

Borgonha (casa de): 167 n. 18

Boulanger, Marc: 114 n. 8

*Boulays, Charles, tenente particular no bailiado e *présidial* de Rouen: 73, 78 n. 27

Bourdieu, Pierre: 164 n. 6, 165-6 n. 10, 263 & n. **, 264

Bourguignons: 166 n. 15; v. Borgonha

Bourin, Monique: 32 n. 4; v. agentes senhoriais

Bournazel, Éric: 114 n. 6

Bourquin, Marie-Hélène: 115 n. 15; v. assaltos

Boutaric, Edgard Paul (1829-1877): 136 n. 40, 153-4 n. 39, 164 n. 8; v. delinquência, guerra

Bouteiller, Hippolyte: 32 n. 5; v. milícias burguesas

Boyer de Sainte-Suzanne: v. Sainte--Suzanne

*"'Bras-nus"/ "Branuds"/ "Brasz-nud", Branu/ "Braços Nus" (líder da sedição em Caen): 14-5 n. 10, 45, 52 n. 19

*Breuil: v. Montgomery, Pierre de

Brion, Françoise: 202 n. 12, 249 n. 67

Brissaud, Jean Baptiste (1854-1904): 116 n. 19; v. procedimento, processo

Brown, Wendy: 250 n.73

Brunner, Heinrich (1840-1915): 115 n. 16, 116 n. 26, 199-200 n. 2

Budé, Guillaume (1468-1540): 60, 64 n. 17, 219

*"Buisson-Cornu" (chefe de um bando criminoso que operava perto de Évreux): 5, 14 n. 6

Cadden, Joan: 117 n. 29

Calas (caso): 25

Camby, Christophe: 117 n. 32

Campbell, Peter R.: 114-5 n. 11; v. jansenismo

Canguilhem, Georges (1904-1995): 199 n. 1, 207 n. 41, 208 n. 44, 264; v. ideologia

*Carel, Pierre: 31 n. 1

Carlos Magno (ca. 748-814): 121, 132 n. 6

Carlos VI (1368-1422): 67, 77 n. 8, 153-4 n. 39, 162 n. b, 166 n. 15, 167 n. 18 & n. 23; v. absolutismo

Chabas, Monique: 132-3 n. 8; v. duelo

Chartier, Jean-Luc: 103 n. 11; v. Maupeou

Chauveau, Adolphe (1802-1868): 179 n. 20

*Chenevelles (da paróquia de Vessey, vítima dos *Nu-pieds*): 29, 36 n. 33; v. atos de justiça

Chéruel, Adolphe (1809-1881): 15 n. 13, 33-4 n. 12

Church, William Farr (1912-1977): 63 n. 8 & n. 11; v. teoria dos três freios; v. Seyssel

Cinq-Mars, Henri Coiffier de Ruzé d'Effiat, marquês de (1620-1642): 15 n. 11; v. Séguier

Clamageran, J[ean]-J[ules] (1827--1903): 134-5 n. 22, 151 n. 5, 177 n. 1; v. fiscalidade, imposto

Colbert, Jean-Baptiste (1619-1683): 90, 94 n. 18

Collin, Francis: 250 n. 70

Condé, Henrique II de Bourbon, príncipe de (1588-1646): 13-4 n. 3; v. motins

Contamine, Philippe: 136 n. 40, 164 n. 8, 177 n. 1; v. imposto

Cortese, Ennio: 115-6 n. 17

Coste, Laurent: 32 n. 5; v. milícias burguesas

Daston, Lorraine: 204 n. 29

Davidson, Arnold I.: 208 n. 44;
v. arqueologia
Davidson, Stephen: 50-2 n. 16, 215
De Blair, Louis-Guillaume (1716--1778), conselheiro no Parlamento de Paris, depois conselheiro de Estado, intendente de La Rochelle, depois de Hainaut, depois da Alsácia: 90 n. a, 93-4 n. 17
Declareuil, Joseph (1863-1938): 132-3 n. 8, 133 n. 9-11, 200 n. 4; v. duelo judicial, prova
Defert, Daniel: 15-6 n. 16, 24 n. *, 50-2 n. 16, 209 n. *, 227 & n. 11, 234
Dejoux, Marie: 201 n. 7; v. inquéritos
Delamare, de La Mare, Nicolas (1639-1723): 94 n. 19; v. polícia
*Delaporte, Jouvinière ("tenente do preboste"): 36 n. 30
Deleuze, Gilles: 50-2 n. 16, 101-2 n. 2, 205-6 n. 38, 206 n. 39, 214, 234 & n. 20, 236 n. 24, 238 & n. 28, 241 & n. 40, 253-4
Denis, Vincent: 33 n. 11; v. polícia
Derrida, Jacques: 203 n. 20, 230
De Smedt, C., *c.j.*: 132-3 n. 8, 133 n. 10; v. duelo judicial
Dessert, Daniel: 78 n. 15; v. riqueza
*De Thou, Laurent de, senhor de Quesnay, conselheiro no *présidial* de Caen: 5
*Doron, Claude-Olivier: 12-3 n. 2, 15 n. 11, 16 n. 17, 102 n. 8, 225, 235 n. 23, 265-80
Doyle, William: 94 n. 22
*Drevillon, Hervé: 49 n. 7; v. absolutismo; v. Gassion
Dreyfus, Sophie: 133-4 n. 12
Du Boys, Albert (1804-1889): 117 n. 28; v. direito criminal
Dubled, Henri: 135 n. 25; v. justiça
Duby, Georges: 32 n. 4, 113 n. 2, 117 n. 33, 135 n. 23, 136 n. 34, n. 37-9 & n. 41, 151 n. 10, 166 n. 13, 226
*Ducey: 5; v. Montgomery, Louis de
Ducoudray, Gustave (1838-1906):
167 n. 20-3, 168 n. 24-5, 178 n. 13-14; v. Parlamento

Engels, Friedrich (1820-1895): 15-6 n. 16, 239, 244 n. 51, 267 n. 5, 269 n. 9
Épernon, Jean-Louis de Nogaret de La Valette, duque de (1554, 1642), governador militar de Guyenne (1622-1638), reprime as revoltas de 1633-1635: 13-4 n. 3, 26, 34 n. 14, 49 n. 8, 77 n. 9
Esmein, Emmanuel, dito Adhémar (1848-1913): 33-4 n. 12, 114 n. 8, 131 n. 1, 132 n. 3-4, 178 n. 13-6, 179 n. 17, 201 n. 7 & n. 10, 202 n. 11 & n. 14, 203 n. 23-5, 204 n. 26 & n. 28; ver procedimento/ processo, prova
Espinas, Georges (1869-1948): 134 n. 13-6 & n. 18, 151 n. 10, 152 n. 11-2, n. 14-7 & n. 19
Establet, Roger: 264 & n. *
Ewald, François: 15-6 n. 16, 209, 221-57

*Faucon de Ris, Alexandre (1567--1628), senhor de Ris, primeiro--presidente no Parlamento de Rouen: 12-3 n. 2, 53 n. 28
*Faucon de Ris, Charles, senhor de Frinville (m. 1644), irmão do anterior, primeiro-presidente no Parlamento de Rouen: 12-3 n. 2, 38, 49 n. 5, 53 n. 28
Faure, Edgar (1908-1988), advogado, ministro dos Assuntos Sociais sob a presidência de Georges Pompidou (1972), presidente da Assembleia Nacional (abril de 1973): 114 n. 10; v. caso Law
Favereau, Éric: 227 n. 11
Fawtier, Robert (1885-1966): 32 n. 3-4, 33 n. 9, 113-4 n. 3, 135-6 n. 33, 136 n. 40, 150 n. 1, 151 n. 5, 153 n. 31 & n. 33, 153-4 n. 39, 154 n. 41, 164 n. 8, 167 n. 20 & n. 23, 168 n. 25, 177 n. 1, 178 n. 13

Ferrand, Marcel: 32 n. 4
Filipe III, o Ousado (1245-1285): 157, 164 n. 3, 167 n. 18 & n. 23
Filipe IV, o Belo (1268-1314): 20, 146, 151 n. 5, 153 n. 33, 178 n. 5, 203 n. 23
Filippov, Igor: 267 n. 6
Fitzpatrick, Peter: 250 n. 73
*Floquet, Amable (1797-1881): 12-3 n. 2, 14 n. 5 & n. 10, 16 n. 18, 31 n. 1, 49 n. 14, 72 n. 2-3, 78 n. 19 *et passim*
*Foisil, Madeleine: 12-3 n. 2, 14 n. 9-10, 16 n. 19, 17 n. 36, 31 n. 1, 49 n. 13, 79 n. 31 & n. 34-5, 92 n. 8, 266
Fontana, Alessandro: 205 n. 36, 214, 238 n. 27 & n. 29
*Fortin, Jean, senhor de Beaupré, visconde de Mortain, tesoureiro de França: 20, 31-2 n. 2
Fossier, Robert: 114 n. 6
Foucault, Michel: 221-57, 265-80 *et passim*
Fouquet, Nicolas (1615-1680), marquês de Belle-Île, visconde de Melun e Vaux, relator em 1635, intendente de justiça, polícia e finanças em 1648, procurador-geral no Parlamento de Paris em 1650: 15 n. 11
Fournier, Marcel (1856-1907): 135 n. 28, 153 n. 34
Fournier, Paul (1863-1935): 132 n. 4; v. *denunciatio*
Fourquin, Guy: 32 n. 4, 113 n. 2, 135 n. 23 & n. 33, 136 n. 38

Gál, Alexander: 133 n. 9
Ganshof, François-Louis (1895-1980): 32 n. 4, 113 n. 2, 135 n. 23
Garlan Yvon: 115 n. 13; v. revoltas
*Gassion, Jean de (1609-1647), marechal de campo, principal ator da repressão militar aos *Nu-pieds*: 14-5 n. 10, 39, 42, 45-6, 48 n. 1, 49 n. 7 & n. 14, 52 n. 20, 56, 66, 77 n. 2-3, 92 n. 9, 218-20, 242, 275

Gaudron, Étienne: 52-3 n. 26
Gauvard, Claude: 150 n. 1, 201 n. 7; v. inquérito
Gergen, Thomas: 151-2 n. 10
Glucksmann, André: 49-50 n. 15, 256 n. 93
*Goaslin, Pierre (escrivão civil e criminal do *présidial* de Coutances, recebedor das talhas em Coutances; cunhado de Nicolle): 16 n. 21, 29
Godard, Charles (1860-1912): 94 n. 18; v. intendentes
*Godart, Arthus/ Godard, Artus, senhor de Becquet (conselheiro no Parlamento da Normandia, prefeito vitalício e tenente-geral do bailiado de Rouen): 38, 47-8, 49 n. 6, 52 n. 22, 53 n. 27, 58-61, 63 n. 12, 73, 78 n. 27, 219
*Godart, Jean-Baptiste, senhor de Bracquetuit (conselheiro no Parlamento da Normandia): 49 n. 9
Godechot, Jacques: 271 n. 14
Golder, Ben: 250 n. 73
Goldmann, Lucien (1913-1970): 114-5 n. 11
*Gorin, Noël du Castel, dito (artesão relojoeiro, principal cabeça das sedições em Rouen): 9-10, 12, 14-5 n. 10, 17 n. 29, 29, 36 n. 35, 37, 49 n. 3, 66-7, 77 n. 4-5, 220
Gouhier, Pierre: 265-6 n. 3
Gouron, André: 115-6 n. 17
Gracián y Morales, Baltasar (1601--1658): 219
Grassaille, Charles de (1495-1582): 60, 64 n. 18
Grócio, Hugo (1583-1645): 10, 17 n. 34
Guenée, Bernard (1927-2010): 32 n. 4, 102 n. 6, 136 n. 34 & n. 37, 150 n. 1-2; v. ofícios
Guilhiermoz, Paul (1860-1922): 201 n. 7
Guillemard, Maurice: 201 n. 7; v. inquérito
Guillot, Olivier: 115 n. 16, 132-3 n. 8; v. duelo judicial

## Índice onomástico

Guyot, Germain-Antoine (1694-1756): 93-4 n. 17

Hacking, Ian: 204 n. 29; v. prova
*Hais, Jacob, dito Rougemont, inspetor das tinturas em Rouen: 9-10, 14-5 n. 10
Hale, Robert L.: 250 n. 71
Halley, Janet: 250 n. 73
Halphen Louis (1880-1950): 135 n. 29-30; v. judiciário
Harcourt, Bernard E.: 15-6 n. 16, 202 n. 12, 221-57
*Harlay, François II de (1585-1653), arcebispo de Rouen (1615-1651): 47, 52 n. 22, 58, 63 n. 5, 219
Hélie, Faustin (1799-1884): 179 n. 20
Henrique IV (1553-1610): 21 & n. b, 63 n. 6, 94 n. 22, 102 n. 6, 167 n. 18; v. ofícios
Hepp, Emmanuel: 115 n. 15; v. assaltos
*Héron, Alexandre (1829-1903): 78 n. 19 (cf. *Documents concernant la Normandie*)
Hildesheimer, Françoise: 15 n. 11, 269 n. 10
Honório III (Cencio Savelli, m. 1227), papa: 121, 132 n. 6
Hugo de Pisa (Hugo Pisanus, m. ca. 1260), teólogo e canonista, decano do capítulo de Rouen, arcebispo de Nicósia: 203 n. 20
*Hugot, recebedor-geral dos direitos dominiais, direitos de feudo livre e *nouveaux acquêts, reliefs* e *demi-reliefs*: 9, 11, 17 n. 28
Hunt, Alan: 250 n. 73

Jacob, Robert: 132 n. 7, 201 n. 7
Jacques, Michel: 250 n. 70
*Jean Nu-pieds/ "Nudpiedz"/ "Nudz--Piedz"/ "Nud-pieds" ("capitão-geral do exército do sofrimento"): 28-9, 35 n. 20-1 & n. 26, 36 n. 30
Jeammaud, Antoine: 250 n. 70
Jeantin, Michel: 250 n. 70

Joris, André: 151 n. 10, 153 n. 27
Jouanna, Arlette: 64 n. 18, 78 n. 16; v. absolutismo
Joüon de Longrais, Frédéric (1892--1975): 201 n. 8, 202-3 n. 19, 203 n. 24; v. direito criminal, prova
*Jousse, Daniel (1707-1781): 66, 77 n. 5
Joutard, Philippe: 115 n. 14
*Jouvain, Guillaume, recebedor das talhas em Vire: 9, 17 n. 27
Juillard, Marcel: 115 n. 15; v. assaltos

Kaeuper, Richard W.: 136 n. 40, 164 n. 8
Kantorowicz, Ernst H. (1895-1963): 35 n. 27, 78 n. 12, 220 & n. *
Kelman, Mark: 250 n. 72
Kennedy, Duncan: 250 n. 72
Kerhervé, Jean: 177 n. 1
King, P. D.: 115 n. 16; v. direito germânico
Kula, Witold: 271 n. 14
Krynen, Jacques: 115-6 n. 17, 164 n. 6

*La Basilière: v. Basilière
*La Boullinière (filho de "Buisson--Cornu"): 14 n. 6
Lacan, Jacques (1901-1981): 200-1 n. 5, 264
Lagrange, Jacques: 15-6 n. 16, 136-7 n. 43, 209 n. *, 225 n. 4, 241 n. 41
*Lalouey, Richard ("filho de um oficial de justiça"): 11, 29
Lamiges, Bruno: 153 n. 31; v. asseguramento
Lancaster (casa de): 162, 167 n. 18
*Laubardemont, Jean Martin, barão de (ca. 1590-1653), conselheiro no Parlamento de Bordeaux, depois conselheiro de Estado e intendente na *généralité* de Tours: 69, 78 n. 14, 144, 152 n. 13, 162, 167 n. 18
Laurain, Ernest: 33 n. 10; v. *présidiaux*
*La Vrillière, Louis Phélypeaux de (1599-1681), conselheiro do rei em

seus conselhos e secretário das ordens do rei: 65, 69, 78 n. 14
Law [of Lauriston], John (1671-1729): 107, 114 n. 10; v. caso
Lecourt, Dominique: 207 n. 41
Le Coutelier, Simon, dito Caboche (açougueiro-esfolador parisiense, chefe da revolta dos *cabochiens*, 1413): 166 n. 15
Légier-Desgranges, Henry: 114-5 n. 11; v. jansenismo [político]
Lemarchand, Guy: 271 n. 14
Lemesle, Bruno: 113 n. 2, 132 n. 4
Lemoine, Jean: 115 n. 13; v. revolta
Lênin: 206 n. 39, 239, 269 n. 9
*Le Poupinel, Charles (1608-1639), tenente particular no bailiado e *présidial* de Coutances: 9, 14-5 n. 10, 16 n. 19
*Le Roy de La Potherie, Charles (1582-1660), conselheiro do rei, intendente de justiça na *généralité* de Caen, na Picardia e em Champagne: 14-5 n. 10
*Le Tellier, Nicolas, senhor de Tourneville, secretário do rei, recebedor-geral das gabelas de Rouen: 11-2, 14-5 n. 10, 17 n. 39, 41, 49 n. 11, 69, 78 n. 14
Lévi-Strauss, Claude: 137 n. 44
Lévy, Jean-Philippe: 132 n. 6, 200 n. 4, 201 n. 7 & n. 9, 202 n. 12-7, 203 n. 20, n. 26 & n. 29; v. provas
Linhart, Robert: 206 n. 39
Lorges: 5; v. Montgomery, Jacques de
Lorgnier, Jacques: 62-3 n. 2
Lot, Ferdinand: 32 n. 3 & n. 4, 33 n. 9, 113-4 n. 3, 135-6 n. 33, 136 n. 40, 150 n. 1, 161 n. 5, 153 n. 31 & n. 33, 153-4 n. 39, 154 n. 41, 164 n. 8, 167 n. 20 & n. 23, 168 n. 25, 177 n. 1, 178 n. 13
Luce, Siméon (1833-1892): 154 n. 42
Luchaire, Achille (1846-1908): 164 n. 3
Luís VI (1081-1137): 150 n. a, 158, 164 n. 6

Luís IX (dito são Luís, 1214-1270): 21, 141, 150 n. a, 158, 201 n. 7
Luís X (1289-1318): 203 n. 23
*Luís XIII (1601-1643): 21 n. b, 28, 31 n. 1, 33 n. 7, 35 n. 22, 49 n. 7, 63 n. 6, 92 n. 10, 94 n. 22, 102 n. 6
Luís XIV (1638-1715): 15 n. 13, 22, 92 n. 10, 94 n. 18, 218, 237 n. 25

Macherey, Pierre: 264
Mandrou, Robert: 265-6 n. 3
Mangabeira Unger, Roberto: 250 n. 72
Marcellin, Raymond (1914-2004), ministro do Interior (1968-1974) sob a presidência de Georges Pompidou: 133-4 n. 12; v. leis
Marchetti, Valerio: 137 n. 44
*Marescot, Guillaume (1567-1643), advogado, depois intendente (Metz, Normandia) e conselheiro de Estado: 69, 78 n. 14
*Marie, J[acques]: 75
Marillac, Michel de (1563-1632), guardião do selo régio (1626): 4, 12 n. a, 14 n. 4; v. Richelieu
Martinez Sopena, Pascual: 32 n. 4
Marx, Karl (1818-1883): 164-5 n. 9, 205 n. 36, 206 n. 39, 207 n. 41, 228, 231, 236, 239-47; v. marxismo, marxista
Maupeou, René Nicolas Charles Augustin de (1714-1792), magistrado, estadista: 25, 100, 103 n. 11, 107; v. ofícios; v. Chartier
Maurel, Joseph Marie (1852-1926): 115 n. 15; v. assaltos
Mauriac, Claude: 234 & n. 21, 255 & n. 89-90, 256 n. 93
* Mercoeur, Louis II de Vendôme, duque de (1612-1669), encarregado pelo rei de forçar o Tribunal de Ajudas de Rouen a registrar as taxas: 11
Merle, Roger: 102-3 n. 10; v. direito criminal
Miaille, Michel: 250 n. 70

*Índice onomástico* 301

Migliorino, Francesco: 132 n. 4
Miliband, Ralph: 265 n. 1
Miller, Jacques-Alain: 200-1 n. 5
Mirabeau, Victor Riqueti, marquês de (1715-1789): 93 n. 12; v. imposto
Mirot, Léon (1870-1946): 77 n. 8, 166 n. 15
Mittermaier, Carl Joseph Anton (1787-1867): 131 n. 1, 204 n. 29; v. prova
Modzelewski, Karol: 115 n. 16
Mollat, Michel: 136 n. 41-2, 151 n. 6, 154 n. 40, 166 n. 11-3 & n. 15-6, 267 n. 5
Monier, Raymond: 115 n. 16, 132 n. 7, 164 n. 7
Montesquieu, Charles Louis de Secondat, barão de La Brède de (1689-1755): 263 & n. **
*Montglat, François-de-Paule de Clermont, marquês de (1620-1675): 28, 35 n. 22
*Montgomery, Jacques de, senhor de Lorges (escudeiro, contrabandista): 5
*Montgomery, Louis de, senhor de Ducey (cavaleiro): 5
*Montgomery, Pierre de, senhor de Breuil (cavaleiro, contrabandista): 5
*Moran ou Morant (de Mesnil--Garnier), notável de Caen: 74, 79 n. 33
*Morel, Jean (sacerdote de Saint--Gervais), também dito "coronel Des Mondrins", primeiro secretário do general Jean Nu-pieds: 29, 35 n. 28
*Mousnier, Roland: 12-3 n. 2, 13-4 n. 3, 14 n. 7-9, 15 n. 11-2, 16 n. 25, 17 n. 33 & n. 36, 31 n. 1-2, 34 n. 16, 49 n. 7, 93 n. 14 & n. 16, 94 n. 22, 102 n. 6 & n. 8, 115 n. 13, 225, 235 & n. 23, 263, 265-80; v. Porchnev
Murphy, Antoin E.: 114 n. 10
Muyart de Vouglans: v. Vouglans

Napoli, Paolo: 94 n. 19; v. polícia
Nicolas, Jean: 12-3 n. 2

*Nicolle, Charles (recebedor das talhas em Coutances): 9, 29
Nières, Claude: 115 n. 13; v. revoltas
Nietzsche, Friedrich: 50-2 n. 16, 203 n. 20, 225 & n. 4, 236 n. 24, 239 n. 32, 240 & n. 36, 242 n. 42

Offenstadt, Nicolas: 152-2 n. 10; v. paz
Olivier-Martin, François (1879-1952): 114 n. 9
Olsen, Glenn W.: 117 n. 29
Orléans (casa de): 162, 167 n. 18
*Ormesson, André Lefèvre d' (1577--1665), conselheiro de Estado: 69, 78 n. 14
Ourliac, Paul: 115-6 n. 17; v. direito medieval

Panofsky, Erwin: 164 n. 6
Parquez, Jacques: 114-5 n. 11
Passeron, Jean-Claude: 165-6 n. 10, 263 & n. ***, 264
Pasukanis, Evgeny B.: 250 n. 70
Patin, Guy (1601-1672): 7 n. b, 15 n. 13
Perrot, Ernest: 117 n. 29, 153 n. 32, 163-4 n. 2, 164 n. 3, 178 n. 3, n. 8 & n. 12; v. casos régios
Perroy, Édouard: 113 n. 2
Petit-Dutaillis, Charles-Edmond (1868-1947): 134 n. 13-5 & n. 18, 151-2 n. 10, 152 n. 12-3, n. 16 & n. 19-24
Petkov, Kiril: 151-2 n. 10
Pirenne, Henri (1862-1935): 164 n. 7
Poly, Jean-Pierre: 114 n. 6, 116 n. 24
*Ponthébert: v. Quétil
*Porchnev, Boris-F.: 12-3 n. 2, 13 n. 3, 14 n. 4, 15 n. 11-2 & n. 14-6, 16 n. 17-8 & n. 24, 17 n. 34, n. 37-40 & n. 43, 31 n. 1, 31-2 n. 2, 34 n. 14-7, 35 n. 19, n. 24 & n. 27, 36 n. 30-3, 49 n. 8 & n. 11-2, 77 n. 8, 78 n. 15, 92-3 n. 11, 93 n. 13, 102 n. 8, 114 n. 7, 225, 235 & n. 23, 236, 239, 263, 265-80; v. Mousnier

Poulantzas, Nicos/ Nikos: 164-5 n. 9, 250 n. 70, 263 & n. *, 265 n. 1
Poumarède, Jacques: 32-3 n. 6; v. parlamentos
Préclin, Edmond (1888-1955): 114-5 n. 11
Pussort, Henri (1615-1687): 114 n. 8, 172, 178 n. 9

Quéro, Laurent: 205-6 n. 38
Quesnay, François (1694-1774): 93 n. 12; v. imposto
*Quétil, Jean, senhor de Ponthébert (escudeiro, apresentado durante muito tempo como o principal instigador da revolta dos *Nu-pieds*): 10, 27, 34 n. 16

Rebuffi, Pierre (1487-1557): 60, 64 n. 19
*Reffuveille, senhor de (neto de Duplessis-Mornay): 10
Réville, André: 166 n. 13 & n. 16; v. Petit-Dutaillis
Riché, Pierre: 113 n. 2
*Richelieu, Armand Jean du Plessis de (1585-1642): 14 n. 4, 15 n. 11, 22, 25, 31 n. 1, 33 n. 7 & n. 10, 47, 58, 63 n. 5, 218, 235, 237
Richet, Denis (1927-1989): 15 n. 11; v. Séguier
Rigaudias-Weiss, Hilde: 206 n. 39; v. enquetes operárias
Rigaudière, Albert: 113-4 n. 3, 115-6 n. 17, 177 n. 1
Robillard de Beaurepaire: v. Beaurepaire
Roisin, Jean: 152 n. 18
Rossi, Pellegrino (1787-1848): 179 n. 20
*Rougemont: 9-10, 14-5 n. 10; v. Hais
*Routry (advogado, chefe militar): 11

Sainte-Suzanne, Émile Victor Charles de Boyer de (1824-1884): 93 n. 16-17; v. intendentes

Salle, Grégory: 133-4 n. 12
Salomoni, Antonella: 137 n. 44
*Sarcilly, Philippe de (presidente na *élection* de Vire): 9, 17 n. 26
Sartre, Jean-Paul: 205-6 n. 38, 227 & n. 10
Saunier, Pierre: 206 n. 39
Sawyer, Stephen W.: 237 n. 26
*Séguier, Pierre II (1588-1672), chanceler: 6 n. b, 7, 12-3 n. 2, 14-5 n. 10, 15 n. 11, 16 n. 18, 33 n. 7, 37-69, 75, 77 n. 2, 79 n. 33, 82, 85-90, 95-6, 219-20, 223, 225, 236-8, 242, 245, 269 & n. 10, 272 n. 17, 275-6, 278
Senellart, Michel: 202 n. 12, 237 n. 25
Serpillon, François (1695-1772): 94 n. 21
Seyssel, Claude de (1450-1520): 59, 63 n. 8-11
Skornicki, Arnaud: 93 n. 12
Sohm, Rudolph (1841-1917): 115 n. 16, 116 n. 22, 131-2 n. 2; v. lei sálica
Strubbe, Egied I.: 151-2 n. 10
Suger (ca. 1080-1151), abade de Saint-Denis, ministro de Estado: 158, 164 n. 6; v. Krynen
Szabo, Denis: 102-3 n. 10

*Tanon, Louis (1876-1969): 140, 150-1 n. 3, 179 n. 17
Tardif, Adolphe (1824-1890): 131-2 n. 2, 168 n. 26-7, 177 n. 2
Taveneaux, René (1911-2000): 114-5 n. 11; v. jansenismo
Tchoudinov, Alexandre: 265-6 n. 3
*Tessereau, Abraham (m. 1690): 38, 49 n. 4, 219 n. *
Théry, Julien: 132 n. 4
Thomas, Jack: 32-3 n. 6; v. parlamento/s
Thonissen, Jean-Joseph (1816-1891): 115 n. 16, 116 n. 23-5 & n. 27, 117 n. 31-2, 131 n. 2, 132 n. 5
*Thou, Laurent de, senhor de Quesnay, conselheiro no *présidial* de Caen: 5

Timbal, Pierre-Clément: 135 n. 32-3, 151 n. 5-7; v. *commise*, confisco
Tixier, Octave: 113-4 n. 3; v. bailios, senescais
Tort, Michel: 264
Tudor (casa): 162, 167 n. 18
Tyler, Wat [Walter] (m. 1381): 166-7 n.16

Van Caenegem, Raoul: 203-4 n. 25; v. prova
Verdier, Raymond: 132 n. 5
*Verthamont, François de (1605-1697), relator no conselho de Estado, ex-intendente de Guyenne e secretário do chanceler Séguier: 12-3 n. 2, 13-4 n. 3, 67-9, 78 n. 14
Vitu, André: 102-3 n. 10; v. direito criminal

Vouglans, Pierre François Muyart de (1713-1791): 36 n. 34, 172, 177 n. a, 178 n. 10

Walzer, Michael: 237 n. 26
Wickham, Gary: 250 n. 73
Wolf, Philippe: 136 n. 41-2, 151 n. 6, 154 n. 40, 166 n. 11-3 & n. 15, 166-7 n. 16, 267 n. 5

York (casa de): 167 n. 18

Zancarini, Jean-Claude: 229 n. 13
Zancarini-Fournel, Michelle: 205-6 n. 38
Zeller, Gaston: 32 n. 3, 33 n. 8-10, 62-3 n. 2, 113-4 n. 3

**GRÁFICA PAYM**
Tel. [11] 4392-3344
paym@graficapaym.com.br